편집 만세

100%의 세계를 만드는 일

편집만세 "

펭귄 출판사
편집장의
책 만들기는
멈추지 않아

리베카 리 지음
한지원 옮김   *

HOW WORDS
GET GOOD

월북

‡

처음 글을 가르쳐준
퍼트리샤 메리 리를 기억하며

‡

책은 세계의 한 형태다.
그게 마음에 들지 않으면 무시하거나
나만의 형태를 보여주면 된다.

살만 루슈디

차례

。

글의 여정을 함께할
한국 독자에게

2023년 초 파리의 프랑스 국립도서관에서 〈인쇄! 구텐베르크의 유럽〉이라는 전시가 열렸다. 관람객들은 이 전시를 통해 가동 활자로 인쇄된 가장 오래된 책이 요하네스 구텐베르크의 성서가 아닌, 한자로 쓰인 한국의 『직지심체요절』이라는 사실을 알게 되었다. 그러나 놀랍게도 『직지심체요절』보다 더 이른 1211년에 가동 활자로 인쇄된 책이 있었으니, 바로 남명이라는 불교 승려가 쓴 『남명천화상송증도가』다. 비록 이 인쇄본은 유실되어 전시에 포함되지는 않았지만 말이다. 한국은 구텐베르크보다 200년이나 먼저 금속활자를 발명했음에도 서구의 학자들과 작가들은 인쇄의 역사를 다룰 때면 이 점을 간과할 때가 많다.

한국 독자들을 위한 서문을 써달라는 요청을 받았을 때 가장 먼저 떠오른 생각은, 책 만들기에 관한 나의 지식에 이처럼 커다란 구멍이 존재한다는 사실이었다. 하지만 구멍을 발견할 수 있기 때문에 이런 기회가 더없이 소중한 것 아니겠는가. 편협한 유럽 중심적 세계관에서 벗어나 새로운 관점에서 책과 책이 만들어지는 방식을 고려하며, 이 책에 추가되어야 할 완전히 새롭고도 놀라운 이야기를 발견한 셈이다.

한국의 출판물을 궁금해하는 사람이 비단 나만은 아닐 것이다. 최근 나는 한국 단편소설집을 한 권 작업했는데, 이런 책이 출판된다는 것 자체가 서양 독자들이 한국 책에 상당한 관심을 보이고 있다는 확실한 지표라고 할 수 있겠다. 왜 안 그러겠는가? 미지의 나라에서 온 글은 매혹적인 신세계로 향하는 지름길을 제공해주니 말이다. 모두가 한국으로 여행을 떠날 수는 없겠지만, 한국의 책을 읽으며 호기심을 충족하고 새로운 사고방식을 접하는 건 얼마든지 가능한 일이다.

한국은 한국만의 특색 있는 수많은 수출품을 자랑하지만, 글은 또 다른 무언가를 제공하기 마련이다. 작가들은 글을 통해 케이팝, 〈오징어 게임〉, 한국 음식보다 더 개인적이고 자기 성찰적이며 미묘한 무언가를 보여줄 수 있다. 음악이나 TV 프로그램이 한국 문화 특유의 개성을 굵직굵직하게 보여준다면, 글은 한국인의 삶을 보다 세심하게 들여다볼 수 있게 해준다고 할까. 섬세하고 몰입감 높은 글이든 거리낌 없고 감동적인 글이든 좋은 이야기와 글은 대중적인 문화 수출품과는 또 다른 방식으로 긴 여운을 남긴다. 김치와 한국식 치킨이 즉각적인 쾌락을 선사한다면, 한국에서 날아온 이야기들은 생생한 경험에 빛을 비추고 한국적 사고와 삶의 방식에 좀 더 가까이 다가서게 해 독자의 마음속에 훨씬 오래 머무를 것이다.

원래 한국어로 쓰인 책을 읽을 수 있게 된다거나 내 글이 한국 독자들에게 읽힌다는 건 정말이지 놀라운 일인데, 이것이 가능하려면 우선 반드시 번역을 거쳐야 한다. 보르헤스는 "번역은 문명이 진일보한 단계"라고 말한 바 있다. 번역가는 우리가 서로 소통하는 데 반드시 필요한 가교 역할을 한다. 번역 과정을 거치면서 원래 의미가 손실될 수 있는 건 사실이지만 번역이 없다면 글의 세계는, 그리고 우리들의 세상은 훨씬 궁핍한 곳이 되고 말 것이다.

최근 몇 년간 한국 작품에 대한 관심이 세계적으로 높아지고 있는데, 이 모든 작품도 마찬가지로 전부 번역을 거쳐야만 한다. 『채식주의자』는 2016년에 인터내셔널 부커상을 수상한 최초의 한국어 소설이 되었고, 2022년에는 안톤 허가 번역한 정보라의 『저주토끼』가 같은 상 최종 후보에 올랐다. 한영 번역 산업이 어찌나 가파르게 성장하고 있는지, 아홉 명의 한영 번역가로 구성된 '스모킹 타이거즈(담배 피우는 호랑이들)'라는 번역 집단이 생겨났을 정도다. 이들은 한국문학을 궁금해하는 영어 독자들을 위해 맹렬하게 번역 작업을 진행 중이다.

어떻게 번역을 할 것인가 하는 문제는 필연적으로 논쟁을 야기해왔다. 『채식주의자』를 번역한 데보라 스미스는 이렇게 말했다.

"순수한 직역은 존재하지 않습니다. 그 어떤 언어도 문법이 일대일로 대응하지 않고, 단어 뜻도 조금씩 다른 데다 구두점마저 다른 무게를 갖기 때문이죠. '창의적'이지 않은 번역은 있을 수 없다는 이야기입니다. … 한국어를 영어로 옮기는 일은 모호성, 반복성, 평이성을 특징으로 하는 언어를 정확성, 간결성, 서정성을 선호하는 언어로 바꾸는 작업을 수반하죠."

이 책의 '들어가며'에서 나는 글이 더 '좋은' 글이 되기 위해 떠나는 여행에 대해 기술하며 작가의 상상력에서 시작한 글이 어떻게 독자의 손안에, 그리고 마음속에 안착하는지를 설명했다. 평소 영어 독자들을 대상으로 한 영어 글을 쓸 때면 내 글이 어떻게 읽히고 받아들여지고 해석될지 어느 정도 상상할 수 있었지만, 한국 독자들이 내 글에 어떻게 반응할지란 상상하기가 쉽지 않다. 여러분이 이 글을 읽으며 무슨 생각을 할지, 번역을 거치면서 의미가 미묘하게 달라진 건 아닐지 알 수 없는 노릇이다. 하지만 그럼에도 불구하고 번역은 우리가 서로에 대해 배울 수 있는 최선의, 그리고 유일한 방법이다.

한 권 한 권을 편집하고 만들어나가다 보면 수많은 '만세'의 순간이 있다. 연이은 실수와 건망이 초래한 좌절을 반복하면서도 우리는 100퍼센트라는 완벽의 세계에 가닿기 위해 오늘도 열심이다. 그렇다. 한국 독자들이 한 권의 책을 둘러싼 출판과 편집의 세계 속에 틈틈이 만세의 순간이 깃들어 있다는 걸 느껴가며 『편집 만세』를 즐거이 읽어준다면 더 바랄 바가 없겠다.

리베카 리

°

구텐베르크 은하계에
오신 것을 환영합니다

책만 한 군함이 어디 있으리.

에밀리 디킨슨

1962년, 캐나다의 철학자 마셜 매클루언은 『구텐베르크 은하계』라는 책을 출간했다. 이 책에서 매클루언은 대중매체(그중에서도 특히 인쇄 매체)의 역할과 영향을 이야기했다. 그에 따르면 역사는 네 시기로 구분된다. 구술 문화, 필사 문화, 구텐베르크 은하계(매클루언은 가동 활자와 대량 인쇄 시대를 이렇게 불렀다), 앞으로 올 전자 시대*가 바로 그것이다.

매클루언이 제시한 '구텐베르크 은하계' 개념은 르네상스 시대 유럽에서 가동 활자와 기계식 대량 인쇄술을 발명해 세상을 바꾼 독일의 인쇄업자 요하네스 구텐베르크에게서 따온 것이다. 이 표현은 점토, 파피루스, 종이처럼 어떤 형태의 글이 등장하든 지금까지 기록된 모든 글과 앞으로 기록될 모든 글이 거대하고도 역동

---

* 매클루언은 책의 마지막 장인 '재편된 은하계'에서, 개인주의적인 인쇄 문화가 쇠퇴하고 세상이 전자 매체를 중심으로 한 '지구촌(그가 만든 용어)'으로 변할 것이라 예측했다. 매클루언은 1980년에 사망했지만 자신의 저서가 현재 양장본, 문고판, 전자책으로 나와 있는 것을 봐도 그다지 놀라지 않을 것 같다.

적인 우주의 일부라는 사실을 떠올리게 한다.

쉽게 말하자면 그만큼 세상은 글 천지라는 이야기다. 너무 많아서 문자 문화에 의미 있게 참여하려면 구텐베르크 은하계를 맴도는 모든 글을 선별하고 분류해서 좋은 것과 그다지 좋지 않은 것을 구분해야 할 정도다. 세상에 나와 있는 모든 글을 다룰 시간은 없으니 말이다. 독서 모임, 입소문 추천, 서평, 책에 대한 책도 모두 좋은 글과 별로인 글을 구분하려는 인간의 본능이라고 할 수 있다. 책이나 화면에 표시되는 글을 보며 좋다는 생각이 든다면 아무래도 가독성이 훌륭하거나, 재밌거나, 영감을 주거나, 삶을 변화시키거나, 유익하거나, 주장이 강하거나, 상품성이 뛰어나기 때문일 것이다. 역사를 바꾸거나 좀처럼 듣기 힘든 목소리를 들려주기 때문일 수도 있다.

이때 '좋은 것'의 기준은 광범위하고도 불분명하다. 어떤 책은 국경과 세기를 뛰어넘어 좋은 평가를 받아 연구되고 전파되는 반면, 어떤 책은 지식인들이 무시해도 일반 독자들 사이에서는 큰 인기를 누린다. 왜일까? 독자들이 책을 평가하는 기준은 전부 다르기 때문이다. 거기에는 위안, 자극, 유머, 공포, 익숙함, 도피, 우울을 비롯해 인간의 경험에서 나올 수 있는 온갖 종류의 감정이 동원된다. 책은 그 자체로 좋으면 그만이다. 그러니 뛰어난 추리 소설과 권위 있는 학술 논문 중 무엇이 더 가치 있는지를 굳이 구분할필요가 없다. 둘은 전혀 다른 목표를 가졌으니 말이다.

구텐베르크 은하계의 어느 한 지점에서 과연 무엇이 **좋은** 책인지를 판단하는 즐거움과 특권은 오롯이 독자의 몫이다. 하지만 책이라는 건 단어들의 모음을 뜻하는 하나의 명칭일 뿐이고, 그 글은 우리가 어떻게 하느냐에 따라 **더 좋은** 글이 될 수도 있다. 모든 글은 문장에서부터 책 전체에 이르기까지 아주 다양한 방식으로 개선될 수 있다. 이 책은 글이 어떻게 구텐베르크 은하계의 한쪽 끝에서 다른 쪽 끝까지, 작가의 머릿속에서 독자의 눈으로 항해하는지 한 번이라도 궁금해해본 이들을 위한 책이다.

우리가 손에 쥔 책 속 단어들은 어떻게 여기까지 왔을까? 그 단어들에 깃든 이야기는 무엇일까? 날것의 단어들은 어떻게 합쳐져 누구나 알아볼 수 있는 구, 문장, 문단, 페이지, 장을 이루게 된 걸까? 결정적으로, 글은 어떻게 자유로워지는 걸까? 작가의 손을 떠난 뒤 글은 어떤 식으로 독자를 만나는 여정의 단계를 밟아갈까?

이 책은 어떻게 좋은 글이 만들어지고, 그 글이 어떻게 더 좋아지고 자유로워지는지 살펴보는 한편, 책의 겉과 속이 하나로 완성되는 과정을 알아보고, 편집되지 않은 날것의 텍스트가 매끄럽게 잘 읽히는 글로 변화하는 신비를 풀고자 한다. 모든 책은 저마다의 탄생 이야기를 가지고 있다. 글이 들려주는 이야기가 있다면, 그 글이 어떻게 책에 실리게 되었는지에 대한 뒷이야기도 있는 법이다. 지금부터 우리는 글의 잠재력을 끌어올리는 조연들을 만나볼 것이다. 좋은 글을 만들어내는 것을 업으로 삼는, 그 일에 열정을 바치는 사람들.

아, 그리고 '**나쁜**(객관적으로 나쁘지 않다면 주관적으로 나쁜)' 글도 만나볼 예정이다. 재미로 따지면 이쪽도 뒤지지 않을 것이다. 삶, 문학, 인간의 본성이 다 그렇듯 우리는 다수가 나쁜 글이라고 합의한 글을 읽는 데서 쏠쏠한 재미와 유머를 느낀다. 나쁜 글은 문학계의 불량 식품 같은 존재다. 먹으면 안 된다는 걸 알지만 가끔은 먹고 싶으니 말이다. 또 잃어버린 글과의 조우도 준비되어 있다. 한때 존재했지만 이제는 우리 시야에서 사라져버린 글, 유실된 줄 알았는데(몇몇 경우는 그렇게 영영 사라져버린 편이 더 좋았을지도 모르겠다) 다시 새로운 독자를 만나게 된 글도 살펴볼 것이다.

(대체로) 신뢰할 수 있는 편집자

좋은 글이 어떻게 만들어지는지 내가 무슨 자격으로 논하냐고 물을지도 모르겠다. 조금 덧붙이자면 나는 세계적으로 큰 출판사 중 한 곳에서 편집자로 20년간 일하며 수백만 개의 단어들을 인쇄소로 보냈다. 생각할 수 있는 모든 조합, 언어, 톤, 스타일, 서체의 글은 어지간하면 다루어봤을 것이다. 편집하고, 교정하고, 팩트 체크하고, 교열하고, 윤문하고, 다시 편집하고, 색인 작업하고, 교정한 것을 대조하고, 저자를 상대하고, 프리랜서에게 외주를 맡기고, 기획 편집자를 진정시키고, 디자이너 및 인쇄업자와 협업하고, 그리고 마침내 글을 인쇄한다.

내가 그 글을 다 읽었을까? 아니다. 읽은 걸 다 이해하긴 했을까? 다는 아닐 거다. 글을 더 좋게 만들려다 실수를 저지른 적은 없을까? 물론 있다. 저자가 교정지에 자기 이름이 잘못 표기되었다는 걸 이메일로 일러준 적도 있다. 오스카 와일드의 희곡 『진지함의 중요성』을 실수로 무려 2만 부나 찍어본 경험도 있다.

미루어 짐작할 수 있겠지만 편집자의 일은 만족감만큼이나 두려움이 크다. 일을 오래 할수록 수습 불가능할 정도로 완전히 망쳐버릴 날이 곧 닥칠 것 같다는 확신이 들기까지 한다. 최악의 순간(새벽 3시, 더 최악일 때는 새벽 4시)에는 내가 이대로 계속할 수 있을지 의심이 들기도 한다. 세간의 이목이 집중된 신간 양장본 4만 부를 나 때문에 폐기해야 할 날이 머지않았을 거라는 느낌이 오기 때문이다. 내가 뭔가를 해서, 혹은 하지 않아서 말이다(어느 편이 더 안 좋을지 고르라면… 둘 다!).

인쇄소로 보낼 글을 승인하는 일 외에 줄임표를 어떻게 쓸 것인지 논쟁하는 데도 업무 시간을 쓴다. 우리 출판사의 양식을 따라주셨으면 한다고 저자를 설득하는 것도 나의 일이다. 책에 실린 상호 참조 2000개를 대조 검토하거나 책날개 한쪽 면에 60개의 퀴즈 문항을 싣고 반대쪽에 60개의 정답을 실으면서 이게 뭐하는 일인가 생각에 잠기기도 한다. 좋은 책을 만들려면 내 앞에 놓인 모든 것(표지, 본문, 색인, 이미지, 지도, 도표)을 의심하고, 말이 안 되는 것은 되게 해야 하며, 확인하고 또 확인해야 한다.

책의 세계에서 일하기 전에는 인쇄된 글의 결함에 대해 거의 생각해보지 않았다. 심지어 인쇄되어 나온 것이니 결함이 있을 리 없다고 믿기까지 했다. 표지에 금박 인쇄라도 되어 있으면 더 그랬다. 저자나 출판사도 가끔은 뭔가를 **잘못할** 때가 있다는 생각 자체를 안 해본 것이다. 편집자는 비문을 바로잡거나 오탈자를 발견하는 일 정도를 하겠지 예상했고, 출판사 책상에 도착한 원고는 거의 완벽에 가까운 상태일 것이므로 한 번 쓱 훑어보고 인쇄소에 보내면 될 줄 알았다. 그리고 이런 생각은 원고를 처음 받아보고 산산조각났다. 나는 책 만드는 과정을 처음부터 끝까지 거치고 나서야 출판이 얼마나 복잡한 일인지를 깨달았다.

처음에는 이 모든 게 아주 단순하게만 보였다. 규정이라는 것

이 있었으니 말이다. 글을 좋게 만드는 규정이랄까. 교열 규정, 조판*
규정, 출판사 내부 편집 매뉴얼, 사전 같은 것들. 저자가 원고를 보내
면 그냥 규정대로 처리하면 될 줄 알았다. 하지만 문제는 규정이 아
니라는 걸 서서히 깨달아갔다. 진짜 문제는 **예외**였다. 그리고 예외
들은 **도처**에 널려 있었다. 게다가 텍스트를 더 가까이 들여다볼수록
규정은 덧없게 느껴졌다. 그 어떤 글귀, 문단, 책도 같은 게 하나 없
었고 저자마다의 톤, 스타일, 의도도 전부 달랐다. 날것의 원고를 한
권의 책으로 만들려면 매번 맨땅에서 다시 시작해야 했다. 규정집조
차 다시 쓰여야 하는 게 아닌가 싶은 날도 수두룩했다.

글에 관한 짧은 역사

> 양피지에 담긴 호메로스!
> 일리아스와 오디세우스의 온갖 모험들
> 프리아모스 왕국의 원수!
> 이 모든 것이 가죽 한 장에 담겨
> 몇 장의 작은 크기로 접혔구나!
> — 마르쿠스 마르티알리스, 『에피그램 제14권Epigrammata, XIV』

매클루언은 『구텐베르크 은하계』에서 인쇄기의 발전이 결국

---

*   글이 출판으로 이어지는 과정은 다음과 같다. 우선 저자가 워드 파일에 글을 쓴
    다. 보통 이것을 '원고'라고 부른다. 원고는 편집과 교정 교열 과정을 거친 뒤 조판
    프로그램에 앉혀 인쇄본에 나올 형태로 만들어지며, 이것을 '교정지'나 '조판본'
    이라고 부른다.

합리주의, 민족주의, 이원론, 과학 연구의 자동화, 전 세계 문화의 표준화, 개별 여성과 남성의 소외를 초래했다고 주장한다. 글을 자유롭게 풀어놓으면 이런 일이 일어난다. 실제로 인쇄기가 처음 발명된 이후로 급격한 변화가 잇따랐다. 이런 변화는 글을 인쇄하는 **방식** 못지않게 글이 어떤 **형태**로 세상에 나오는지에 따라서도 달라진다. 매클루언도 "미디어는 메시지다"*라는 말로 이 주제를 탐색했다. 이처럼 글을 기록하는 각각의 방식에 의미가 있듯, 글이 물리적으로 어떤 형태를 띠느냐에 따라 우리의 반응이 달라지는 것 역시 당연한 일이다.

책이 등장하기 전에는 두루마리가 있었고, 그 전에는 3000년이 넘도록 열다섯 개 이상의 언어를 써온 사람들이 사용해온 점토판이 있었다. 고대 서구 문명에서는 점토판이 큰 영향력을 행사했을지 모르지만, 남미와 중국에서는 줄에 매듭을 짓는 방식으로 글을 기록했다. '키푸quipu'라 불리는 이 줄은 인구 통계자료를 보관하고, 기록을 관리하고, 사람들이 언제 어떻게 세금을 납부했는지 추적하는 용도로 사용했다. 한편 두루마리는 점토판과 키푸에 비해 유리한 점이 많았다. 편집과 휴대가 가능했고, 긴 문서를 작성할 때 훨씬 편리했기 때문이다.

두루마리는 고대사회에서 문자 정보를 제시하는 지배적인 방

---

* 원래 '미디어는 메시지다The Medium is the Message'라는 제목으로 출간될 예정이었던 책의 교정지가 조판되어 도착했을 때, 매클루언은 제목이 『미디어는 마사지다 The Medium is the Massage』로 잘못 표기된 것을 발견했다. 매클루언의 공식 웹 사이트에 따르면 그는 오탈자를 보고 "놔둬요! 이 얼마나 탁월하고 핵심을 정확하게 찌르는 제목입니까!"라고 외쳤다고 한다.

법이었지만, 6세기에 이르러서는 거의 완전히 자취를 감추었다. 두루마리를 대체한 건 바로 '코덱스'였는데, 코덱스는 나무등치 혹은 책을 뜻하는 말이다. 여러 장의 페이지가 서로 포개져 있고 좀 더 두꺼운 재질의 책등으로 고정되어 있다는 점이 오늘날의 책과 비슷하다. 코덱스의 등장은 구텐베르크의 인쇄기가 세상을, 그리고 단어의 세계를 바꿔놓기 전까지 책 만드는 분야에서 이루어낸 가장 큰 진보였다.

코덱스를 제일 처음 사용한 건 로마인들†이었다. 두루마리가 점토판에 비해 우월했던 것처럼 코덱스도 두루마리에 비하면 여러 면에서 유리했다. 로마의 시인 마르티알리스는 지금의 크리스마스 무렵에 행해지던 농신제 기간 동안 책 선물을 주고받으며 코덱스의 장점을 설명하고, 자신의 글을 어디서 살 수 있는지 짤막하게 광고하는 글을 남겼다.

어딜 가든 제 책을 가져가고 싶다거나 장거리 여행에 함께할 책을 원하시는 분이 있다면 두루마리 통은 위대한 저자에게 양보하시고, 작은 크기의 양피지로 만든 이 책을 사세요. 제 책은 한 손으로 들 수 있습니다. 제 책을 어디서 살 수 있는지 몰라 온 도시를 헛되이 방황하는 일이 없도록 제가 가이드가 되어 확실히 알려드리겠습니다. 평화의 신전과 팔라스 포럼 입구 뒤에 있는, 학식 있는 루센시스의 자

---

† 일반적인 고대 로마인을 말하는 게 아니다. 가령 율리우스 카이사르가 일찌감치 코덱스를 사용하기 시작했다고 하는데, 책처럼 묶인 페이지를 사용해서 자기 군대에 편지를 썼다고 전해진다.

유인, 세쿤두스를 찾으세요.

마르티알리스의 설명처럼 코덱스는 이동할 때 읽을거리를 휴대할 수 있는 효율적인 방법이었다. 두루마리와 달리 한 손에 쥘 수 있을 만큼 작았고(덕분에 옷 속에 숨기기도 쉬웠다. 이 말은 금지된 책을 몰래 가지고 다닐 수 있다는 뜻이기도 했다), 표지 덕분에 튼튼했으며 양피지의 양면을 다 쓸 수 있다는 점에서 경제적이기까지 했다. 두루마리의 단점 중 하나는 카세트테이프처럼 안의 내용을 순서대로만 확인할 수 있다는 것이었는데, 코덱스는 원하는 곳을 즉각 살펴볼 수 있었으니 CD[*]에 더 가까웠다. 2세기에 이르자 코덱스는 서구 세계에서 가장 선호하는 문서 형태가 되었고, 특히 기독교[†]에서 많이 사용했다. 이를테면 성서도 두루마리보다 코덱스에 쓰는 경우가 많았다.

코덱스는 완전히 새로운 기술이라기보다는 두루마리의 진화 버전에 가까웠다. 사해 두루마리 같은 일부 두루마리는 좌우로 펼쳐져 아코디언처럼 접을 수도 있었다. 그러다 누군가가 페이지를 자르고 중앙부를 꿰매거나 풀로 붙여보자는 아이디어를 냈고, 내

---

[*]   이 책을 읽을 미래의 독자들은 CD나 카세트테이프가 무엇인지 과연 알까?

[†]   코덱스가 아무 곳이나 펴볼 수 있었다는 점은 성 아우구스티누스가 기독교로 개종하는 데 일부분 기여했다. 『참회록』에서 아우구스티누스는 바울 서신을 꺼내들었을 때를 다음과 같이 기록했다. "나는 책장을 열고 눈에 제일 먼저 들어온 부분을 말없이 읽었다." 아우구스티누스가 읽은 구절은 로마서 13장이었다. 그 장을 다 읽어갈 즈음, 마음속에서 "칠흑 같은 의심"이 사라졌고 마침내 그는 기독교를 받아들였다.

부 양피지를 한 번 접은 것은 2절판, 두 번 접은 것은 4절판, 거기서 한 번 더 접으면 8절판이라고 불렀다.

당시로서는 코덱스 한 권을 만드는 데 많은 시간을 투자해야 했다. 인쇄기가 발명되기 전에는 수도사들이 책을 한 권 한 권 필사했으니 말이다. 이런 텍스트 생산 방법은 많은 오류와 필사본 간의 편차를 초래할 수밖에 없었다. 구두법, 철자법, 문법도 표준화되지 않았으며, 고전 필사본에서는 단어 사이에 공백이 없는 '스크립티오 콘티누아scriptio continua' 양식이 쓰이기도 했다.‡ 문서를 만들어내기까지 시간이 걸린다는 말인즉슨 코덱스로 전달할 수 있는 아이디어, 지식, 의견이 수도원, 대학교, 부유층 같은 엘리트 계층에 국한된다는 뜻이었다. 이 상황은 15세기 중반에 인쇄술이 발명되고 나서야 바뀔 수 있었다.

두루마리에서 코덱스로, 코덱스에서 제본된 책에 이르기까지 이것을 쓰고 편집하고 만들고 생산한 사람들은 비슷비슷한 문제들을 맞닥뜨려왔다. 정보가 정확한지 확인할 방법은 무엇인가, 어떻게 하면 오류를 줄일 수 있는가, 독자들이 이야기를 계속 읽어나가도록, 결정적으로 끝까지 책을 놓지 않게 하려면 어떻게 해야 하는가. 『편집 만세』는 이 문제들을 어떻게 해결해왔느냐에 관한 이

---

‡ 공백이 없는 글을 어떻게 읽나 생각할 수도 있겠지만, 이 정도는 '부스토로피돈 boustrophedon'식으로 쓰인 글을 읽는 것에 비하면 아무것도 아니다. "소가 방향을 바꿔가며 쟁기질하는 방식"을 뜻하는 이 근사한 단어는 줄이 바뀔 때마다 다른 방향으로 읽는 양방향 텍스트다. 이걸로도 성에 안 찼는지 각각 글자를 좌우 반전해서 쓰기까지 한다. 이 방식은 고대 그리스에서 돌에 글자를 새길 때 종종 사용하곤 했다.

야기다.

기나긴 편집 여정

독서의 기쁨 중 하나는 한 문장으로도 낯선 시간과 문화에 다리를 놓을 수 있다는 것이다. 수많은 책을 오가며 엄청난 거리를 이동할 수 있다는 사실은 여전히 사람들에게 경외감을 선사하는 책의 특성이다. 이야말로 단어가 가진 놀라운 힘 아니겠는가. 하지만 이 다리를 성공적으로 건설하려면 단어의 세계에 연루된 자들이 엄청난 에너지, 시간, 상상력, 전문 지식을 이용해 인쇄물 한 줄한 줄에 공을 들여야 한다.

이 탐험을 주관하는 것이 바로 내가 속한 편집부다. 가족과 친구들은 여전히 무슨 일을 하는지 잘 모르겠다고 입버릇처럼 말하지만 말이다. 예상외로 글과 관련해 **하지 않는** 일도 꽤 많다. 일차적으로 글을 찾아내거나 의뢰하지도 않고, 글의 첫 독자가 되는 것도 내 몫이 아니다. 이런 일은 보통 에이전트와 기획 편집자가 한다(해외 편집 업무는 세부적으로 분업화되어 있지만, 한국은 보통 편집자한 사람이 이 모든 일을 동시에 진행하는 경우가 많다—편집자). 구텐베르크 은하계에 펼쳐진 단어들을 가장 먼저 탐색하고 발굴하는 일은 이들 몫이다.

그렇게 포착된 글은 우리 부서로 들어와 일반 독자가 무탈하게 읽을 수 있는 형태가 되어 나간다. 처음에도 괜찮았던 글은 우리를 떠날 때쯤이면 더 괜찮아져 있다. 그 작업이 이루어지는 몇 달 동안 일어나는 일은 나와 저자, 교열자, 색인 작성자, 교정자같이 그림자처럼 일하는 전문 글쟁이들의 소관이다. 우리는 저마다

고유하고 신비한 전문성과 흥미와 개성을 가지고 작업에 임한다.

내게 이 여정은 원고가 도착하면서 시작되지만, 저자와 그들의 에이전트와 기획 편집자는 그 전부터 글을 생각해내고, 편집하고, 재편집하고, 초고를 완성하고, 수정하는 작업을 몇 달 혹은 몇 년에 걸쳐 진행한다. 물론 글은 우리를 떠난 후에도 디자이너와 조판자와 인쇄업자의 손을 거치며 계속해서 다듬어진다. 이들 모두는 자기만의 역사, 약점, 이야기, 전통과 함께 복잡하고도 매혹적인 하위 세계(우리도 곧 이 세계에 살짝 발을 담가볼 예정이다)를 가지고 있다.

모든 책이 저자의 마음속에서 고유한 기원을 가지고 있듯, 독자들의 손으로 향하기까지의 여정 역시 저마다 다르다. 좋은 글을 만들어내기 위해서는 이 두 지점 사이를 종종걸음으로 오가며 저자의 의도와 이를 받아들이는 독자의 능력과 의지, 그 어느 것도 시야에서 놓치지 말아야 한다.

출판의 제1지령

"당신이 쓰는 첫 번째 문장은 당신 인생에서 가장 중요한 문장이 될 것이다. 두 번째, 세 번째 문장도 마찬가지다. 왜냐하면 당신은 고용인으로서 혹은 어떤 사상을 주창하거나 옹호하는 사람으로서 글을 꼭 써야 한다고 생각할지 몰라도, 그 글을 반드시 읽어야 한다고 생각하는 사람은 아무도 없기 때문이다."

팀 래드포드가《가디언》에 쓴 기사 "소박한 글쟁이를 위한 선언문: 기자를 위한 25계명"에 등장하는 문장이다. 다소 어렵고 두루뭉술한 이 문장은 내 손에 들어왔다면 수정을 피하지 못했을 가능성이 크다. 미국의 카피라이터이자 시나리오 작가이자 소설가인 스티븐 프레스필드가 전문적인 글쓰기 가이드에 썼던 투박한 문장, "아무도 당신의 허접쓰레기를 읽고 싶어 하지 않는다"가 더 제격인 것 같으니 말이다.

그러니 이 책은 사실상 독자에 관한 책이라 할 수 있다. 단 하나의 소박한 진실, 그러니까 출판의 제1지령은, 좋은 글을 만들어내기 위해 아무리 애쓴들 **독자**의 선택을 받는 데 실패한다면 아무 소용이 없다는 것이다. 글이 얼마나 좋은지 측정하기 위한 현실적이고 진실하고 유의미한 단 하나의 방식은 가장 접근하기 쉬운 형태로 글을 전달하는 것이다. 그래야 독자도 저자가 상상했던 방식으로 그 글을 만나고 반응할 수 있다.

어쨌든 우리는 함께 여기까지 왔다. 꽤나 고무적인 시작이지 않은가. 좋은 글이 만들어지는 과정을 탐색하는 동안 부디 여러분의 페이지가 술술 넘어가기를 바란다.

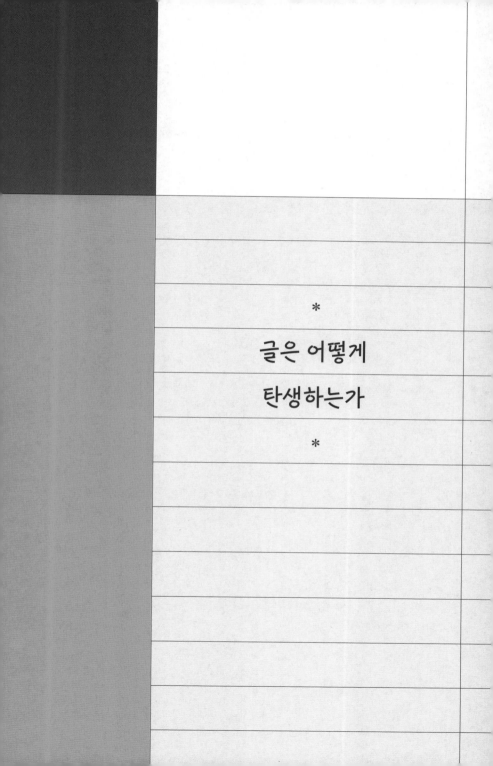

*

글은 어떻게
탄생하는가

*

말세다. 아이들은 부모 말을 안 듣고, 모두가 책을 쓰고 있다.
키케로

출판 일을 하다 보면 만나는 모든 사람이 책을 쓰고 있는 것처럼 느껴지곤 한다. 책을 쓰지 않는다면 쓰는 방법이나 어떻게 하면 책을 더 좋게 만들 수 있는지 조언을 구할 수도 있고, 한발 나아가 당신에게 책을 쓸 생각이 있는지 물어볼지도 모른다. 하지만 그 덕에 구텐베르크 은하계는 오늘도 돌아간다. F. 스콧 피츠제럴드는 "작가는 엄밀히 말하면 한 사람이 아니다. 괜찮은 작가라면 그는 한 사람이 되고자 애쓰는 수많은 사람일 것이다"라고 쓴 바 있다. 그 '한 사람'은 작가가 보여주기로 선택한 것을 통해서만 우리를 찾아온다. 그를 찾을 단서란 작가가 사용한 모든 단어와 그 단어의 탄생에 얽힌 뒷이야기뿐이다.

어니스트 헤밍웨이는 『파리는 날마다 축제』에서 글쓰기의 과정을 다음과 같이 묘사했다. "이야기가 저절로 써졌고, 나는 그것을 쫓아가는 데 급급했다." 반면 E.L. 닥터로의 견해는 약간 다르다. "모두가 만족할 만한 설명을 하나 찾았다. 글쓰기는 한밤중에 자동차를 운전하는 것과 비슷하다. 헤드라이트가 비추는 만큼만 겨우 앞을 볼 수 있지만, 그렇게 달리다 보면 목적지에 이를 수 있다는 점에서 그렇다." 나는 이 두 가지 설명이 글이 탄생하는 다양한 방식을 보여준다고 생각한다. 저절로 써져 부러움을 자아내는 이야기의 생명력부터 한밤중의 드라이브처럼 서서히 모습을 드러내는 이야기까지, 글쓰기는 과연 어떻게 **작동**할까?

글쓰기가 무엇이며 어떻게 행해지는지 같은 방대한 주제는 이미 많은 책이 다루었다. 아마존만 보아도 '글 쓰는 법'을 검색하면 관련 도서를 6만 권 이상 토해낸다. 태초부터 인간은 이야기를 즐겼고, 이 이야기들은 예측 가능한 패턴을 따라왔다. 때로는 이야기의 패턴, 즉 구조가 저자보다 더 중요하기도 했다. 오랫동안 작가는 대개 익명이었고, 많은 작가가 새로운 이야기를 만들어내기보다 고전적인 이야기를 고치고 윤색해서 들려주었다(이런 과정은 오늘날에도 여전히 일어나고 있다). 이야기가 재밌기만 하다면 누가 하는지는 별로 중요치 않았던 것이다.

가장 초기에 등장해 가장 오래 지속된 이야기 구조 중 하나는 서사시다. 서사시는 저자가 직접 경험하지 않은 시대를 배경으로 하는 이야기 중심의 긴 시로, 인간이 신이나 초인적인 힘과 대면하며 겪게 되는 특별한 삶과 사건을 다룬다. 서사시는 궁중 연애와 로맨스를 다룬 시로 진화했고, 이후에는 여행 문학과 정복에 대한 이야기로 변하기도 했다. 그러면서 동일한 주제와 구조를 되풀이했고, 이것이 결국 소설의 토대를 마련했다. 사실 반복적으로 등장하는 구조와 글쓰기 방법은 좋은 글이 어떻게 만들어지는지에 관해 많은 것을 말해준다. 이번 장에서는 이야기를 전달하는 몇 가지 핵심 방식에 집중해보고자 한다.

이야기의 아름다운 형태 — 작가

미국의 소설가 커트 보니것은 자서전 『종려 주일Palm Sunday』에서 "문화 발전에 가장 크게 이바지한 자신의 작품"이 인류학 석사 학위논문이라고 말했다. 비록 "너무 간단하고 재밌어 보여서 통과되지 못했"지만 말이다. 얼마나 간단했는지, 보니것이 논문의 개념을 한 문장으로 설명할 수 있을 정도였다.

"모든 이야기에는 모눈종이에 그릴 수 있는 특유의 형태가 있으며, 한 사회에서 유행하는 이야기 형태는 냄비 모양이나 창끝 모양 못지않게 뚜렷한 특색을 보인다."

보니것의 말처럼 이야기에는 단순한 형태가 있어서 그래프로 표현할 수 있다. 유튜브에서 그의 논문 제목이기도 한 '이야기의 형태'를 검색하면, 보니것이 이야기 형태 중 몇 개를 직접 칠판에 그리고 설명하는 4분가량의 동영상이 나온다. 보니것은 x축에 이야기의 발단부터 결말까지의 흐름을, y축에 운(행운, 불운)을 표시했다. 참고로 '신데렐라' 그래프에 보이는 ∞ 표시는 끝없이 계속되는 행운을 의미한다. 그는 이를 주제로 한 강연에서 "나는 문학 비평에 과학적 사고를 적용하려 애썼지만 정작 고맙다는 인사는 거의 들어보지 못했다"고 말했다. 그의 말대로 우리는 고마워해야 한다. '구덩이에 빠진 남자'라는 설명이 붙은 그래프가 묘사하는 단순하지만 우아한 이야기 형태를 어떤 이가 거부할 수 있겠는가?

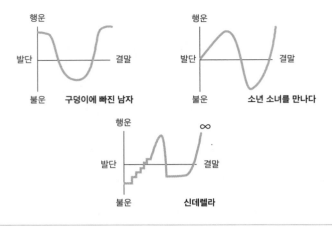

이야기의 형태들

　물론 보니것의 설명처럼 이 유형의 이야기에 꼭 남성이 나오거나 그가 반드시 구덩이에 빠져야 하는 건 아니다. 주인공이 일종의 침체기에 빠지면서 불행을 겪다가 역경에서 벗어날 방법을 찾는다는 형식이면 된다. 이런 이야기 구조는 누구나 쉽게 공감하고 따라갈 수 있으며 스토리텔링만큼이나 오래된 플롯이다. 이처럼 단어를 발판 삼아 추락과 탈출의 형태를 제공하는 것이 바로 **구조**다. 저자는 책의 문장과 단락을 사용해 독자에게 하고자 하는 말을 배열하며, 단어의 패턴이나 구성 방식을 이용해서 유용하거나 흥미롭거나 감정을 자아내는 무언가를 전달하기도 한다.

　인간은 어떤 문화적, 사회적 맥락 속에 놓인 채 독서라는 모험에 뛰어든다. 보통은 어릴 때 글을 배우면서 이야기의 작용 원리를 접한다. 이야기 안에 기대하는 구조가 없다면 내용을 이해하는 데 어려움을 겪고, 때로는 길을 잃었다는 느낌을 받으면서 말이다. 구조가 없다는 건 논리적인 이동 방향이 없다는 것이고, 독자가 따라

갈 플롯이 없다는 뜻이고, 모험심이나 긴장감을 자극할 요소가 없다는 말과 같다. 그러면 결국 단어들은 어떤 형태도 갖추지 못한 채 흩어지게 된다. 구조의 역할은 이런 상황을 막기 위해 단어의 경로를 따라 독자를 안내할 수 있도록 도와주는 것이다.

크리스토퍼 부커는 『일곱 개의 기본 플롯: 우리는 왜 이야기를 하는가The Seven Basic Plots: Why We Tell Stories』에서 이야기들을 분석해 일곱 개의 기본 플롯으로 분해한다. '괴물 물리치기' '가난뱅이에서 부자로' '무언가를 찾아 떠나기' '항해와 귀환' '희극' '비극' '부활'이 바로 그것이다. 이 책을 완성하는 데 무려 34년이 걸렸다는데, 그렇다면 부커의 이야기는 '무언가를 찾아 떠나기'나 '괴물 물리치기' 유형으로 분류할 수 있지 않을까 싶다. 이 일곱 플롯의 공통점은 어떤 갈등이 생기고, 이를 해소하는 극적인 전환점이 등장한다는 것이다. 그리고 그러다 보면 독자가 만족스럽게 따라가고 이해할 수 있는 처음, 중간, 끝의 구조가 만들어진다. 여정을 시작하고 문제에 봉착했다 극복해낸다니, 이보다 더 만족스러운 구조가 있을까?

더 구체적인 규칙을 가진 글쓰기 장르도 있다. 탐정 소설의 황금기(영국의 경우 대략 1920~1930년대) 동안 미스터리 소설은 독자가 함께 참여하고 해결하는 일종의 게임으로 간주되었다. 독자가 플롯에 적극적으로 참여하면서, 이 분야의 작가들은 독자의 기대를 충족시키는 것이 자신의 임무라는 사실을 이해했다. 수많은 탐정 소설을 쓴 로널드 녹스*는 다음과 같이 썼다.

---

* 녹스는 탐정소설 십계명도 제시했다. 그중 내가 가장 좋아하는 건 세 번째 계명인데, 이야기 하나당 비밀의 방이나 통로를 하나 이상 쓰지 말라는 내용이다.

"탐정소설은 미스터리 해결을 최우선으로 해야 한다. 미스터리를 이루는 요소들은 초반에 명확히 제시되어야 하고, 흥미를 유발해야 하며, 마지막에는 독자의 호기심을 충족시켜야 한다."

작가가 규칙대로 하지 않으면 독자는 미스터리를 풀지 못한 채 스토리에 불만을 품기 마련이다. 그러면 결국 그 책은 중요한 지점에서 실패해버린 셈이다.

역순으로 들려주는 이야기

하지만 당연히 규칙은 깨라고 있는 것이다. 보니것이 예측 가능한 이야기 구조를 어떻게 생각하는지 살펴보면서 이번 장을 시작하긴 했지만, 그도 종종 이 개념들을 가지고 놀며 전복했다. 『제5도살장』을 보면 신뢰할 수 없는 화자, 빌리 필그림이 플롯의 일부를 역순으로 끌고 나간다.

그 영화는 제2차 세계대전에 동원된 미군 폭격기와 폭격기를 조종한 용감한 사람들에 대한 내용이었다. 이를 역순으로 본 빌리에 의하면 이야기는 이렇게 전개된다. 부상병과 시체를 가득 실은, 구멍이 뻥뻥 뚫린 미군 비행기들이 영국 비행장에서 후진으로 이륙한다. 프랑스 상공에서는 독일군 전투기 몇 대가 후진해서 날아와 비행기와 군인 몸에 박힌 총알과 포탄 파편을 빨아들인다. 만신창이가 되어 추락한 폭격기 몇 대의 파편들도 마찬가지다. 그리고 이 비행기들은 후진해 날아가 대형에 합류한다.

대형은 화염에 휩싸인 독일의 한 도시 위로 후진해 날아간다. 폭격기들은 폭탄실 문을 열고 화염을 줄이는 기적의 자기 작용을 발휘해 원통형의 강철 용기 속에 불길을 담고, 용기들을 비행기 동체 안으로 들어올린다. 이 원통형 용기들은 선반에 깔끔하게 보관된다. 지상의 독일인들은 긴 강철 파이프라는 그들만의 기적 같은 도구를 사용해 군인과 비행기에서 파편을 더 빨아들인다. 그러나 아직 다친 미국인이 몇 명 더 있었고, 일부 폭격기는 제대로 수리되지 않는 상태였다. 하지만 프랑스 상공에서 독일군 전투기가 다시 등장하더니 사람과 사물을 가리지 않고 모든 것을 새것처럼 만들어버린다.

폭격기가 기지에 도착하자 강철 원통형 용기가 선반에서 내려지더니 다시 미국으로 운송된다. 밤낮으로 돌아가는 미국의 공장에서 원통형 용기는 분해되고 위험한 내용물은 광물로 분리된다. 감동적이게도 이 일을 하는 인물들은 주로 여성이다. 광물은 다시 외진 지역의 전문가에게 운송된다. 다시는 누구도 해치는 일이 없도록 다시 땅속에 묻고 솜씨 좋게 숨기는 것이 그들의 일이었다.

위 글은 우리가 예상할 수 있는 이야기를 정반대 순서로 들려주지만, 그럼에도 이야기를 따라갈 수 있도록 하는 구조는 여전히 존재한다. 이 방식은 전쟁의 광기를 보여주기 위해 '구덩이에 빠진 남자'를 단순히 거꾸로 뒤집어놓은 것인데, 훈훈하게도 상당히 희망적인 분위기를 자아낸다는 점에서 보니것의 이야기를 떠오르게 한다. 그는 이야기의 구조를 주제로 한 강연에서 이렇게 설명했다.

"이것은 '구덩이에 빠진 남자' 이야기다. … 누군가 곤경에 빠지고 다시 곤경에서 벗어나니 말이다. 여기서 그래프의 곡선이 발단보다 결말에 이르러 더 높이 치솟아 있는 건 우연이 아니다. 이는 독자에게 희망을 주기 위해 설정된 것이다."

수면 아래로 보여주기

스토리텔링의 어려움 중 하나는 무언가를 언제 어떻게 드러낼지 결정하는 것이다. 대부분의 소설은 어느 시점에 이르면 "과연 주인공이 구덩이를 탈출할 수 있을까?" 같은 서스펜스가 필요하다. 또 독자가 캐릭터에 대해 뭔가를 알아내거나 특정 상황이 드러날 필요도 있다. 이런 것들을 염두에 두고 소설을 쓰다 보면 '아는 것의 저주'에 시달리는 법이다. 다음에 무슨 일이 일어날지 작가는 알지만 독자는 모르기 때문이다.

작가가 단서를 보여줄 때는 너무 모호하면 안 되지만 너무 노골적이어도 안 된다. 소설을 성공적으로 구성하려면 논픽션을 구성할 때와는 반대로 해야 한다. 오히려 정보를 생략해도 독자가 세심히 읽고 무슨 일이 일어나고 있는지 알아낼 수 있을 거라 믿어야 한다. 소설가들이 모호성, 신뢰할 수 없는 화자, 추론, 은유 같은 것에 기대는 이유도 이 때문이다. 그래야 이야기의 요소들을 숨길 수 있고, 지금 무슨 일이 벌어지고 있는지 독자가 직접 추론하게 만들 수 있기 때문이다. 윌리엄 새커리는 『허영의 시장』에 대해 이렇게 썼다.

『허영의 시장』에는 우리가 입 밖에 내지는 않지만 완벽히 잘하고 잘 아는 것들이 나온다. … 저자는 요부(베키 샤프)가 노래하고 미소 짓고 구슬리고 꼬드기는 것을 묘사하며, 겸손하고도 자랑스러운 태도로 주변 독자들에게 묻는다. 하지만 작가가 한 번이라도 예의를 잊고 괴물의 흉측한 꼬리를 수면 위로 내보인 적이 있는가? 아니다! 원한다면 투명한 물살 아래를 들여다보라. 악마같이 흉측하고 끈적끈적한 그것이 몸부림을 치고 빙빙 돌면서 뼈 무덤을 찰싹 치거나, 시체들을 돌돌 말고 있는 게 보일 것이다. 하지만 수면 위로는 모두 적절하고 쾌적하고 품위 있지 않았는가?

새커리는 수면 아래 숨겨진 것으로 비유를 들어 작가가 쓰지 않아도 독자는 알 수 있다는 자신의 생각을 전했다. 어니스트 헤밍웨이도 『오후의 죽음』에서 빙산 이론으로 알려진 자신의 문학적 생략 이론을 자세히 설명했다.

자기가 무엇을 쓰는지 잘 아는 작가라면, 아는 것을 생략하더라도 독자가 마치 작가의 생각을 읽은 것처럼 강렬한 느낌을 받을 수 있을 것이다. 빙산의 움직임이 장엄한 이유는 전체의 8분의 1만이 물 위로 나와 있기 때문이다. 뭘 잘 몰라서 생략하는 작가는 글에 빈자리만 만들 뿐이다.

내러티브 효과를 극대화하려면 어떤 단어를 쓸지 신중하게 생각하고 정확히 판단해야 한다. 또 직접 말하지 않더라도 지금 어떤 일이 일어나고 있는지 독자가 알아챌 수 있을 만큼 설득력 있고 진실하게 써야 한다. 헤밍웨이는 「단편의 기술The Art of Short Story」에서 다음과 같이 설명했다.

"내가 사실임을 확인한 게 몇 가지 있다. 작가가 스스로 잘 알고 있는 상태에서 중요한 정보나 사건을 부러 생략하면 이야기는 더 강력해진다. 그러나 잘 몰라서 빠뜨리거나 생략한 거라면 그 이야기는 무가치해진다. 이야기를 평가하는 기준은 작가가 생략을 얼마나 잘하는지에 달려 있다."

무엇을 빼야 할지 아는 것, 그것이야말로 좋은 글을 만드는 핵심이다.

닷새 만에 책 한 권을 뚝딱

루시 맹건은 『책벌레: 어린 시절의 독서 기록Bookworm: A Memoir of Childhood Reading』에서 이렇게 말했다.

"아무리 책을 좋아하고 잘 읽는다 해도 어릴 때는 독서가 쉬운 일이 아니다. 일단 독서를 할 수 있는 환경이 조성되어야 하고, 노력에는 반드시 보상이 뒤따른다는 사실을 알아야 가능한 일이다. 그러기 위해서는 만족스러운 이야기가 있어야 하며, 저자가 독자와 맺은 계약을 충실히 이행해야 한다."

특히 유년 시절에 시리즈물을 좋아하는 건 시리즈물이 돌아가고 싶은 친숙하고 편안한 세상을 그리고 있기 때문이다. 일어날 것 같은 일이 결국 일어난다는 사실을 알면 단어들의 세상을 향해하는 게 한층 즐거워지니 말이다. 우리는 친숙한 캐릭터와 테마를 열망하며, 작가들도 이 사실을 잘 알고 있다. 아마 작가들 역시 글을 쓰려고 자리에 앉으면 친숙하고 위안이 되는 안정된 세계로 돌아가기를 즐길 것이다.

"나는 휴대용 타자기를 무릎 위에 놓고 몇 분간 눈을 감는다. 마음을 텅 비우고 기다린다. 그러면 실재하는 아이들처럼 캐릭터들이 또렷하게 내 마음의 눈앞에 서 있다. … 첫 문장이 바로 떠오른다. 고민할 필요가 없다. 아니, 아무것도 생각할 필요가 없다."

이는 에니드 블라이튼이 자신의 창작 과정을 설명한 말이다. 블라이튼은 50년간 작가로 활동하면서 760권의 책을 쓴 것으로 추정된다. 그는 자신이 '마음 저 아래'라고 부르는 곳에서 왕성한 창작 활동을 하는 데 필요한 영감을 찾을 수 있다고 믿었지만, 블라이튼의 전기를 쓴 바버라 스토니는 이 방법에 단점이 있다고 했다.

블라이튼이 남편에게 말한 바에 따르면 "캐릭터들은 만들어지는 동안 … 머릿속을 '마구 걸어 다니고', 꿈을 장악하고, 다음 날 다시 타자기 앞에 앉을 때까지 좀처럼 쉬지 못하게" 했다고 한다. 자기가 만든 캐릭터들이 머릿속을 침범하는 것 외에도, 의식의 흐름대로 쓰는 방식과 그가 써내는 엄청난 양은 당연하게도 본인이 본인 작품을 종종 표절했다고 생각하게 만들었다. 그래서인지 블라이튼은 여러 명의 대필 작가를 고용했다는 소문에 끈질기게 시달렸다. 1956년에는 표지에 블라이튼의 이름이 있다고 해서 전부 그가 쓴 책은 아니라고 말한 사서를 고소하기도 했다.

블라이튼은 보통 하루에 6000개에서 1만 개의 단어를 썼다. 『유명한 5인조Famous Five』나 『비밀의 7인조Secret Seven』 같은 그의 모험 소설을 읽어본 적이 없다 해도 블라이튼의 공식은 알아볼 수 있다. 진행이 빠르고, 액션 위주고, 영웅과 악당이 뚜렷하게 구분되고, 신나며 현실 도피적이고, 누군가 생명을 잃거나 실제로 위험에 처하지는 않는다는 특징이 있기 때문이다.

이 공식은 그가 그토록 다작할 수 있었던 이유이자, 『글루텐 프리를 시작한 5인조Five Go Gluten Free』 『브렉시트섬의 5인조Five on Brexit Island』 『전략 없이 하루를 보내는 5인조Five Go On A Strategy Away Day』를 비롯한 수많은 패러디 대상이 된 이유이기도 하다. 블라이튼이 직접 쓴 책과 마찬가지로 스핀오프 책 표지에도 그의 공식 서명이 들어가 있는 걸 보면, 그가 일찍부터 자기 자신을 브랜드화하는 데 열성적이었다는 사실을 알 수 있다.

물론 모두가 블라이튼의 팬이었던 건 아니다. 그는 1936년부터 1963년까지, 거의 30년간 BBC 출연을 금지당하기도 했다. 한 BBC 관계자는 "정말 보잘것없는 글을 쓰는 이 여자가 베스트셀러 작가라는 게 정말 희한하다"고 했다. 심리학자 마이클 우즈도 「블라이튼 라인The Blyton Line」에서 그의 글쓰기 방법을 신랄하게 비판했다.

에니드 블라이튼에게는 도덕적 딜레마가 없다. 그의 책은 혼란스러운 회색 지대라고는 없는 명백한 흑백 세계를 제시하는 것으로 어린이들을 만족시킨다. 이 회색 지대가 어른에게는 삶을 흥미롭게 만드는 요소지만, 어린이에게 모호함이란 견딜 수 없는 무엇이기 때문이다. 블라이튼이 그토록 다작할 수 있었던 이유는 … 자신의 어린 시절을 떠올리며 고민하거나 양심과 씨름할 필요가 없었기 때문이다.

그러나 예상 가능한 구조는 실제로 구텐베르크 은하계를 여행하는 우리의 마음을 편안하게 만드는 발판 역할을 한다. 블라이튼의 책이 오늘날까지 베스트셀러로 남을 수 있는 이유 중 하나이기도 하고 말이다. 도식적인 스토리텔링은 책 읽기를 배우는 아이들에게 위안과 용기를 준다. 새로운 세계를 발견하기 위해 책을 읽기도 하지만, 일단 마음에 드는 세계를 찾으면 그 세계를 더 깊이 알고 싶어 하지 않는가. 우리는 익숙한 플롯의 관습에서 위안을 받아 성인이 되어서도 그 세계를 마음에 품은 채 살아가며, 그렇게 우리가 아는 세계에 머무른다.

"나는 아침에 세 시간가량 글을 쓴다. … 그리고 저녁 여섯 시에서 일곱 시까지 한 시간을 더 일한다. 수정하거나 쓴 것을 다시 읽어보는 일은 결코 없다. … 이 공식을 따르면 하루에 2000개의 단어를 쓸 수 있다."

이언 플레밍은 도식적인 글쓰기에 자연스레 끌리는 독자의 마음을 능수능란하게 활용한 대표 작가다. 앞에서 보았듯이 로맨스 소설이든 탐정 소설이든 작가가 따라야 할 규칙이 있고, 독자와 저자 사이의 계약은 이를 고수해야 성립한다. 그리고 이 규칙은 작가들이 실제로 글을 쓸 때 도움이 되기도 한다.

플레밍은 스스로 "문학작품처럼 읽히도록 설계된 스릴러"라 칭한 제임스 본드 시리즈로 엄청난 성공을 거두었다. 그는 이 소설을 쓸 때 **어떻게** 쓰는지뿐만 아니라 **무엇을** 쓰는지에도 규칙을 적용했다. 공식을 고수하라, 하루에 2000 단어를 쓰라, 수정 따위는 하지 말라, 살아 있는 동안 3000만 권을 팔고, 죽고 나서는 그 두 배를 팔라.* 간단하지 않은가. 앤드루 테일러는 『죽느냐 사느냐』의 서문에 다음과 같은 말을 남겼다.

"플레밍의 전형적인 공식이 사용된 첫 책이다. 본드는 무한한

---

* 1964년에 치명적인 심장마비로 사망하기 전, 플레밍은 자신을 데리러 온 구급대원에게 이런 마지막 말을 남겼다고 한다. "귀찮게 해서 미안합니다만, 요즘처럼 교통 체증이 심할 때 어찌 그렇게 차를 빨리 몰 수 있는 겁니까?"

부와 권력에 엄청난 욕망을 가진 특이한 외모의 부도덕한 악당을 상대하기 위해 이국적 장소로 보내진다. 그리고 그곳에서 만난 아름다운 여성은 플롯 장치 겸 전리품 역할을 한다."

플레밍은 악당들의 외모를 특이하게 설정했을 뿐만 아니라 색다른 유형의 이름을 붙였다. 오릭 골드핑거는 플레밍이 싫어했던 모더니즘 건축가 에르노 골드핑거에게서 따왔고(골드핑거가 『골드핑거Goldfinger』의 출간을 앞두고 법률 자문을 구했는데, 플레밍이 악당의 이름을 '골드프릭Goldprick'으로 바꿔버리겠다며 위협했다고 한다), 『문레이커Moonraker』의 악당 휴고 드랙스는 플레밍의 지인인 제독 레지널드 에일머 랜펄리 플런킷-언리-얼-드랙스 경에게서 따온 것이다.

1966년 움베르토 에코는 「플레밍의 내러티브 구조Narrative structures in Fleming」라는 짧은 글에서 소설이 어떻게 "코드화된 일련의 '움직임'으로 고정되고, 완벽하게 재배치된 도식에 따라 구성되는지"를 설명했다. 여기서 움직임이란 무엇일까?

1. M이 움직이고 본드에게 임무를 준다.
2. 악당이 움직이고 본드 앞에 나타난다(대리인을 보낼 수도 있다).
3. 본드가 움직이고 빌런에게 첫 공격을 개시한다. 혹은 악당이 본드에게 첫 공격을 개시한다.
4. 여성이 움직이고 모습을 드러낸다.
5. 본드가 여성을 데려간다(여성의 마음을 사로잡거나 유혹한다).
6. 악당이 본드를 생포한다(여성은 본드와 같이 있을 수도 있고 없을 수도 있다. 혹은 본드와 여성을 따로따로 생포할 수도 있다).
7. 악당이 본드를 고문한다(여성은 본드와 같이 있을 수도 있고 없을 수

도 있다).

8. 본드가 승리를 거둔다(악당을 죽이거나 악당의 대리인을 죽이거나 그들을 죽이는 데 도움을 준다).

9. 본드가 부상에서 회복해 여성과 좋은 시간을 보내지만, 곧 그를 잃는다.

이렇게 놓고 보니 굉장히 도식적이지만, 이 스타일이야말로 제임스 본드라는 브랜드와 플레밍의 작품을 강화하고 지속시킨 일등공신이다. 플레밍은 1964년 인터뷰에서 이런 말을 했다.

"나는 표면적인 것에, 사건을 빠르게 전개시키고 빠르게 글을 쓰는 데* 관심이 너무 많다. 아무래도 사람의 심리나 역사적 배경을 파고들 인내심이 없는 것 같다. 하지만 이렇게 글을 쓰는 일이 매우 행복하다고 말하고 싶다. 또 놀라울 만큼 똑똑한 사람들이 내 책을 즐겁고 재밌게 읽어주는 것에 감사하다. 하지만 그렇게 놀랄 일은 아니긴 하다. 내가 읽어도 무척 재밌기 때문이다."

플레밍의 공식은 즐거움과 재미를 보장할 뿐만 아니라, 글쓰

---

* 빠른 속도의 글쓰기에 대해 이야기하자면, 전설적인 탐정 매그레의 창조자이자 500편이 넘는 소설의 저자인 조르주 심농에 관해 평론가 존 셀프가 한 말을 참고할 필요가 있다. "심농은 전설적인 다작 작가다. 그는 하루에 장 하나를 뚝딱 써내곤 했다. 몸이 아프거나 해서 48시간 이상 글을 쓰지 못하면 전에 썼던 것을 전부 폐기했다. 대부분의 소설을 10일이나 11일 만에 썼으며, 편집은 너무 '문학적'으로 보이는 부분을 '삭제, 삭제, 삭제'하는 선에서 그쳤다. 앨프리드 히치콕이 그에게 전화를 했다가 심농이 새 소설에 착수해서 전화를 받을 수 없다는 이야기를 전해 들었다는 일화도 전해진다. 그러자 히치콕은 '괜찮습니다. 기다리죠' 했다고 한다."

기라는 과중한 업무에 하루 중 단 몇 시간만 투자해도 된다는 의미이기도 하다. 그래서인지 이 공식은 플레밍이 세상을 떠난 후에도 명맥을 이어가고 있다. 현재까지 킹슬리 에이미스(필명은 로버트 마크햄), 존 가드너, 레이먼드 벤슨, 제프리 디버, 윌리엄 보이드, 시배스천 폭스, 앤서니 호로비츠가 본드의 새로운 모험 이야기를 썼다. 그리고 이들 모두가 007 공식이 보장하는 성공의 혜택을 누렸다. 본드는 새 임무를 맡을 때마다 죽을 위험을 무릅쓰지만, 우리는 본드가 부상에서 회복한 뒤 여성과 즐거운 시간을 보내다 곧 그를 잃을 시기가 온다는 걸 안다. 본드가 회복해 여성을 잃어야만 새로운 모험이 다시 시작될 수 있기 때문이다.

스트레이트마이어 신디케이트의 비밀

블라이튼이 1인 체제로 운영되는 글쓰기 기계였는지 몰라도 에드워드 스트레이트마이어의 상대가 될 수는 없었다. 《뉴욕 타임스》 보도에 따르면, 스트레이트마이어가 1930년에 세상을 떠났을 때 그의 '로버 보이즈 시리즈'는 500만 부가 넘게 팔렸다. 그가 팔아 치운 책은 여기서 끝이 아니다. 그는 로버 보이즈뿐만 아니라 '밥시 쌍둥이' '톰 스위프트' '베이스볼 조' '하디 보이즈' '낸시 드류' '데이나 걸스' 같은 시리즈를 만든 책임자였다. 이 중 낸시 드류 시리즈만 해도 단독으로 8000만 부 이상의 판매고를 올렸다.

어떻게 이런 일이 가능했을까? 스트레이트마이어가 죽은 지 4년 후에 그를 재조명한 《포춘》 기사에 따르면, 그는 "미국 청소년의 독서 능력은 무궁무진하다"는 걸 발견했다고 한다. 그는 잡지사 스미스 앤드 스미스에서 일을 시작했는데, 이때 허레이쇼 앨저[*]의 미완성 유고를 대신 마무리해달라는 요청을 받고 이를 진행했다. 스트레이트마이어는 앨저의 메모를 참고하거나 직접 창작해서 앨저의 이름으로 된 열한 권에 달하는 책을 출판해 성공을 거두었다. 그는 이 경험에 힘입어 청소년 독자를 위한 다수의 시리즈물을 추가로 만들어나갔다. 처음에는 직접 집필했지만 아무래도 혼자서 엄청난 수요를 감당하기 어려웠는지, 결국 독자를 만족시키기 위해서는 도움을 받아야 한다고 판단했다. 그가 만든 시리즈물을 보면 저자 이름이 표기되어 있긴 하지만, 사실은 신디케이트(몇 개의 기업이 서로 연합해 상품을 공동판매하는 방식의 조직—옮긴이)의 작품이라는 비밀이 숨어 있다.

보통은 작가를 떠올리면 홀로 일하면서 자신만의 가치를 전달하는 고독한 천재로 생각하는 경향이 있지만, 스트레이트마이어를 보면 마냥 그렇지만도 않다는 걸 알 수 있다. 어떤 공식은 너무 효과적인 탓에 이야기가 이를 잘 따르기만 하면 정작 저자가 누구인지는 별로 중요하지 않아진다.

1910년에 이르자 스트레이트마이어의 신디케이트는 공식적으로 통합되어 효율적인 시스템을 갖추었다. 그가 새 시리즈를 구상해 각 권에 들어갈 대략적인 스토리를 발전시키고 나면, 계약된 작가에게 넘어가 200쪽 분량의 책으로 만들어지는 식이었다. 이 시스템은 지금까지도 여전히 사용되고 있다. 문학계의 거물이

---

[*]   허레이쇼 앨저(1832~1899)는 죽기 전까지 가난뱅이에서 부자가 된 이야기를 약 100편 정도 출간했다. 앨저 연구자 게리 샤른호스트는 앨저의 글쓰기 스타일이 "터무니없다" "시대착오적이다"라고 평했지만, 그의 책 중 절반 이상이 셰익스피어를 언급할 뿐 아니라, 존 밀턴과 키케로에 대한 암시를 담고 있다.

자《뉴욕 타임스》베스트셀러에 오른 책이 최소 114권인 전 세계적 베스트셀러 작가, 제임스 패터슨도 공동 저자들과의 협업으로 해마다 많은 작품을 쏟아내고 있다. 그의 책 표지에는 패터슨의 이름이 커다랗게 써 있지만, 실제로 책을 쓰는 사람은 패터슨이 아니다. 그가 상세 줄거리를 제공하면 고용된 다른 사람이 글을 쓰고 패터슨의 감수를 받는 식이니 말이다.

스트레이트마이어는 고용한 작가들이 사무실에서 서로 만나는 일이 없도록 신중하게 약속을 잡았다. 원고가 완성되면 수정하고 교정해서 출판사로 보내는 것이 그의 일이었다. 결정적인 건 작가가 아닌 신디케이트가 책의 저작권을 소유한다는 것이었다. 스트레이트마이어 소속 작가 중 한 명인 앨버트 스벤슨은 신디케이트 작가들이 따라야 하는 공식을 이렇게 설명했다.

"인물이 죽는 비율은 낮지만 구성은 다채로워야 한다. 행위 동사와 느낌표, 도발적인 질문을 곳곳에 사용해야 한다. 영웅은 총을 쓰지 않는다. 애무 장면은 나오면 안 된다. 주인공은 첫 페이지에 소개하고 곧바로 스릴 만점의 미스터리나 위험을 제시해야 한다. 원래 첫 페이지는 열다섯 줄이었는데, 이제는 열여덟 줄로 늘었다."

『나보코프가 가장 좋아하는 단어는 담자색이다: 우리가 가장 사랑한 작가들의 문학적 기벽과 별난 구석Nabokov's Favourite Word is Mauve: The Literary Quirks and Oddities of Our Most-Loved Authors』의 저자 벤 블랫은 이 책에서 하디 보이즈 시리즈와 낸시 드류 시리즈의 각 장 마지막 문장을 분석했다. 하디 보이즈는 마지막 문장의 71퍼센트가 블랫이 "명백한 흥분(!)" "명백한 미스터리(?)"라 부르는 문장부호로 끝났다. 이처럼 손에 땀을 쥐게 하는 엔딩*은 공식에 따른 것으로, 거의 100년간 독자들을 책에 빠져들게 만든 일등공신이었다.

좋은 글은 무엇보다 독창성, 창의성, 획기적인 새로운 문학적 장치를 추구해야 한다고 생각할 수도 있다. 실제로 문학은 실험성과 독창성을 기준으로 비평되고 평가받아 수상이 결정되기도 한다. 하지만 독서로 얻는 즐거움의 큰 부분은 익숙함을 느끼고, 위안을 받고, 기대가 충족되는 데서 온다. 이런 글은 흥분과 미스터리가 가득하니 계속해서 페이지가 넘어갈 수밖에 없다. 독자도 내가 지금 무엇을 얻고 있는지 정확히 아는 상태에서 독서를 즐길 수 있고 말이다. 또 이런 책은 단순히 읽는 즐거움 외에도 공장식 출판이 상업적으로 얼마나 큰 성공을 거둘 수 있는지 잘 보여주는 지표이기도 하다.

---

*   블랫은 에니드 블라이튼의 글에 대해 "손에 땀을 쥐게 하는 엔딩"이라 말하며 83
점을 주었다.

단어를 기워 노래하는 자들 — 유령 작가

호메로스는 실존 인물일까? 이 질문은 호메로스가 누구이고, 『일리아스』와 『오디세이아』를 쓴 진짜 저자는 누구이며, 이 작품들이 언제 어떻게 쓰였는지에 대한 답을 찾는 학문 분야, '호메로스적 문제Homeric Question'의 한 축이다. 그가 정말 실존했다면 오직 한 사람일까? 혹시 '호메로스적'이라는 말이 구전 스토리텔링에 참여한 집단과 문화 전체를 지칭하는 건 아닐까?

호메로스가 실존 인물이었는지 확실히 알 수는 없지만, '호메리대Homeridae'라고 불린 시인 단체는 분명 존재했다. 일부 학자들은 호메로스라는 이름이 여기서 역추출된 것이라 믿는다. 호메리대들이 스스로를 호메로스의 자손이라 주장하는 과정에서 이 이름이 처음 나왔다는 것이다. 원래 호메리대는 인질의 자손이라는 뜻이라, 어떤 사람들은 호메리대가 전쟁 포로의 후손일지도 모른다는 가설을 세우기도 했다. 호메리대는 충성심이 의심된다는 이유로 전투에 투입되지 않는 대신, 문맹의 시기에도 작품이 보존될 수 있도록 그 지역에 구전되던 대서사시를 암기하는 임무를 수행했다. 그리스 시인 핀다르는 호메리대를 "단어를 기워 노래하는 자들"이라고 상당히 아름답게 표현했다.

호메로스가 썼다고 여겨지는 시들은 구전 문화에 기반했을 가능성이 높다. 구와 절이 반복되어 외우기 적합한 이런 시들은 유사 이래 가수와 시인이 애용해온 공식이기 때문이다. 이 작품들은 기원전 8세기에 이르러서야 정제되고 표준화되었는데, 이 일을 한 게 아마 호메로스라는 사람이었던 것 같다. 하지만 이야기를 들려주는 게 **누구인지**가 정말 중요할까? 저자가 누구인지 꼭 알아야 하는 걸까? 저자가 누구인지 알면 글을 더 즐기게 될까, 아니면 책장을 넘기기도 전에 왜곡된 관점을 가지게 될까?

익명의 여성들

신약성서의 바울 서신부터(성경에는 사도 바울이 열네 권의 책을 썼다고 명시되어 있긴 하지만, 교황 에우세비우스 시대 때부터 '히브리인들에게 보내는 편지'는 바울이 쓴 게 아니라는 주장이 제기되어왔다) 1992년 빌 클린턴의 대통령 선거 운동을 다룬 책 『프라이머리 컬러스Primary Colors』까지, 저자의 이름을 의도적으로 숨기는 전략은 홍보에 도움을 주고, 작가가 보다 솔직한 목소리를 낼 수 있게 하며, 어떤 경우에는 그냥 재미 요소로서 거대한 미스터리 역할을 하기도 한다.

예전에 비해 요즘은 작가의 정체를 숨기기가 굉장히 어렵다. 『프라이머리 컬러스』 저자도 익명 상태를 그리 오래 유지하지는 못했다. 언어 스타일을 연구하는 교수가 스타일 분석에 나섰고 이어서 《워싱턴 포스트》가 필체 분석을 감행하자, 칼럼니스트 조 클라인이 마지못해 자기가 그 익명의 저자임을 시인했기 때문이다.

신원을 숨기고 글을 쓰는 일은 오래전부터 있었다. 어떤 이들에게는 글을 쓰고 독자를 찾는 것 자체가 사회적 일탈 행위였으니 말이다. 버지니아 울프는 『자기만의 방』을 통해 "대부분의 역사에서 여성은 익명이었다"고 말했다. 샬럿 브론테, 에밀리 브론테, 앤 브론테는 모두 남성 이름으로 작품을 발표했다.* 샬럿 브론테는 이렇게 설명했다.

"우리는 여성이라는 사실을 밝히고 싶지 않았다. 우리의 글쓰기 방식이나 사고방식은 소위 말하는 '여성적인' 스타일이 아니었지만, 여성 작가는 편견에 노출되기 쉽다는 느낌을 막연하게 받았기 때문이다."

구텐베르크 은하계가 모두에게 늘 열려 있던 건 아니다. 어떤 작가들은 자신의 신원을 숨기거나 다른 누군가로 가장해야만 그 세계에 입장할 수 있었다.†

메리 앤 에번스(조지 엘리엇), 카렌 블릭센(이자크 디네센), 루이자 메이 올콧(A.M. 바너드)도 발표하는 일부 혹은 모든 작품에 남성 이름을 썼다. 그래야만 작가로서 더 진지한 대접을 받을 수 있었기 때문이다. 그런데 최근 몇 년간은 남성 작가가 여성 이름으로 바꿔 쓰는 일이 일어나고 있다. 이런 일이 가장 빈번하게 일어나는 시장은 범죄 소설 분야다. 범죄 소설은 여성 작가 책이 매출의

---

* 커러 벨, 엘리스 벨, 액턴 벨.

† 정체를 숨기기로 했어도 저자는 때때로 독자를 위해 단서를 남긴다. 게리 덱스터는 『캐치-21은 왜 안 되지?: 제목에 얽힌 뒷이야기들Why Not Catch-21? The Stories Behind the Titles』에서 브론테 자매가 어떻게 필명을 선택했는지 자세히 설명한다. 특히 필명 이니셜이 본명 이니셜과 일치하도록 설정했다는 데 주목했다. 또 어머니의 결혼 전 성이자 남동생 이름인 '브랜웰Branwell'에서 'ranw'를 제거하면 '벨Bell'이 된다는 점도 짚었다.

60~80퍼센트를 차지하기 때문이다. 길리언 플린, 폴라 호킨스, 카린 슬로터 같은 작가들의 책은 수백만 권씩 팔린다. 그러니 이제는 남성 작가들도 작품을 팔기 위해 여성 이름이나 성별을 추측하기 어려운 중립적 이름을 쓰는 게 놀라운 일은 아니다. A.J. 핀, S.J. 왓슨, S.K. 트레메인도 원래는 모두 남성이다.

　작가들은 수 세기 동안 필명을 써왔다. 하피즈(암송자)로 알려진 14세기 페르시아 시인과 일본의 하이쿠 시인 마쓰오 바쇼(바쇼芭蕉는 바나나 나무라는 뜻)도 필명이다. 좀 더 최근으로 오면 『나의 눈부신 친구』를 비롯한 '나폴리 4부작'을 쓴 베스트셀러 작가, 엘레나 페란테가 있겠다. 그는 1991년 자신의 첫 책 출간을 앞두고 출판사에 보낸 편지에 다음과 같은 말을 남기며 정체를 드러내지 않기로 결정했다.

　"책은 다 쓰이고 난 뒤에는 저자를 필요로 하지 않는 것 같습니다. 할 말이 있다면 책이 알아서 독자를 찾겠죠. 아니면 말 것이고요. … 저는 옛날 책과 요즘 책을 가리지 않고 늘 한결같이 강렬한 생명력을 발휘하는, 저자 미상의 신비로운 책들을 무척 좋아합니다. 그런 책들은 한밤의 기적처럼 보이지요…."

　페란테가 누구인가 하는 문제는 최근 30년간 수많은 논평과 조사와 추측의 대상이었다. 이탈리아의 기자 클라우디오 가티는 페란테로 의심되는 사람의 금융 거래 기록을 분석해 그의 정체를 드러내려고까지 했다. 하지만 알렉산드라 슈워츠가 《뉴요커》에 쓴 것처럼, 자신의 정체를 숨기기로 한 페란테의 결정을 그냥 계속 존중해주면 안 되는 걸까?

나를 비롯한 수많은 독자가 페란테의 책에 빠진 것처럼 책과 사랑에 빠지려면 저자와 특별한 친밀함을 느껴야 한다. 작가와 독자 모두가 서로를 깊이 수용하고 이해한다는 느낌을 받아야 하는 것이다. 저자는 독자 개인에 대해 아무것도 모르지만, 그럼에도 우리는 마음속 깊은 곳까지 이해받는 기분을 느낀다. 바로 페란테가 익명을 선택했기에 독자와 작가가 동등한 위치에 서는 흔치 않은 일이 생겨난 것이다. 페란테는 우리의 삶을 시시콜콜하게 알지 못하고, 알고 싶어 하지도 않는다. 마찬가지로 우리도 그의 삶을 모른다. 서로가 모든 가능성이 활짝 열린, 가상의 중립지대에서 만나는 것이다.

'가상의 중립지대'는 작가의 익명성으로만 찾을 수 있다. 성별, 나이, 배경, 이력 같은 정보를 모를 때 우리에게 주어진 건 오직 책에 실린 단어뿐이며, 이때야말로 아무런 선입견 없이 작품에 접근할 수 있다. 버지니아 울프가 썼듯 "모호함은 마음에서 질투와 앙심을 없애주고, 너그러움과 관대함이 콸콸 흐르게 한다. 그리고 감사의 표시나 칭찬 세례 없이 좋은 것을 주고받을 수 있게 한다."

이름 없음의 기쁨

버지니아 울프는 "이름이 없다는 것의 기쁨은 … 어두운 바다로 돌아가는 파도와 같다"고 묘사했다. 어떤 작가들, 이를테면 범죄 소설을 쓰는 조세핀 테이는 자신의 정체를 숨기기 위해 여러 개의 필명*을 즐겨 사용했다. 테이와 같은 학교를 다녔다는 한 친구는 이렇게 말했다.

"저희 중에서 그 아이가 실제로 어떤 사람인지 아는 애는 거의 없었어요. 번잡한 거리를 함께 걸어 다니고, 걔가 사는 예쁜 집과 그림 같은 정원에 감탄하고, 함께 학창 시절을 공유했지만, 정작 깊은 우정을 나눈 친구는 아무도 없었던 것 같아요. 그 아이는 자칭 '외로운 늑대'였고, 그렇게 되고 싶어 했죠. 친목 도모를 위한 시도는 칼같이 쳐내곤 했어요."

사생활과 비밀 유지를 중시하는 테이의 성향을 고려하면 『프랜차이즈 저택 사건』 『브랫 패러의 비밀』 『사랑하고 현명해져라To Love and Be Wise』 같은 그의 소설이 모두 은폐, 정체성 논쟁, 이중생활에 관한 이야기를 다루는 게 이해가 간다. 테이의 캐릭터들은 이름이 있을 때조차 진짜 이름이 아닐 때가 많고, 배경이나 이력이나 성별이 가짜일 때도 있다. 이처럼 저자의 정체를 위장하는 익명과 대필은 둘 다 유구한 역사를 가지고 있다.

최근에는 대필이라는 말을 부정적으로 사용하는 경우가 많다. 실제로 대필로 쓴 책은 진정성을 의심받고, 어쩐지 부정행위 같다는 의혹의 시선을 피하지 못한다. 하지만 대필의 세계를 들여다보면 생각보다 유서 깊고 흥미로운 역사가 가득하다. 셰익스피

---

*　1952년 2월 13일 자 《타임스》에는 고든 데이비엇의 사망 소식이 실렸다. 그는 1920~1930년대에 여러 편의 성공적인 희곡을 쓴 인물로, 가장 잘 알려진 작품을 꼽자면 존 길구드가 연출과 주연을 겸한 「보르도의 리처드Richard of Bordeaux」라 할 수 있겠다. 하지만 데이비엇은 저자로만 존재했을 뿐 실존 인물이 아니었다. 진짜 데이비엇은 엘리자베스 매킨토시였다. 알고 보니 매킨토시는 『프랜차이즈 저택 사건』 같은 범죄 소설을 쓴 조세핀 테이라는 또 다른 정체의 필명을 사용하고 있었다.

어만 해도 그의 작품만큼이나 방대한 논의 주제가, 그가 정말 존재했는지와 누가 그 희곡들을 썼는지에 대한 것이니 말이다. 대략 후보로만 80명 정도를 꼽을 수 있겠는데, 그중에서도 크리스토퍼 말로, 프랜시스 베이컨 경, 17세기 옥스퍼드 백작이 선두 주자라 할 수 있겠다.

하퍼 리의 어린 시절 친구인 트루먼 커포티는 베스트셀러가 된 『앵무새 죽이기』를 쓴 진짜 저자가 아니냐는 의심을 받아왔다. 이후로 『파수꾼』이 출간되기 전까지 리가 다른 책을 한 권도 쓰지 않은 게 의심을 낳은 원인 중 하나였다. 하지만 엄밀히 말하면 오히려 리가 커포티의 대필 작가였다고 말하는 편이 더 정확하다. 역사상 두 번째로 잘 팔린 범죄 실화 분야 책*인 커포티의 논픽션 『인 콜드 블러드』를 집필할 때 필요한 자료 조사를 리가 대신해주었기 때문이다. 그는 6개월간 캔자스에 머물면서 동네 주민들의 협조를 얻어내고 배경 조사를 하며 커포티의 책 작업을 도왔다. 리의 도움이 없었다면 아마 커포티는 책을 쓰지 못했을 것이다.

범죄 분야는 대필 작가에게 여전히 비옥한 영역으로 남아 있다. 전직 기수였던 딕 프랜시스는 은퇴 후 스릴러 소설을 집필해 수백만 부를 팔았지만, 그의 전기에 따르면 글은 대부분 부인 메리가 썼다고 한다. 메리는 남편의 전기 『경주하는 삶A Racing Life』을 쓴 그레이엄 로드와의 인터뷰에서 이렇게 말했다. "남편이 썼다고

---

*   그럼 가장 잘 팔린 책은 뭘까? 바로 빈센트 불리오시와 커트 젠트리가 공저한 『헬터 스켈터: 맨슨 살인 사건Helter Skelter: The True Story of the Manson Murders』이다. 1974년에 출간된 이 책은 700만 부 이상 팔렸다.

생각하는 게 훨씬 나을 거예요. 간결하고 남성적인 책이라, 여성이 썼다고 하면 신뢰를 잃을 수도 있거든요." 메리의 이 말은 대필 관계를 둘러싸고 있는 중대한 진실 하나를 콕 집어 보여준다. 한쪽은 신뢰성을 부여하고, 다른 한쪽은 글을 제공한다는 의미를 말이다. 대필 비즈니스는 우리가 어떤 식으로 글을 바라보는지 잘 말해준다. 우리는 글의 스토리나 통찰력뿐만 아니라, 이 글이 어디서 왔는지도 살피며 내용을 추측하고, 결론을 도출하고, 받아들일지 말지를 결정한다. 출처가 의심스럽거나 모호하다면 아무리 지식의 나무라 해도 열매를 따 먹지 않기로 선택할 수 있는 것이다.

1924년, 펄프 매거진(갱지를 사용해 만든 저렴한 소설 잡지—옮긴이)《위어드 테일즈》는 탈출 마술로 유명한 헝가리 태생 해리 후디니의 「파라오들과 함께 갇히다Imprisoned with the Pharaohs」라는 단편을 실었다. 그런데 사실 이 소설은 H.P. 러브크래프트†가 약 13만 원을 받고 쓴 작품이었다. 내용은 후디니가 이집트에서 겪은 실화를 토대로 하고 있다. 여행 가이드에게 납치되어 기자의 거대 스핑크스 근처 어느 구덩이 속에 던져진 뒤, 거기서 탈출하려 애쓰다가 스핑크스를 짓는 데 영감을 준 신을 발견했다는 것이다. 이 믿기 힘든 이야기가 러브크래프트에게 일어난 일이라고 한다면 과

---

† H.P. 러브크래프트는 생전에 『인스머스의 그림자』라는 딱 한 권의 소설을 출간했다. 출간 후, 그는 친구에게 보내는 편지에 이런 말을 썼다. "내 책이 나왔는데, 첫 번째 천 장정 책인데도 설레는 기분이 들지가 않네. 실은 내가 본 것 중 가장 형편없이 만든 책 중 하나가 아닐까 싶어. 오탈자는 서른 개가 넘고 구성은 조잡한데다 제본은 느슨하고 엉성하기까지 하거든." 심지어 정오표에도 오류가 있었다고 한다.

연 독자들이 믿었을까? 그래서인지 《위어드 테일즈》도 해리 후디니라면 이런 모험을 할 법하다고 판단해 결정을 내린 듯하다.

이런 교묘한 속임수는 독자에게 즐겁고 믿을 만한 무언가를 제공하려는 순수한 시도라기보다는 언뜻 사기처럼 보일 수 있다. 존 F. 케네디는 1956년에 출간된 저서 『용기 있는 사람들Profiles in Courage』로 퓰리처상을 수상했지만, 책의 대부분을 쓴 건 연설문 담당자 중 한 명인 테드 소런슨이었다. 이 사실은 1957년 저널리스트 드류 피어슨이 TV 방송에 출연해 "대필로 쓴 책으로 퓰리처상을 받은 사람은 내가 알기로 존 F. 케네디가 유일하다"는 발언을 하면서부터 알려졌다. 샤를 드 골도 대필로 글을 써주었고, 본인도 대필로 쓴 책을 냈다. 그는 프랑스군 원수 필리프 페탱을 대신해 프랑스 군대의 역사를 주제로 한 책을 썼는데, 정작 자기 회고록은 그가 집권하는 동안 문화부 장관을 역임한 앙드레 말로가 대필해준 것으로 추정된다.

글의 세계에서 유령은 도처에 있다. 그저 어둠 속에 가려져 있을 뿐이다. 언젠가 그 유령 중 한 명이 내게 신비의 장막에 가려진 대필 작가의 삶을 말해준 적이 있다.

"내가 아는 대부분의 대필 작가는 이야기에 매혹되어 그 이야기를 최대한 설득력 있는 방식으로 세상에 내놓고자 하는 욕망을 가진 사람들이에요. 직접 글을 쓰지 않는다는 이유로, 우리의 고용주라 할 수 있는 저자가 부정행위를 한다는 식으로 비난하는 건 사실 설득력이 떨어져요. 왜냐하면 우리가 저자와 보내는 상당히 많은 시간은 고려하지 않았으니까요. 몇 년 전에 제가 쓴 책만 해도 석 달에 걸쳐 저자를 직접 만나 대화를 나누었거든요. 인도, 베르비에, 스웨덴, 포르투갈에서 함께한 시간을 포함해서요. 바라는 게 하나 있다면, 이야기가 어디서 왔는지보다 이야기 자체에 집중해 주면 좋겠다는 마음이에요."

글과 관련된 대부분의 일이 그렇듯 대필 작업을 진행하는 방식은 다양하다. 가령 어떤 대필 작가는 출판사나 편집자에게 세상에 알리고 싶은 이야기의 개요를 써 보내는 식으로 자기가 먼저 아이디어를 내놓는다. 반대로 출판사나 편집자가 먼저 어떤 글을 받으면 좋을지 아이디어를 떠올릴 때도 있다. 만약 이야기 소스는 확보했는데, 정작 이걸 써줄 사람이 글을 쓸 시간이나 능력이 없다고 하면 그때 대필 작가가 부름을 받는 것이다.

"보통 대필 작가는 일을 맡기 위해 인터뷰 과정을 거쳐요. 어떤 프로젝트든 저자와 잘 맞는 대필 작가를 찾는 것이 관건이니까요. 어떤 대필 작가에게 물어봐도 저자와 궁합이 맞지 않아 거절한 책이 한두 권은 있을걸요? 데이트처럼 대필도 협업이 잘 이루어지려면 대필 작가와 저자 사이에 연결 고리가 있어야 해요. 저도 최근에 보수가 아주 좋은데도 상대와 어떻게 함께 일해야 할지 확신이 안 서서 제안을 거절한 적이 있어요. 물론 저자에게 어떤 문제가 있었던 건 아니에요. 단지 맞는 짝이 아니었을 뿐이죠. 두 사람의 궁합은 대필 프로젝트에서 단연 가장 중요한 부분일 거예요. 최상의 책을 만들고 싶다면 맞지 않는 책을 만났을 때 거절하거나 다른 사람에게 넘길 수 있어야 해요."

대필 작가는 독립 출판이 부상하면서 혜택을 누리기도 했다. 전하고 싶은 이야기가 있는데 글로 표현할 재주가 없다고 느끼면 누구나 대필 작가를 구할 수 있기 때문이다. 독립 출판은 비교적 빠르게 자신의 이야기를 세상에 내놓으면서 수익까지 실현할 수 있는 방식이다. 특히 당사자가 SNS를 운영하거나 팬이 많다면 더욱 그렇다.

"대필 작업이 본격적으로 흥미로워지는 건 여기부터예요. 글쓰기 전 책의 전반적인 구성을 돕는 일부터 글을 쓰고, 편집하고, 디자이너와 교열자에게 작업을 의뢰하고, 마침내 책을 인쇄소로 보내는 일까지 정말 여러 방면으로 목소리를 낼 수 있거든요. 제가 아는 모든 대필 작가는 저마다 다른 경로로 이 일을 하게 되었어요. 저는 출판사에서 근무하다가 일을 하게 된 케이스인데, 마감일이 말도 안 되는 책 작업을 도와달라고 요청받은 게 시작이었죠. 다행히 그 일을 해냈고, 이어서 다른 책들도 하나씩 의뢰받았어요. 그냥 그렇게 자연스럽게 발전해왔달까요. 대필 작가들이 모인 작은 집단에 속해 있다 보니 알게 된 사실인데, 이 중에는 언론인 출신도 있고, 자기 글을 쓰던 사람이나 자기 사업을 하다 온 사람도 있어요. 처음부터 대필 작가가 되려고 했던 사람은 아무도 없을 테지만, 지금은 우리 모두 이 일을 사랑하고 있어요. 평판을 쌓기 위해 해야 하는 일은 다른 분야랑도 비슷할 거예요. 나가서 자기 자신을 좀 팔고, 인맥을 형성하고, 출판사나 에이전트와 대화를 나누고, 흥미로운 이야기를 해줄 수 있을 것 같은 사람에게 접근해야 하죠. 기본적으로 좀 나대야 하고, 포트폴리오를 만들기 위해서라면 보수가 낮은 일도 마다하지 않아야 하겠죠. 자기만의 전문 분야를 만들어 존재감을 키워가는 대필 작가들도 있어요. 특정 출판사, 편집자, 에이전트와 긴밀한 관계를 맺고 있는 사람들도 있을 거고요."

많은 사람이 자기에게는 할 이야기가 있고, 어딘가에는 그 이야기를 들어줄 독자가 있다고 믿는다. 한편 인터넷은 이야기가 독자를 찾아가는 방식을 송두리째 바꿔놓았는데, 덕분에 대필 작가도 줌, 스카이프, 페이스타임 같은 프로그램을 활용해 실무자들과 실제로 만나지 않고도 충분히 대화할 수 있게 되었다. 이제는 웬만하면 대필 작가들도 대부분 자기 웹 사이트를 가지고 있기 때문에 바로 작업을 시작할 수 있고 말이다.

"들려줄 특별한 경험이 있고, 세세한 것까지 기억하는 사람과 작업하는 게 가장 쉽고 재밌어요. 심지어 완벽한 문장을 구사하는 사람도 몇 만나봤답니다. 정말 즐거웠죠. 반면 별로 관심도 없고, 기억력도 별로고, 이야기를 풀어나가는 재주가 부족한 사람도 있어요. 이런 사람들이야말로 우리가 밥값을 해야 하는 상대라고 할 수 있죠. 저랑 작업한 어떤 분은 20년간 온갖 환각제를 복용한 탓에 신체적으로도 정신적으로도 무너진 상태였어요. 20년 동안 약물을 엄청나게 복용해서인지 세세하게 기억하는 일이 거의 없었고요. 그분한테서 이야기를 끌어내는 저도 매우 고통스러웠죠. 하지만 이런 책이 나중에는 가장 큰 만족감을 주기도 해요. 세세한 정보는 거의 없이 대략적인 이야기와 몇 안 되는 주요 사건만 가지고 7만에서 8만 단어를 써야 하는데, 그 이야기의 정신, 감정, 사실은 충실히 지켜내야 하거든요. 이런 일을 해내면 대필 작가로서 자부심을 느낄 만하죠."

하지만 단어를 기워 노래하는 자들은 자신의 호메로스와 갈등을 빚기도 한다. 당연하게도 다른 누군가의 이야기를 하나로 짜맞추는 건 굉장히 어려운 일이니 말이다.

"절 미치게 만드는 건 '이제 됐죠?'라는 말이에요. 예전에 아주 유명한 어떤 사람이랑 일한 적이 있는데, 자기 시간이 너무 소중해서인지 이제 질문이 끝났냐는 말을 끊임없이 하더라고요. 그냥 작업이 빨리 끝나기만을 바란 거죠. 결국 인터뷰 시간을 확보하려고 어쩔 수 없이 그 사람을 쫓아 전 세계를 누비게 되었어요. 한 번은 그분 비서가 제게 전화해서는, 지금 한국인데 LA에서 열리는 콘퍼런스에 가야 해서 비행기를 탈 거라며 저한테 한국에 가라 하더라고요. 그러면 비행기에서 여덟 시간을 함께할 수 있다면서요. 도착하면 저는 다시 비행기를 타고 런던으로 돌아오면 된다고. 제가 웬만하면 미팅을 거절하지 않는데, 그건 거절할 수밖에 없었어요. 대신 LA로 직행해 닷새를 대기한 끝에 마지막 날 아침이 돼서야 간신히 세 시간짜리 미팅을 확보할 수 있었죠. 물론 '이제 됐죠? 이제 끝났나요?'라는 말을 후렴구처럼 들어야 했고요. 뭐, 그날로 완전히 끝난 건 아니었어요. 마지막 미팅은 극동 지역에 있는 그의 펜트하우스 꼭대기 층… 사우나에서 성사되었답니다. 그날 핸드폰 수명이 다할 뻔했다니까요."

대필 작가를 주제로 한참 무르익은 대화가 마무리되어갈 때쯤, 유령은 글을 쓸 때 저자의 어떤 점에 유의해야 하는지, 애매한 문제는 어떻게 해결하면 좋을지에 대해서도 덧붙였다.

"저자가 처음 샘플 글을 읽고 얼떨떨한 반응을 보이는 건 이상한 일이 아니에요. 책을 어떻게 구성할지 추상적인 이야기만 하다가 자기 말이 실제로 적혀 있는 걸 보면 어떤 저자들은 난색을 표하기도 하죠. '난 저렇게 말하지 않아요!' '저건 내 목소리가 아닌 것 같은데요?'라 외치기도 하고요. 그런 반응을 보이는 데는 여러 이유가 있겠지만, 중요한 건 저자가 왜 그런 불평을 하는지 이해하기 위해 대화를 해야 한다는 거예요. 특히 자서전이나 회고록을 작업할 때는 힘든 과거를 대면해야 하는 경우가 많아요. 아무래도 무척 힘들죠. 제가 인터뷰한 사람들 모두가 적어도 한 번씩은 눈물을 보였을 거예요. 그러니 처음부터 한계선을 정하고 시작하는 게 가장 좋아요. 예를 들어 상대가 가족 이야기는 하지 말아달라고 했다면, 그 이유를 알아내기 위해 아주 조금씩 파고드는 거죠. 사생활을 침해하지 않으면서도 충분히 이야기를 유도할 수 있거든요. 이미 공적으로 알려진 중요한 내용 중 일부가 사실이 아니라는 걸 알게 되는 경우도 있어요. 활동 초기에 이미 퍼져버린 정보를 정정하기 어렵다고 생각해서 그대로 몇십 년이 흐르면 날조된 이야기가 아예 기정사실이 되는 거죠. 이를테면 몇십 년 전에 기자가 언급한 어떤 말에 그저 고개를 끄덕였을 뿐인데, 그게 마치 자기 생각인 양 대중에게 굳어져버리는 것처럼요."

좀 더 에인 랜드* 스타일로

2014년 3월, 《런던 리뷰 오브 북스》에는 줄리언 어산지(2010년부터 이라크와 아프가니스탄 전쟁 관련 보고서, 국무부 외교 기밀문서를 위키리스크에 폭로해 세계를 충격에 빠뜨린 인물—옮긴이)의 대필 작가로

---

* 러시아계 미국인 철학자 에인 랜드는 자신의 객관주의 이론을 다음과 같이 설명했다. "자기 자신의 행복을 삶의 도덕적 목표로 삼고, 생산적 성취를 가장 고귀한 활동으로 삼으며, 이성을 유일한 절대적 도구로 삼는 영웅적인 존재로 인간을 바라보는 개념." 랜드는 자신의 두 대표작 『파운틴 헤드』와 『아틀라스』에서 이 이론을 탐색했다.

일한 경험을 기술한 앤드루 오헤이건[*]의 글이 실렸다. 오헤이건은 프로젝트 초반에 "픽션과 논픽션 사이에서 불안한 줄타기를 하며, 허구와 실재의 불분명한 경계를 확인하고 싶어 하는 내 본능과도 잘 맞을 것 같다"는 느낌을 받았다고 한다. 어산지는 그 책이 "헤밍웨이의 책처럼 읽히기" 바란 듯했고, 오헤이건은 노퍽에 소재한 어산지의 거주지에서 몇 주간 지내며 그가 책 작업에 집중할 수 있도록 독려했다. 어산지의 편집증, 나르시시즘, 법적 분쟁, 경찰서 출석(보석으로 풀려나는 조건 중 하나), 무질서, 집중력 부족, 다양한 매체를 상대로 한 복수 등등을 처리하는 것도 그의 몫이었다.

한번은 어산지가 실험적인 책을 만들어보자고 제안한 적도 있었다. "1장에는 한 단어, 2장에는 두 단어를 쓰는 식으로" 말이다. 또 한번은 "책에 우화가 들어가야 하고 … 성서의 절처럼 단락에 번호를 매겨야 한다"고도 했다. 갈수록 어산지가 오헤이건과 책 작업을 할 생각이 없다는 게, 어쩌면 책이 출간되기를 바라는 마음 자체가 없다는 게 분명해지는 듯 보였다.

"어산지는 출판사, 에이전트, 변호사, 작가와의 관계가 자기 통제하에 있다고 생각했지만, 정작 진행 중인 책은 제대로 출간조차 할 수 없으리라는 걸 100가지 방식으로 매일 보여줬다. 자기 손으로 계약서에 서명을 했고 작업에 임하는 척도 했지만, 더 중요한 일이 있다거나 법적 분쟁에 휘말렸다는 걸 명분 삼아 책 작업을 외

---

[*] 헤이건은 성공적인 소설과 논픽션을 여러 권 쓴 저자다. 그중 한 권인 『은밀한 삶: 세 개의 실화The Secret Life: Three True Stories』의 '대필' 장에서 어산지 책의 탄생에 관한 뒷이야기를 다룬다.

면했다. 그 책은 어산지의 사악한 면모이자 악몽 같은 자서전인 셈이다. 그는 대필 작가인 나에게 시달리기는커녕 오히려 나를 조용하고 무능한 추종자로 만들었다."

어산지가 프로젝트를 하던 중 유일하고도 짧게 자기 인식을 드러냈을 때는 이렇게 말할 때였다. "사람들은 당신이 내가 책 쓰는 걸 돕는 줄 알지만, 사실은 내가 당신이 소설 쓰는 걸 돕는 겁니다."

오헤이건은 계약한 출판사가 이 책에 10억에 가까운 비용을 투자했고, 40곳이 넘는 출판사에 판권을 팔았으며, 그 결과 기획서만으로 전 세계에 약 33억이 선지급되었다는 사실을 상기시키며 제발 작업에 집중해달라고 호소했다. 하지만 어산지는 오헤이건이 겨우 완성한 초고에 이렇다 할 반응을 보이지도 않았고, 심지어 읽어보려 하지도 않았다. 그렇게 몇 주가 흐른 뒤, 갑자기 어산지는 헤밍웨이보다 "좀 더 에인 랜드 스타일로" 써야겠다며 입장을 바꾸었다. 오헤이건은 "내가 문장을 바로잡는 역할로 고용된 처지만 아니었으면 아마 벌써 그 사람을 해고했을 것이다"라고 쓰며 다음 내용을 덧붙였다.

"어산지의 문장은 자기애와 진실을 조작하는 습관에 감염된 상태였다. 세계의 비밀을 폭로하는 역할을 떠맡은 남성이라 그런지 자신의 비밀도 참을 수 없어 했다. 그가 살아온 이야기는 그에게 굴욕감을 주었고 계속 변명거리를 찾게 할 뿐이었다. 그는 이 책을 쓰고 싶어 하지 않았다. 처음부터 그랬다."

어산지는 자신과 함께 헤이 페스티벌(영국 웨일즈의 헤이온와이 마을에서 열리는 문학 축제─옮긴이)에 참석해 쓰지도 않고, 결코 출간되지도 않을 책을 홍보해달라며 오헤이건을 설득했지만, 결국 계약은 파기되었다. 그러고 나서 출판사 측은 오헤이건의 초고를 어산지의 승인을 받지 않은 불완전한 전기로 출간하겠다며 결정을 내렸다. 변호사들 간에 편지가 오가기도 했지만 출판사 쪽은 끝내 책을 출간했다.《런던 리뷰 오브 북스》기고문 말미에 오헤이건은 인쇄된 책을 처음 받아본 순간을 이렇게 묘사했다.

"책을 손에 쥐어도 아무것도 느껴지지 않았다. 내가 썼다는 느낌이 들지 않았다. 거기엔 내 것이 아닌 집에서 반쪽짜리 삶을 사는 대필 작가의 특권만 있었을 뿐이다."

사실 오헤이건은 계약이 파기되던 중에도 어산지와 우호적인 관계를 유지하긴 했지만, 그렇다고 지적까지 감추지는 않았다.

"어산지는 내가 자신의 피조물이라 생각했고, 작가가 어떤 존재인지를 잊었다. 무언가를 기록하고, 진실을 추구하고, 투명성을 지향하는 사람이라는 걸 말이다."

바로 여기에 대필로 쓰인 글의 긴장감이 도사리고 있다. 우리는 무언가에 대한 진실을 말하기 위해 글을 쓴다고 생각하고 싶겠지만, 한번 생각해보자. 과연 누가 그 진실을 소유한다는 걸까? 독자와 저자에게 돌아가야 할 건 또 무엇이고 말이다. 호메로스가 정말 존재했다면 자신의 후손이라는 호메리대의 주장에 만족했을까? 자기 이름이 들어가도 괜찮을 만큼?

대필 작가는 들은 이야기에 충실할 것과 고용주를 기쁘게 하는 것 사이에서 아슬아슬한 줄타기를 해야 한다. 일종의 비즈니스 거래라 할 수 있다. 아주 쉽게 생각하자면 출판사나 표지에 이름을 올릴 저자가 다른 누군가에게 비용을 지불하고 자기 작품이 될 글을 써달라 하는 것이다. 하지만 아무리 형식적인 거래라 하더라도 윤리성을 고려하지 않을 수 없다. 저자는 대필로 쓰인 글에 대한 궁극적인 권리를 가지고, 대필 작가는 독자의 마음을 끌 만한 이야기를 기워내기 위해 충실히 협업한다는 조건이 그것이다.

물론 언제나 예외는 있다. 이를테면 대필 작가와 저자가 엇박자를 낼 때가 그렇다. 저자가 하지 않은 일을 대필 작가가 창의적으로 채워 넣을 수도 있고, 저자가 자기 목소리로 쓰인 글이 정확한 사실인지 세심하게 확인하지 않을 수도 있다. 만약 그러다 불안정한 나르시시스트를 훌륭한 사람인 양 그려내기라도 하면 어쩔 것인가? 공교롭게도 그 사람이 자유세계의 지도자가 되기라도 한다면….

트럼프 픽션

1985년 저널리스트 마크 슈워츠는 도널드 트럼프의 경영서를 대필하는 데 동의했다. 그로부터 수십 년이 지난 후 슈워츠는 자신의 역할을 돌아보며, 『거래의 기술』을 쓸 당시 "트럼프를 실제 모습보다 훨씬 매력적인 캐릭터로 만들었다"고 《뉴요커》에 밝혔다. 《뉴요커》 기사에 따르면 "슈워츠는 트럼프를 좀 더 호감 가는 인물로 그려낸 과정을 설명하면서, 실은 그게 속임수였다고 했다. 사과 따위 하지 않는 트럼프의 직설적인 스타카토식 말투에 일종의 소년미를 부여한 것이다."

이런 대필 작가의 역할이 큰 죄는 아니다. 하지만 『거래의 기술』 이후 트럼프는 〈어프렌티스〉에 출연했고, 급기야 2016년 대통령 선거에 출마해 자신의 성공 신화를 부풀리는 데 이 책을 써먹었다.[*] 진실성이 의심되는 와중에도 트럼프는 이렇게 주장했다. "제가 그 책을 썼습니다. 제가 썼죠. 제 책입니다. 베스트셀러 1위에 올랐고 역사상 가장 많이 팔린 경영서 중 한 권이죠. 지금까지 제일 많이 팔린 경영서라고 말하는 사람도 있고요." 이런 발언을 보면 자신이 트럼프가 부상하는 데 모종의 역할을 한 것 같다는 슈워츠의 우려가 기우는 아닌 듯하다.

"그를 더 주목받게 하고 실제보다 더 매력적으로 보이도록 포장한 걸 깊이 후회한다. … 만약 트럼프가 승리해 핵무기 발사 코드를 갖게 된다면, 문명의 종말로 이어질 가능성이 매우 높으리라 진심으로 믿는다."

결국 슈워츠는 휴먼라이츠위치와 전국이민포럼을 비롯한 자선단체에 『거래의 기술』 인세를 기부하겠다고 발표했다.

자, 어떤가? 보수는 높지만[†] 어쩐지 떨떠름한 대필 작업을 맡았다가 잠재적으로나마 세상의 종말에 기여하게 된다면? 글이란 그런 것이다. 일단 자유롭게 풀려나면 결코 예상할 수 없는 방향으로 치달을 수도 있는 그런.

---

[*] 트럼프는 대선 출마를 선언하면서 "우리에겐 『거래의 기술』을 쓴 지도자가 필요합니다"라고 했다.

[†] 슈워츠는 이렇게 말했다. "나는 돈 때문에 신념에 어긋나는 일을 하고 있었다. 그게 내가 한 일을 설명하는 가장 정확한 말일 것이다." 트럼프는 슈워츠에게 출간 기념회 비용의 절반을 부담하라고 요구했다. 선인세와 인세의 절반을 받으니 홍보 비용도 절반을 부담해야 한다는 논리였다. "본인이 초청한 900명의 이류 유명 인사 대접 비용을 나까지 분담하라고?" 슈워츠는 개탄했다.

가면을 들추면

2019년 11월 《타임스》의 한 기자는 권투 선수 타이슨 퓨리의 회고록 출간을 알리며 다음과 같은 기사를 썼다.

타이슨 퓨리의 회고록 제목은 『가면 뒤에서Behind the Mask』다. … 책에서 그는 지난 3년간 일종의 양극성 장애를 앓아왔다고 했는데, 막상 만나니 이제는 "양극성 장애를 앓고 있지 않다. 거기에 대해선 사람들이 잘 모르는 것 같다"고 했다. 나는 당신이 쓴 책에 진단을 받았다는 이야기가 나온다는 사실을 지적했다. 그러자 퓨리는 의기양양하게 '마침 잘 걸렸다!'는 표정을 지으며, "전 책을 낸 적이 없으니, 그 책을 당신이 읽었을 리도 없겠죠"라고 하는 게 아닌가. 나는 지금 우리가 만나고 있는 이유가 순전히 그 책 때문임을 알려주어야 했다.

이것이야말로 유령이 할 수 있는 일일까? 하지만 저자가 자기 책이 대필되었다는 사실조차 모른다면, 어떻게 유령으로서 만족감을 느끼며 커튼 뒤로 사라질 수 있을까? 나는 이 이야기를 내 유령 정보원에게 꺼내지 않을 수 없었다.

"하하, 맞아요. 어떤 사람들은 우리 존재를 편리하게도 잊어버리거나 역사에서 지워버리기도 하죠. 예전에 한 저자와 모험 소설을 함께 쓴 경험도 비슷했어요. 출간 전 교정지에는 분명 우리와의 협업에 감사를 표현한 단락이 있었는데, 최종 인쇄된 책을 보니 그 부분이 통째로 없어졌더라고요. 마지막에 그걸 뺀 거죠. 왜 그랬는지는 뭐, 누가 알겠나요. 저희는 유령으로서 그저 다음 프로젝트로 넘어갈 뿐이죠."

에이전트의 비밀

에이전트라는 직함은 그 앞에 어떤 수식어가 놓이느냐에 따라 굉장히 다른 분위기를 자아낸다. 앞에 '부동산'이라는 말이 붙으면 헤어 젤과 번쩍거리는 정장이 연상되고, '정보'라는 말이 붙으면 제임스 본드 스타일의 미끈한 분위기가 연상된다. '할리우드'가 붙는 다면? 짙은 시가 연기와 탐욕스러움이 떠오른다. 그렇다면 '문학'은 어떤가? 얼그레이향이나 독특한 양말처럼 좀 더 세련되면서도 지적인 분위기가 연상되는 듯하다. 물론 지금까지 말한 모든 연상은 다 게으른 고정관념이다. 이런 편견들을 훌쩍 뛰어넘을 수 있으리라 믿으며 이번 장을 시작해보자. 그런데 에이전트라는 독특한 역할은 어쩌다 구텐베르크 은하계 속으로 들어오게 된 걸까?

중간자

독자들의 최신 요구를 반영하기 위해 좋은 작가를 활용하는 것이든, 독자들조차 읽고 싶은지 몰랐던 이야기와 목소리를 수면 밖으로 끌어 올리는 것이든, 문학 에이전트의 역할은 19세기 후반 처음 출판계에 진입한 이후로 거의 변하지 않았다. 좋은 작가를 찾고, 그들에게 출판사를 붙여주고, 돈 주고 책을 살 독자를 확보하는 것. 일정 비율의 수수료를 받고 말이다.

사실 구텐베르크 은하계의 탄생으로 이어진 빅뱅 이후, 에이전트는 오랫동안 존재하지 않았다. 출판사도 마찬가지였다. 인쇄소가 곧 출판사였다. 하지만 거대하고 기름지고 시끄러운 인쇄기를 운영하는 데 필요한 기술과, 살아 숨 쉬는 작가를 양성하고 문학적 지식재산을 구축하는 데 필요한 기술이 별개라는 사실은 갈수록 점차 분명해졌다. 그 결과 출판사들은 생산에서 분리되어 나왔고, 작가와 인쇄업자 사이에서 게이트키퍼 역할을 하며 작가를 위해 유료 편집 서비스를 제공하기 시작했다.

그러고 나서 얼마 있지 않아 중개 역할에 또 다른 깨달음의 순간이 찾아온다. 인쇄소와 출판사가 각자 다른 길을 걷게 된 것과 비슷하게, 창의적이고 학구적이며 스스로에 대한 의심이 많은 작가의 특성을 고려했을 때, 그들이 자신의 상업적 이익을 제대로 대변하지는 못할 것 같다는 생각이 어떤 현자의 머리를 스친 것이다. 자신의 예술을 객관적으로 평가하기란 쉽지 않다. 그렇게 문학 에이전트가 클라이언트의 경제적, 정서적 안녕을 보호하기 위해 틈새를 비집고 들어왔다. 에이전트, 이쯤 되니 찬사를 받아 마땅하지 않은가?

그렇지만 도서 에이전트가 출판계에서 담당하는 역할에 논란이 없는 건 아니다. 가장 시장성이 좋은 클라이언트의 선인세와 인세를 부풀리는 데 집중하면서 의도치 않은 결과를 낳기도 하니 말이다. 출판사들도 부담해야 하는 판돈이 커지자 위험 요소를 배제하려 했고, 출판 기회는 자연스레 소수의 보증된 저자들에게 집중되었다. 이런 상황은 알려지지 않은 신진 작가, 특히 낯선 목소리나 새로운 시각을 가진 작가의 진입이 어려워지는 문제로도 이어졌다.

하지만 오늘날 우리는 탈중개화의 황금기를 살고 있으며, 디지털 민주화가 진입 장벽을 제거하고 생산자와 소비자를 직접 연결하면서 출판도 그 어느 때보다 확장되었다. 물론 이 흐름이 진정한 포용과 공정한 창의성을 향한 대전환으로 이어질지는 아직 두고 볼 일이다. 하지만 인터넷이 문학적 변화를 가져올 궁극의 에이전트가 될 가능성은 농후하다.

나는 선도적인 문학 및 연예 에이전시 커티스브라운에서 근무하는 카롤리나 서튼과 에이전트가 된다는 것의 의미를 두고 이야기를 나누었다. 나는 에이전트가 실제로 하는 일이 무엇인지를 가장 먼저 물었다. 서튼은 전문가답게 단번에 흥미를 유발하며 대답했다.

"에이전트는 일차적인 필터라고 할 수 있어요. 수많은 비밀을 지키죠. 물론 개중에는 안 좋은 말도 있습니다. 편집자에게 안 좋은 말은 보이지 않게 하고, 오로지 좋은 말만 보이게 하는 게 우리의 일이에요."

무척 마음에 드는 말이었다. 좋은 말만 돋보이게 하고 안 좋은 말은 번짐을 막기 위해 지칠 줄 모르고 일하는 내 편이 있다면 그 작가는 얼마나 든든할까. 하지만 그러기 위해 에이전트가 해야 하는 일은… 작가의 재능을 발견하는 것부터 재정적인 조언에 이르기까지 거의 모든 일을 망라하는 듯했다. 나는 좋은 에이전트란 어떤 에이전트인지 다음 질문을 이었다.

"시간 관리를 잘해야죠. 자신을 아주 잘 단련할 수 있어야 한달까요. 생각할 시간, 원고를 읽고 편집할 시간, 그 밖의 다른 일을 할 시간을 마련할 수 있어야 해요. 항시 대기하는 건 아니더라도 클라이언트가 필요로 할 때 바로 도움을 줄 수 있어야 하죠. 요즘에는 업무 성격이 바뀌기도 해서 그런지 인쇄된 글을 전혀 다루지 않는 곳도 있어요. 팟캐스트 같은 음성 매체에 사용할 글을 쓰는 클라이언트를 전담하는 식으로요. 거기 에이전트들은 디지털 마케팅과 메타데이터를 다룰 줄 알고요. IT 전문가가 될 필요성이 갈수록 커지고 있죠. 갖춰야 할 기술의 조합이 좀 이색적이기는 하죠. 글과 숫자에 능해야 하고, 취향도 훌륭해야 하고, 사업가면서 목사 역할까지 해야 하니까요. 주도적으로 해야 하는 직무라 자기 일은 자기가 정하죠. 도제 교육도 받아야 하지만요. 본질적으로 보자면 에이전트는 작가를 대리하는 영업 사원이라고 할 수 있어요."

그렇다, 에이전트는 영업 사원이다. 자신뿐만 아니라 작가를 위해서도 돈을 버는 사람인 셈이다. 그리고 계약이 성사되고 한참이 지난 후에도 작가가 원하는 것을 얻을 수 있게 돕는 사람이기도 하다. 작가는 의견을 말하거나 여러 가지 이유로 출판사와 생각이 다를 때 에이전트를 매개로 해결하려는 경향이 있다. 이때 좋은 에이전트는 어떤 사소한 문제도 결코 사소하게 보지 않는다. 카롤리나는 이렇게 말했다.

"오늘은 또 어떤 하루가 기다리고 있을지 절대 예상할 수 없어요. 계획이 있을 수는 있지만 이메일 한 통에 전부 무산될 수 있죠. 클라이언트 한 명 한 명마다 온갖 사소한 걸 다 챙겨야 해요. 아마존에 서지 정보가 정확하게 등록되어 있는지, 오디오북이 정상적으로 유통되고 있는지, 만약 그렇지 않다면 왜인지… 에이전트가 하는 일을 보면 80퍼센트가 행정 업무예요. 인세를 지급하고 계약서를 분류하죠. 출간일을 결정한다든가 표지나 홍보 같은 문제가 닥쳤을 때, 늘 클라이언트를 대변해야 하고요. 에이전트는 클라이언트와 출판사 사이에서 가교 역할을 하기 때문에 자기주장을 할 수 있어야 하고, 어려운 질문도 할 준비가 되어 있어야 해요."

맞는 말이다. 내 경험에 비추어 봐도 작업이 잘되고 있을 때는 에이전트가 개입할 일이 없다. 에이전트는 출판계의 특급 문제 해결사로서 출판사가 작가의 말을 들어주지 않거나 대화가 심각한 교착상태에 빠져 제삼자가 협상에 나서야 할 때만 호출된다. 작가는 글을 쓰는 데 시간을 할애하고 싶지, 아마존 서지 정보가 어째서 부정확한지, 최근에 베스트셀러가 된 자기 책 표지의 금박이 왜 벗겨지는지, 본인의 IP 주소가 출판사 IP 주소 때문에 해킹을 당하고 있는 건 아닌지 같은 걸 고민하고 싶어 하지 않기 때문이다.

카롤리나는 최근에 커티스브라운이 사이버 공격을 받았다고 했다. 그가 잡지 《북셀러》에 묘사한 바에 따르면 그 공격은 "용의주도하게 조직"되었고, "몇 달에 걸쳐 매일같이 실시"되었다. 이 범죄자들은 마거릿 애트우드의 『증언들』을 정식 출간 전에 입수하려 했다(이에 질세라 미국 아마존은 정해진 공개일보다 일주일 먼저 독자에게 책을 배송해버리는 만행을 저지르기도 했다). 오늘은 또 어떤 하루가 기다리고 있을지 모른다고 한 카롤리나의 말은 아마 이런 의미가 아닐까 싶다.

그러나 저자와 출판사 사이에 다리를 놓는 데만 초점을 맞추는 건 성급한 일이다. 에이전트의 가장 중요한 일 중 하나는 출판사에 필요한 문학 인재를 끊임없이 공급하는 것이기 때문이다. 카롤리나는 자고로 에이전트란 일단 밖으로 나가 출판사에 팔 글을 찾아다녀야 한다고 말했다.

"밖으로 나가 어디서든 아이디어와 작가를 찾아야 해요.[*] 제 경우에는 창작 수업 수강생들을 종종 만나러 다녀요. 에이전트를 늘 거절만 하는 게이트키퍼로 보는 경향이 있는데, 사실 우리는 **수락**하고 싶어 하는 조력자예요. 참고로 투고를 검토할 때는 전체를 다 읽는 게 아니라 기획안만 읽어요. 글 전체를 다 읽을 시간이 없을뿐더러 한 사람이 볼 수 있는 원고 양은 물리적으로 제한돼 있으니까요. 그래서 저는 제 조수들과 팀을 이뤄 일하는 편이에요. 저는 **가능성**을 봅니다. 기획안을 읽고 이걸 검토해보면 어떻겠냐고 권할 기획 편집자의 얼굴이 딱 떠오르면, 그때 가장 흥분되죠."

그런데 카롤리나의 말을 듣다 보니 궁금한 점이 생겼다. 찾는 글이 따로 있고, 출판사가 어떤 글을 원하는지도 알고, 어떤 책이 잘 팔릴지도 안다면 그냥 작가들에게 거기에 맞는 기획안을 쓰게 하면 되는 거 아닐까?

"에이전트는 기획안을 고쳐 쓰게 하는 사람이 아니에요. 기획안은 작가의 스타일을 솔직하게 반영해야 하죠. 작가 스스로가 쓸 수 없는 건 팔지도 말아야 해요. 많은 사람이 자신이 책 쓸 아이디어를 가지고 있다고 생각하는데, 그 아이디어를 8만 단어 이상으로 확장할 수 있다는 걸 기획안으로 보여줘야 해요. 그러니 에이전트에게는 기획안에서 뭔가를 본능적으로 발견할 수 있는 능력이 필요한 거죠. 그런 능력은 오로지 경험을 통해서만 얻을 수 있는

---

[*] 다른 에이전트가 관리하는 저자에게 접근하는 행동은 매우 매너 없는 행동으로 여겨진다(지금도 여전히 일어나는 일이지만). 작가가 에이전트를 바꾸고 싶어 하더라도 그쪽에서 먼저 접근할 때까지 기다려야 한다.

거고요."

작가 지망생들은 에이전트가 너무 눈이 높아 까다롭다고 불평하지만 거기에는 그럴 만한 이유가 있었다. 에이전트는 실제로도 그렇고, 그래야만 하는 것이다.

"에이전트가 가진 유일한 무기는 평판이에요. 어느 편집자에게 보내든 내 기획안이 서류 더미 맨 위에 놓일 수 있어야 해요. 내가 정말 괜찮은 기획안만 보낸다는 신뢰를 줘야 하죠. 저도 늘 훌륭한 글을 찾고 있어요. 그래야 책을 팔고 판권을 팔아 내 작가를 돌볼 수 있거든요."

SNS에서 원고 발굴하기

인기 있는 서브 장르에 빠진, 신기술에 밝은 애서가들은 트위터에서 #MSWL이라는 해시태그를 본 적이 있을지도 모르겠다. 이건 문학 에이전트들이 자기가 원하는 글과 작가를 적는 일종의 쇼핑 리스트다. 트위터에 '희망 원고 목록manuscript wish list'이라는 뜻의 #MSWL을 검색하면 흥미로운 결과들이 나온다. 독특한 종족과 관련한 로맨스, 특히 샤먼, 요정, 님프, 인어, 사티로스, 사이렌, 호랑이 인간, 곰 인간처럼 초자연적 존재가 나오는 원고를 갈망하는 에이전트도 꽤 있다. 역사적 배경이 생생히 묘사된 1920년대와 1950년대 상류층 소설을 간절히 요청하는 사람도 있고, 다양한 성적 묘사가 잔뜩 들어간, 아주 귀엽고 유쾌한 소도시 로맨스를 요청하는 사람도 보인다. 상류층 뱀파이어 소설, 청소년 뱀파이어 코미디, 치명적인 뱀파이어 브로맨스 류를 찾으며 #MSWL을 단 트윗도 아주 많이 보였다.

아무리 그래도 트위터에 읽고 싶고 출간하고 싶은 원고를 구체적으로 찾는 에이전트가 이렇게나 많을 거라고는 미처 생각지 못했다. 물론 검증된 대중문화 트렌드를 탐색하는 건 합리적이고 존중할 만한 출판 방식이지만, 작가나 해당 분야의 전문가라면 소셜 미디어에 얽매이지 않고 자신의 비전과 전문 지식을 자유롭게 펼칠 수 있어야 한다. 도나 타트*에게 '좀비 슬래시 슈퍼 히어로판 로미오와 줄리엣'을 써달라고 요청하는 트윗을 보내볼 **수는** 있겠지만 개인적으로 별로 추천하지는 않는다.

문의한다, 고로 존재한다

트위터 망원경을 통해 본 광경은 열성적인 조산사가 좋은 글을 더 넓은 문학의 세계로 보내기 위해 애쓰고 있는 신생아실 풍경과 비슷했다. 그러나 얼핏 본 그 모습은 구텐베르크 은하계의 작은 한 모퉁이일 뿐이었다.

트위터는 주문형 투고를 요청하는 에이전트로 가득 차 있을 뿐만 아니라 '#문의해요'라는 해시태그로 넘쳐났다. 이게 무슨 말일까? 실제로 이런 말을 하는 사람을 단 한 명도 본 적이 없긴 하지만, 그곳에서는 수많은 작가가 즐겁게 문의 중이었다. 문맥에서 의미를 추론해보건대, 작가가 에이전트에게 투고하며 자기와 자기 글에 관심이 있는지를 문의한다는 뜻인 듯했다.

---

* 『비밀의 계절』『작은 친구들』『황금방울새』를 쓴 수수께끼 같은 작가, 도나 타트는 이렇게 말했다. "요즘은 여느 다른 소비재처럼 소설도 2년에 한 작품씩 컨베이어 벨트에서 떨어질 수 있도록 생산 라인이 구축되기를 기대한다."

생각해보니 이 말이 왜 이렇게 쓰이게 된 건지 이해가 갔다. 문의한다는 말은 정중하면서도 희망적이고, 프로페셔널하면서도 창의적으로 들린다. 심지어 '문의 키트'라는 걸 제공하는 사람도 있었는데, 키트에는 필요에 따라 고쳐 쓸 수 있는 편지 양식이 들어 있었다. 에이전트에게 문의할 때마다 똑같은 것을 매번 새로 만들어 쓰느라 낭비하는 데 드는 시간을 줄이기에 편리해 보였다. 투고 현황을 확인할 수 있는 스프레드시트가 포함된 경우도 종종 있는 걸 보면 작가들이 얼마나 문의를 많이 하는지, 그리고 그걸 받아줄 에이전트가 얼마나 많은지 짐작이 갔다. 아무래도 '#글쓰기 커뮤니티'에 깊이 파고들수록 완벽한 짝꿍을 찾아 사이버공간을 맴도는 에이전트가 작가만큼이나 많은 것 같다.

알고리즘의 아이러니

당연한 말이지만 21세기 생활 구석구석에 스며든 디지털 혁신은 출판 분야에서도 이미 필수적으로 사용되고 있다. 하지만 2050년이 되었을 때도 과연 에이전트라는 직업이 존재할까? 바야흐로 빅데이터, 머신 러닝, 인공지능이 판을 바꾸고 있는 시대다. 출판계에서도 온갖 기술과 데이터를 활용 중인 만큼, 언젠가는 독불장군 같은 디지털 선지자가 잠재적 베스트셀러를 식별하는 기술을 과학적으로 발명해 에이전트의 역할 중 상당 부분을 대신하는 건 아닐까?

『베스트셀러 코드The Bestseller Code』에는 저자 조디 아처와 매슈 L. 조커스가 성공 가능성이 높은 책과 낮은 책을 판별하기 위해 자신들이 설계한 컴퓨터 알고리즘에 데이터를 넣고 돌려본 내용이

나온다. 두 사람이 《뉴욕 타임스》 베스트셀러 순위에 오른 책들을 일부 분석한 결과, 아예 무작위라거나 뒤죽박죽인 건 아니었다. 당연히 알고리즘은 어떤 책이 베스트셀러 순위에 올랐는지 몰랐지만, 여기에는 놀랄 만한 상관관계가 있다는 게 밝혀졌기 때문이다. 『다빈치 코드』를 쓴 베스트셀러 작가 댄 브라운이 쓴 텍스트를 컴퓨터에 넣자, 베스트셀러가 될 가능성은 95.7퍼센트로 나타났다. 90퍼센트밖에 받지 못한 E.L. 제임스의 『그레이의 50가지 그림자』를 가볍게 누르는 점수였다.

알고리즘은 저자의 나이, 배경, 인종, 성별, 출간 이력 같은 건 전혀 알지 못하며 오직 데이터로 제공된 단어들만을 인식한다. 홍보나 마케팅을 어느 정도 규모로 할 것인지, 영화로 만들어질 예정인지, 판촉 행사가 잡혀 있는지도 전혀 모르며 상관조차 하지 않는다. 즉 『베스트셀러 코드』의 입장은 다음과 같다. "5년간의 연구에 따르면, 베스트셀러가 되느냐 마느냐는 그저 적절한 단어를 적절한 순서대로 배치하는 것에 크게 좌우된다. 《뉴욕 타임스》 베스트셀러 순위에 오른 책들의 가장 흥미로운 점 역시 흰 종이에 검은 잉크로 쓰인 저자의 원고, 그 이상도 이하도 아니다."

알고리즘은 각각의 원고에서 수천 개의 데이터 요소를 가져와 성공 가능성이 얼마나 되는지 종합 점수를 제공했다. 이 데이터에는 주제(가장 많이 등장하고 중요한 주제는 인간의 친밀성, 즉 캐릭터의 감정을 다루는 것이라는 게 밝혀졌다), 줄거리(알고리즘에 따르면 3막 구조의 대칭적 줄거리가 베스트셀러를 보장하는 특징이었다), 문체(특별히 문학적인 언어보다 일상적 언어를 잘 구사하는 작가를 선호한다고 나타났다), 캐릭터의 행동을 묘사하는 데 사용된 동사들이 포함되었다.

분석을 마친 알고리즘은 제공받은 모든 데이터를 사용해 원고의 순위를 매겼다. 결론적으로 알고리즘이 최고라 꼽은(휴가지에 가장 가져가고 싶고, 베스트셀러가 될 가능성이 가장 높은) 책은 데이브 에거스의 『더 서클The Circle』이었는데, 아이러니하게도 이 책은 데이터의 사용과 오용을 다룬 소설이다. 물론 『베스트셀러 코드』의 두 저자는 이 아이러니를 놓치지 않았다.* "좀 난감하다…. 알고리즘이 우리 모두에게 윙크를 날린 듯하다. 큰 망치를 가져와야 할지 그 녀석에게 저녁을 사야 할지 알 길이 없다."

백만 마리 원숭이

물론 문학의 가치가 베스트셀러 순위에 오르냐 오르지 못하느냐로 결정되는 것은 아니다. 알고리즘이 인기 있는 책을 식별할 수 있을지는 몰라도, 과연 코드 몇 줄만으로 좋은 글과 나쁜 글 사이에 무궁무진하게 놓인 미묘한 차이와 뉘앙스를 구분할 수 있을까? 그런 의미에서 흔히들 마음속에 쓰고 싶은 책 한 권씩은 품고 있다지만, 그걸 세상에 내놓는 게 좋은 결정은 아닐 수도 있다. 어쩌면 그런 행동이 '책'이라는 개념 자체를 와해시킬지도 모른다.

나쁜 글의 세계에서는 『60밀리그램 용량 프로마주 프레의 2009~2014년 세계 전망The 2009~2014 World Outlook for 60-milligram Containers of Fromage Frais』이라는 제목의 책도 상을 받을 수 있다. 바로 '올해의 가장 이상한 책 제목을 위한 다이어그램상'인데, 가장 독창적으로 평범하고 당황스러울 정도로 난해한 감성을 자랑하

---

* 아이러니에 더해 『더 서클』은 그간 어떤 베스트셀러 순위에도 오른 적이 없다.

는 이 상은 프랑크푸르트 도서전에 온 방문객들을 즐겁게 하기 위한 목적으로 1978년에 처음 생겼다. 이전 수상작으로는 『방탄 말 Bombproof Your Horse』, 『나치가 되기엔 너무 알몸이야Too Naked for the Nazis』, 엄청난 지지를 받으며 상을 거머쥔 『거대한 선박을 피하는 법How to Avoid Huge Ships』 정도를 꼽을 수 있겠다. 2000년 이후부터는 《북셀러》의 독자 투표로 수상작이 결정되고 있다. 아무래도 나쁜 글을 즐기는 사람들이 분명하다.

이것만으로도 충분히 이상하지만 『60밀리그램 용량 프로마주 프레의 2009~2014 세계 전망』은 제목이 암시하는 것보다 훨씬 이상한 책이다. 표지에는 저자가 필립 M. 파커라 적혀 있지만, 사실은 컴퓨터가 생성한 결과물이라는 것도 그렇다. 갈채는 파커가 받았겠지만 말이다(그는 이 책뿐만 아니라 아마존에 등록된 20만 권에 달하는 책의 저작권자이기도 하다). 『짜임이 촘촘하고 세탁 가능한 작은 러그, 욕실용 매트, 2×3미터나 이보다 더 작은 러그 세트의 2007~2012 인도 전망The 2007~2012 Outlook for Tufted Washable Scatter Rugs, Bathmats and Sets That Measure 6-Feet by 9-Feet or Smaller in India』[†]부터 『엘러스-단로스증후군: 의사, 환자, 게놈 연구자를 위한 참고 문헌 및 사전Ehlers-Danlos Syndrome: A Bibliography and Dictionary for Physicians, Patients and Genome Researchers』[‡]에 이르기까지, 파커와 그의 기계는 왕성한 활동을 하고 있다. 《뉴욕 타임스》는 다음과 같이 설명했다.

[†] 한 권이 약 130만 원이고, "세계 시장을 세분하는 전통적인 방법에 만족하지 못하는 글로벌 전략 기획자"를 위한 책이라고 한다.

[‡] 이 책을 쓰는 지금까지 달린 리뷰는 총 두 개인데, 그중 한 개에 "결코 쉬운 책은 아니었다"고 써 있다.

파커는 … 광범위하거나 잘 알려지지 않은 주제 중 공개적으로 이용 가능한 정보를 수집하는 컴퓨터 알고리즘을 개발했다. 그는 결과물을 바탕으로 컴퓨터 60~70대와 프로그래머 예닐곱 명의 도움을 받아 다양한 장르의 책을 펴낸다. 대부분 150페이지 내외이며 고객이 구매한 경우에만 인쇄된다.

일반인들에게는 사기처럼 들릴 수도 있겠지만 파커 씨에게는 그렇지 않다. 그는 책을 규정하는 도발적이면서도 수익성 있는 아이디어를 가지고 있다. 파커의 말에 따르면, 자기 책 중 가장 인기 있는 건 수백 권이 팔리기도 하지만 대부분은 수십 권 정도 팔린다고 한다. 의학 도서관에 팔릴 때가 많은데, 그런 곳에서는 파커가 낸 책을 거의 다 사들인다고 한다. 그는 자신의 기술을 십자말풀이, 기초적인 시, 심지어 애니메이션 게임 쇼를 위한 스크립트로까지 확대했다. 또 새로운 알고리즘이 생성하는 로맨스 소설의 기초 작업을 진행 중이기도 하다. 파커는 이렇게 덧붙였다. "이미 설정은 다 했어요. 신체 부위가 좀 많을 뿐이죠."

이렇게 무한 원숭이 정리(백만 마리의 원숭이가 제각각 타자기를 두드리다 보면 셰익스피어의 희곡 전집을 칠 수도 있다는 이론—옮긴이)를 창의적으로 변형한 결과물이 정말 알고리즘 글쓰기의 종점일까? 베스트셀러를 보장하는 단어 조합의 공식을 만들어낼 수 있다는 건 매혹적이지만 실제 세계에서 글이 작동하는 방식, 독자가 글에 반응하는 방식은 다르다는 사실을 잊지 말아야 한다. 컴퓨터는 새로운 트렌드를 발견하거나 새로운 문학적 지형을 개척할 수 없으며, 책이 갑자기 입소문을 타서 예기치 않게 주목받는 현상을 이해하지 못한다. 이 영역은 여전히 작가의 아이디어와 독자의 상상력을 하나로 묶을 마법의 단어 조합을 찾아 끊임없이 은하계를 돌아다니는 직업인들의 몫이다. 프로마주 프레에 대한 수많은 정보를 엮은 책이 유용할 수 있다는 건 이해가 간다. 낙농업 종사자들이라면 그럴 수 있으니 말이다. 하지만 그 내용이 인간의 마음에 가닿을 무언가를 만들어낼 가능성은 거의 전무할 것이다.

고맙지 않은 사람들

여태까지 좋은 책과 글을 판단하는 에이전트의 역할이 오늘날 어떤 도전을 받고 있고 어떻게 변화 중인지를 알아보았다면, 지금부터는 이 과정이 목적이 아니라 **수단**이라는 걸 기억해야 한다. 문학 에이전트의 제1지령은 원고 출판임을 잊지 말자. 출판이라는 목표를 달성하는 건 생각보다 훨씬 힘든 일이니 말이다.

1935년 E.E. 커밍스*는 어머니에게 약 40만 원을 빌려 시집 『고맙지 않습니다No Thanks』를 자비출판했다. 원래 제목은 『70편의 시70 Poems』였지만, 출판사 열네 곳으로부터 '고맙지만 됐다'는 거절 편지를 받고 나서 제목을 바꾸었고, 원고를 거절한 이들에게 책

---

* 커밍스의 이름은 'e e'로 표기될 때가 많지만, 『시카고 스타일 설명서The Chicago Manual of Style』에 따르면 "대문자로 표기해도 무방하다. 소문자를 사용한 건 작가 본인이 아니라 출판사 중 한 곳"이었기 때문이다. 커밍스의 전기 작가는 그가 'e e cummings'로 개명했다고 했지만, 커밍스가 죽은 뒤 그의 아내는 전기 작가의 말이 사실이 아니라고 주장했다. 자, 모든 걸 차치하고 결론만 말하자면, 둘 중 어떤 걸 써도 무방하다. 일관성 있게 표기하고 선택을 정당화할 준비만 되어 있다면 말이다. 덧붙이자면, 나는 소문자 스타일을 무척 좋아하는 것과 별개로 그의 아내 편이다. 그를 가장 잘 아는 사람은 아내였을 거라고 생각한다.

을 헌정했다. 그리고 자신의 메시지가 확실히 전달되도록 감사의
말에 출판사 이름을 유골 항아리 모양으로 배열했다.

NO
THANKS
TO
Farrar & Rinehart
Simon & Schuster
Coward-McCann
Limited Editions
Harcourt, Brace
Random House
Equinox Press
Smith & Haas
Viking Press
Knopf
Dutton
Harper's
Scribner's
Covici-Friede

이 시기에 커밍스가 속으로 어떤 생각을 했는지 들여다볼 길
은 없지만, 만약 그에게 에이전트가 있었다면 감정적인 차원에서
도움을 받지 않았을까 하는 합리적인 추측을 해볼 수 있겠다.

하지만 공정하게 말하자면 그와 비슷한 처지에 놓인 사람은
숱하게 많았다. 번번이 거절당한 원고 중에는 『안네의 일기』『캐
리』『해리 포터와 마법사의 돌』『추운 나라에서 돌아온 스파이』[*]
『빨강 머리 앤』『파리대왕』『헬프』『바람과 함께 사라지다』가 포함

되어 있다. 이걸 보면 내용으로 책을 판단할 수 없는 경우도 있는 모양이다.

때로는 인쇄업자가 행동에 나서기도 한다. 제임스 조이스는 1905년 『더블린 사람들』 원고를 처음 투고해 그랜트리처즈 출판사와 인연이 닿았지만, 인쇄소에서 수록작 중 「두 건달」이 외설적이라며 조판을 거부했다. 결국 그랜트리처즈는 인쇄소의 손을 들어주었고, 조이스는 다른 출판사에 다시 투고해야 했다. 이후 1909년에 몬셀앤드로버츠 출판사에서 다시 출간하는가 했지만, 이번에도 같은 일이 벌어지고 말았다. 조이스는 인쇄된 원고라도 돌려달라 했지만 인쇄소는 끝끝내 협조를 거부하며 인쇄물을 태워버렸다. 그러던 조이스는 조판본 한 부를 겨우 확보했고, 1914년이 되어서야 그랜트리처즈에서 마침내 책을 출간할 수 있었다. 실제로 종이에 잉크를 찍은 인쇄소가 어디인지는 기록에 남아 있지 않지만, 조이스는 작업을 엎지 않은 것만으로도 감사했을 것이다.

이 사건은 출판으로 향하는 길이 생각보다 훨씬 길고 험하다는 걸 말해준다. 이럴 때 도움을 줄 수 있는 전문가가 옆에 있어준다면 큰 힘이 될 것이다. 베스트셀러가 될 책을 거절한 편집자와 출판사를 뒤늦게 비판할 수도 있겠다만, 그들도 나름대로 빠듯한 예산을 고려해야 한다는 책임이 있었을 테니 어쩔 수 없다. 어쩌면

---

* 이 책에 퇴짜를 놓은 한 편집자는 존 르 카레에게 "작가로서의 미래가 전혀 보이지 않는다"고 조언했다. 그러나 르 카레는 근 60년간 글쓰기를 생업으로 삼았고, 그의 마지막 소설 『실버뷰Silverview』는 세상을 떠난 후인 2021년에 출간되었다.

다른 작가의 에이전트에게 더 솔깃한 제안을 받았을 수도 있고 말이다. 하지만 커밍스와 조이스에게 담당 에이전트가 있었다면, 두 사람은 아리송한 글자 배치로 복수를 암시하거나 점잔 빼는 인쇄업자와 실랑이를 벌이는 데 시간을 허비하지 않고 글쓰기에 더 많은 시간을 할애했을 것이다. 그런 의미에서 자비출판이 엄청난 성장세를 보이는 요즘 같은 시대에도 작가 지망생들이 꼭 해야 할 일 2위로 '좋은 에이전트 얻기'를 꼽았다는 건(1위는 '일단 책을 써라'였다) 크게 놀랍지 않다.

투고 더미의 제왕

구글 검색창에 '투고 더미'를 치면 '투고 더미를 피하는 법' '투고 더미에서 벗어나는 법', 가장 극적으로는 '투고 더미 탈출 방법' 같은 관련 검색어가 뜬다. 자기 작품이 투고 더미에 영원히 갇히는 건 작가 지망생이 할 수 있는 최악의 상상이다. 투고 더미란 출판사가 청탁한 적 없는 작가들에게 받은 각종 문의 편지와 원고를 통칭하는 집합명사다.

오랫동안 출판사는 전문 독자를 고용해 이 투고 더미 중에서 편집자에게 전달할 만한 원고가 있는지 평가하도록 했다. 하지만 시간이 흐르면서 출판사는 돈 받고 원고를 읽는 독자 역할을 없애고 에이전트에게 초기 심사를 맡기는 게 더 경제적이라는 것을 깨달았다. 요즘 대형 출판사들은 직접 청탁한 원고가 아니라면 받지 않는 경우도 꽤 많다. 투고 더미에서 탈출한 셈이다.

하지만 새로운 재능을 발견하는 데 시간과 자원을 투자할 의향이 있는 작은 독립 출판사와 에이전트는 여전히 투고 더미를 활용한다.[*] 투고 더미는 인터넷의 집단 지성에 맡겨지기도 한다. 가령 'Youwriteon' 같은 웹 사이트에서는 신인 작가가 글을 쓰면 처음에는 동년배들이 피드백을 해주고, 그중 가장 점수가 높은 작품은 출판 전문가들의 평가를 받게 되는데, 실제로 이곳에서 선정한 '올해의 책'은 대부분 성공적인 출판으로 이어져왔다.

"미래 배경. 식민지에서 원자폭탄이 터진다는 터무니없고 재미없는 설정의 판타지물. 한 무리의 아이들이 뉴기니 근처 정글 지대에 착륙하는 내용. 쓰레기 같고 지루함."

그다지 인상적이지 않은 이 요약은 파버앤드파버 출판사의 전문 독자가 한 투고 원고 귀퉁이에 남긴 내용이다. 원고의 제목은 『내부의 이방인들Strangers from Within』이었는데, 캐릭터들이 전혀 등장하지 않는, 핵전쟁을 다룬 길고 지루한 프롤로그가 포함되어 있었던 듯하다(그래도 읽어보고 싶다는 생각이 드는데, 나만 그런가?). 여기까지만 보면 전문 독자가 "터무니없고 재미없다"고 요약한 것도 놀랄 일은 아닌 듯싶다.

---

[*] 미안하지만 아닐 수도 있다. 작은 출판사에서 일하는 한 편집자는 투고 더미를 마주할 때 "희망이 사람을 망친다"고 말했다. "투고 더미에 다가갈 때마다 매번 생각해요. '원석 속에 숨어 있는 다이아몬드를 발견할 수 있을 거야' '내 뛰어난 통찰력과 취향으로 남들이 놓친 다듬어지지 않은 재능을 찾아낼 수 있을 거야'라고 말이죠. 그 원고 덕에 나도 잘나가게 될 거라고요! 하지만 결국 마주하게 되는 건 너무 지루하거나 문제가 많아서 출판이 불가능한 원고가 대부분이죠. 한번은 투고 더미에서 프랑스 정치에 관한 꽤 괜찮아 보이는 원고를 발견하고 저자를 찾아봤는데, 글쎄 자기 여자 친구 목을 조른 혐의로 감옥에 가 있더라고요. 그래서인지 요즘은 웬만하면 에이전트가 필요하다는 걸 아는 것 같아요. 다들 에이전트 구하는 데 에너지를 집중하더라고요."

이 원고가 구원된 건 파버에 새로 온 찰스 몬티스라는 편집자가 옥스퍼드행 기차를 타면서부터였는데, 공교롭게도 기차 안에서 읽으려고 이 원고를 가져간 것이다. 그리고 기차 여행이 끝나갈 즈음, 몬티스는 이 원고를 책으로 출간해야 된다고 확신했다. 그는 저자인 윌리엄 골딩을 설득해 우선 프롤로그를 생략시키고 다른 여러 곳을 손본 뒤, 제목을 바꾸게 했다. 아쉽게도 처음에 골딩이 쓴 프롤로그는 유실되어 훗날 『파리대왕』이 될 이야기의 핵심에 도달하기 전, 당시 몬티스가 기차에서 견뎌내야 했던 형편없는 글의 실체는 확인할 길이 없다. 이 책은 지금까지 1000만 부가 넘게 팔렸고 영화로도 두 차례나 만들어졌다. 사이먼과 피기는 무인도를 벗어나지 못했지만, 적어도 그들의 이야기는 투고 더미에서 성공적으로 탈출한 셈이다.

여전히 문의한다

이쯤 되니 나도 마치 '#글쓰기커뮤니티'에 속한 사람처럼 또 다른 에이전트의 이야기를 들어보고 싶었다. 크리스 웰비러브는 에이킨알렉산더라는 에이전시의 중역이다. 크리스가 대리하는 저자 중에는 맨부커상 최종 후보에 오른 데이지 존슨과 필명 시크릿 배리스터(비밀 변호사—옮긴이)로 알려진 작가도 있다. 나는 그에게 하루를 어떻게 보내는지 물어보았다.

"에이전트의 좋은 점은 일이 다양하다는 거예요. 저는 제가 대리하는 작가들과 편집 관련 정보부터 마케팅, 홍보 계획, 판매 수치에 이르기까지 출판과 프로젝트의 다양한 면면을 이야기하는 데 많은 시간을 쓰는 편이죠. 또 편집자와 주기적으로 소통하고요.

출판 과정의 어디쯤 있느냐에 따라 연락 빈도가 달라지긴 하지만 요. 주로 마감이 임박했을 때 훨씬 더 집중적으로 소통이 이루어지 죠. 내부 동료들과 곧 나올 신간이나 판매 중인 책에 대해 이야기 하는 시간을 갖기도 해요. 또 새 클라이언트를 만나거나 거래 상대 인 편집자와 미팅을 하기도 하죠. 저는 영국과 미국 출판사와 거래 하고 있어서 각 지역에서 어떤 책이 잘나가는지, 특정 편집자가 찾 는 책은 어떤 건지 계속 업데이트하려 노력 중이에요."

들다 보니 크리스의 '다양한'이라는 말은 다소 절제된 표현처 럼 들렸다. 카롤리나와 대화를 나누었을 때처럼 접시 여러 개가 한 치의 흐트러짐 없이 돌아가고 있다는 느낌도 받았다. 의문이 든 나 는 아무리 그래도 에이전트의 평정을 깨뜨리는 무언가가 있지 않 겠느냐며 다시 질문을 이었다.

"가장 까다로운 일을 꼽자면 작가와 제 스스로의 기대치를 관 리하는 거예요. 어떤 프로젝트든 처음 시작할 때는 저자와 에이전 트와 출판사 모두가 큰 기대를 갖지만, 당연하게도 어떤 책은 잘되 고 어떤 책은 잘 안 되기도 하잖아요. 에이전트는 나쁜 소식을 전 하는 일도 해야 해요. 아, 늘 멀티태스킹을 해야 하는 것도 쉽지 않 죠. 저는 여러 명의 소설가와 논픽션 작가를 관리하고 있어서 언제 든 여러 권을 동시에 작업하며 다른 세계를 자유자재로 오갈 수 있 어야 하거든요."

그렇다면 크리스는 어떤 종류의 글을 찾는 걸까? 엄청난 양의 '#문의합니다' 트윗만 봐도 에이전트가 이 모든 잡음을 뚫고 흥미 가 생길 만한 글을 발견하는 건 쉽지 않을 듯했다.

"처음에는 어떤 원고를 찾으면 좋겠다는 아주 구체적인 틀이 있었어요. 하지만 그런 책이 많지 않다는 현실을 깨달은 뒤로는 냉소적으로 임하지 않으면서 제 관심 영역을 확장할 방법을 찾아야 했죠. 제 관심 분야는 요즘 읽고 보는 것, 전 세계적으로 일어나는 일들, 시장에 영향을 받으면서 유동적으로 변해요. 그렇게 어떤 아이디어를 곱씹다 보면 관련된 이야기를 나눌 수 있는 작가나 전문가를 찾게 되는 법이죠. 그래도 제 관심 범위 안에서 최대한 개방적인 자세를 취하려고 노력하는 편이에요. 또 저는 소설보다 논픽션을 더 많이 취급하는 에이전트라, 인터넷에서 좋은 작가를 발굴할 기회를 얻기도 해요. 물론 인터넷에서 그대로 가져온 것 같은 책은 웬만해서는 취급하지 않지만요. 제 클라이언트인 시크릿 배리스터만 봐도, 지금은 온라인에서 존재감이 크지만 제가 블로그 글 몇 개를 읽고 접근했던 초기만 해도 트위터 팔로워가 3000명뿐이었어요."

또 크리스는 자신에게 인터넷이란 일종의 자원 같은 것이라고 말했다.

"재밌는 생각을 가지고 있거나 흥미로운 일을 하는 사람을 찾는 데 많은 시간을 들여요. 논픽션 분야에서 제가 맡은 중요한 일은 저보다 어떤 주제에 대해 훨씬 많이 아는 사람이 일반 독자를 대상으로 자기 생각을 쉽게 풀어낼 수 있도록 돕는 역할인 것 같아요. 저도 여러 주제에 관심을 가지고 있는 건 맞지만 전문가는 아니거든요. 그런 점에서 저는 주말에 워터스톤 서점에 들러 최신 논픽션 화제작을 구입하는 사람들을 잘 대변한다고 할 수 있죠."

한창 논픽션 원고 발굴 과정을 듣던 나는 소설의 기획 과정도 궁금해졌고, 이 기회를 놓치지 않고 마지막 질문을 던졌다.

"소설은 창작 수업이나 추천을 통해 작품을 맡는 경우가 많아요. 하지만 요즘은 확실히 인터넷 덕에 기회가 더 다양하게 열린 것 같아요. 투고 원고를 검토할 때도 저널이나 온라인에 글을 실은 경력이 있으면 편집자가 더 눈여겨보는 편이죠. 소설 투고 원고를 볼 때 제가 가장 중요하게 생각하는 건 글에서 에너지가 느껴지는지, 저자의 독자적인 목소리가 있는지, 야망이 느껴지는지 같은 거예요. 책을 대하는 가장 순수한 태도라 할 수 있죠. 맨 처음에는 상업성을 전혀 고려하지 않고 소설 자체에만 집중하는 편이에요. 논픽션 분야에서는 저자가 어떤 사람인지, 그의 아이디어와 전문성이 무엇인지에 좀 더 관심을 갖는 편이고요. 논픽션 작가들은 책에 대한 아이디어가 제대로 잡혀 있지 않으면 글을 쓰는 데 애를 먹더라고요. 그래서 저는 처음부터 기획안을 철저하게 작성하는 걸 좋아해요. 일반 독자가 복잡하다고 느낄 수도 있는 내용을 차근차근 풀어낼 수 있도록 말이죠. 이 일의 가장 이상한 점을 하나 또 꼽아보자면, 출간되려면 몇 년은 기다려야 하는 책을 준비하는 데 많은 시간을 할애한다는 겁니다."

크리스의 말이 맞다. 출판 과정에서 알고 있어야 하는 사실 중 하나는 모든 과정이 빙하가 움직이는 속도로 진행된다는 것이다. 거기에 저자가 원고를 쓰는 시간까지 더해보자. 구상, 기획안 작성, 출판사와 계약 진행, 책 쓰기, 다시 쓰기, 또 다시 쓰기, 편집, 교열, 조판, 교정, 최종본 완성, 인쇄, 제본, 그리고 마침내 소매상으로 배송되는 사이클을 한 번 거치는 데 적게는 수개월부터 보통은 몇 년이 걸린다. 이렇게만 들어도 출판이 얼마나 장기적인 일인지

알 수 있을 것이다. 마거릿 미첼은 무려 10년을 들여 『바람과 함께
사라지다』를 썼다. 미첼에게 에이전트가 있었다면 그 에이전트는
아마 대단한 인내심의 소유자였을 것이다.

생生과 진眞 — 편집자

일단 종이에 적어요.
그다음 일은 나중에 생각합시다.
맥스웰 퍼킨스

맥스웰 퍼킨스는 미국의 스크리브너 출판사에서 36년간 편집자로 일했다. 생애 첫 책을 쓰는 사람으로서 나는 퍼킨스의 조언이 여전히 유효하다는 걸 증명할 수 있다. 다른 작가들도 같은 생각을 하는지는 모르겠다만, 나는 이 책을 쓰면서 어떻게든 진도를 나가려면 그저 **쓰는** 수밖에 없다는 것을 배웠다. 일단은 단어들을 종이에 적어봐야 그다음에 무엇을 할지가 보이는 법이다. 가령 어떻게 해야 글이 더 나아질 수 있고, 독자에게 잘 전달할 수 있는지를 말이다.

좋다. 일단 단어들을 적었다면, 그 뒤에는 무엇을 해야 할까? 바로 편집이다. 편집을 뜻하는 edit은 '끌어내다' '내놓다'라는 뜻을 가진 라틴어 edere에서 유래했다. 편집자가 하는 일을 두세 개의 단어만으로 요약해야 한다면, 핵심을 표현하는 데 이 단어가 선택될 가능성이 높다. 서글프기는 하지만 퍼킨스는 이렇게 말했다.

"편집자가 책에 보태는 것은 없다. 기껏해야 저자의 하인 역할을 할 뿐이다. 자기 자신이 뭔가 중요한 일을 하고 있다는 생각은 절대 하지 말라. 편집자는 기껏해야 에너지를 방출하는 존재일 뿐 아무것도 창조하지 않는다."

'에너지를 방출한다'는 말은 편집자가 일련의 단어들을 끌어내 하나로 엮는 것을 돕고, 그 결과물을 가장 중요한 사람인 독자에게 제공한다는 점에서 잘 들어맞는다. 편집자는 편집하는 사람이라는 단순한 뜻 외에도 여러 가지 일 자체를 뜻하는 출판 용어 중 하나라는 사실을 명심해야 한다. 편집이란 선집을 편찬하는 것에서부터 글의 구조를 해체해 완전히 새롭게 만드는 일, 오탈자나 의미가 불분명한 곳이 있는지 문장을 하나하나 점검하는 교열에 이르는 모든 것을 의미할 수 있기 때문이다. 또 문학계의 수렵 채집인으로 불리는 기획 편집자도 있다. 이들은 최신 트렌드와 판매 경향을 파악하고 시장을 이해해 독자의 수요가 높은 목소리를 찾아내는 일을 한다.

기획 편집자는 저자와 독자 사이에서 중요한 가교 역할을 한다. 좀 더 자세히 말하자면 잠재력이 보이는 기획안을 찾아내 계약을 성사시키고 출판 과정을 감독하는 것이다. 더블데이 출판사의 편집장 케네스 매코믹의 설명에 따르면, 기획 편집자는 "무엇을 출판할지, 그것을 어떻게 구할지, 최대한 많은 독자를 확보하려면 어떻게 해야 하는지 아는 사람"이다. 이렇게만 보면 무척이나 간단한 듯싶지만 당연하게도 실상은 그렇지 않다.

퍼킨스는 F. 스콧 피츠제럴드를 발굴하고, 그를 위해 싸우고, 그의 글을 편집하며 편집자로서의 첫발을 내디뎠다. 그다음에는 어니스트 헤밍웨이의 글을 출판해야 한다고 스크리브너 출판사를 설득했고 결국 뜻을 관철했다. 이것으로는 성에 안 찼는지 토머스 울프[*]를 설득해 그의 소설에서 몇 부분을 잘라내기도 했다. 울프는 단어 100만 개가 넘는 분량의 원고를 제출한 적이 있을 정도로 자기가 쓴 모든 문장에 애착을 느끼는 것으로 유명했는데 말이다. 울프는 자신의 성공이 상당 부분 퍼킨스의 공으로 치부되자 분노했고 결국 두 사람의 사이가 틀어지기는 했지만, 임종 직전에는 퍼킨스의 공로를 인정하는 편지를 남기기도 했다.

퍼킨스는 사망할 즈음인 1947년, 미국 문학사에서 가장 유명한 편집자로 자리매김했으며 이 시기는 미국 편집자들의 황금기라 여겨진다. 퍼킨스는 자기가 관리하는 작가들을 다양한 방식으로 도왔다. 매코믹은 이렇게 말했다.

"퍼킨스는 도움이 필요한 경우 책을 어떻게 구성할지 함께 고민했고, 제목을 생각해냈고, 플롯을 새로 만들기도 했다. 그는 실연을 위로하고, 결혼 관련 고민을 들어주고, 경력을 관리하고, 돈을 빌려주기도 했다. 퍼킨스만큼 원고에 많은 노력을 기울인 편집자는 극히 드물었지만, 그럼에도 그는 '책은 저자의 것'이라는 자신의 신조에 늘 충실했다."

---

[*] 『허영의 불꽃』을 쓴 톰 울프와 혼동하면 안 된다. 토머스 울프는 20세기 초에 활동한 영향력 있는 미국 소설가다. 그의 첫 소설 『천사여, 고향을 보라』는 고향 노스캐롤라이나주 애슈빌에 살고 있는 자신의 가족과 친구를 대거 등장시켜 그들의 삶을 연대순으로 기록한 작품이다. 하지만 당사자들의 반응이 매우 좋지 않아서 울프는 8년간 그곳에 가지 않았다고 한다. 하지만 다음 소설 『시간과 강에 대하여 Of Time and the River』도 애슈빌 주민들의 반감을 샀는데, 이번에는 자신들이 소설에 등장하지 않았다는 게 그 이유였다.

퍼킨스는 시인 에즈라 파운드와 동시대 사람이기도 했다.《타임》지는 파운드의 파시스트적 면모와 관련해 그를 "절대 길들여질 수 없고 아이들에게 매우 위험한, 혼자 걷는 고양이"라 묘사했지만, 그는 제임스 조이스*의 『젊은 예술가의 초상』이 연재될 수 있도록 도왔고, 잡지《포이트리Poetry》를 설득해 T.S. 엘리엇의 「프루프록의 사랑 노래」를 게재하게 하기도 했다. 1922년에 출간된 엘리엇의 시집 『황무지』가 파운드의 편집과 수정을 거쳤다는 것은 이미 잘 알려진 사실이다.

시 평론가 마저리 펄로프 말에 따르면 "파운드와 엘리엇은 『황무지』를 한 페이지씩 야금야금 작업했고, 구조를 구하려 하기보다는 인위적인 것에서 진실한 시구를 되찾고자 했다"고 한다. 『황무지』를 쓴 당사자 엘리엇은 이렇게 말했다.

"나도 그런 산파술maieutic†을 시도해보려 한 적이 있는데, 이때 나는 내가 가장 경계해야 할 것이 다른 사람의 시를 내 식대로 고쳐 쓰려는 유혹이라는 걸 알았다. 파운드는 절대 그러지 않았다. 그는 내가 무엇을 하려고 하는지 먼저 이해하려 했고, 내 방식대로

---

* 조이스는 파운드를 "경이로울 정도로 패기만만하고 열정적이며 큰 도움을 주는 사람"이라고 묘사했다. 반면 거트루드 스타인은 그에게서 별다른 인상을 받지 못했는지 "마을 해설가 같다. 마을에 관해서라면 탁월하지만 마을이 아닌 것에 대해서는 그냥 그렇다"고 말했다.

† 나는 엘리엇의 인용문 덕에 이 단어를 처음 알게 되었다. maieutic은 소크라테스가 만든 용어로, 추론과 대화를 통해 새로운 아이디어를 도출한다는 뜻이다. 실제로 소크라테스의 어머니는 산파였고, 이 단어도 산파술을 뜻하는 그리스어 maieutikos에서 유래했다. 소크라테스가 옳았다. 편집자는 글의 탄생에 산파 역할을 하니 말이다.

할 수 있게 도와주었다.”

편집자는 실패한 작가에 불과하지 않냐는 질문에 엘리엇은 이렇게 답하기도 했다. “어쩌면요. 하지만 대부분의 작가도 마찬가지죠.”

원래 800행이던 『황무지』는 파운드와 엘리엇의 작업을 거치며 분량이 반으로 줄어들었다. 오랫동안 원본은 역사에서 사라진 것으로 여겨졌고, 엘리엇도 “글쎄요. 파운드의 파란색 연필 표시가 있는 그 원고의 운명은 내가 아는 한 문학계의 영원한 작은 미스터리 중 하나일 겁니다”라고 말했다. 사실 그 원고가 친구 존 퀸의 논문들 속에 섞여 있다는 걸 모른 채 말이다. 1968년에 『황무지』 원본 원고가 재발견되었는데, 거기에는 파운드와 엘리엇, 그리고 엘리엇의 첫 번째 부인인 비비안 헤이우드 엘리엇이 손으로 쓴 메모가 잔뜩 달려 있었다.

파운드가 원고에 가장 많이 남긴 연필 메모는 원래대로 두라는 뜻의 라틴어 ‘stet(生)’‡과 참되고 진실한 것을 뜻하는 독일어 ‘echt(眞)’였다. 파운드가 편집자로서 한 일은 참된 단어를 식별하고 거짓된 단어를 제거하는 일이었다. 원래대로 둘 것과 두지 말아야 할 것을 결정해야 했던 셈이다. 잔인하지만 이 말은 결국 일부 단어를 삭제해야 한다는 뜻이기도 하다. 그리고 좋은 편집자라면 이 모든 일을 기꺼이 해낸다. 특히 작가가 그 일을 차마 하지 못하겠다고 한다면 말이다. “편집자들은 줄이는 걸 **정말** 좋아해요.” 내

---

‡ stet(生)은 주석 기호obelism, 즉 원고 여백에 다는 기호로 알려져 있다. 책 뒷부분에서 주석 기호의 더 많은 예를 만나게 될 것이다.

담당 편집자가 신이 나서 설명했다. 나는 원고를 고쳐 쓸 때마다 단어 수를 늘리고 있는데 말이다.

구조 구출 작업

모든 텍스트는 구조를 필요로 한다. 구조가 없으면 의미를 가질 수 없다. 구조는 절, 문장, 단락, 책 전체에 적용된다. 책의 각 부분이 이전과 논리적으로 이어지는지, 독자가 읽기를 멈추거나 앞으로 되돌아가 뭔가를 찾아보거나 혼란과 좌절을 느껴 포기하는 일 없이 책의 내용을 이해할 수 있는지 확인해봐야 한다. 문장과 단락에도 동일한 의문을 제기해볼 필요가 있다. 논리 구조는 모든 단어 조합에 앞서 필수적으로 확인되어야 하는 요소다.

만약 소설을 썼다면 이야기가 플롯의 구조를 잘 따라가는지, 필요할 때 서스펜스와 놀라움을 선사하는지 살펴보자. 설령 그렇지 않더라도 작가는 자신이 짠 논리와 구조가 완벽하게 합리적이라 생각할지 모르므로, 새로운 눈으로 텍스트를 봐줄 다른 누군가가 늘 필요하다. 글이 너무 익숙하거나 주제를 너무 잘 알고 있으면 단어들을 헤치고 구조를 보기가 굉장히 힘든 법이다.

이때 필요한 것이 바로 구조 편집이다. 맥스웰 퍼킨스도 구조 편집을 잘하기로 유명했다. 나는 작가이자 구조 편집자인 루크 브라운에게 이 과정이 어떻게 진행되는지 물었다.

"작가가 생각하는 작가의 일과 독자가 생각하는 작가의 일 사이에는 본질적인 차이가 있어요. 저는 독자의 관점에서 글을 개선하고 평론가로부터 작가를 보호하는 일을 하죠. 독자는 무엇을 알고 싶어 하는지, 플롯이 내러티브 곡선을 잘 따라가고 있는지, 갈등이 만족스러운 방식으로 고조되는지, 주인공에게 변화가 있는지 없는지, 갈등이 해결되는지, 해결되지 않는다면 왜 그런지를 따지고 살피죠. 미숙한 작가는 별 의미 없이 그저 지면을 채우는 경향이 있어요. 하지만 단어의 세계에서는 간결함이 미덕이라는 걸 반드시 알아야 해요. G.K. 체스터튼도 이런 말을 남겼잖아요. '예술은 한계로 구성되어 있다. 그림에서 가장 아름다운 부분은 늘 액자다.'"

루크는 가장 빈번하게 발생하는 문제 중 하나가 명확성이 부족한 것이라며 말을 이었다.

"작가 자신이 무얼 말하려고 하는지 모르는 거죠. 또 다른 문제는 독자가 정말로 무엇을 **원하는지** 상상하는 능력이 부족하다는 거예요. 경험이 부족한 작가는 머릿속에 이상적인 독자를 상정할 때가 많은데, 당연하게도 그런 사람은 존재하지 않거든요. 독자와 작가 사이에는 일종의 소통 계약이 필요하다고 볼 수 있어요. 편집자도 구조를 손보거나 텍스트를 다듬다 보면 점차 일련의 규칙들을 만들어나가게 되는데요, 그러면서 언어와 명확성을 보는 눈이 길러지죠. 편집의 즐거움 중 하나는 텍스트가 들려주는 음악에 귀를 기울이는 거예요. 언어에 예민해져야 하죠. 낭비되는 단어 없이 모든 말에 의미가 있어야 하고요."

나는 작가가 일종의 계약을 맺는다는 생각이 마음에 들었다. 작가는 감정적 반응을 불러일으킬 수 있는 최선의 단어를 사용해서 이를 의미 있는 방식으로 구조화해야 할 것이고, 독자는 그런 반응이 일어날 수 있게 마음을 열어야 할 것이다. 내 담당 편집자는 자신의 역할에 대해 이렇게 말했다.

"내가 이 책의 첫 독자라고 생각할 때가 많아요. 편집자로서 제 역할은 작가가 하고 싶은 이야기를 독자에게 가장 효과적인 방식으로 전달할 수 있게끔 돕는 것이죠. 두 켤레의 신발을 동시에 신을 수 있어야 해요. 작가가 하고 싶어 하는 말이 무엇인지도 알아야 하지만, 독자가 이 책에 매력을 느끼고 뭔가를 얻어가려면 어떤 내용이 들어가야 하는지도 알아야 하니까요."

좋은 글은 이렇게 작가와 독자가 모두 자기 역할을 다할 때 만들어지는 법이다. 이때 중간에 낀 편집자는 덤불에 가려진 구조를 보고, 독자가 이야기를 쉽게 따라갈 수 있도록 길을 열어주는 사람인 것이다.

적절한 질문 던지기

"제가 얻은 첫 일자리는 런던의 저명한 문학 에이전트의 조수 자리였어요. 그 에이전트는 모든 면에서 독창적인 사람이었죠. 저자에게 상세한 메모를 달아주기보다는 일단 저자를 자기 사무실의 고풍스러운 안락의자에 앉히고 원고에 대해 몇 시간씩 이야기를 나누는 스타일이었어요. 어떤 점이 왜 괜찮았는지, 어떤 점은 왜 별로라고 느꼈는지 같은 것들요. 어떻게 보면 이야기 속 캐릭터들을 방으로 불러들이는 셈이었죠. 그는 캐릭터들을 살아 있는 인간처럼 대하면서 작가가 자기 원고의 약점을 볼 수 있도록 도왔어요. 그러니 제가 처음 배운 편집은 글쓰기가 아니라 말하기였다고도 할 수 있겠죠. 도움이 되는 방식으로 적절한 질문 던지기, 대답 듣기, 그리고 나서 더 많은 질문 던지기 같은 것들이랄까요. 요약하자면 이거예요. 편집자는 답을 가지고 있지 않다. 설령 작가가 답을 가지고 있지 않더라도 편집자가 해결책을 제시하려 하지 말라. 그저 작가 스스로가 답을 찾을 수 있게 적절한 질문을 하라."

이는 소설 편집자 한나가 작업 초반에 어떻게 구조 편집에 접근하는지를 설명하면서 꺼낸 이야기다. 한나의 말대로 편집의 본질은 "작가가 자기 원고의 약점을 볼 수 있도록" 하는 것이다. 글에 너무 익숙해지면 독자 입장에서 생각하는 게 거의 불가능하기 때문이다. 작가에게는 너무 당연한 것이 독자에게는 도저히 이해하기 힘들 수도 있다.

한나는 저자와 이야기를 나눈 후에 어떤 과정이 이어지는지도 짧게 덧붙였다.

"이런 대화를 마치고 나서 가장 먼저 하는 일은 구조를 편집하는 일이에요. 저는 주로 편지를 써서 주의가 필요해 보이는 부분을 짚어줍니다. 이때도 역시 작가가 스스로 해결책을 찾도록 질문 형식을 택해요. 작가가 원고를 고쳐 쓰다 보면 이 과정을 또 반복해야 할 수도 있어요. 마침내 이 지난한 과정이 얼추 마무리되고 나서야 편집자가 텍스트를 한 줄 한 줄 손보기 시작하죠. 어딘가 삐걱거리는 문장이나 작가의 나쁜 습관 같은 걸 바로잡는 거예요."

구조에서 문장까지

편집 방식에 관해서라면 이처럼 다양한 이야기가 오가지만, 실전에서 정확히 편집이 무엇을 **의미**하는지 콕 짚어 말하기란 무척 어렵다. 관련해 동료 사이먼은 자신이 맡은 논픽션 원고를 어떻게 작업하는지 설명해주었다.

"원고를 읽을 때면 저도 다른 편집자들처럼 글의 명확성, 타깃 독자의 기대치, 이 책을 이해하는 데 필요한 사전 지식 같은 걸 끊임없이 생각하려 해요. 편집자는 대체로 표현의 명확성과 독창성을 보고 저자를 선택하는 편인데, 그렇게 고른 저자도 때때로 끔찍한 혼란에 빠질 때가 있는 걸 보면 놀랍기도 해요."

사이먼과 대화를 나누며 느낀 점은 그가 다른 무엇보다 **독자**를 최우선으로 생각한다는 것이었다. 사실 그럴 만하다. 작가 혼자 만족할 글을 써서 뭐하겠는가? 글은 읽어줄 독자가 있을 때 존재 가치가 있는 법이다. 이때 좋은 편집자는 독자가 무엇을 원하는지, 그것을 어떻게 반영할 수 있는지 알고 있다. 사이먼의 말을 듣다 보니 편집자란 독자들이 원하는 것을 작가가 상상할 수 있도록 돕는 사람이며, 이상적인 독자는 결코 존재하지 않는다고 한 루크의 말이 떠올랐다.

또 다른 편집자 쇼아이브는 자신이 작가들과 어떻게 작업하는지를 이야기하며 한 작가에게 초고를 받은 뒤 쓴 편지를 보여주었다. 편지에는 각 장에 대한 상세한 분석과 개선해야 할 점이 적혀 있었을 뿐만 아니라, 스토리텔링 확장하기, 편견 돌아보기, 긴장감을 조성하고 독자가 만족할 만한 방식으로 해결하기 같은 구조적 관점에서 점검이 필요한 부분들이 정리되어 있었다.

나와 이야기를 나눈 편집자들은 작가가 독자에게 일정 수준의 지식이 있다고 가정하는 일에 하나같이 우려를 표했다. 그런 가정은 결국 독자를 좌절시키고 실망시킬 가능성이 다분하기 때문이다. 작가는 뭐든지 간에 독자를 믿고 생략할 것이 아니라, 가이드가 되어 글 속을 쉽게 여행할 수 있는 든든한 발판을 제공해야 한다.

쇼아이브에게 구조 편집은 "목소리, 묘사, 리듬, 스타일 같은 책의 구성 요소와 작가의 핵심 비전을 결합해 내러티브의 조화를 이뤄내는 것"이었다. 무척 간단하게 들리지만, 작가 혼자 이 두 가지를 성공적으로 결합하는 건 어려운 일이다. 텍스트에 너무 익숙하고 주제에 지나치게 몰입한 상태라면, 한발 물러나 책의 구성 요소가 자신의 핵심 비전과 조화를 이루었는지 객관적으로 평가하기가 거의 불가능하기 때문이다. 작가는 독자에게 의미를 전달할 단어를 고르는 데 심혈을 기울이기 때문에, 애써 고른 단어가 구텐베르크 은하계 한쪽 끝에서 다른 쪽 끝으로 여행할 기회를 가져보기도 전에 퇴출당해야 하는 상황을 고통스러워한다. 그렇기 때문에 아무리 잘나가고 경험 많은 작가라 할지라도 편집자와 함께 작업하며 도움을 받는 것이다.

쇼아이브가 어떻게 텍스트 편집을 하는지 살펴보는 동안 나는 논픽션 편집이 실은 저자의 주장에 문제가 없는지 검증하는 일에 가깝다는 것을 이해하기 시작했다. "이 문장이 이해가 안 가요(나도 내 편집자에게 이런 의견을 받아봤다)!" "좀 더 구체적으로 써주세요" "예를 들어주면 좋겠어요" "너무 일반화하는 건 아닐까요?" "머리가 터질 것 같아요(슬프게도 이런 의견은 받아보지 못했다)" … 대사를 계속 열거할 수도 있겠다만 편집자는 모든 단어, 문장, 단락, 주장을 모든 각도에서 철저하게 점검하며, 문제를 발견할 시 작가가 개선하도록 표시를 남긴다는 것 정도로만 축약하겠다.

편집 과정을 더 힘들게 만드는 건 당연한 말이지만 모든 작가와 모든 원고가 다 다르다는 사실이다. 어린이책 기획 편집자인 섀넌은 이렇게 설명했다.

"원고에 들어가는 작업량은 매번 다르다고 하지만, 어찌 됐든 기획 편집자는 작가와 함께 원고를 몇 번씩 고쳐 쓸 준비가 되어 있어야 해요. 어떤 작가는 당면한 플롯 문제를 어떻게 해결하면 좋을지 편집자가 의견을 주기를 바라죠. 또 어떤 작가는 편집자가 문제를 알려주면 본인이 직접 해결하려고도 해요. 이 지난한 과정이 끝난 다음에는 텍스트 편집을 해야 할 텐데요. 텍스트를 한 줄 한 줄 점검하면서 반복되는 단어는 없는지, 내용의 흐름은 자연스러운지 같은 걸 확인하는 절차죠. 엄밀히 말하면 이건 교열 편집자의 역할이지만, 유능한 기획 편집자는 이 일을 함께 합니다."

자, 여기 또 다른 유형의 편집자가 등장했다. 바로 교열 편집자다.

글은 어떻게
더 좋아지는가

1952년 《맨체스터 가디언》에 실린 애거서 크리스티의 희곡 「쥐덫」에 대한 서평에는 플롯에 "우연이 지나치게 많다"는 비판이 제기되었다. 실제로 「쥐덫」은 플롯상의 허점이 상당히 많은 것으로 유명한데, 형사가 살인범의 정체를 알아챈 뒤에도 체포하지 않고 범인이 계속 살인을 저지르고 다니게 놔둔다는 설정이 대표적이다. 플롯상의 허점은 『해리 포터』 『그레이의 50가지 그림자』 『반지의 제왕』 『아이 앰 필그림』 『허클베리 핀의 모험』을 비롯해 다른 수많은 유명 작품에도 존재한다.

대부분의 소설가가 글을 쓰기 전에 신중하고 꼼꼼하게 플롯의 개요를 짜지만 다양한 캐릭터, 시나리오, 타임라인을 기억하면서 각각을 적재적소에 드러내는 게 쉬운 일은 아니다. 그것도 독자가 이해하기 쉽고도 서스펜스를 느낄 수 있는 방식으로라면 더욱 말이다. 그렇기에 바로 이 지점에서 구조 편집과 교열 편집이 가장 큰 힘을 발휘한다.

이전 장에서 섀넌이 언급했듯 기획 편집자는 원고가 큰 틀에서 말이 되는지 확인하는 데 중점을 두고, 그다음에는 교열 편집자가 글을 꼼꼼히 살피며 이야기 구조에 허점이 없는지 확인한다. 좋은 교열자는 사전 지식이 없는 사람이 이 세계에 들어와도 모든 것을 이해할 수 있도록 만전을 기한다. 교열 편집자 세라는 이렇게 말했다.

"저는 제2의 눈이라고 할 수 있어요. 새로운 눈으로 원고를 보면서 저자와 기획 편집자가 여러 번 읽다 보니 더 이상 보지 못하게 된 것을 보는 사람이죠. 소설 작업을 할 때는 플롯이 제대로 작동하는지, 그게 최선인지 확인하고, 논픽션 작업을 할 때는 일반 독자가 논쟁의 맥락이나 서사를 따라갈 수 있는지 점검해요. 소설의 경우에는 시간 순서가 안 맞는 문제가 생길 수 있는데, 저는 이런 상황을 막기 위해 평소에 꼼꼼하게 메모를 해둬요. 날씨, 피어 있는 꽃, 역사적 사건, 특정 연도를 가리키는 노래와 영화 같은 것들요. 제가 특히 싫어하는 건 천편일률적인 역사 배경이에요. 이를테면 이런 거죠. '때는 1960년대였다. 여자들은 모두 미니스커트를 입었고 비틀스가 차트를 휩쓸고 있었다.'"

세라는 좀 더 과감하고 잔인하게 변화를 줘야 할 때도 있다고 말했다.

"한번은 역사 소설을 작업하는데, 기획 편집자가 원고의 3분의 1을 들어내라고 하는 거예요. 결국 그렇게 해서 다시 작가에게 원고를 보냈어요. 그러자 작가한테 바로 전화가 오더라고요. 많이 당황한 것 같았는데, 아무래도 기획 편집자가 원고를 잘라내야 한다고 말해주지 않았던 모양이에요. 그런데 일주일 뒤에 다시 전화하더니 내용을 덜어냈음에도 빠진 게 하나도 없고, 오히려 캐릭터가 더 명확해졌고, 플롯과 내러티브의 추진력과 에너지도 훨씬 더 단단해졌다고 말하더라고요. 물론 이 모든 일을 하려면 작가를 요령 있게 안심시킬 수 있어야 해요. 작가가 이게 자기 책이라는 걸 늘 느낄 수 있어야 하죠."

또 다른 교열자 레슬리는 원고에서 어떤 구조적 문제가 발견되냐는 질문에 이렇게 답했다.

"책의 종류에 따라 달라요. 소설이냐 논픽션이냐, 대중서냐 학술서냐에 따라 꼼꼼히 살펴야 할 부분이 다르거든요. 통틀어 말하자면 플롯에 오류는 없는지, 사실과 다른 내용이 있는지, 일관적인지, 시간 순서에 오류가 없는지 같은 것을 주의 깊게 살펴봐요. 제 역할은 보이지 않는 수리공이라 할 수 있죠. 예전에 작업한 어떤 소설은 임신부가 임신 중 어려움을 겪다가 마지막에 조산하는 장면이 굉장히 긴장감 넘치게 그려졌었어요. 그런데 상세히 묘사된 계절로 시간의 흐름을 추측해보니, 산모가 18개월이나 임신 중이었다는 걸 발견했지 뭐예요. 이런 종류의 구조적 플롯 문제는 언제 등장할지 모르니 항시 경계를 늦추지 말아야 해요."

작가는 나의 천적 — 교열

일단 글이 탄생했다면 어떻게 더 좋은 글로 만들 수 있을까? 세상에는 너무나 많은 글이 존재하고, 그 수는 구텐베르크 은하계가 존재하는 매 순간마다 더 늘어나고 있다. 글은 작가에게서 나온 후 에이전트와 편집자에게 발견되고 추진되고 성장한다. 단어들이 모여 문법의 기본 단위인 문장을 이루고, 단락과 장, 종국에는 한 권의 책을 이룬다. 하지만 이 모든 것의 시작은 **문장**이다. 문장이 되려면 의미가 통해야 하므로 거기에 하나의 온전한 생각을 담아야 한다. 의미가 통하지 않는다면 그건 문장이 아니다.

문장을 넘어 글 자체에서 의미가 통하려면 정확하고Correct, 명확하고Clear, 응집성 있고Coherent, 일관되어야Consistent 한다. 이른바 교열의 '4C'는 좋은 글을 더 좋게 만드는 기본 중의 기본이며, 작가와 작가 곁에서 작업하는 모든 이가 추구하는 바다.

정확하게

에마 코플리 아이젠버그는 자신의 책 『세 번째 무지개 소녀: 애팔래치아 이중 살인의 진실Third Rainbow Girl: The Long Life of a Double Murder in Appalachia』 팩트 체크 과정을 두고 다음과 같이 썼다.

"나는 첫 책을 쓰면서 사실의 본질과, 사실이 이야기가 되는 과정을 살펴보고 싶었다. 그러기 위해서는 모든 사실을 확실히 검증해야 했다. 이렇게 질문이 거창하고 까다로울 때일수록 기초가 탄탄해야 하는 법이다."

팩트 체크, 즉 정확성은 왜 중요할까? 일단 기본적으로 무언가 잘못된 것이 있으면 의미가 제대로 전달되지 않는다. 그렇다면 이 사실이 정확한지는 누가 확인해줄까? 역사적으로 따져보면 이 확인 작업은 여성의 일이었다. 코플리 아이젠버그는 이 주제와 관련해 최고의 책이 있다며, 내게 세라 해리슨 스미스의 『팩트 체커의 바이블: 올바른 정보를 위한 가이드The Fact Checker's Bible: A Guide to Getting it Right』를 소개해주었다. 서문에서 해리슨 스미스는 1923년 《타임》지를 필두로 미국 잡지사의 팩트 체크 역사를 살펴보며, 《타임》지의 편집자 에드워드 케네디가 썼다는 메모를 인용한다.

팩트 체크는 … 재미없고 지겨운 일로 간주되기도 하지만 이 인식은 굉장히 잘못된 것이다. 팩트 체크에 열과 성을 다하는 똑똑한 여성이라면 누구나 매우 즐겁게 일하면서 행복하고 기억에 남는 한 주를 보낼 수 있다. 팩트 체크를 할 때 기억해야 할 가장 중요한 점은 작가가 나의 천적이라는 사실이다. 작가는 대충 써도 그냥 넘어갈 수 있는 마지노선이 어디까지인지를 확인하려 드니 말이다.

나는 이 편집자가 존 F. 케네디의 동생이 아닐까 하는 생각이 들어 온라인을 바탕으로 직접 팩트 체크를 해보았지만, 확실한 답은 찾을 수 없었다(팩트 체크는 정말 쉬운 일이 아니다).《런던 리뷰 오브 북스》에 실린 팩트 체크에 관한 글에서 크리스천 로렌첸이 이 내용을 인용하며 '이름을 밝히지 않은 편집자'가 썼다고 말하는 정보를 발견하기는 했지만, 그게 그 에드워드 케네디인지를 분명하게 확인해주는 정보는 어디서도 찾을 수 없었다.

어떤 에드워드 케네디가 한 말이든, 핵심은 당시에 글과 관련한 업무 구분이 명확하게 이루어졌다는 것이다. 남성이 글을 쓰면 여성이 그걸 확인하는 식으로 말이다. 로렌첸의 묘사처럼 팩트 체커는 "유쾌한 희생양이 될 운명을 타고났다. 그들은 불량한 작가에게 질서를 가르치고, 편집자를 독자 자경단으로부터 보호하고, 철자가 틀리게 표기된 지명을 바로잡는 행복한 순간들로 가득 찬 한 주를 보내는 것에 감사하는 익명의 존재다."

해리슨 스미스에 따르면 팩트 체커가 해야 할 일은 다음과 같다. 정확성 판단하기, 무엇을 확인할지 결정하기, 사실 조사하기, 출처 평가하기, 인용문 확인하기, 법적 책임 이해하기, 표절 가능성 주의하기. 이렇게 놓고 보니 어쩌면 이들은 단순히 철자가 틀린 지명을 바로잡는 것보다 한층 복잡하고 중요한 차원에서 더 좋은 글을 만드는 데 이바지하는 듯하다.

해리슨 스미스가 제시한 할 일 목록을 보면 팩트 체커, 작가, 출판사가 져야 하는 책임이 생각보다 크며, 잘못될 시 법적인 문제가 생길 수도 있다는 걸 알 수 있다. 하지만 위험 부담이 있다 해도 글의 정확성을 따지는 건 더 좋은 글을 만들기 위해 꼭 필요한 과정이다. 우리가 읽고 있는 글이 정확한 사실에 기반한다는 걸 믿을 수 없다면 과연 무엇을 믿어야 할까? 해리슨 스미스는《뉴요커》의 팩트 체크 책임자로 일했던 세라 리핀콧의 말도 인용했다.

"약간의 의심은 … 매우 바람직하다. 하지만 의심과 잘못된 정보가 계속 쌓이면 결국에는 냉소가 된다. 냉소와 의심은 완전히 다른 것이다. 그러다 보면 어느 순간 우리는 흥미를 잃어버리고, 더 이상 서로의 말에 귀 기울이지 않게 된다. 그런 의미에서 기자들은 멸종되거나 무시될 위기에 처해 있다."

아무리 교열자라 해도 모든 사실과 수치와 진술이 옳고 그른지를 바로 파악할 수는 없다. 하지만 자신이 무엇을, 어떻게 확인해야 하는지는 안다. 좋은 교열자란 무엇이 옳고 그른지를 알거나 알아내기 위해 확인하는 사람이다. 이때 필요한 것이 바로 내가 무엇을 모르는지 아는 기술이다.

사실상 교열자에게 정확성은 의식 향상과도 같다고 할 수 있다. 중요한 것을 알아채서 그것의 옳고 그름을 확인해야 하기도 하지만, 사소한 것도 알아채야 하기 때문이다. 이를테면 83쪽에 적용된 스타일이 623쪽에도 동일하게 적용되어 있는지, 5장에서 '주의력결핍 과다행동장애'라고 표기한 것이 12장에서는 '주의력 결핍 과다행동 장애'로 표기되어 있지는 않은지 같은 것이 있겠다. 내가 함께 일해본 교열자들은 대부분이 사소한 것의 전문가라고 할 수 있을 만큼 일반 상식이 풍부하고 기억력이 뛰어났지만, 아무리 그래도 **모든 걸** 아는 사람은 존재하지 않기 마련이다.

그 어떤 경험, 시험, 훈련, 상식 퀴즈, 사소한 탐닉, 집착, 취해서 혹은 맨 정신으로 나누는 대화도 교열 편집자에게 허비되는 것이란 없다. 수년간 어지럽게 쌓아온 지식의 파편들이 결국 쓸모를 찾아가기 때문이다. 투르 드 프랑스에서 네 차례 종합 선두를 차지한 영국인 사이클 선수 '데이비드 밀러'가 '데이비드 밀라'로 표기되어 있을 때 바로잡으며 느끼는 만족감을 뜻하는 적합한 말이 없는 것 같은데, 이런 순간에 사용하기 위해 꼭 생겨나야지 싶다.

나와 함께 일하는 교열자 중 한 명은 지난날의 안타까운 에피소드를 꺼냈다. 그의 일화는 꼭 법적 문제를 피하기 위해서라기보다 정확성을 기하는 자체가 얼마나 중요한지를 일깨워주었다.

"의학 사전을 작업할 때, 신경안정제 최대 복용량에 소수점이 잘못 찍힌 채 출간된 적이 있어요. 무려 10배나 더 많은 양이었죠! 결국 정오표를 내야 했고요…."

미디어의 정확성 문제를 다룬 『후회와 실수Regret the Error』의 저자 크레이그 실버먼은 《디 애틀랜틱》과의 인터뷰에서 이 책을 어떻게 쓰게 되었는지 들려주었다.

"사람들에게 책, 잡지, 신문 중 뭐가 가장 팩트 체크가 잘되어 있을 것 같냐고 물어본 적이 있어요. 대부분이 책일 것 같다고 대답했죠. 이렇듯 책에 실린 내용은 잡지, 신문, 웹 사이트에 나와 있는 정보보다 더 엄격한 팩트 체크를 했을 거라 생각하는 독자가 많아요. 절대 그렇지 않은데 말이죠. 다른 매체와 달리 잉크와 무게 같은 물성이 책에 의미를 부여하는 거죠."

그렇다면 책 속 내용마저 팩트 체크가 제대로 이루어지지 않는 이유는 무엇일까? 일단 주된 이유 중 하나는 저자가 그 주제의 전문가고, 편집자나 교열자보다 더 잘 안다고 가정하기 때문이다 (참고로 잡지에 실리는 글은 잡지사가 저작권을 가지고 있는 경우가 많아서 정확성을 비롯한 여러 문제를 더 철저히 확인하는 경향이 있다). 그런 이유로 사람들은 책을 바탕으로 팩트 체크를 하는 게 못 미더운 웹 사이트 자료에 의존하는 것보다는 안전하리라 생각한다. 하지만 꼭 그렇지만도 않다. 논픽션 책이라 해도 모든 정보를 팩트 체크하는 것이 필수는 아니므로, 무조건적으로 책을 믿고 읽었다가 사실이 아닌 오류를 무심코 더 퍼뜨리게 될 수도 있다.

팩트를 체크하는 최선의 방법은 원본 출처를 확인하는 것이다. 그러려면 시간과 돈이 드는데, 안타깝게도 출판사는 돈 쓰는 데 몸을 사리는 편이다. 결국 글의 진실성에 최종 책임을 가진 사람은 궁극적으로 창작자가 된다. 해리슨 스미스는 이렇게 말한다. "팩트 체커, 저자, 편집자의 협업은 일종의 삼위일체여야 하며, 마치 신처럼 작가가 세 사람의 노력에 대한 공로를 대표해 인정받는다."

명확하게

저자와 편집자가 구조 편집을 몇 차례 거치고 나면 텍스트에 너무 익숙해져서 문장이 어설프거나, 반복되거나, 이상하거나, 불명확한 부분을 제대로 보지 못하기도 한다. 하지만 최초의 공정한 독자이자 검토자인 교열자가 저자의 말을 이해하지 못한다면 당연히 독자도 그럴 것이다. 교열자가 존재하는 이유가 바로 이것이다. 교열자는 텍스트가 잘 흘러갈 수 있도록 미세하게 글을 바로잡는다. 이때 명확성이란 불필요한 부분, 잘못된 어순이 초래한 모호성과 잘못 사용된 단어를 제거한다는 의미다. 세라는 명확성을 위한 교열 작업에 대해 다음과 같이 이야기했다.

"전 학계보다 일반 독자를 대상으로 한 책 작업을 주로 하기 때문에 일반 독자의 눈높이에서 바라보는 게 제 일이라고 생각해요. 제가 이해하지 못하는 내용이 있다면 다른 독자도 애를 먹을 확률이 높기 때문에 모호한 내용이나 누락된 정보가 있으면 손을 봐야 하죠. 잘 모르겠으면 자신 있게 모른다고 말할 줄도 알아야 해요. 저자가 나를 멍청한 사람, 교열자에 적합하지 않은 사람으로 생각하는 건 아닐까 지레짐작하지 말고요. 보통은 저자도 제 말뜻을 알아듣거든요."

명확성은 좋은 글을 만드는 핵심 요소다. 조지 오웰의 말을 빌리자면 "좋은 산문은 창유리와 같다." 좋은 글은 명확한 글이다. 자기가 생각해낸 어떤 아이디어를 다른 사람도 이해할 수 있도록 표현하는 것이다. 여기서 교열자는 문장이 전체를 잘 지탱하고 있는지 점검하는 역할을 한다. 다른 부분을 교열할 때도 마찬가지이기는 하지만, 명확성을 점검할 때도 이 내용을 저자에게 세심히 전달할 필요가 있다. 레슬리는 이렇게 설명했다.

"저자에게 제안할 때 좀 더 기분 좋게 들리게끔 말하는 방법이 있죠. '당연히 이러이러하죠'보다는 '혹시 이러이러한 걸까요?'가, '모두 다 알다시피'보다는 '제 생각에는'이 더 좋아요. 다짜고짜지적부터 할 게 아니라, 어떤 걸 왜 바꿔야 하는지 그 이유를 설명해주는 게 예의 같더라고요. 저자가 문법에 약하거나 의미가 잘 안통하는 문장을 자주 쓰는 타입일 때는 교열자가 설명만 잘해준다면 문장을 고치는 데 동의할 가능성이 높아요. 저자마다 스타일은조금씩 다 다를 테고, 어떤 저자는 교열자에게 결코 마음을 열지않을지도 몰라요. 하지만 작업 초반에 이메일을 보내며 '내가 지금이 원고를 얼마나 고대하고 있는지 모른다'고 말해준다면 아마 큰도움이 될 거예요. 이제는 모든 걸 이메일로 처리하는 시스템이 좀아쉽기도 해요. 저자들을 만나 함께 원고를 검토하는 일도 꽤 재밌거든요. 얼굴을 맞대고 이야기하면 오해가 생길 일도 훨씬 적고요.이제는 무시무시해 보이는 변경 내용 추적 기능과 메모 상자들로

만 소통해야 하니까요. 경험해보니 때로는 단호하고 때로는 유연한 태도로 한 팀이 되어 일할 때 성공할 가능성이 가장 높은 것 같아요. 아, 인생의 다른 영역에서처럼 유머 감각도 도움이 된답니다. 일이 끝나면 동료와 한잔하면서 스트레스를 풀 수도 있겠죠. 저자가 불쾌하게 굴었다면 저자를 안주 삼아, 내가 뭔가를 잘못 판단했다면 스스로를 안주 삼아 말이죠. … 세상에 완벽한 사람은 없으니까요."

응집성 있게

응집성이 있다는 건 독자 입장에서 단어와 단어 사이의 관계가 이해된다는 뜻이다. 응집성은 페이지에 적힌 단어, 아이디어, 주장을 저자가 원하는 방식으로 연결되게끔 돕는다. 쉽게 말해 '명확한 표현'이라 할 수 있다. 독자가 빠져 허우적거릴 만한 틈을 제거하는 것이다. 다음은 응집성이 있는 텍스트와 없는 텍스트의 예다.

- **응집성 없음**: 개는 사람이 오래전에 길들인 갯과의 동물이다. 늑대는 개의 선조이고, 개는 다양한 방식으로 사람을 돕는다. 개를 키우는 이유는 다양하지만 가장 중요한 것은 정서적인 교류다.
- **응집성 있음**: 개는 실용적인 목적으로 사람이 오래전에 길들인 갯과 동물이다. 늑대의 후손이지만 이제는 길들여져 가정에서 키울 수 있게 되었다. 개는 사람이 길들인 동물이기 때문에 정서적 교류를 비롯한 다양한 이유로 길러진다.

한 단락에서 논의되는 내용은 주제와 연관이 있어야 하며 논리적으로 배열되어야 한다. 하지만 세라는 뭐니 뭐니 해도 교열의 가장 중요한 요소는 저자의 스타일에 공감하는 것이라고 했다.

"저자가 볼 때도 자기가 썼을 법한 방식으로 자르고, 바꿔 말하고, 다시 써야 해요. 각각의 원고는 마치 십자말풀이 퍼즐 같아요. 문제를 풀기 전에 출제자의 스타일을 알아내야 하거든요. 또 다른 비유를 들자면 고화소 사진 같기도 해요. 큰 그림을 이루는 작은 개별 요소들을 들여다보면서 저자가 뭘 하고 있는지 이해하고, 이 구성 요소들로 전체를 명확하게 드러내야 하니까요."

일관성 있게

교열은 단순히 원고를 읽으면서 오탈자를 발견하는 일보다 훨씬 광범위하다. 교열자는 원고를 쭉 살펴보며 어떤 기준을 일관되게 적용할지 결정해야 한다. 오늘날 대부분의 교열자는 워드 프로그램을 사용하므로(한국에서는 주로 한글을 사용한다—편집자) 작업이 좀 더 간소화되었다. 경우에 따라 다르겠지만, 보통 작업 초반에는 변경 내용 추적 기능을 사용하니 무엇을 고쳤는지 일일이 말하지 않는 편이다. 그래야 그 많은 수정 사항을 퍼붓지 않으면서 저자에게 무엇을 고쳤는지 알려줄 수 있을 테니 말이다. 하지만 당연하게도 일관성을 유지한다는 게 늘 쉽지는 않다. 미국인 저자가 harbor라고 쓴 것을 영국식 단어인 harbour로 일괄 변경하고 싶어도 무작정 그래서는 안 된다. 만약 통일한답시고 Pearl Harbor까지 Pearl Harbour로 고쳤다가는 문제가 생긴다. Pearl Harbor는 진주만을 뜻하는 고유명사이기 때문이다. 이처럼 교열자는 비교적 간단한 수정을 할 때조차 늘 **예외**를 염두에 두어야 한다.

많은 교열자가 편집을 하면서 교정 교열 표를 만든다. 이 표는 자기가 사용한 단어를 적은 목록일 수도 있고, 나중에 어떻게 하면 좋을지 정해야 하는 단어들을 모아 철자순으로 정리한 것일 수도 있다. 물론 양식도 제각각이다. 이렇게 만들어둔 표는 교열자가 작업을 마칠 때까지 참고하는 자료가 된다. 교열 작업은 원고 특성에 따라 몇 주가 걸릴 수도 있고 몇 달이 걸릴 수도 있다. 어떨 때는 두 권 이상을 동시에 작업할 수도 있기 때문에 아무리 미리 만들어두었다 해도, 몇 주 전에 내린 결정이라면 다시 한번 스스로에게 상기시켜주는 게 좋다. 저자에게 조판된 원고를 보낼 때 이 표를 함께 첨부하면 이전 작업에서 놓친 부분을 잡아줄 수도 있다. 교정 교열 표는 원고의 일관성을 보장하는 방법 중 하나다. 그 어떤 교열자도 원고에 나오는 모든 단어를 어떻게 표기하기로 했는지 전부 기억할 수는 없기 때문이다.

이 책을 만들면서 작성한 교정 교열 표는 다음과 같다. 여기 실린 것 중 어떤 단어는 선호의 문제(percent가 아니라 per cent, front-matter가 아니라 front matter)인 반면, 어떤 것은 정답이 정해져 있는 고유명사(iPhone, le Carré)에 해당한다. 그래도 IPhone과 LeCarré가 올바른 표기가 아니라는 것을 명시하고 넘어갈 필요는 있지 싶다.

A	B	C	D
AbeBooks	barcode	cash flow	data point
acknowledgement	baulk	catch-22	devil
A level	BC	cliff hanger	diple
all right	beat	Communism	dreamt
ancient (Greece	bestseller	Communist	dust jacket
etc.)	Bible	cooperate	
anglicise	bookmaking	copy-editor	
avant-grade	burnt	cyberattack	

E	F	G	H
ebook	FaceTime	ghostwriter	half-century
elite	face to face	Google (n)	halfway
email	fact-check	google (v)	head-on
encyclopedia	free-for-all	Gothic	home town
end matter	front matter	groundbreaking	
e-reader			
extraterrestrial			

I	J	K	L
internet	judgement	Koran	lay person
iPhone			leaned
			learned
			le Carré

M	N	O	P
mea culpa	news-stand	off limits	PDF
metadata	Nielsen BookScan	OK	per cent
misspelt	nonetheless	Old English	pigeonhole
modernism	non-fiction	out of print	pixelate
movable	non-stop	overproduction	plotline
	no one	oversupply	POD/print-on-demand
			(computer) program
			proofread

Q	R	S	T
	re-check	*sans*	tagline
	reopen	sans serif	timespan
	reuse	serif	telltale
	rewritten	shortcut	transatlantic
	road trip	shorthand	tweet
		Skype	24/7
		storytelling	Twitter
		subsection	typeface
			typefounder

U	V	W	**XYZ**
usable		waterline	YouTube
		well-being	Zen
		well off	Zoom
		while	
		WHSmith	
		wish list	

세상에는 다양한 교정 교열 표가 있고, 올바른 맞춤법 토론도 활발하지만, 나는 담당 교열자가 한 가지 스타일을 선택해 고수하기만 한다면 만족하는 편이다. 결정을 내리고 그대로 고수하는 것이 그들의 임무이니 말이다. 최고의 교열자는 열심히 고민하며 각각의 결정을 내리고, 어떤 선택을 했는지 알려주는 사람이다.

픽션과 논픽션의 경계

"작가는 책을 한 권 쓰기 시작할 때마다 독자와 계약을 맺어요. '나한테 시간과 인내심을 투자해달라. 그러면 이야기를 하나 들려주겠다'라는 식이죠. 독자를 즐겁게 해줘야 한다는 유의 하위

조항이 있을지도 모르겠네요. 제 소설의 경우, 이제껏 보지 못한 방식으로 세상을 볼 수 있도록 해주겠다는 계약을 맺었죠. 이처럼 픽션이라면 계약이 좀 모호할 수도 있는데, 논픽션의 경우에는 계약이 좀 더 명확해요. 작가는 '내가 진실이라고 믿는 것을 최선을 다해 전달하겠다'고 말하죠. 이 계약은 쉽게 깨져서는 안 되기 때문에 저는 특히나 회고록 작가가 이야기에 끼워 맞춘다는 이유로 사실을 조작하는 일에 동의할 수 없어요. 계약을 위반하면 독자는 더 이상 누구를 믿어야 할지 모르게 될 테니까요."

이 이야기는 작가 아미나타 포르나가 한 인터뷰에서 픽션과 논픽션 쓰기의 미묘한 차이에 대해 말한 내용이다. 픽션과 논픽션의 경계는 갈수록 분쟁의 대상이 되고 있으며 서로 간의 침범이 빈번히 일어나고 있다. 트루먼 커포티는 메모 분량만 8000페이지를 하는 등 엄청난 양의 조사를 거친 뒤 『인 콜드 블러드』를 출간했다. 하지만 필립 K. 톰킨스는 《에스콰이어》 기사에서 그 책에 대해 다음과 같은 글을 남겼다.

"한마디로 말하면 커포티는 예술 작품을 써냈다. 그는 자기만의 방식으로 매우 끔찍한 이야기를 대단히 잘 전달했다. 하지만 탁월한 자기 홍보에도 불구하고 커포티는 전략적, 도덕적으로 스스로에게 해가 되는 실수를 저질렀다. 책에 실린 '모든 내용'이 사실이라고 주장한 탓에 과연 정말인지 독자들이 눈에 불을 켜고 읽게 만들었으니 말이다."

아나 다를까 출간 직후 커포티가 책에 등장하는 일부 대화와 장면을 지어냈다는 주장이 제기되기도 했다. 하지만 『인 콜드 블러드』는 출간 당시 베스트셀러에 올랐고, 현재는 논픽션 소설의 원조이자 현대의 고전으로 여겨진다.

노먼 메일러의 『사형집행인의 노래The Executioner's Song』와 존 베런트의 『선악의 정원』 같은 논픽션 소설이 뒤이어 성공을 거두면서 독자들은 절대적인 진실성이 설득력 있는 스토리텔링보다 더 중요한지 판단을 내려야 했다. 하지만 사실 대부분의 독자가 원하는 건 **둘 다**. 작가이자 평론가 제프 다이어는 "픽션과 논픽션의 차이는 내용이 지어낸 것인지 사실로 믿을 만한 것인지에 달려 있다고 할 수 있다" 말했지만, 우리는 갈수록 진실에 기반하면서도 소설 같은 이야기를 읽고 싶어 한다. 그는 이렇게 설명했다.

"스타일이 기능적으로만 존재하던 영역에서 논픽션 책은 그저 '잘 쓰였다'는 이유만으로 찬사를 받는다. 스타일은 마치 자동차 옵션처럼 없어도 그만이라는 듯이 말이다. 반면 픽션은 주제가 매혹적이든 반감을 사든 스타일에 대한 기대와 활용과 보상이 훨씬 더 두드러지는 분야. 나도 독서 인생의 상당 기간 동안 필요한 영양과 풍미를 대부분 소설에서 얻었다. 소설은 재밌었고, 심리와 행동과 윤리에 관한 많은 것을 가르쳐주었다. 그러다 어느 순간부터 기대를 충족시키지 못하는 소설이 점차 늘어나기 시작하며 논픽션이 분발하기 시작했고, 나는 점점 더 빠르게 소설에서 멀어져갔다."

픽션 중독

픽션을 읽는 독자들은 신뢰할 수 없는 화자 개념에 익숙하다. 이 유형의 캐릭터에서 뿜어져 나오는 수상쩍은 기운은 독서의 즐거움을 더해주기도 한다. 하지만 신뢰할 수 없는 저자, 포르나의 말처럼 이야기에 끼워 맞추기 위해 사실을 조작하는 사람의 글은 어떨까? 문학적 거짓말의 역사는 유구하다. 멀게는 신탁과 시를 수집하고 위조했던 고대 그리스의 오노마크리토스부터, 조작으로 판명난 이른바 '히틀러의 일기'를 거쳐 제임스 프레이에 이르기까지 말이다. 실제로 프레이의 불행 서사[*] 회고록 『백만 개의 작은 조각A Million Little Pieces』은 사실과 다른 부분이 매우 많은 것으로 드러났다.

프레이의 픽션 중독은 언론의 끈질긴 추적 끝에 결국 전모가 드러났다. 『백만 개의 작은 조각』은 최종 둥지를 찾기까지 출판사 열일곱 곳에게 거절을 당했는데, 이때까지만 해도 픽션으로 소개했다고 한다. 프레이는 여기에 대한 자신의 생각을 말했다.

"처음에는 '이런 모든 일을 겪지 않도록 책을 소설로 내면 좋겠다. 뭐가 바뀌었고 왜 바꿨는지 하나하나 따지고 들면서 이야기하고 싶지 않다'는 입장이었어요. 사실과 다른 부분을 집어넣은 이유는 다양해요. 효과를 극대화하기 위해, 존중받기 위해, 누군가의 익명성을 지키기 위해, 이야기가 제대로 기능하도록 하기 위해서죠."

그런데 프레이의 책이 픽션, 회고록, 논픽션 중 무엇으로 분류

---

[*] 불행 서사는 거짓말쟁이를 끌어모으는 장르인 것 같다. 마거릿 B. 존스의 회고록 『사랑과 결과Love and Consequences』는 출간 후 극찬을 받았지만, 알고 보니 내용이 가짜라는 사실이 밝혀졌다. 저자는 반은 백인, 반은 아메리카 원주민으로 태어나 어린 시절 양부모 밑에서 자라다가, 갱단 블러즈의 마약 운반책이 된 자신의 삶을 글로 썼다. 하지만 출간 후 동생이 그가 안정적인 중산층 집안에서 자랐다는 사실을 밝히면서 출판사는 책 전량을 회수했다.

되고 판매되는지가 정말 중요했을까? 분류가 명확하지 않다고 글을 즐기지 못할 이유가 있을까? 어쩌면 우리가 글자 하나하나에 너무 많은 의미를 부여하고 있는 건 아닐까? 결국에 모든 것은 우리가 책에서 원하는 한 가지, 즉 이야기를 전달하는 과정에서 파생된 것뿐인데 말이다.

저널리스트이자 작가인 로라 바턴은 프레이와 《가디언》 인터뷰를 진행한 뒤 "많은 이에게 프레이와 그의 소설은 큰 의미가 있다"고 쓰며 다음 이야기를 덧붙였다.

"프레이가 비단 수백만 부의 책을 팔았고 오프라 윈프리의 눈물샘을 자극했기 때문만은 아니다. 또 다른 중요한 지점은 프레이의 역경을 극복한 이야기가 사람들에게 희망을 주었다는 것이다.[†] 그는 지금도 자기 책의 대부분이 사실이라고 주장한다. … 물론 술과 약에 절은 프레이의 뇌가 사건을 실제와는 다르게 기억했을 가능성도 있다. 원래 인생의 많은 부분이 술에 취해 긴가민가하는 지난밤의 기억처럼 존재하지 않는가. 프레이는 자세히 살펴보면 대부분의 회고록은 진실과 허구가 뒤섞여 있다고 말한다. '어떤 이들은 회고록이 완벽한 저널리즘 기준에 부합해야 한다고 생각하죠. 저는 그렇게 생각하지 않는 쪽입니다. 제 목표는 완벽한 저널리즘 기준에 맞춰 삶을 기술하는 게 아니었어요. 늘 제 책이 문학이 되길

[†] 사이클 선수이자 암 생존인 랜스 암스트롱의 자서전 『이것은 자전거 이야기가 아닙니다』에도 똑같은 주장을 제기할 수 있을 것이다. 암스트롱이 프로 선수로 활동하는 동안 대대적으로 도핑을 했다는 사실을 고백하면서 책 내용의 일부가 픽션에 가까워졌기 때문이다. 하지만 그렇다고 과연 그의 글이 암 투병 환자들에게 준 희망을 더럽혔다고 할 수 있을까?

바라왔죠. 그래서 어떤 부분은 좀 자유롭게 써도 괜찮을 거라 생각했어요.' 프레이의 주장에 따르면 이야기를 하는 사람은 모두 윤색가다. '이야기를 효과적으로 하려면 정보를 조작해야 해요. … 실제와 똑같은 이야기는 대부분 엄청 지루하니까요.'"

저자와 편집자 매칭하기

어렸을 때 내가 가장 좋아하는 곳은 도서관이었다(뻔한 대답이라는 건 잘 안다). 하지만 나와 절친 J는 책을 가져와 읽는 데는 관심이 없었다. 우리가 좋아했던 건 그저 사서 선생님 앞에 진을 치고 앉아, 선생님이 도서 카드 목록을 뒤적이며 회원들에게 책을 찾아주는 모습을 넋 놓고 바라보는 일이었다. 나를 다섯 살 시절의 만족스러운 백일몽 상태로 데려다 놓을 수 있는 건 사서 선생님의 목제 캐비닛뿐이다.

놀랍게도 도서관 소리는 온라인에서 가장 많이 검색된 '중독성 있는 수면용 ASMR' 중 하나다. 나는 도서관 소리를 설명하는 내용 몇 가지를 읽어보았다. 어떤 영상은 페이지 넘기는 소리, 속삭임, 뭔가를 적는 소리가, 또 다른 영상은 안내 데스크에서 흘러나오는 사랑스러운 소리, 책 커버가 바스락거리는 소리, 여기저기서 키보드 치는 소리, 가끔 들려오는 알아들을 수 없는 속삭임이 담겨 있다고 적혀 있었다.

내가 근무하는 출판사에는 프리랜서로 활동하는 교정자, 교열자, 색인가(한국에서는 보통 해당 책 담당 편집자가 색인까지 작업하지만, 해외에서는 색인 업무가 분리되어 있는 경우가 많다—편집자)의 이름과 연락처 같은 것들이 적힌 오래된 파란색 인덱스 박스가 있다.

이제는 모든 데이터베이스가 엑셀 파일에 쫙 정리된 덕에 쓸모없어졌지만 우리는 후배들을 위해, 그리고 혹시 모를 나중을 위해 이 정보 더미를 여전히 보관하고 있다. 한번은 파란 박스에 든 인덱스 카드를 넘겨보며 여기 적힌 단어들을 나지막하게 읽어 녹음한 뒤, 유튜브에 올려 수익 창출을 시도해볼까 잠깐 고민한 적도 있다. 페이지 넘기는 소리, 속삭임, 뭔가를 적는 소리 모두 사실은 내가 출판계에서 일을 시작하며 바랐던 것들이기 때문이다.

누군가는 이런 구식 유물이 아직까지 존재한다는 사실에 경악할지도 모르겠다. 하지만 디지털 시대가 도래하기 전에 프리랜서와 편집자가 어떤 관계였는지를 보여주는 이런 역사적 통찰을 쉽게 모른 척할 수는 없을 것이다. 내가 첫 번째로 꺼내 든 누군가의 카드에는 "주의: 볼드체, 엔 대시(-) 앞뒤로 간격을 띄움"이라는 알 수 없는 경고에 이어, "고전을 좋아함"이라고 적혀 있었다. 다음 카드에는 "서두를 수 있고 뭐든 함"이라고 적혀 있었다(정말 뭐든지 했을까?). 이 프리랜서 카드에 적힌 서두를 수 있다는 말은 사실 긍정적인 의미일 것이다. 출판계에서 시계는 영원히 금요일 오후 5시에 맞춰져 있는 듯하고, 우리는 늘 불가능을 가능하게 해달라는 요청을 받고 있기 때문이다. 폴란드어 지식을 갖추고 있고, 장당 50개씩 달린 각주를 통일된 양식의 미주로 바꾸는 작업에 즉시 착수할 수 있는 교열자를 찾기가 어디 쉬운 일인가. 게다가 아마 저자는 외국에 있을 테고, 그중 나흘은 이메일을 확인하지 못할 수도 있다.

다음 카드에는 "포르투갈어, 스페인어, 프랑스어를 할 줄 앎. 전기, 범죄, 여행, 정치 분야를 다룸"이라고 써 있었다. 좋은 건 다들어간 셈이다. 이 사람의 카드는 "시는 너무 많으면 안 됨"이라는 밑줄 메모로 끝났는데, 과연 어느 정도여야 너무 많은 걸까? 여기에 밑줄이 쳐 있었다는 것 정도만 유념하고 넘어가자. 마지막으로 넘겨본 한 색인가 카드에는 "라틴어, 고대/현대 그리스어, 독일어, 프랑스어, 언어학, 고고학, 역사, 여행, 전기, 국방/첩보, 요리, 바느질이 주 분야"라고 써 있었다. 첩보와 요리와 바느질이라니. 솔직히 말하면 이런 광범위한 목록은 내 기준에서 아주 훌륭하다. 어떤 색인 작업도 저 분야 중 하나에는 끼워 맞출 수 있을 것 같기 때문이다. 이 사람에게 원고를 맡긴다면, 여행책처럼 보이게 포장하는 데 실패했대도 어떻게든 다른 무엇인가와의 연결 고리를 찾을 수 있을 것이다.

지금까지 이런 이야기를 길게 한 이유는 **적당한** 교열자를 구하려면 인내심과 요령과 운이 필요하다는 걸 말하기 위해서다. 운이 좋다면 기획 편집자에게 원고를 전달받으며 어떤 종류의 편집이 필요한지 간략한 설명을 들을 수도 있을 것이다. 그러면 나는 내가 가용할 수 있는 교열자 중에서 그 일에 잘 맞는 사람을 찾아야 한다. 원고가 정확히 언제쯤 도착할 거라는 언질이라도 듣는다면 좋겠지만, 늘 그럴 수는 없는 노릇이다. 어쩌면 내가 원하는 교열자가 휴가를 갔거나, 스케줄이 꽉 찼거나, 제안한 원고에 흥미를 보이지 않을 수도 있다. 프리랜서 교열자들은 시간이 없거나 흥미가 생기지 않으면 작업을 거절할 때도 있기 때문이다. 일부 슈퍼스타 교열자는 같이 일할 사람을 까다롭게 고르며, 과거에 지울 수 없는 고통을 준 특정 저자나 주제를 거절하기도 한다.

하지만 원고에 딱 맞는 교열자를 구하는 건 불가능한 일 같기도 하다. 유능한 교열자들은 모두 바쁘거나, 남프랑스로 떠날 채비를 하고 있거나, 30년전쟁을 다룬 엄청난 분량의 책이나 치유의 돌을 다룬 작은 도감에는 도무지 흥미를 보이지 않는 듯하니 말이다. 어떨 때는 이제 막 생의 첫 책을 완성하고 많이 긴장한 저자에게 엄한 코멘트를 달아 놀라게 하지 않을, 저자의 자신감을 떨어뜨리지 않을 측은지심 많은 교열자가 필요하기도 하다. 그래도 이론적으로만 보자면 정말 유능한 교열자는 어떤 유형의 텍스트든 작업할 수 있는 사람이다. 작업을 즐기지 못할지언정 그건 중요치 않다. 많은 교열자가 부커상을 수상할 법한 작품이나 유명 교수의 책을 맡아 작업하며 시간당 보수를 받고 싶겠지만, 당연하게도 그럴수 없는 법이다. 현실은 빠듯한 일정 속에서 까다로운 저자가 쓴 통계학 책을 편집해야 할 일이 더 많다.

그러므로 저자에게 적당한 교열자를 붙여주는 일은 일종의 본능적 기술이다. 중매를 서는 것과 약간 비슷한데, 장거리 연애를 주선한다고 보면 되겠다. 중요한 건 일단 좋은 조합이 성사되고 난 이후로는 절대 건드리지 않는 것이다. 물론 애초에 좋은 조합을 성사시키는 것이 가장 힘든 일이겠지만.

이런 유의 작업을 처음 시작할 때 편집자에게 가장 필요한 건, 프리랜서 후보군의 강점과 약점을 파악하는 데 힌트를 줄 동료들의 도움이다. 여러 책을 작업하면서 여기저기 자원을 배치하다 보면, 흑백 전쟁 영화에서 공군 대장이 사용할 법한 3D 지도가 필요한 게 아닌가 하는 생각이 들기도 한다. 그래도 저자와의 긴밀한 관계 유지를 생각하면, 아무래도 적당한 교열자를 선택하는 것이 여러 결정 중에서도 가장 중요한 결정이지 않을까 싶다.

좋은 어떻게 더 좋아지는가

헤밍웨이 테스트

글에 감각을 적용하는 건 좋은 글을 만들어내기 위해 가장 필요한 요소 중 하나다. 하지만 요즘 같은 디지털 시대에 들어서며 인간이 글에 적용하는 감각은 갈수록 부족해지고 있다. 4C를 달성하는 데 더 이상 인간의 눈은 필요 없다고 생각하는 사람도 있다. 맞춤법 검사기 같은 프로그램에 감각을 위탁하면 더 저렴하고 빠르게 결과를 얻을 수 있는 건 사실이기는 하다. 하지만 편집을 전혀 거치지 않고 온라인에 게시되는 글이 넘쳐나는 지금, 이 무궁무진한 콘텐츠 사이에서 주목받으려면 제대로 교열을 거쳐야 한다. 그리고 그러려면 아직까지는 인간이 꼭 필요하다. 제아무리 똑똑한 컴퓨터라 해도 살아 숨 쉬는 진짜 교열자처럼 미묘한 뉘앙스를 전달하지는 못하기 때문이다.

최근 버즈피드라는 웹 사이트에는 "당신이 버즈피드 뉴스를 얼마나 잘 교열할 수 있는지 퀴즈를 통해 알아보세요"라는 제목의 기사가 올라왔다. 나는 이 도전을 그냥 지나칠 수 없었다. 버즈피드가 이른바 우선순위 낮은 게시글은 **전혀** 교열하지 않고 올리는 방침을 고수하고 있었기 때문이다. 참고로 나는 여덟 개 중 여섯 개를 맞췄는데, 이 결과는 알아서 해석하기 바란다. 어쨌든 콘텐츠 생산 속도가 관건이 되자, 많은 온라인 매체가 일단 기사부터 올리고 편집이 필요하거나 트래픽이 많이 몰리는 기사만 나중에 골라 편집을 하는, 이른바 '소급 편집' 방식을 사용하고 있다. 더 좋은 글이 되려면 관심을 받아야 하고, 그러려면 글이 스스로 가치를 증명해야 하는 셈이다.

20년 후면 교열자라는 직업이 아예 사라질 거라고 예상하는 사람도 있다. 실제로 독자들이 원하는 것에 기반해 원고를 개선할 수 있도록 단계별로 조언해주는 프로그램이 이미 있기도 하다.

"대화를 더 간결하게 만들라. 별 의미 없이 공간만 채우는 글은 생략하라. 완급 조절을 해 독자가 계속 흥미를 느끼게 하라. 클릭 한 번으로 글의 감정 톤을 미세하게 조정하라. 자기 책에 자신감을 가지고 걱정 따위는 떨쳐버리라!"

이 말만 보면 모든 작업이 마치 굉장히 간단한 일인 것 같다.

'헤밍웨이 에디터'라는 앱은 고객의 글을 대담하고 명확한 글로 만들어주겠다고 단언한다. 쓴 글을 붙여 넣으면 너무 복잡한 문장, 너무 긴 단어, 별 의미 없는 부사나 구, 좀 더 힘이 들어가야 할 표현을 하이라이트 표시해 보여주는 식이다. 그러고 나서 글의 가독성을 평가해 등급을 매긴다. 이런 프로그램이 있다니, 써보지 않을 수가 없었다. 나는 내가 쓴 단락과 헤밍웨이가 쓴 다음 글을 각각 프로그램에 넣어보았다.

"좋은 책은 다 비슷하다. 실제로 일어난 일보다 더 실제 같고, 책을 다 읽은 뒤에는 그 모든 일이 자신에게 일어난 것처럼 느껴지며, 나중에는 모두 자기 이야기로 느껴진다. 좋은 일과 나쁜 일, 황홀경, 후회와 슬픔, 사람과 장소, 그리고 날씨까지도. 만약 당신이 이런 감각을 사람들에게 줄 수 있다면, 당신은 작가다."

헤밍웨이의 글과 내 글의 가독성은 몇 등급이었을까? 결과는 헤밍웨이가 쓴 단락이 12등급, 내가 쓴 단락이 6등급을 받았다. 앱에 따르면 내 글이 헤밍웨이의 글보다 가독성이 더 좋은 셈이다. 그러니까 내가 하고자 하는 말은… 기계가 글에서 진짜 중요한 지점을 개선한다는 건 사실상 불가능하다는 것이다. 기계는 마침표가 필요한지, 동사가 빠졌는지, 한 단어가 한 문장에서 몇 번 반복되는지를 알려줄 수는 있다. 하지만 글이란 우리의 가장 복잡하고도 심오한 생각을 전달하는 방법이므로, 독자에게 좋은 글을 선사하려면 인간의 마음을 거쳐야만 한다. 그래야 의미가 통하는 최상의 글로 만들 수 있다.

컴퓨터는 글의 규칙을 배울 수 있지만, 어떤 효과를 위해서는 그 규칙을 깰 수도 있다는 걸 모른다. 스토리텔링을 시작한 이래 작가들이 늘 해온 일이 바로 그것인데 말이다. 단순히 정보를 전달하기 위해 글을 쓰기도 하지만 글은 그보다 훨씬 더 많은 일을 할 수 있다. 스티븐 핑커가 자신의 저서『스타일의 감각 The Sense of Style』을 다룬 기사에서 말한 바와 같이, 좋은 편집은 과학이 아니라 **예술**이다.

"늘 우리 곁에 있어온 조악한 글을 다룰 때, 정확한 용법을 지키는 건 문제의 극히 일부에 불과하다. 유능한 교열자가 복잡하고, 불분명하고, 문법적 오류로 가득 찬 단락을 복잡하고, 불분명하되, 문법적 오류가 전혀 없는 단락으로 만들 수 있기 때문이다. 용법은 숙달할 만한 가치가 있는 건 맞지만 명확성, 스타일, 응집성, 독자를 위한 배려에 비하자면 한참 덜 중요하다."

글 속의 작은 점들 — 문법과 문장부호

커트 보니것은 "품위 있게 글 쓰는 법"에 다음과 같은 내용을 썼다.

"만약 내가 구두법을 하나도 지키지 않고 내 마음대로 단어에 의미를 부여해서 문장을 뒤죽박죽으로 쓴다면 아무도 내 글을 이 해하지 못할 것이다. … 독자는 지금 읽는 페이지가 방금 본 페이 지와 아주 비슷하기를 바란다. 왜냐고? 그들도 그들 나름 힘든 노 력을 해야 하기 때문에 될 수 있는 한 도움을 많이 받고 싶기 때문 이다."

문법과 문장부호 규칙은 성가시고 불편할 때가 많지만, 독자 에게 글을 이해시키는 하나의 방법이기도 하다. 우리는 독자들이 글을 충분히 즐길 수 있도록 할 수 있는 모든 것을 다해야 한다.

그런 의미에서 페이지에 작게 표시되어 눈에 잘 띄지 않는 문 장부호와, 문장을 만드는 데 사용되는 문법은 독서 경험의 질을 한 층 높여주는 요소다. 글의 세계에서는 구조나 의미같이 굵직굵직 한 큰 그림도 중요하지만, 자잘한 세부 사항도 매우 중요한 법이 다. 사실 글 속의 작은 점들과 문장을 구성하는 방식은 크기에 비 해 의미하는 바가 엄청나게 많다. 물론 글 자체가 감정과 느낌과 의미를 전달하기는 하지만, 이것도 독자가 이해할 수 있는 익숙한 방식으로 문장을 구성해야만 가능한 일이다. 보니것의 말처럼 "방금 본 페이지와 아주 비슷"하게 말이다.

　문법이 없으면 글은 의미가 없고, 뉘앙스를 좀 더 살리려면 문장부호의 은근한 도움이 필요하다. 문장부호는 단어와 단어 사이의 관계뿐만 아니라 문장이 전달하고자 하는 감정을 드러내고, 독자가 글을 읽으면서 접하는 여러 생각 사이에 숨 쉴 틈을 마련한다. 궁극적으로 모든 글은 문법과 문장부호가 뒷받침되어야만 더 좋은 글로 나아갈 수 있다.

　"문법은 전기나 영혼처럼 눈에 보이지 않지만, 글 속에 존재할 때 비로소 살아나 마음에서 마음으로 뜻을 전할 수 있다." 이는 토비 리들이 『가장 위대한 개츠비: 시각적인 문법책The Greatest Gatsby: A Visual Book of Grammar』에서 문법에 대해 설명한 내용이다. 이보다 더 중요한 게 뭐가 있겠는가? 특별히 눈에 띄지 않는 문법의 힘이 전체를 부분의 합보다 훨씬 더 큰 것으로 만든다는 사실은 글의 아름다운 미스터리 중 하나다. 명사 하나에 동사 하나를 붙이기만 해도 의미가 만들어지니 말이다. 성서에서 가장 짧은 절로 유명한 문장인 "예수는 울었다"는 문법의 놀라운 힘을 보여주는 단적인 예다. 명사 '예수'에 동사 '울다'가 붙어 예수가 눈물을 흘리는, 살아 숨 쉬는 인간이었음을 의미한 것이다. 명사와 동사의 결합은 의미를 만드는 기본 구성물이자 글을 존재하게 하는 생명의 불꽃이다.

문법의 리듬

　문법을 뜻하는 그리스어 단어는 '문자의 예술'이라 번역되는데, 우리도 문법을 이런 관점으로 볼 필요가 있다. 단어와 문자의 잠재력을 최대한 발휘시키는 데 필요한 일종의 예술로 보는 것이다.

나는 본능적인 문법 사용자다. 어떤 것이 왜 맞거나 틀린지 모를 때도 많지만, 어쨌든 맞고 틀린 것 자체는 대번에 알아본다. 사실 이건 지극히 정상이다. 문법은 본능적이고 내재화된 기술이기 때문이다. 우리는 아주 어릴 때 주변 사람들이 하는 말을 들으며 모국어의 문법 규칙을 배운다. 내재화된 이 기술은 독서를 하는 동안 문장의 자연스러운 리듬과 속도를 흡수하고, 그 안에 사용된 문법과 구두점을 익히며 점차 강화된다. 잘 구성된 문장은 문법과 구두점이 리듬을 제공해주니, 나도 모르게 흥얼거리는 콧노래 같기도 하다.

하지만 문법과 구두점을 잘못 사용하면 독자가 화들짝 놀랄 수도 있다. 때로는 비문이 올바른 문장보다 더 효과적이고 기억에 남는 방식으로 신경을 자극하는 것처럼 말이다. 닐 암스트롱이 달에 첫발을 내딛고 한 유명한 말을 생각해보자. "이것은 인간man에게는 작은 한 걸음이지만, 인류mankind에게는 거대한 도약이다." 그런데 man과 mankind는 둘 다 어떤 특정인을 지칭한다기보다 추상적 의미의 인류 전체를 의미하기 때문에 문법적으로 따지자면 틀린 표현이다. 녹음에서는 결정적인 'a'가 들리지 않았지만, 암스트롱은 자신이 'a man'이라고 말했다는 입장을 늘 견지해왔다. 그렇다. 사실 이 문장이 그의 말처럼 되기 위해 필요한 것은 a 하나가 전부다.

그렇다면 문법은 왜 이리 힘들고 지루할까? 문법이 공부하지 않아도 익힐 수 있는 내재적인 것이라면, 왜 글을 쓸 때마다 어렵게 느껴지는 걸까? 문법을 몰라 창피하거나 당황하는 일은 왜 이렇게 자주 생길까? 이 모든 질문에 스티븐 핑커는 다음과 같이 설명한다.

"진짜 문제는 글쓰기가 말하기와 달리 부자연스러운 행위라는 것이다. 글을 쓸 때는 자신의 배경을 공유할 수도 없고, 이해가 안 가는 부분에서 미간을 찌푸리거나 끼어들어 설명을 요청하는 상대도 없다. 이런 상황에서 좋은 글을 쓰려면 독자가 이미 무엇을 알고 있는지, 글의 실시간 흐름을 어떻게 해석할지 상상할 수 있어야 한다. 글쓰기는 무엇보다도 인지심리학의 문제다."

즉 읽기와 쓰기를 연습하면 문법에 대한 이해를 높일 수 있고, 연습을 많이 할수록 일반 독자를 상상하며 글을 쓰는 일이 쉬워진다는 것이다. 우리는 "글의 실시간 흐름"이나 "마음에서 마음으로 뜻을 전하는" 것 같은 순간적인 느낌을 포착하고 싶어 한다. 한편으로는 이런 디테일까지 모두 알리려는 것 자체가 과한 욕심이므로 부담스러운 느낌이 드는 것도 당연하다.

문법의 핵심에는 긴장이 도사리고 있으며, 이는 한없이 유연하면서도 일정 부분 고정되어 우리 뇌에 내재해 있다. 문법은 우리를 인간으로 만드는 한 부분임에도 우리는 수백 년에 걸쳐 이를 제한된 규칙으로 축소하려 애써왔다. 핑커는 이렇게 쓰기도 했다.

"언어학자와 사전 편찬자들은 용법의 상당수가 사실은 미신이라는 걸 오래전부터 알고 있었다. 많은 용법이 이상한 이유에서 생겨나 문법적 논리를 위반하고, 명확성과 스타일을 저하시키고, 수 세기 동안 최고의 작가들에게 멸시받아왔다. … 용법은 각각의 역사적 기원을 세심하게 헤아리고 일관성, 격식 정도, 명확성, 품위에 미치는 영향을 고려해 신중히 해석해야 한다."

핑커의 책 제목이 『스타일의 감각』인 것은 절대 우연이 아니다. 글에는 위계화된 일련의 엄격한 규칙이 있는 것 같지만, 실시간 흐름에 있어서는 무엇보다 감각과 감수성이 가장 중요하다.

하이픈 전쟁

하이픈(-)은 두 글자 아래에 표시된 붙임줄 모양의 기호(‿)를 뜻하는 고대 그리스어에서 유래한 것으로, 다르게 해석될 여지가 있는 연결된 두 부분이 한 단어임을 알려주는 역할을 한다. 주로 띄어쓰기가 본격적으로 도입되기 전에 사용했고, 한 단어 안에서 음절을 구분하기 위해서도 사용했다. 하이픈으로 단어들을 결합해 단일 형용사처럼 쓰이는 복합 형용사를 만들 수도 있다. 예를 들어 four-seater aircraft 4인승 항공기와 eighteenth-century chair 18세기 의자가 그렇다. 종종 대시와 혼동해 잘못 사용하는 경우가 많은데, 둘은 완전히 다른 기능을 하므로 주의해야 한다. 한번은 어떤 교열자가 하이픈 사용 때문에 벌어진 해프닝을 들려주었다.

"예전에 케임브리지대학 학자가 쓴 근사한 역사책을 작업한 적이 있었어요. 유익하면서 무척 흥미로운 내용이었죠. 저자에게 보낼 이메일에 교열한 원고를 첨부하며 정말 즐거운 작업이었다고 덧붙였어요. 그런데 저자가 회신 메일에 제가 하이픈을 빼서 원고를 망쳤다며, 기획 편집자와 편집장까지 참조를 걸어 회신을 보낸 거예요. 그러더니 갑자기 한발 물러서서는 especially 다음에 오는 하이픈은 제거해도 되지만, specially 다음에 오는 하이픈은 건드리면 안 된다고 하더군요. 그 반대였던가요. 어쨌든 잘 모르겠지만 저자는 뭔가 차이가 있다고 생각한 거죠. 하지만 제 일에는 저자를 기분 좋게 만드는 것까지 포함되기 때문에 요구하신 대로 하이픈 부분을 수정해드렸답니다."

부사와 형용사로 된 복합 수식어에는 하이픈을 넣을 필요가 없다는 사실을 모른다면 이게 도대체 무슨 소리인지 이해할 수 없을 것이다. 이를테면 short-story writer단편소설 작가는 짧은 것이 저자가 아니라 이야기라는 걸 분명히 하기 위해 하이픈을 넣지만, mildly unhinged author약간 불안정해 보이는 저자는 mildly author라는 것이 존재할 수 없기 때문에 하이픈을 사용하지 않는다는 의미다. 이걸 길게 설명하는 이유는 하이픈이 작지만 강력하다는 말을 하고 싶어서다. 하이픈은 문장의 의미를 바꿀 수 있고, 의미 자체를 더하거나 앗아가기도 한다.

1962년 7월 22일 금성 탐사 임무를 맡은 로켓 매리너 1호가 비행한 지 5분도 안 돼 폭발하면서 나사NASA는 무려 1000억이 넘는 비용을 허비했다.* 프로그래머 한 명이 복잡한 코드 사이에 긴 하이픈 하나를 빼먹은 바람에 부정확한 정보가 입력되어 결국 추락으로까지 이어진 것이다. 우주탐사처럼 하이픈은 문장에서 임무를 성공하게 할 수도, 실패하게 할 수도 있다.

1989년 12월, 체코슬로바키아의 공산주의 정권 타도는 어찌

---

* 나사의 언어로 말하자면, 로켓이 조종 불능 상태가 되자 안전 담당자가 긴급 비행 중단을 결정했고, 그 결과 사람이 거주하는 지역이나 선박 항로에 추락할 수도 있다는 우려가 제기되었다고 한다. 나사가 자체적인 온라인 편집 매뉴얼을 가지고 있다는 사실을 아는가? 거기에는 글쓰기에 대한 다음과 같은 글이 실려 있다. "영어는 서구 문명의 자랑거리 중 하나다. 영어는 단순한 형태든 복잡한 형태든 우아한 산문에 필요한 충분한 자원을 제공한다. 좋은 작가는 다른 좋은 작가들의 독자다. 글을 쓸 때 어려움을 겪는다면 문제는 주로 생각에 있다. … 역사를 기술하는 작가들은 오늘만이 아니라 내일을 위해서도 글을 쓴다. 그러므로 유행을 타는 언어는 미래 독자에게 시대에 뒤처진 것처럼 보일 수 있으니 사용하지 말아야 한다."

나 평화롭게 이루어졌는지 '벨벳 혁명'이라 불릴 정도였다. 그런데 불과 몇 주 후에 다수파인 체코인과 소수파인 슬로바키아인이 전쟁에 돌입했다. 그 이유는 무엇일까?

카수스 벨리casus belli†는 새로운 국명에 대한 이견이었다. 공산주의 시절의 국명은 '체코슬로바키아 사회주의 공화국'이었는데, 극작가 바츨라프 하벨이 새로운 대통령으로 선출되면서 국명에서 '사회주의'를 빼자고 제안했다. 여기까지는 간단했지만, 다음으로는 국가의 두 구성원인 체코인과 슬로바키아인이 모두 새 국명에 만족하느냐가 문제였다. 하지만 역시나 슬로바키아인은 전혀 만족하지 못한 것으로 밝혀졌다. 너무 오랫동안 헝가리의 지배를 받은 데다 평생 체코인들의 멸시를 받으며 살아왔기에 지금까지 제대로 독립을 누려본 적이 없었던 것이다. 슬로바키아인들에게는 이때야말로 동등한 지위를 요구할 기회였다. 국명에 간단히 하이픈 처리를 하는 것으로 열등감을 지울 수 있다고 본 것이다. 그리하여 브라티슬라바에 가면 새 연방의 이름이 '체코-슬로바키아'로 표기되는 반면, 프라하에 가면 '체코슬로바키아'로 표기되는 사태가 벌어졌다.

결국 1990년 3월 29일, 국회는 하이픈 해결책을 승인했다. 하

---

† '전쟁의 명분'을 의미한다. 라틴어 문구를 사용하는 게 독자에게 약간 무리한 요구를 하는 것 같다는 생각은 늘 하지만, 너무 **효율적**이기 때문에 완전히 포기하기는 어렵다. 풀어 쓰면 그 느낌이 정확히 안 산달까. 라틴어에 대한 이야기가 나왔으니 하는 말인데, 내가 지금 가장 좋아하는 라틴어 문구는 '복스 니힐리vox nihili'로, 모호한 문구, 감정, 오타 때문에 생긴 단어라는 뜻이다. 도널드 트럼프의 악명 높은 트윗에 등장한 알 수 없는 단어, covfefe처럼 말이다.

지만 애초에 슬로바키아가 요구한 건 '하이픈'이었는데, 이 중요한 문장부호를 '대시'로 지칭해서 일이 복잡해진 탓에 하이픈 사용 여부는 문제를 해결하기는커녕 두 민족 간의 긴장을 더 심화시키기만 했다. 결국 3주 후, 국회는 다시 한번 수습에 나섰다. 이번에는 하이픈을 아예 빼버린 '체코와 슬로바키아 연방 공화국'으로 국명을 바꾼 뒤, 각각의 언어로 이 긴 국명을 병기해 두 나라의 동등함을 선언하는 법을 통과시킨 것이다. 그럼에도 그들은 동등하지 않다 느꼈기에 양측은 완전히 갈라서는 쪽을 선택했지만 말이다. 1993년 새해 첫날, 이른바 '벨벳 이혼'이 확정되었고, 한때 한 국가였던 곳이 이제는 체코 공화국과 슬로바키아 공화국이라는 두 국가가 되었다.

소위 하이픈 전쟁이라 불리는 이 사건은 물론 실제 전쟁은 아니다.[*] 하지만 이 일은 두 국가 간의 근본적인 차이를 부각시켰고, 그 차이 중 상당수는 오스트리아-헝가리 제국까지 거슬러 올라간다. 체코인과 슬로바키아인이 깨달았듯, 그리고 오스트리아-헝가리인이 이미 알고 있었듯, 지리와 세계 평화 측면에서 하이픈은 일반적으로 좋은 소식이 못 된다.

너트와 머튼

문장부호는 독자와 작가 간의 계약을 이행하는 하나의 방법이자, 독자에게 저자가 글에 불어넣은 상상의 도약을 채워보라고

---

[*] 사실 체코슬로바키아는 유고슬라비아나 소련과 달리 소비에트의 지배를 받은 국가 중 유일하게 전적으로 평화적 해체를 겪은 나라다.

권하는 일종의 초대장으로 사용된다. 문장부호를 장애물이라 생각할 수도 있겠지만, 이를테면 줄임표와 대시 사이의 여백은 공간을 조성하고 강조를 표현하는 데 중요하다.

대시에는 엔 대시와 엠 대시 두 종류가 있다. 엔 대시(‐)는 대문자 N의 폭과 길이가 같아 붙은 이름이며, 인쇄 속어로는 '너트nut'라고 한다. 엔 대시가 숫자 범위의 양끝을 연결하거나(pp. 45‐8, 1978‐82) 둘 사이의 관계를 나타내는 데(mother‐daughter alliance 모녀 동맹, Chinese‐Soviet aggression 중소 분쟁) 사용된다는 점을 감안하면 꽤 적절한 별칭이라 할 수 있다.[†] 또 중첩된 절이나 구를 표시할 때 괄호나 쉼표 대신 사용하기도 한다. 엔 대시를 사용해야 하는 곳에 실수로 하이픈을 사용하는 저자가 꽤 있는데, 교열자가 가장 기본적으로 잡아내야 할 오류 중 하나가 바로 이런 것이다.

엠 대시(—)는 대문자 'M'의 폭과 길이가 같으며 오랫동안 '머튼mutton'이라 불려왔다. 엔과 엠이 어쩌다가 너트와 머튼으로 불리게 되었는지는 아직까지 확실히 알려진 바가 없지만, nut가 n으로, mutton이 m으로 시작하며 mutton이 nut의 두 배 길이라는 단순한 이유 때문일 수도 있을 것 같다.

미국과 영국은 문장부호를 쓰는 법이 다른데, 가령 영국은 대

[†] 윌리엄 스트렁크와 E.B. 화이트가 쓴 『글쓰기의 요소』에는 대시를 써야 할 자리에 하이픈을 쓰지 말라 조언하는 다음 예시가 나온다. 바로 1942년에 《차타누가 뉴스Chattanooga News》와 《차타누가 프리 프레스Chattanooga Free Press》가 합병하면서 새 간행물에 《차타누가 뉴스 없는 프레스Chattanooga News-Free Press》라는 부적절한 이름이 붙은 사례다. 어떤가? 보면 알겠지만 이건 《차타누가 뉴스‐프리 프레스Chattanooga News‐Free Press》와는 전혀 다른 의미다.

부분의 출판사가 엔 대시를 사용하고 앞뒤 간격을 띄우는 반면, 미국은 엠 대시를 사용하고 앞뒤를 바싹 붙여 공백을 허용하지 않는다. 만약 영국 독자가 간격을 띄우지 않은 엠 대시를 처음 접한다면 어색한 느낌을 받을 것이다. 사실 나도 마찬가지인데, 꽉 닫힌 엠 대시가 두 단어를 기묘한 합성어처럼 억지로 연결한 듯 보이기 때문이다. 그뿐만이 아니다. 앞뒤가 막힌 엠 대시를 보면 알 수 없는 두려움이 생겨 괜히 불안해지까지 한다. 그래서 출판사나 신문사는 엔 대시를 쓸 것인지 엠 대시를 쓸 것인지, 간격을 띄울 것인지 말 것인지를 자체 편집 매뉴얼에 명시하는 경우가 많다.

엔 대시와 엠 대시는 말이 끊겼다는 걸 표시할 때도 사용한다. 내 담당 교열자는 같은 말이라도 문장부호가 얼마나 어조를 바꿀 수 있는지 설명했다.

"저는 말이 끊겼을 때는 엔 대시, 단어가 중간에 끊겼을 때는 엠 대시를 사용하는 걸 선호해요. '뭐가 됐든 - ' '뭐가 됐—'처럼요. 말끝을 흐릴 때는 '뭐가 됐든…'처럼 줄임표를 사용하죠."

엠 대시나 이중 엠 대시(──)는 정보를 편집하는 용도로 사용되기도 한다. 제인 오스틴[*]과 찰스 디킨스의 작품, 보다 최근으로 오면 폴 매너포트(트럼프 대선 캠프 본부장을 지낸 사람. 금융 사기 등의 혐의로 기소되었다—옮긴이)의 변호인이 제출한 법정 서류를 보면 이중 엠 대시가 나와 있다.[†] 엠 대시를 연달아 사용한다는 건 저자가 중요하거나 잘 알려진 인물을 콕 집어 비판하기보다, 대시 뒤에 숨어 수줍게 힌트만 주고 책임은 지지 않겠다는 뜻으로 해석할 수 있다.

---

[*] 『오만과 편견』에서 베넷가의 자매들은 '──셔' 연대의 남자들에게 매료된다.

나는 '줄임표ellipsis'라는 단어의 기원설을 무척 좋아한다. 이 단어는 누락, 부족을 뜻하는 그리스어에서 유래했다. 어떤 이든 인생에서 한 번쯤은 부족함을 느껴본 적이 있지 않을까? 인간의 실패를 세 개의 작은 점으로 요약할 수 있다니, 얼마나 간편한지. 더 흥미로운 점은 줄임표가 유예의 점으로도 알려져 있어서, 위키피디아에 따르면 "우울과 갈망의 느낌을 불러일으킬 수도 있다고 한다….".‡

줄임표가 소리의 잦아듦을 나타낼 때는 '돈절법'이라고 하며, "열정, 두려움, 분노, 흥분, 겸손"§에 휩싸인 상태를 드러내고 싶을 때는 줄임표와 엠 대시 중 아무거나 사용해도 된다. 사실 줄임표가 사용된 최초의 사례들을 보면 엠 대시를 끊어 사용했다는 걸 알 수 있다. 케이티 월드먼은 《슬레이트》 기사에 다음 글을 썼다.

"세 개의 점은 절벽에서 튀어나온 바위처럼 구절 끝에서 침묵을 향해 뻗어 있다. 거기에는 가능성에 대한 흥분과 우유부단함에 대한 두려움이 뒤섞여 있다. 이 변변치 않은 디딤돌 오른편에 어떤 들짐승이 도사리고 있는지, 어떤 풍경이 반짝이고 있는지 그 누가 말할 수 있겠는가? 거기에 무엇인가 있긴 하다고 그 누가 말할 수

---

† 사실 매너포트의 변호사들은 숨기고 싶은 텍스트를 제대로 가리는 데 실패했다. 편집된 부분은 문서에서 검은 막대로 가려져 있었지만, 이중 엠 대시 부분을 복사해 새로운 문서에 붙여 넣으면 가려졌던 부분을 볼 수 있었기 때문이다. 완벽히 가리려면 제인 오스틴의 전통적인 방법을 고수했어야지 싶다.

‡ 사실 위키피디아에는 이 문장 끝에 줄임표가 없었다. 줄임표가 정말 우울의 느낌을 더할 수 있는지 알아보기 위해 임의로 넣어본 것이다. 내가 보기엔 그런 효과가 있는 것 같은데, 독자 여러분의 생각은 어떠하신지.

§ 마찬가지로 출처는 위키피디아.

있겠는가?"

줄임표는 저자가 말하고자 하는 것을 유추해 독자적인 결론을 이끌어내라고 하는 듯하다. 독자는 이런 방식으로 이야기에 말려드는데, 이는 저자와 독자가 맺는 계약의 한 부분이다. 무엇을 생각해야 하는지 정확히 말해주는 다른 문장부호들과 달리, 줄임표는 읽은 것을 어떻게 생각하고 있는지 공유하게 만드는 신비롭고 비전형적인 문장부호다. 마침표는 그 어떤 모호성도 허용하지 않는 반면 줄임표는 자기 생각으로 침묵을 채우라 말한다⋯.

『영문학의 줄임표: 생략의 기호들Ellipsis in English Literature: Ellipsis in English Literature: Signs of Omission』의 저자 앤 토너는 희곡이 인쇄되기 시작하며 줄임표가 나타났다고 말한다. 희곡은 "실제로 사람들이 쓰는 말과 매우 긴밀한 관계"를 맺고 있기 때문이다. 하지만 토너에 따르면 줄임표가 진정한 보금자리를 찾은 건 소설에서였다. 소설가들은 무릇 "모든 영어 대화의 특징이자, 거의 언제나 암시와 미완의 문장으로 귀결되는 ⋯ 불확정성을 포착"하고자 했기 때문이다.

줄임표와 대시는 가장 복잡하고 미묘한 감정을 전달하는 역할을 하는 동시에 우리의 읽기 속도를 바꾸기도 한다. 줄임표는 우리에게⋯ 잠시 멈출 것을 요구한다. T.S. 엘리엇은 「프루프록의 사랑 노래」에서 "당신을 압도적인 질문으로 이끌어가는⋯"이라고 썼는데, 여기서 줄임표는 이 '질문'이 얼마나 엄청난 것인지를 이해할 수 있게 하고, 강제로 속도를 늦추어 질문이 무엇인지 생각할 시간을 준다.

위키피디아에 따르면 "인쇄물에 줄임표를 표시하는 방법에는 다양한 견해가 있다." 이건 너무 절제된 표현 같은데, 나만 해도 이 주제를 가지고 동료들과 열띤 토론을 몇 번이나 했는지 셀 수조차 없다. 핵심 질문은 이것이다. 각각의 점 사이에 줄 바꿈 없는* 공백을 설정해 줄임표를 쓸 것인지(⋯), 아니면 공백을 생략하고 점들을 다닥다닥 붙여 쓸 것인지(…) 말이다. 많은 격렬한 논쟁이 그렇듯 이 논쟁 또한 별게 아니기 때문에 오히려 중요하다. 사실 크게 보면 그다지 중요하지 않을 수 있겠지만, 적어도 내게는 중요하다. 나는 점들이 보기 좋게 균일한 간격으로 떨어져 있지 않은 줄임표를 보면 마음이 심히 불편해진다. 다른 방식은 너무⋯ **짓눌린** 느낌이 든다. 폐소공포증을 야기한다고나 할까. 생각이 저 멀리 사라지는 느낌을 내려면 줄임표 역시 좀 여유 있게 사용해야 한다는 게 내 생각이다. 반드시 공백이 없는 줄임표를 써야 한다면 일관되게 사용해야 한다. 최악은 동일 문서에 공백이 있는 줄임표와 없는 줄임표를 섞어 쓰는 것이다. 그건 정말이지 머리를 지끈지끈 아프게 한다.

이탤릭체와 볼드체

린 트러스는 『먹고, 쏘고, 튄다』에서 "객관적으로 이해가 안 가는 온갖 인쇄 관습 중에서도 이탤릭체를 사용하는 것이 가장 큰 수수께끼다"라고 말했다. 이탤릭체를 비롯해 텍스트를 강조하는 여러 방식은 단순한 미적 요소가 아니라, 활자 자체만으로 의미에 영향을 주는 하나의 방법이다. 이렇게 단어를 강조하는 과정에서

---

*   줄 바꿈 없는 공백은 '하드 스페이스hard space'라고도 알려져 있다. 이는 자동 줄 바꿈이 발생하는 일을 방지하는 기능이다. 줄임표는 줄이 바뀔 때 점들이 서로 분리되면 안 되기 때문에 줄 바꿈 없는 공백을 쓴다. 줄임표의 세 점은 늘 함께 다녀야 한다.

주의해야 할 것은 **문맥**이다. 저자는 독자가 제대로 해석할 수 있게 강조 효과를 사용해야 한다. 그렇지 않으면 트러스의 말처럼 그저 수수께끼에 불과해질 뿐이다. 또 형편없는 글을 변명하는 수단이 되지 않도록 주의해야 한다. 더 나은 글과 더 정확한 단어를 써서 독자를 돕는 게 아니라, 대충 표시만 한 뒤 알아서 해석하라고 떠넘기면 안 된다는 말이다.

그렇다면 *이탤릭체*, **볼드체**, SMALL CAPS 소형 대문자, 색, 자 간 등의 기타 관습을 사용하는 이유는 과연 무엇일까? 바로 인간의 눈이 텍스트에서 밝은 기운을 보고 싶어 하기 때문이다. 우리의 눈은 텍스트의 검은 빛을 바꾸는 모든 것에 이끌린다. 이른바 '눈에 띄지 않는 강조' 말이다.

이탤릭체는 1500년경 이탈리아에서 처음 사용되었기에 이런 이름이 붙여졌다. 원래는 휴대 가능한 소형 책자의 지면을 절약할 목적으로 쓰였고, 필기체를 기반으로 하기 때문에 오른쪽으로 살짝 기울어진 모양을 하고 있다. 때에 따라 다르긴 하지만, 보통 이탤릭체는 다음과 같은 경우에 사용한다.

- 강조. 소설에서 캐릭터의 속마음을 나타낼 때도 사용함.
  예시: 그는 몽상에 잠겼다. *나는 베스트셀러 작가야…*
- 책, 신문, 잡지, 그림, 연극, 영화로 나온 단독 작품의 제목. 단편소설, 시, 노래처럼 다른 작품에 포함된 작품은 정체로 쓰고, 따옴표 표시를 한다. 만약 어떤 이유 때문에 특정 문장이 이탤릭체로 설정되어 있다면, 간단하다. 규칙을 뒤집으면 된다. 이탤릭체로 표시해야 할 것을 정체로 표시하는 것이다.

- 선박과 위성 이름.

  예시: *스푸트니크 1호*[*]

- 외국어 단어와 구. 영어의 경우 fiancée 약혼녀, restaurateur 레스토랑 경영자처럼 완전히 편입된 경우는 제외.

- 로그, 등호 같은 대수 기호.

이탈리아의 시인이자 미래파 운동의 창시자인 필리포 토마소 마리네티는 1913년에 「구문 파괴 – 라디오 상상 – 단어의 자유 Destruction of Syntax – Radio Imagination – Words-in-Freedom」[†]라는 영문 제목으로 선언문을 발표했다. 마리네티는 '타이포그래피 혁명' 부분에서 다음과 같이 썼다.

> 책은 미래주의적인 생각을 미래주의적으로 표현해야 한다. 그뿐만이 아니다. 나는 스타일의 흐름과 역류, 도약과 폭발에 반하는 조화로운 타이포그래피에 이의를 제기한다. 그러므로 우리는 같은 페이지에 서너 가지 색의 잉크를 쓸 것이고, 필요하다면 서체를 스무 개까지도 사용할 것이다. 어딘가 신속한 느낌을 주는 단어에는 *이탤릭체*를, 격렬한 의성어에는 **볼드체**를 쓸 것이다. 타이포그래피 혁명과 다양한 글자 색은 단어의 표현력을 두 배로 강화할 것이다.

---

[*] 누군가와의 '동행'을 의미하는 정말 멋진 단어다. 스푸트니크 1호는 우리와 함께 태양계를 도는 동료 여행자였던 셈이다.

[†] 'Words-in-Freedom.' 좋은 글은 이렇게 만들어진다.

단순히 글자를 기울이거나 굵게 만드는 방식으로 "단어의 표현력을 두 배로 강화"할 수 있다는 생각이 마음에 든다. 이탤릭체로 된 단어는 정말 *신속하고 긴급해* 보이지 않는가? 말 그대로 페이지에서 당장 뛰쳐나와 뭐가 필요한지 말해줄 것만 같다. 이탤릭체로 된 단어는 늘 집에 가는 막차를 타기 위해 서두르는 것처럼 보인다. 마리네티는 이어서 말했다.

"나는 과거 지상주의적인 우아함과 애정을 담아 이런 느낌을 전달하려는 게 아니다. 나는 이것들을 난폭하게 잡아채서 독자의 얼굴에 내던지고 싶다."

볼드체는 확실히 얼굴에 내던지는 느낌이 있어서 핵심 단어를 강조하는 데 자주 사용한다. 페이지를 대충 훑어만 봐도 중요한 단어를 바로 식별할 수 있기 때문이다. 물론 SMALL CAPITALS, 드롭 캡dropped capital(이 문단의 시작 부분을 보면 무엇인지 알 수 있다), 서체 전환으로도 비슷한 효과를 낼 수 있다. 전부 대문자로 쓰는 방법도 있지만, 경험하다 보면 이게 단어를 잡아채서 독자의 얼굴에 내던지는 것보다 더 무례할 수도 있다는 걸 알게 될 것이다.

사실 개인적으로 이탤릭체를 좋아하는 나로서는 책, 영화, 예술 작품의 제목, 선박* 이름을 부각하는 데 이탤릭체를 사용하지 **않는** 출판물이 너무 많다는 게 쉽사리 이해가 가지 않는다. 《가디언》은 자체 편집 매뉴얼에 다음과 같이 적었다.

책, 영화 등의 제목에는 정체를 사용한다. 유일한 예외는 《리뷰》와 《옵서버》인데, 이 두 매체에 한해서만 조지 버나드 쇼의 적절해 보이는 다음 조언을 무시해도 괜찮다고 특별히 허용한다.

> 1. 나는 베니스의 상인을 읽고 있었다.
> 2. 나는 '베니스의 상인'을 읽고 있었다.
> 3. 나는 *베니스의 상인*을 읽고 있었다.

> 이 중 1번이 가장 보기 좋을 뿐만 아니라 이렇게만 써도 충분하다는 걸 모르는 사람은 잃어버린 개를 찾는 전단지나 철물점 카탈로그를 제외한 어떤 글도 발행하거나 쓰면 안 된다. 문학은 그런 사람이 건드릴 수 있는 분야가 아니다.

외국어 단어와 구에는 이탤릭체를 사용하되, 괄호 안에 정체로 번역을 넣도록 한다. 시와 학명에도 이탤릭체를 사용한다.

외국어 단어와 구에는 이탤릭체를 사용하도록 권장하면서, 독자에게 제목이나 이름을 제대로 알려주기 위해 이탤릭체를 사용하는 것은 만류하는 행태를 나는 도무지 이해할 수 없다. 게다가

---

* 우주선을 포함해 선박 이름은 이탤릭체로 표기해야 한다는 것이 나의 굳은 신념이지만, 그 앞에 오는 명칭(HMS, USS)은 정체로 써야 한다. 내가 떠올릴 수 있는 유일한 예외는 오페레타 〈군함 피나포 *HMS Pinafore*〉처럼 HMS가 제목의 일부로 쓰인 경우다. 선박에 이탤릭 표기를 하는 기술로 사람들을 정말 놀라게 하고 싶다면 함선의 급에도 이탤릭체를 사용해서 난도를 한 단계 더 높일 수 있다. *Lion*-class battlecruiser 라이온급 순양 전함, *Nimitz*-class aircraft carrier 니미츠급 항공모함처럼 말이다.

두 곳은 다른 규칙을 따를 수 있도록 허용해서 자기들이 만든 규칙을 스스로 약화시키는 꼴이라니. "일부 영국 신문, 특히 《가디언》은 제목에 이탤릭체 사용을 중단했는데, 내가 볼 때 이 결정은 독자들을 훨씬 힘들게만 할 뿐, 그 어떤 보상도 없다"는 트러스의 말은 참으로 맞는 말이다. 이탤릭체는 독자를 돕기 위해, 작가가 강조하고자 하는 바를 즉각적이고 직관적으로 알리기 위해 존재하는 것이다.

구걸 부호

1956년 보비 피셔와 도널드 번은 뉴욕에서 열린 로젠월드 메모리얼 토너먼트에서 체스 경기를 했다. 결과는 열세 살 신동 피셔의 승리였는데, 이 경기는 훗날 세기의 게임으로 알려졌다. 피셔의 어린 나이 때문이기도 했고, 그의 대담한 게임 방식 때문이기도 했다. 전략적인 공격을 위해 퀸을 희생시킨 피셔의 묘수는 기보 작성자들에게 '!!'를 얻어냈는데, 이건 체스 기보에서 '놀라운 수'라는 뜻이다. 체스 기보에 사용되는 다른 기호로는 큰 실수를 뜻하는 '??', 단순 실수를 뜻하는 '?', 의심스러운 수를 뜻하는 '?!', 흥미로운 수를 뜻하는 '!?' 등이 있다. 기호 두 개의 위치를 살짝 바꾸는 것만으로 수의 성격을 의심스러운 것에서 흥미로운 것으로 재분류할 수 있다니, 정말 훌륭하지 않은가? 미묘하면서도 굉장히 효과적이다!

체스 기보 작성자들은 '!'와 '?' 사용을 제한하려 애쓴다. 가끔 특별히 뛰어난 수에 '!!!'를 수여할 때가 있긴 하지만, '!!'와 '??'로도 충분히 의미를 전달할 수 있기 때문에 '!!!'와 '???'는 불필요하다는 쪽으로 의견이 모아지고 있다. 어쩌면 우리도 느낌표와 물음표를 아껴 써야 하는 거 아닌지 모르겠다. 아무리 '!!!'와 '???'를 사용한들 '!!'와 '??'보다 파격적일 만큼 더 강한 효과를 낼 수는 없을 테니 말이다.

이처럼 물음표와 느낌표가 섞인 혼성 부호는 '감탄 의문부호'라 부른다. 질문하면서 동시에 흥분과 불신을 표현하는 문장부호라 할 수 있겠다. 감탄 의문부호는 1962년 광고업계 간부였던 마틴 K. 스펙터가 탄생시켰다. 스펙터는 수사학적 질문을 표시하는 부호를 고안하면 광고를 더 괜찮게 만들 수 있을 거라 생각했다. 1960년대 후반에 이르러서는 두 개 부호를 겹치게 표시한 '‽' 키가 포함된 타자기가 나오기도 했다. 비록 요즘은 없어졌지만, 내게 이 문장부호는 작은 폭발이 일어난 것처럼 보여 여전히 재밌다.

그렇다면 감탄 의문부호를 구성하는 물음표와 느낌표에 얽힌 비화는 어떤 게 있을까? 우리는 바라건대* 느낌표를 너무 남발하지 않아야 한다는 것도 안다. 스콧 피츠제럴드도 같은 생각인지 이렇게 말한 바 있다. "모든 느낌표를 삭제하라. … 느낌표

---

*   hopefully바라건대는 사용법을 두고 의견이 가장 분분한 단어 중 하나다. 원래는 '희망을 갖고 있다'는 뜻이었는데, 지금은 앞서 내가 쓴 것처럼 '~이기를 바란다'는 의미로 주로 사용한다. 온라인 옥스퍼드 영어 사전에 따르면 "hopefully는 다소 이상한 부사다. sadly슬프게도, regrettably유감스럽게도, clearly분명히 같은 다른 부사들은 'it is sad/regrettable/clear that~'으로 다르게 표현될 수 있는 반면, hopefully는 그럴 수 없다. 그럼에도 불구하고 hopefully의 사용이 언어의 올바름과 그렇지 않음을 판별하는(이 주장이 특별히 설득력 있는 것은 아니지만) 하나의 기준이 된 것은 분명하다. 공식적인 상황에서 이 단어를 사용할 일이 있다면 이 점을 유의하는 게 좋겠다."

는 자기 농담에 자기 혼자 웃는 것과 같다." 피츠제럴드가 느낌표를 얼마나 사용했는지 분석한 연구도 있다. 그는 네 권의 소설에 걸쳐 10만 단어당 356개를 사용했다고 한다. 조사 대상에 오른 작가 중 느낌표를 가장 적게 쓴 작가는 엘모어 레너드로 밝혀졌는데, 45권의 소설을 쓰며 10만 단어당 고작 49개가 전부였다. 레너드에게 간발의 차이로 선두를 뺏긴 작가는 59개를 쓴 헤밍웨이다. 반대편 끝에는 도무지 감탄하기를 멈출 수 없는 듯한 제임스 조이스가 있다. 뒷부분에서 다루겠지만, 느낌표는 그가 용인할 수 있는 몇 개 안 되는 문장부호 중 하나였다. 조이스는 세 권의 소설에 걸쳐 10만 단어당 느낌표를 무려 1105개나 사용했다. 이 모든 분석은 벤 블랫이 『나보코프가 가장 좋아하는 단어는 담자색이다』를 집필하며 행한 것으로, 실로 문학적 수치 분석의 보고라 할 수 있다.

느낌표의 기원이 라틴어로 '기쁨'을 외칠 때 내는 소리 'io'에서 유래했다는 이야기도 무척 매력적이다. 시간이 흐르면서 'i'가 'o'의 위로 이동했고, 'o'는 점점 작아지다가 결국 일개 점이 되었다고 한다. 느낌표는 15세기 이후로 경이감을 뜻하는 라틴어 단어에서 기원하여 감탄부호라 알려졌다. 하지만 경이감을 담은 이 부호는 수 세기를 거치며 서글픈 쇠락의 길을 걸었고, 이제는 비명, 헐떡거림, 쾅, 놀라게 하기, 탕, 새된 소리, 구걸pling* 같은 속어로 불리게 되었다.

이제 느낌표는 의혹의 시선을 받는 처지가 되기까지 했다. 문자 메시지나 온라인에서 쉽게 남용되며 더 이상 제대로 된 감탄 표현으로 사용되지 않기 때문이다. 물론 여전히 강조를 위해 사용되는 부호이긴 하다. 하지만 느낌표 자체가 탄성을 의미하는데, 왜 굳이 하나 이상을 써야 할까? 예전에는 느낌표를 한 개만 써도 충분했는데 말이다. 줄리 벡은《디 애틀랜틱》에 다음과 같이 썼다.

"인터넷에서는 느낌표 하나로 충분하지 않을 때가 많다. 더 이상은 안 된다. 디지털 소통은 느낌표 인플레이션을 겪고 있다. 업무용 이메일에도 문장 끝마다 느낌표가 달려 있는 것 같다. 그러니 진정한 열정을 표현하려면 느낌표를 두 개는 사용해야 한다. 세 개, 네 개, 어쩌면 그 이상이 필요할지도."

놀랍게도 1970년대가 될 때까지 느낌표는 키보드에 전용 키가 따로 없었다. 느낌표를 쓰려면 마침표와 백스페이스와 아포스트로피 키를 동시에 눌러야 했다. 상황이 이러니 쿼티 자판에 전용 키가 생기기 전까지는 훨씬 드물게 사용했을 게 분명하다. 느낌표 하나를 치기 위해 키를 세 개나 치는 수고를 해야 했다니!

벡은 저널리즘 스쿨을 다닐 때, 느낌표는 평생 **단 한 번**만 쓸 수 있으므로 현명하게 사용해야 한다고 배웠다는 이야기를 전했다. 아서 코난 도일의 『바스커빌가의 개』 2장 마지막을 떠올려보자. "홈즈 씨, 그건 엄청나게 큰 사냥개의 발자국이었어요!" 문학 사상 가장 손에 땀을 쥐게 한 문장이 아니었던가. 지금으로 따지면 저 문장 끝에 '!!!!!'† 정도는 붙여줘야 겨우 독자들의 관심을 끌 수

---

* pling은 '코먼웰스 해키시'다. 코먼웰스 해키시란, 미국 외 지역의 영어권(추정컨대 영국식 억양을 쓰는) 해커들이 사용하는 전문용어다.

† 1951년, 극작가 조 오턴이 연인 키스 할리웰의 아파트에 들어가 살기 시작했을 때, 그가 첫 사흘간 일기에 쓴 내용은 각각 "음!" "음!!" "음!!!"이었다. 여기서는 이 모든 느낌표의 누적 효과가 음… 꽤 잘 발휘되고 있는 것 같다.

있을 것 같지만 말이다.

『나야 나, 마침표This is Me, Full Stop』에서 필립 코웰과 카즈 힐드브란드는 느낌표를 '문법계의 셀카'라고 부르는데, 이 표현이 21세기에 느낌표가 누리는 과도한 인기를 잘 설명해주는 것 같다. 또 온라인 커뮤니케이션을 연구하는 그레천 매컬러는 이제 느낌표가 강렬한 느낌을 전달하기보다 상대를 파악하기 위한 보디랭귀지, 어조, 표정의 도움을 받을 수 없는 온라인 세계에서 자신의 진정성을 증명하기 위해 사용되는 경향이 강하다고 말한다. 소설가 테리 프래쳇은 "느낌표 다섯 개는 정신이 나갔다는 확실한 징조"라고 말한 바 있는데, 이 말을 듣고 온라인 세계에 범람하는 오늘날의 느낌표들을 보니 우리네 정신 상태가 과연 괜찮은지 돌아보게 된다.*

애매함을 담은 부호

1966년, 프랑스 작가 에르베 바쟁은 『새의 깃털을 뽑자Plumons l'Oiseau』(제목이 왜 이런지는 잘 모르겠다)에서 새로운 문장부호(혹은 억양 부호) 여섯 개를 제안했다.

---

* 데번주 웨스트워드 호!(영국에서 유일하게 지명에 느낌표가 들어간 곳으로, 근처를 배경으로 한 찰스 킹즐리의 동명 소설을 기념하기 위해 그런 이름이 붙여졌다)나 퀘벡주 생-루이-뒤-아! 아!에 사는 주민들도 잠시 생각해주기 바란다. 오하이오주 해밀턴의 시의원들이 도시명을 해밀턴!으로 바꿔 홍보 효과를 얻으려 한 적도 있었는데, 슬프게도 미국지명위원회가 퇴짜를 놓은 바람에 다시 원래대로 돌아올 수밖에 없었다고 한다.

아이러니 부호: ⸮

사랑 부호: ♀

확신 부호: †

권위 부호: ⸸

환호 부호: ⸘

의심 부호: ⸮

아이러니나 비꼼(바쟁이 첫 번째로 제시한 문장부호)을 표시하는 최선의 방식이 무엇인지에 대해서는 1580년대 이래로, 어쩌면 인간이 아이러니와 비꼼을 처음 발견한 이후로, 작가와 독자들 사이에서 줄곧 많은 논의가 있어왔다. 글을 읽고 쓸 줄 알게 된 후로 글과 그림만을 가지고는 어딘가 불충분하다는 걸 깨달은 것이다. 그도 그럴 것이 동굴벽화에 아이러니를 어떻게 표시한다는 말인가.

1580년대 인쇄업자 헨리 데넘은 수사학적 질문을 표시하기 위해 좌우가 반전된 물음표 모양(⸮)의 '비단답형 부호'를 사용하자고 제안했지만, 17세기에 이르러 사용이 중단되었다. 1668년에는 성공회 성직자이자 작가인 존 윌킨스가 아이러니는 느낌표를 도치한 형태로 표시하자고 제안하기도 했다.[†] 또 1841년에는 벨기

<hr />

[†] 도치된 물음표와 느낌표는 스페인어에서 왕성하게 사용되고 있다. 두 부호는 문장 앞에 놓여 독자에게 앞으로 올 감탄이나 질문을 예고하는 역할을 한다. 스페인어는 평서문과 질문이 같은 형태이기 때문에 도치된 부호가 없으면 "¿You like learning about punctuation? 문장부호 배우는 걸 좋아하나요?"라는 **질문**을 받은 것인지, "You like learning about punctuation 문장부호 배우는 걸 좋아하는군요"라는 **의견**을 들을 것인지 알 수가 없다.

글은 어떻게 더 좋아지는가

에의 신문 발행인 마르슬랭 조바르가 큰 화살촉에 작은 줄기가 달린 모양의 아이러니 부호를 제안했다. 조바르는 이 부호를 옆으로 혹은 거꾸로 사용해 짜증, 분개, 주저 같은 표현도 나타낼 수 있을 거라 생각했다. 오늘날 온라인에서는 비꼬고 싶은 말이나 아이러니한 말에 '/비꼼' 같은 표시를 달기도 한다. 톰 드리버그는 아이러니한 진술에 반대 방향(즉 왼쪽)으로 기울어진 이탤릭체를 사용하자고 제안했는데, 이 아이디어도 꽤 마음에 든다.[*]

번갯불 부호

린 트러스는 8세기의 의문부호를 "왼쪽에서 오른쪽으로 치는 번갯불"로 묘사한다. 마음에 쏙 드는 표현이다. 사람들은 문장부호가 제자리에 고정되어 있다고 생각하는 경향이 있지만, 트러스식으로 보면 문장부호에도 에너지와 목적이 있는 셈이다. 문장부호는 살아 있고, 번개 치듯 친다.

결국 의문부호는 물음표로 형태가 바뀐다. 『나야 나, 마침표』에서 저자들은 어느 수도승이 왠지 질문하는 듯한 고양이의 꼬리를 보고 물음표의 모양을 처음 떠올렸다는, 재밌지만 입증되지 않은 가설을 언급한다. 원래 물음표는 독자에게 지금 읽고 있는 것이 질문이므로 듣는 사람이 헷갈리지 않게 어조를 바꿔 읽어야 한다

---

[*] 드리버그 본인도 꽤 반대쪽으로 기울어진 인물이었다. 동성애자, 언론인, 정치인, 고교회파 성직자, 영국 보안정보국 MI5의 정보원이자 소련 스파이였으니 말이다. 드리버그의 모순에 관한 내용을 읽다 보면, 그의 전기는 전체가 반대로 기울어진 이탤릭체로 쓰여야 하는 게 아닌가 싶은 생각이 든다.

는 걸 알리기 위해 문장 끝에 사용되었을 것이다.† 그리고 이 부호는 19세기에 이르러서야 훨씬 더 지루하고 엄숙하게 들리는 '물음표'라는 이름으로 불리기 시작했다.

페이지에 묻은 파리똥

E.L. 닥터로는 "나는 오래전에 따옴표를 포기했다. 필요하지 않다는 걸 알게 됐기 때문이다. 그건 그냥 페이지에 묻은 파리똥일 뿐이다"라고 쓴 바 있다. 따옴표를 최소화해야 한다고 믿는 또 다른 사람은 블라디미르 푸틴이다. 브루킹스 연구소의 두 학자가 푸틴의 고급 학위논문을 분석한 결과, 총 218페이지 중 아무런 각주나 인용 부호 없이 표절한 내용이 16페이지에 달했다고 한다.

제임스 조이스의 『율리시스』 마지막 장은 2만 4000단어, 인쇄된 페이지로 따지면 대략 40쪽이 넘는데, 쉼표와 마침표는 각각한 개와 두 개뿐이다. 여러 면에서 이때가 조이스의 문장부호 혐오가 정점에 달한 시기라 할 수 있겠다. 조이스는 자신의 어떤 저서에서도 따옴표를 쓴 적이 없고, 대화를 표시할 때도 엠 대시를 사용했다. 그는 따옴표를 '도착된 쉼표'라고 불렀다

일부 작가에게 철저히 외면당한 이 작은 부호에는 어떤 이야기가 담겨 있을까? 알렉산드리아 도서관 사서 아리스타르쿠스는

---

† 거트루드 스타인은 이렇게 말했다. "물음표는 가축에 낙인을 찍을 때처럼 홀로 있으면 아무 문제가 없다. … 하지만 글쓰기와 결합하면 전적으로, 아주 전적으로 흥미가 떨어진다. … 글을 읽을 줄 아는 사람이라면 누구나 다 질문이 질문인 줄 알아보는데 말이다. 그러므로 나는 묻는다. 대체 왜 물음표를 사용하는 것이냐고." 그런데 가축에 물음표 낙인을 찍는 사람이 있기는 할까?

'디플(>)' 부호를 개척해 주목할 만한 텍스트를 강조하는 데 사용한 사람이다. 하지만 디플만으로는 충분하지 않았는지 아리스타르코스는 또 다른 기호를 원했다. 어떤 부분이 주목할 만하더라도 자신은 거기 동의하지 않을 때 사용할 만한 부호를 고민하던 그는 결국 '점 찍힌 디플(⊰)'을 만들었다. 키스 휴스턴은 『수상한 기호들: 문장부호, 상징과 다른 인쇄 부호들의 은밀한 삶Shady Characters: The Secret Life of Punctuation, Symbols and Other Typographical Marks』에서 디플의 효과를 다음과 같이 언급했다.

"저자들은 서로의 작품을 칭찬도 하고 논평도 하고 공격도 하면서, 성경을 자유롭게 인용해 자기 주장을 뒷받침했다. 이렇게 주목할 만한 텍스트를 표시하는 데 디플보다 더 적절한 기호가 어딨겠는가?"

5세기경 성 예로니모는 한때 친구였던 루피누스에게 믿음에 일관성이 없다는 질책을 들었는데, 이때 발생한 싸움에도 디플과 이중 디플(≫)이 동원되었다. 루피누스는 『예로니모에 반대하는 변명Apology against Jerome』에 "지금부터 이 글이 독자에게 혼란을 주지 않도록 내 주장의 시작 부분에는 단일 디플을, 상대 주장의 시작 부분에는 이중 디플을 사용하도록 하겠다"고 썼다.

디플이 주류에 진입한 건 18세기경 소설이 부상하면서부터다. 등장인물의 직접화법과 간접화법을 표시해야 했던 작가들의 눈에 디플이 띈 것이다. 때는 마침 디플이 수 세기에 걸쳐 인용 부호로 변화하며 일자리를 구하던 시기였고, 그렇게 디플은 소설에서 자리를 얻게 되었다. 비주류였던 디플이 인용 문구를 여닫는 따옴표가 된 것도 바로 이즈음이다. 하지만 따옴표가 하나인 작은따옴표를 쓸 것인지, 아니면 두 개짜리 큰따옴표를 쓸 것인지는 아직 정해지지 않은 상태였다.

19세기 초반까지는 질서가 잡히지 않은 무법 상태였다. 화자가 바뀔 때마다 큰따옴표와 작은따옴표가 번갈아 등장하기도 했고, 어떨 때는 이것들을 직접화법과 간접화법을 구분하는 데 사용하기도 했다. 결국 대부분의 인쇄업자는 큰따옴표를 사용하기로 결정했는데, 19세기 중반 어느 시점에 청개구리 같은 영국이 작은따옴표를 독점적으로 사용하기 시작한 탓에 그 영향이 오늘날까지 이어져 대서양을 사이에 둔 대결 구도가 유지되고 있다.

온라인은 상황이 더 복잡하다. 때에 따라 큰따옴표와 작은따옴표를 섞어 쓰는 사람을 쉽게 찾아볼 수 있으니 말이다. 그래도 보통은 아이러니한 인용문이나 직접 인용문에 작은따옴표를 쓰고, 대화에는 큰따옴표를 쓰는 듯하다. 하버드대 영어학 교수 마저리 가버는 오늘날의 따옴표가 "절대적인 진정성과 진실성 … 미심쩍은 진실, 아이러니, 의심을 모두 전달"할 수 있다고 말한다. 믿을 만한 출처인가? 그렇다면 따옴표를 써서 표시하자. 의심스러운 출처인가? 이 역시 따옴표를 써서 표시하자. 이게 무슨 소리냐고? 바로 글로벌화된 세계에서 확실한 건 아무것도 없다는 뜻이다. 저널리스트 앤드루 하이셀은 이렇게 묻는다.

"한 단어에 작은따옴표가 붙어 있을 때 그건 아이러니하게 사용된 단어일까, 다른 누군가의 말을 인용한 것일까? 따옴표 안에 있는 저 진부한 말은 과연 강조를 위한 것일까, 바보 같은 말이라는 뜻일까…?"

똑똑한 따옴표와 멍청한 따옴표

표지나 홍보에 쓰일 텍스트 교정을 보다 보면, 내가 수정하는 것 중 가장 눈에 안 띨 만한 게 무엇인지 궁금해질 때가 있다. 나만 알아채고 중요하다 생각하지, 대부분의 독자는 그런 게 있었는지도 모를 그런 수정 사항 말이다. 줄임표 간격을 조정하는 것이 그런 일 중 하나일 것이고, 이탤릭체로 된 제목에서 소유격 s는 정체로 되어 있는지 확인하는 것도 여기에 해당하는 것 같다(그러므로 *Guardian's*가 아니라 *Guardian*'s다). 또 r로 끝나는 이탤릭체 단어 뒤에 약간의 공간이 있는지 확인하고, 그 뒤에 오는 문장부호와 충돌하지 않도록 하는 것도 포함될 듯하다.

그렇지만 그중에서도 가장 눈에 안 띄는 수정은 곧은 작은따옴표(')를 둥근 작은따옴표(')로, 곧은 큰따옴표(")를 둥근 큰따옴표(")로 바꾸는 일일 것이다. 이 차이는 상당히 미묘하다. 곧은 따옴표는 **멍청한** 따옴표로, 둥근 따옴표는 **똑똑한** 따옴표 혹은 타이포그래퍼의 따옴표로 불리며, 똑똑한 따옴표는 위로 올라간 작고 세련된 숫자 '66'과 '99'처럼 보이기도 한다. 반면 곧은 따옴표는 실제로… 멍청해 보인다.

똑똑한 따옴표와 멍청한 따옴표가 왜 존재하게 되었는지 이해하려면 1893년으로 거슬러 올라가야 한다. 그해 U. 셔먼 매코맥은 《스테노그래퍼》 기고 글에 이렇게 썼다.

"과거에는 한동안 타자기 제조사들이 곧은 따옴표를 채택했다. 같은 부호를 구분 없이 문장의 시작과 끝에 전부 쓸 수 있으므로, 키 하나를 절약할 수 있다는 이유 때문이었다."

그리하여 타자기는 키 절약을 위해 오직 곧은 따옴표만 사용했고, 몇몇 최신 키보드들도 그 뒤를 따랐다. 곧은 따옴표는 안전하다는 이유에서 여전히 온라인에서 기본값으로 사용되고 있기는 하다. 실제로 플랫폼의 코딩 문제 때문에 복사와 붙여넣기 세계에서 곧은 따옴표는 자기보다 화려하고 굴곡진 사촌보다 더 잘 살아남을 수 있었다. 한편 글렌 플레시먼은 《디 애틀랜틱》 기고글에서 "아름답게 조판된 글에 갑자기 곧은 따옴표, 일명 타자기 따옴표가 눈에 띄면 정말이지 눈엣가시처럼 거슬린다"고 쓰기도 했다.

연쇄 살인마 쉼표

쉼표는 어디서 왔을까? 쉼표comma는 그리스어로 '잘린 조각'이라는 뜻이며, 알렉산드리아 도서관의 사서이자 문장부호 역사의 중요한 순간마다 등장하는 비잔티움의 아리스토파네스가 처음 만들었다고 전해진다. 대부분의 문장부호가 그렇듯 쉼표 역시 낭독이 일상적으로 행해지던 때부터 사용되었다. 낭독자는 극적인 효과를 극대화하기 위해 낭독 도중 언제 어떻게 숨을 쉬어야 하는지 알고 있어야 했다. 한 줄을 읽는 데 숨을 얼마나 쉬어야 하고, 그보다 더 긴 문장일 때는 어떻게 해야 하는지에 대한 지침이 필요했던 것이다. 바로 이 지점에서 아리스토파네스는 각기 다른 높이에 점을 찍는 방식으로 정보를 제공했다.

문장부호에 관해서라면 미국식 영어와 영국식 영어는 대부분의 의견이 다르다. 마틴 에이미스는 자신의 자서전『경험Experience』에서 소설『정보Information』의 미국판으로 출간될 원고 교정지를 받은 일을 다음과 같이 이야기했다. "도저히 믿을 수 없었다. 개미

탑처럼 튀어나온 수입산 쉼표 하나하나가 날카로운 종이처럼 내 영혼을 찌르는 것 같았다."

거트루드 스타인이 물음표를 어떻게 말했는지 생각하면, 쉼표를 두고 한 말도 그리 놀랍지는 않다.

"쉼표는 비굴하고 독자적으로 존재하지 못하고 사용과 편의에 의존하고 실용적 목적으로 사용된다. … 쉼표는 옷 입고 신발 신는 일을 도와주며 당신이 주도적으로 삶을 살아가지 못하게 하고 … 품위를 떨어뜨린다."

스타인의 문장을 읽다 보면 머릿속으로 쉼표를 추가하지 않기 어려운데, 세미콜론에 대한 그의 의견을 읽을 때는 더더욱 그렇다.

"세미콜론은 쉼표보다 더 강력하고 더 도드라지고 가식적이지만 어쨌든 똑같은 쉼표다. 실제적인 면에서, 심오한 면에서, 근본적인 면에서 쉼표와 같은 속성을 가지고 있다."

미국식 영어는 쉼표가 마치 개미탑처럼 불쑥불쑥 튀어나오는 것처럼 느껴진다. 하지만 더 나쁜 점은 쉼표가 전부 **잘못된 곳**에 찍혀 있다는 것이다. 벤자민 드레이어는 『교정이 필요 없는 영어 글쓰기』에서 미국식 영어가 열거되는 목록의 마지막 두 항목을 구분하기 위해 and나 or 앞에 쉼표를 사용한다고 설명한다. 이를테면 다음 문장처럼 말이다. "이런 유형의 쉼표를 연속, 연쇄, 옥스퍼드, 또는 하버드 쉼표라고 한다."

드레이어는 시종일관 유쾌하고 교양 있는 태도를 유지하며 침착하고 재밌게 이 278쪽짜리 책을 이끌어나가는데, 연속 쉼표를 이야기하는 순간만은 유일하게… **정색**을 한다.

"그것을 무어라 부르든 반드시 사용하라. 길게 설명하고 싶지도 않고, 타협할 생각도 없다. 연속 쉼표를 사용하지 않는 것은 불경한 야만인들뿐이다."

그렇다. 미국식 영어에서는 연속 쉼표가 아주 중요하다. 드레이어는 "내가 미국 출판계에서 만난 사람은 모두 연속 쉼표를 사용한다"고 말했다. 물론 미국에서는 그럴 수도 있겠다만, 그렇게 따지면 내가 영국 출판계에서 만난 사람들은 하나같이 불경한 야만인이다. 영국인 관점에서 연속 쉼표는 영 자연스럽지가 않고, 멀리서부터 너무 확 튄다는 게 문제다. 또 연속 쉼표는 제어가 어려운 짐승과도 같다. 문장의 모호성을 제거해줄 수도 있지만, 역으로 새로운 문제를 만들어낼 수도 있기 때문이다.

모든 심오한 문법 문제의 좋은 예시가 그러하듯, 이 경우에 가장 적합한 예문은 출처가 불분명한 책 속 헌사다. "내 부모님, 에인 랜드와 하나님께To my parents, Ayn Rand and God." 이 구문에서처럼 and 앞에 쉼표가 없으면 에인 랜드와 하나님이 저자의 부모처럼 보이므로 이럴 때는 연속 쉼표를 허용해야 한다는 데 동의하는 바다. 하지만 영국식 영어에서는 **오직** 모호성을 제거하기 위해서만 연속 쉼표를 사용하는 것이지 '그냥 그러고 싶어서'를 포함한 다른 이유는 용납되지 않는다.

쉼표 하나로 교수형을 당하다

1916년 8월, 로저 케이스먼트는 반역 혐의로 시끌벅적하게 재판을 받은 뒤 교수형에 처해졌다. 이 재판의 쟁점은 쉼표, 정확히 말하자면 누락된 쉼표였다. 1351년에 제정된 반역법은 영국 땅에서 행해진 활동에만 적용되는 듯 보였는데, 케이스먼트의 활동은 의심할 여지없이 반역적이기는 하나 독일에서 행해졌다. 그러나 법정은 비록 1351년 법 원문에 구두점이 없기는 하지만, 다음처럼 쉼표를 넣어 읽어야 한다고 판단했다.

"국왕의 땅에서 국왕에 대항해 전쟁을 일으키거나, 국왕의 땅에서 활동하는 국왕의 적을 추종해, 그들에게 도움과 편의를 제공하거나, 다른 곳에서 이와 같은 행위를 한다면…."

이 차이는 사소한 듯하지만 완전히 다른 해석을 낳았다. 쉼표가 찍힌 후로는 국왕의 적이 어디 있느냐와 상관없이 관련 행위가 발생한 모든 곳에 적용됨을 의미했기 때문이다. 케이스먼트는 판결을 받고 이런 말을 남겼다. "쉼표 하나로 사람의 목을 매달고, 세미콜론 하나로 사람의 목을 조르는 이런 구시대적 유물로부터 우리를 구하소서."

이보다는 덜 극적이지만, 2017년 메인주 트럭 기사들이 초과 근무와 관련해 제기한 집단소송 역시 쉼표 하나로 귀결되었다. 《뉴욕 타임스》는 다음과 같이 설명했다.

쉼표를 둘러싼 논란은 종종 사소한 문제로 치부되지만, 트럭 기사들에게는 전혀 그렇지 않다. 메인주 법에 따르면 다음 경우에는 초과 근무가 인정되지 않는데, 자세히 보면 여기에 연속 쉼표가 빠져 있는 것을 볼 수 있다.

다음 품목의 통조림 제조, 가공 처리, 보존, 냉동, 건조, 마케팅, 저장, 출하 또는 배송을 위한 포장.

(1) 농산물

(2) 육류 및 생선 제품

(3) 부패하기 쉬운 음식

법은 세 품목 '출하' 시 초과 근무 비용을 인정하지 않겠다는 걸까 아니면 '출하 또는 배송을 위한 포장' 시 초과 근무 비용을 인정하지 않겠다는 걸까? 덧붙여 배달 기사가 부패하기 쉬운 음식을 배송하는 건 맞지만, 그렇다고 상자를 직접 포장하는 건 아니다. 트럭 기사들이 연간 몇백만 원이 걸린 법의 적용을 받을지 여부는 오로지 문장이 어떻게 읽히는지에 달려 있었다.

하급법원은 트럭 운전사에게 불리한 판결을 내렸지만, 이 판결은 항소심에서 뒤집혔다. 법문에 부재하는 연속 쉼표가 기존의 판결을 뒤집을 만큼 불확실성을 초래한다고 본 것이다. 결국 이 사건은 연속 쉼표와 메인주 트럭 기사들이 승리를 거둔 셈이다.

연속 쉼표를 둘러싼 모든 소송, 논쟁, 대서양을 사이에 두고 벌어지는 기 싸움을 살펴본 나는 『먹고, 쏘고, 튄다』*에서 최고의 조언을 발견했다.

---

* 혼란스럽게도 이 책의 영어 제목 'Eats, Shoots & Leaves'는 벤자민 드레이어가 연속 쉼표를 쓰지 않아도 된다고 한 예 중 하나다. 'Eats, Shoots, & Leaves'라고 쓰면 앰퍼샌드(&)와 쉼표의 조합이 보기 좋지 않으므로 지금처럼 표기하는 걸 허용한다는 것이다. 이쯤 되니 우리가 이런 혼란에 빠지는 게 그다지 놀라운 일은 아닌 것 같다.

"세상에는 연속 쉼표를 수용하는 사람*과 수용하지 않는 사람이 있다. 이것만 말하겠다. 절대로 술을 마시고 이 사람들 사이에 끼어들지 말라."

우리 사이에 바다가 있어 천만다행이다.

---

* 이 사람들 중에 2008년 〈옥스퍼드 콤마Oxford Comma〉라는 제목의 싱글을 발표한 밴드 뱀파이어 위켄드가 포함되어 있을 것이라고 생각할 수도 있겠지만, 그건 잘못된 생각이다. 곡을 쓴 에즈라 코에닉에 따르면 이 노래는 "옥스퍼드 쉼표 자체에 대한 노래라기보다 그런 것에 연연하지 않겠다는 마음을 보여주는 노래"라고 한다. 이 장을 쓰면서 나도 점점 그런 입장에 가까워지고 있는 것 같다.

샬럿 브론테의 격투 편지 — 철자

신부, 토끼, 목사가 바에 들어온다.
토끼가 말한다.
"나는 오타인 것 같아."(rabbi 랍비 / rabbit 토끼 —옮긴이)

교정자가 해야 하는 가장 지루한 일 중 하나는 주석, 출처, 참고 문헌 같은 부록을 확인하는 것이다. 전혀 새롭거나 독창적이지 않은 내용이 몇 페이지씩 이어져 졸음을 참는 데 애를 먹지만, 제대로 확인하려면 고도의 집중력이 필요한 작업이다. 그래서인지 주석 작업을 하던 어느 페이지에서 발랄한 느낌표(느낌표에 대해 더 알고 싶다면 **150쪽** 참조)가 들어간 교정자의 메모를 발견했을 때, 그가 졸음과 싸우던 중 이 격한 문장부호의 힘을 빌려야겠다고 생각할 만한 무언가를 발견한 게 아닐까 직감했다.

교정자의 메모를 촉발한 건 「샬럿 브론테가 조지 헨리 루이스에게 쓴 격투 편지Fight Letters from Charlotte Brontë to George Henry Lewes」라는 자료였다. 샬럿 브론테의 격투 편지라니! 편지 너머의 이야기를 상상해보자. 샬럿 브론테가 조지 헨리 루이스(조지 엘리엇으로 더 잘 알려진 메리 앤 에번스의 동거인)에게 편지를 쓴다. 편지에서 브론테는 제인 오스틴과 헨리 필딩이 영어로 글을 쓰는 가장 위대한 작가라는 루이스의 주장에 이의를 제기하며, 뒤뜰에서 맨주먹으로 겨룰 것을 요청한다. 브론테는 오스틴이 그리 대단한 작가라서가 아니라 단지 "영민하고 관찰력이 좋았을" 뿐이라고 말하며,『오만과 편견』은 "울타리를 쳐서 잘 가꾼 우아하고 정돈된 정원을 생생한 인상 묘사 없이 담은 사진 같다"고 평한다. 장갑을 벗고 싸움질을 시작하려면 이 정도 비판은 해야 할 것 같지 않은가?

사실 이 전개는 겨우 오탈자 하나가 불러일으킨 나의 상상이다. E를 넣어야 할 곳에 F를 넣은 식자공(요즘의 조판자 역할)의 실수가 풍성한 대안 세계를 불러일으킨 것이다. 원래 올바른 책 제목은『샬럿 브론테가 조지 헨리 루이스*에게 쓴 여덟Eight 통의 편지』인데, 교정자가 여백에 쓴 말처럼 "한결 흥미가 떨어지는 제목"이 아닐 수 없다. 오탈자는 '무지로 인한 오류'로 정의되는 철자 오류와는 다르다. 책이 만들어지는 과정 중에 생긴 오류가 오탈자라면, 철자 오류는 작성자가 해당 단어의 철자를 정확히 알지 못해 생긴 오류이기 때문이다. 그렇다면 이런 오류들은 어떻게 생기는 걸까? 그리고 그게 과연 정말 중요할까?

*

마크 트웨인은 "영어 알파벳은 미친 문자다. 영어 알파벳으로

---

* 루이스가 "재치 있고 프랑스적이며 경박한 유형의 남성"으로 묘사되었던 것을 감안하면, 여성 소설가에게 위협적인 편지를 받는 이런 판타지 세계로의 짧은 여행을 제법 즐겼을 것 같기도 하다.

확실하게 철자를 표기할 수 있는 단어는 거의 없다시피 하다"고 했지만, 독자는 우선적이고 암묵적으로 책 속 단어의 맞춤법이 올바르게 표기되어 있을 거라 기대한다. 독서의 즐거움을 주기 위해 인쇄되고 판매되는 책은 당연히 면밀한 사전 검토를 거쳐 잘못된 맞춤법을 모두 바로잡았을 거라고 생각하는 것이다. 그러다 처음 오탈자를 발견하면 반가운 마음이 들 수도 있겠지만, 뒤에서도 계속 눈에 띈다면 책에 대한 신뢰를 잃을 가능성이 크다. 작가와 출판사가 맞춤법 같은 기본조차 제대로 신경 쓰지 않는다면 그 책에 시간과 노력을 투자할 만한 가치가 있다는 걸 어떻게 믿을 수 있겠는가? 독자에게 맞춤법은 시금석 같은 것이다. 이것만 맞아도 다른 많은 걸 용서할 수 있다. 틀린 맞춤법이 많으면 독자는 저자가 책임을 다하지 못했다고 생각하며, 이 배신은 웬만해서는 극복하기 힘들다. 책 속에 푹 빠질 수 있어야 하는데, 오류가 계속 보이면 자꾸 이야기에서 빠져나와 현실로 돌아오게 되기 때문이다.

하지만 올바른 맞춤법은 과연 누가 정하는 것일까? 어떤 단어의 맞춤법이 잘못 표기되었다고 판단하기 위해서는 올바른 맞춤법이라고 합의된 표준이 있어야 한다. 하지만 글과 언어와 관련한 많은 것이 그러하듯, 그 표준은 생각만큼 간단하지 않다. 영국 스트랫퍼드어폰에이번에 있는 셰익스피어의 묘비명을 보자.

친구여 frend 바라건대

여기 묻힌 것을 파헤치지 말기를.

이 묘석을 아끼는 자에게는 축복이,

내 뼈를 옮기는 자에게는 저주가 있으리라.

무덤을 건드리면 저주를 받을 것이라는 내용은 차치하고, 현대 독자의 눈에 띄는 것은 오탈자 'frend'다. 제인 오스틴이 어릴 때 썼다는 『사랑과 우정Love and Freindship』이라는 책도 제목을 유심히 살펴보면 어딘가 이상한 점을 찾을 수 있다. 이 책은 내가 작업한 것이기도 한데, 나 같은 편집 강박증 환자에게 표지에 떡하니 보이는 끔찍한 오탈자를 바로잡을 수 없는 현실은 최악의 악몽이었다. 그 부분에 펜을 갖다 대지 않으려고 손을 깔고 앉기까지 했다. 하지만 이런 변형 철자는 셰익스피어의 묘비명을 새긴 사람이나 열다섯 살의 오스틴에게는 허용되는 일이었으니 어쩔 수 없다.

영어 맞춤법이 어떻게 이런 지뢰밭이 되었는지 간단히 살펴보려면, 영국이 3세기 동안 노르망디공국의 통치를 받았다는 역사적 사실을 감안해야 한다. 영어가 지배적인 언어가 된 건 그 후의 일이다. 제프리 초서 같은 초기 영어 작가들은 맞춤법을 표준화하는 데 꽤 능숙했지만, 이는 대법관청 서기들이 프랑스어 어원에 기초한 맞춤법을 고수하면서 힘을 잃었다. 1476년 윌리엄 캑스턴이 런던에 최초의 인쇄기를 들여온 게 맞춤법 표준화에 도움을 주었으리라 생각할지도 모르겠지만, 그가 영국에 온 건 이미 유럽 본토에서 30년을 산 뒤였다. 심지어 캑스턴의 영어 실력은 불완전했고, 조수들은 그보다 더 영어 실력이 부족한 벨기에 수도사들이었던 터라 별다른 도움을 받을 수 없었다. 와중에 인쇄업자들이 자체적인 표기법을 개발하고, 조판업자들이 필요 이상으로 단어를 길게 만드는 걸 선호하면서 표준 이탈 맞춤법 현상은 더욱 가속화되었다. 본문의 행 수에 따라 보수가 결정되었기 때문에 조금이라도 이득을 볼 수 있게 철자를 바꿔 쓰려 했기 때문이다.

한편 윌리엄 틴들이 번역한 신약성서가 철자 표준화의 새 장을 열었으리라 생각하는 사람도 있을 것이다. 헨리 8세는 영어로 된 성경 인쇄를 합법화했고, 인쇄기의 핵심은 표준화된 책을 대량으로 생산한다는 것이었다. 하지만 당시 초기 식자공들은 본문을 올바르게 조판하는 데 많은 어려움을 겪었다. 인쇄기가 등장한 시기이긴 했지만 철자나 문장부호는 여전히 합의된 기준이 없었던 데다가, 손으로 쓴 원고를 보며 텍스트를 구성해야 했기 때문에 오탈자가 생겨날 여지가 무궁무진했기 때문이다. 게다가 실제 인쇄는 유럽에서 행해져 네덜란드어 맞춤법을 따를 때가 많았다. 성서에 ghost 영혼, ghospel 복음, ghossip 험담 같은 표기가 등장하는 이유도 그래서다. 이후 ghost, gherkin 피클용 오이, aghast 경악한는 묵음 h를 그대로 유지했지만, ghospel과 ghossip에서는 h가 탈락했다. 유감스러운 일이다.

16세기 이후부터는 학자들이 그리스어나 라틴어 뿌리와 연결을 시도하면서 상황이 더욱 복잡해졌다. 결국 철자와 발음이 어긋나기 시작했고, 올바르게 표기하는 일은 더욱 힘들어지고 말았다. 예컨대 sissors는 scissors 가위가, ake는 ache 아픔가 된 것처럼 말이다. 대략 이쯤부터 철자가 두통을 유발하기 시작한 격이다.

단어는 원형에서 추론된다

더 좋은 글을 쓰려면 맞춤법을 확립해 어딘가에 적어두고, 관심 있는 사람이라면 누구나 쉽게 찾아보는 것이 가능해야 했다. 그래서 등장한 것이 바로 사전이다. 영국 최초의 현대 사전은 시인이자 평론가인 새뮤얼 존슨이 집필한 『영어 사전A Dictionary of the English Language』으론, 1755년에 출간되었다. 이 책의 표제지(한국 편집자들은 이를 흔히 '대도비라'라고 부른다—편집자)에는 "**단어**는 **원형**에서 추론된다"는 문장이 적혀 있다. 또 존슨은 서문에 영어는 "질서 없이 풍부하고, 규칙 없이 활기차며 … 시선이 미치는 곳마다 … 풀어야 할 엉킴과 통제되어야 할 혼란이 존재했다"고 적었다. 18세기 영국의 정치가이자 문필가인 필립 스탠호프는 존슨에 대해 이렇게 쓰기도 했다.

"혼란의 시대에는 고대 로마식 편법에 의존해 독재자를 선택해야 한다. 이 원칙에 따라 나는 위대하고 힘든 이 직책을 존슨 씨에게 맡기는 데 한 표를 행사하겠다."

존슨은 절대 자신을 독재자라 생각하지 않았지만, 그의 사전이 미친 엄청난 영향력을 생각하면 단어와 철자에 관한 한 그를 독재자로 봐도 무방할 것 같다. 하지만 사전을 편찬하는 과정에서 혼란을 주는 변형 철자들을 해결하려면 좀 더 단호한 방식으로 단어를 원형에서 추론할 필요가 있었다. 그래야 글자를 어떤 순서로 배열해야 할지 알 수 있었기 때문이다.

한편 철자법이라는 까다로운 문제 앞에서는 존슨조차 오류를 범했다. 예컨대 uphill 오르막은 l이 두 개지만 downhil 내리막은 한 개고, instill 주입하다은 l이 두 개지만 distil 증류하다은 하나인 점은 사전조차 일관되지 못하다는 걸 의미했다. 하지만 사전에는 적어도 하나의 의견은 담겨 있었기에 다른 글쟁이들이 믿고 의지하는 기준이 될 수 있었다. 물론 존슨을 둘러싼 수많은 비판자가 있었지만 그의 사전은 후한 평가를 받았고, 이 사전의 범위와 스타일은 훗날 이어진 모든 사전의 본보기가 되었다.

미국에서 존슨에 상응하는 사람을 꼽자면 노아 웹스터라 할 수 있다. 웹스터는 철자, 문법, 독해 세 권으로 구성된 『영어 문법 원리A Grammatical Institute of the English Language』를 편찬해 미국 철자법에 지대한 영향을 미쳤다. 이 책은 19세기 말까지 무려 9000만 부나 판매되었고, 표지 색 때문에 '파란 책'으로 더 잘 알려졌다. 웹스터의 목표는 "우리 모국어"를 "요란하고 현학적인 영어 문법과 발음"에서 구출하는 것이었다. 그는 영국의 귀족 문화가 영어를 오염시켰다 생각했고, 문법을 공부하려면 라틴어와 그리스어 지식이 필요하다는 생각에 반기를 들었다. 웹스터는 언어의 주인이 대중이라고 굳게 믿었다.

직업이 교사여서인지 그는 무엇보다 발음을 기준으로 한 철자가 아이들이 배우기에 더 쉬울 거라 생각했고, 파란 책에서 철자를 조금씩 바꿔나가기 시작했다. centre는 center로, colour는 color로 바꾸는 식이었는데, 그렇다고 웹스터가 바꾸던 단어가 전부 대중의 선택을 받은 건 아니었다. tongue을 tung으로, soup을 soop으로, sponge를 spunge로, ache를 다시 ake로 바꾸려는 시도는 실패로 돌아갔다. 웹스터가 새로운 철자법을 만들어낸 건 아니지만(사전 속 단어 중에는 이미 사용 중인 것도 있었다. 1623년에 발간된 셰익스피어의 첫 희곡 전집을 보면 color와 center가 기본형으로 사용된다), 『영어 문법 원리』가 워낙 인기가 많고 영향력이 컸기 때문에 그가 선택한 철자는 다른 것보다 우선권을 얻을 수 있었다.

웹스터의 사전은 미국식 철자법을 대중화하는 연방 언어를 장려했다. 그의 노력이 가져온 결실 중 하나는 미국에서 철자법 대회 인기가 높아졌다는 것이었다. 미국 학교는 철자법 대회를 대중화해 아이들에게 표준화된 철자법을 배우도록 권장했고, 1925년에 처음 개최된 전국 철자법 대회는 지금까지도 매년 열리고 있다.* 웹스터의 사전은 오늘날에도 미국에서 여전히 가장 인기 있고 영향력 있는 철자책으로 군림하고 있다.

오류라는 불행

제임스 셜리의 희곡 「새장 속의 새 The Bird in a Cage」에는 이런일러두기가 나온다. "이 책의 다른 많은 오류는 반드시 저자의 잘못된 판단 때문이라 할 수 없다. 모든 책은 이런 불행의 대상이 될 수있다."

모든 책과 단어가 오류라는 불행의 대상이 될 수 있는 것은 틀림없는 사실이다. 저자가 얼마나 성공을 거두고 호평을 받는 작가인지는 중요하지 않다. 오류는 언제든, 어떤 단어에든 발생할 수있다. 누구나 아리송한 맞춤법을 마주칠 때가 있으므로, 이를 매의눈으로 살펴볼 한 무리의 사람들이 필요한 것이다. 영어는 철자가어려운 단어가 많을 뿐만 아니라 발음대로 표기하지도, 규칙을 따르지도 않는다.

20억 개 이상의 단어가 수록된 전자 데이터베이스, 옥스퍼드영어 코퍼스에 따르면 상습적으로 철자가 잘못 표기되는 단어들

---

* 제1회 공식 철자법 대회의 우승자는 프랭크 노이하우저라는 이름의 열한 살 소년으로 gladiolus(글라디올러스. 붓꽃과의 풀—옮긴이)의 철자를 맞혀 최종 승리를 거두었다.

이 여럿 있다. assassination 암살, bizarre 기이한, embarrass 당황시키다, fluorescent 형광성의, idiosyncrasy 개성, millennium 천 년, occasion 때, tongue 혀, weird 이상한 정도는 사람들이 조금 어려워하는 평범한 단어일 뿐이다. 다른 언어에서 빌려온 단어나 과학, 기술, 의학 쪽 용어들은 아직 건드리지도 않았으니. Actinobacillus 악티노바실루스, Dexamethasone 덱사메타손, Pasteurellaceae 파스퇴렐라과 같은 단어 말이다.

단어를 철자 오류라는 불행에서 구해내려면 어떻게 해야 할까? 당연한 말이지만 눈을 사용하면 된다. 보는 눈이 많으면 많을수록 좋다. 보는 사람이 많을수록 그중 적어도 한 명 정도는 "**멈춰**! 여기 뭔가가 **잘못**됐어!"라고 외칠 확률이 높아지기 마련이다.

『서재 결혼 시키기』에서 앤 패디먼은 자신이 만들어낸 일명 '교열자 기질'이란 "비슷한 증상 몇 가지 종류를 합친 더 큰 증후군의 일부로, 발견 집착증이 그중 하나"라고 말한다. 즉 이 기질에 사로잡히면 눈앞에 보이는 오류를 발견하지 않을 수 없다. 그것도 때와 장소를 가리지 않고 말이다. 패디먼의 말처럼 글을 만지는 사람들은 "평범해 보이는 땅에서 희귀한 나비나 귀중한 조개껍데기 같은 변칙적 형상을 잘 구별해내는 능력이 있다." 어떤 평범한 단어의 맞춤법이 당연히 올바를 것이라는 가정을 무시하려면 연습이 필요한데, 읽을 때 보다 주의를 기울일수록 범상치 않은 나비와 조개껍데기를 더 쉽게 발견할 수 있다.

바로 이 지점에서 교열자와 교정자의 도움이 필요하다. 맞춤법을 확인하고 수정하는 일은 이들의 가장 기본 업무 중 하나다. 교정 교열자라면 맞춤법에 자신이 있어야 하고, 올바르게 표기되었을 거라고 막연히 가정할 게 아니라, 더 이상 확인해야 할 곳은 없는지 꼼꼼히 확인해야 한다. 물론 교열자가 원고 속에 숨어 있는 오탈자를 발견해내야 하는 건 맞지만, 그래도 사람인지라 모든 실수를 잡아내기란 불가능하다. 우리 눈은 게으른 데다가 인간은 기계가 아니기 때문이다. 원고를 보다 보면 지치기도 하고 주의가 산만해지기도 하니 당연히 뭔가를 놓치기도 한다. 그렇기에 글을 더 좋게 만들어야 한다는 부담을 편집자와 저자와 교열자와 교정자가 나눠 가지는 것이다. 덧붙여 기계와 관련해 한마디만 보태자면, 좋은 글을 만드는 데 사람과 펜, 아니 사람과 변경 내용 추적을 대신할 수 있는 건 아무것도 없다는 걸 이 책이 보여주었으면 한다.

오탈자의 새로운 효과

요즘 나오는 거의 모든 신간은 디자이너가 깔끔하게 편집된 워드 파일을 요청받은 레이아웃 스타일대로 쭉 흘려 조판을 진행하는 방식으로 만들어진다. 덕분에 예전에 비하면 오탈자가 훨씬 줄어들었다. 전통 조판 방식이 디지털 방식으로 바뀌며 이 과정에서 새로운 오탈자가 생길 일이 없어진 것이다. 하지만 오래전에 출간된 도서를 재발행해야 할 때는 디지털 파일이 없기 때문에 새롭게 입력 과정을 거쳐야 한다.

최근에 내가 교정을 본 책도 그랬다. 1924년에 처음 출간된 영어 번역본이었는데, 신판을 찍기 위해 기존 텍스트를 새로 조판해야 했다. 어느 단계에서든 오탈자가 적거나 없기를 바라는 것이 모든 관계자의 마음이겠지만, 의외로 담당 교정자는 작업 내내 긴장의 끈을 놓치지 않도록 굵직굵직한 오탈자 몇 개 정도는 간간이 나타나기를 바라기도 한다. 오탈자를 발견해내는 잠시의 보상도 없으면 뭐 하러 발견 집착증에 시달리겠는가? 또 고칠 게 하나도 없다면 교정자가 밥값을 하고 있다는 걸 어떻게 증명하겠는가? 뭔가 발견되지 않는 교정지를 보고 있으면 수면 아래에 위험한 것이 도사리고 있다는 느낌이 든다. 분명 어딘가 오류가 있을 것만 같은 기분. 그런데 대체 **어디**에 있단 말인가!

다행인지 아닌지 내가 교정을 본 책에는 잘못된 줄 바꿈, 통째로 누락된 문장, 오탈자를 비롯해 다양한 오류가 있었다. 텍스트 인식 과정에서 발생한 오류도 있었다. 요즘은 광학식 문자 판독 장치OCR를 활용해 예전 텍스트를 읽어들이는 방식을 많이 사용하는데, 이때 특정 유형의 오류들이 대거 발생한다. 가령 bum이 burn으로, hot이 not으로 바뀌는 식이다. n과 m은 텍스트 인식 과정에서 문제를 일으키는 단골손님이다. 인간과 달리 컴퓨터 스캐너는 문맥을 살필 수 없다는 점을 생각하면 납득이 되기는 한다. 이럴 때마다 맥락을 이해하는 인간의 능력은 살아 있는 눈이 기계의 눈보다 더 낫다는 걸 증명하는 듯하다.

셰익스피어의 『심벨린』에 나오는 이모젠Imogen이라는 공주 이름도 '이노젠Innogen'이 잘못 표기된 걸지 모른다. 셰익스피어는 이노젠이라는 이름을 초기 버전 『헛소동』의 한 캐릭터에게 이미 사용한 적이 있기 때문이다. 게다가 이노젠은 '어린 소녀'를 뜻하는 흔한 켈트식 이름이었던 반면, 이모젠은 셰익스피어가 「심벨린」을 쓰기 전까지는 존재하지도 않았다는 게 그 근거다. 어쩌면 셰익스피어가 일종의 텍스트 인식 오류 결과를 마음에 들어한 걸지도 모르겠다.

오탈자 사냥꾼

글을 더 좋게 만들려면 만반의 준비를 해야 한다. 교열자가 작업을 마쳤다면, 이제는 교정자가 나서야 할 차례다. 교정 작업은 인쇄와 함께 시작된 일로, 교정자는 원래 조판자의 작업물을 확인하는 간단한 업무를 맡았다. 교정지 단계로 넘어가기 전에 원고를 최대한 개선하고 다듬기 위해 저자와 긴밀히 협업하는 교열자와 달리, 교정자는 조판자가 새로운 오류를 만든 건 아닌지 확인하는 일에 주력했다. 그들은 이른바 오탈자 사냥꾼이었다.

내가 출판계에서 처음 일하기 시작했을 때만 해도 조판자들은 출판사가 교열을 마친 원고의 교정지를 전달하면, 그것을 문자 그대로 한 줄 한 줄 읽어가며 텍스트를 입력했다. 그리고 상상할 수 있다시피 이 과정을 거치며 새로운 오류가 생기는 경우가 많았다.[*] 이때 이런 오류들을 찾아내는 인물이 바로 교정자다. 교정자가 교정쇄에 빨간색이나 파란색 펜으로 수정 표시를 하는 오랜 관습도 여기에서 비롯한 것이다. 빨간색 표시는 조판 과정에서 조판자의 실수로 생긴 오류를, 파란색 표시는 교열자나 저자처럼 그 전 단계에서 발생한 오류를 의미했다. 왜 이렇게까지 구분했나 하는 생각이 들 수도 있지만, 빨간색 표시는 조판자에게 비용을 청구할 수 있고 파란색 표시는 그럴 수 없다는 점을 생각하면 이해가 간다.[†]

---

[*] 한 프리랜서 교정자가 내게 제보한 이런 실수는 어떤가? "Get thee behind me, Stan." (이는 마가복음 8장에 나오는 구절인데, '사탄아, 내 뒤로 물러나라'라는 구절의 Satan을 Stan으로 잘못 표기한 것이다—옮긴이)

[†] 인쇄소에서 자체적으로 수정한 부분은 별도로 초록색을 사용했다.

캐런 저드는 『교열: 실용 가이드Copyediting: A Practical Guide』에서 "교정자는 인쇄상의 오류나 실제 오류만 찾을 뿐, 미묘한 세부 사항은 건드리지 않는다"고 말했다. 이런 '미묘한 세부 사항'은 교열 단계에서 수정되었어야 하는 게 맞는데, 그 이유 중 하나는 원고 단계보다 교정지 단계에서 문제를 해결할 때 비용이 더 많이 들기 때문이다. 수잰 길라드의 『초보자를 위한 교열과 교정Copyediting and Proofreading for Dummies』에 나오는 교열자와 교정자의 차이를 빗댄 설명도 마음에 든다. "교열자가 원고를 결함에서 보호하는 문지기라면, 교정자는 입장권에 도장을 찍는 사람이다." 물론 교정자에게 예외적인 태도를 취하는 작가들도 있다. 특히 마크 트웨인이 유명한데, 그는 이런 말을 쓴 적도 있다.

"어제 출판사에서 편지가 왔는데, 인쇄소에서 일하는 교정자가 내 문장부호를 봐주고 있다고 했다. 나는 기도할 시간도 주지 말고 그 사람을 사살하라며 전보를 쳤다."

*

"신은 먼저 바보를 만들었다. 이건 연습용이었다. 이어서 그는 교정자를 만들었다" 역시 마크 트웨인이 한 말이다. 출판 일을 시작하고 내가 제일 먼저 배워야 했던 것 중 하나는 프리랜서 교정자에게 작업을 의뢰하는 일이었다. 그때는 교정자가 어떤 일을 하는지 그저 어렴풋하게만 알던 시기였다. 그래서 그들은 정확히 무엇을 교정한다는 걸까? 먼저 교정자도 원본 대조 교정자와 블라인드 교정자로 나뉜다는 걸 알아두자. 그렇다, 정말 블라인드라고 한다. 앞서 언급한 프리랜서들의 정보가 담긴 인덱스카드에도 이름 옆에 '블라인드'라는 말이 적힌 게 몇 개 있었고, "블라인드를 선호함"이라고 적힌 카드도 있었다. **블라인드**를 선호한다고? 교정자에게? 나도 몰랐던 맹인 교정자 비밀 단체라도 존재하는 것일까? 놀랍게도 실제로 그런 집단이 있기는 하지만 이 맹인이 정말 물리적인 의미의 맹인은 아니다. 여기서 말하는 블라인드란 아무런 사전 정보가 없는 상태, 즉 대조할 원본이 없는 상태에서 교정을 본다는 뜻이다. 반면 원본 대조 교정자는 원본과 대조해가며 교정을 본다.

흥미롭게도 두 유형의 교정자는 똑같은 일을 해도 작업 방식이 달라, 서로 다른 종류의 오류를 잡아낼 때가 많다. 원본 대조 교정자는 조판자가 작업 중에 졸다가 한 단어, 한 줄, 한 단락, 드물게는 한두 페이지를 통째로 빼먹은 건 아닌지 확인하는 데 주력한다. 이들은 교정지와 원본 문장을 하나하나 대조하면서 차이가 있는 부분에 표시를 해둔다. 반면 블라인드 교정자의 작업 방식은 보통 사람들이 책을 읽는 방식과 비슷하다. 오류를 발견하고 의문을 제기할 수 있지만 그게 조판 과정에서 생긴 건지, 교열자가 놓친 건지, 실은 오류가 아니라 저자가 의도한 건지 알 방도가 없다는 점에서 그렇다. 하지만 그래도 상관없다. 블라인드 교정자는 그냥 오류가 있다는 사실을 알려주기만 하면 된다. 요즘은 비용을 절감하기 위해 교정자를 한 명만 쓰는 출판사들이 늘고 있는데, 그러다 보면 오류가 발생할 확률이 높아질 수밖에 없다. 보는 눈이 많을수록 오류가 줄어드는 것도 있지만, 블라인드 교정자와 대조 교정자가 애초에 다른 방식으로 일을 하니 잡아낼 수 있는 것도 더 많기 때문이다.

앞서 인용한 마크 트웨인의 거친 말은 아마 반쯤 농담일 것이다. 어떤 저자는 교정자가 자기 책에 남긴 결과물을 보고 이렇게 말하기도 했으니 말이다.

"30년간 글을 쓰면서 그런 건 처음 봤다. 솔직히 어느 한두 지점에서는 정확한 정보를 찾기 위해 잘 알려지지 않은 자료들까지 모조리 뒤져봤을 것 같다는 생각에 약간 무섭기도 했다. 담당 교정자가 그야말로 모든 걸 확인한 게 틀림없었다. 나름 꼼꼼하게 한다고 했는데도 내가 그렇게 부주의하다는 사실을 깨닫자 겸손한 마음이 들기도 했다."

그렇다. 모든 작가가 교정자를 바보로 생각하는 것은 아니다.

프루스트의 가필 노트

"끝없이 이어지는 작품과 주렁주렁 펼쳐지는 원고." 이 문장은 마르셀 프루스트의 글쓰기 방식에 대한 묘사 중 하나다. 프루스트는 『잃어버린 시간을 찾아서』를 집필할 때 대량으로 구입해둔 저렴한 연습장을 사용했다. 그는 종이 가장자리에 일명 '가필 노트'라 부르는 것을 끼워놓곤 했다. 원하는 대로 아무 데나 끼웠다 뺐다 할 수 있는 낱장 종이였는데, 뭔가를 추가하기도 하고, 샛길로 빠지기도 하고, 정리가 덜 된 생각을 적어두기도 한 프루스트의 가필 노트는 덕지덕지 붙어 교정지에까지 진출했다. "펼쳐지는 원고"라는 말은 사색적인 교열자들이 조용한 출판사 사무실에서 종이에 둘러싸인 채 평화롭게 원고를 읽고 흡수하다가, 중간중간 결정적인 편집에 착수하는 광경을 떠올리게 하는 아름다운 표현이다.

프루스트의 가필 노트

　"뱃사람이 항구를 환영하듯 필경사는 마지막 줄을 환영한다." 중세 시대 어느 수도승이 필사와 교정 작업을 하며 긴 하루를 보내던 중 쓴 말이다. 프루스트의 가필 노트가 아무리 낭만적으로 보인다 한들, 그건 오로지 그만이 이해할 수 있는 지저분하고 다루기 힘든 골칫거리였을 것이다. 필사해야 하는 사람은 첫 페이지 작업을 시작하자마자 마지막 줄이라는 안전한 항구를 오매불망 기다릴 수밖에 없을 것이고 말이다.

　교정자는 원고에 종이를 끼우는 방식을 넘어, 교정지에 어떤 수정을 했는지 제대로 전달할 방법이 필요했다. 그렇게 교정기호는 교정 작업을 하는 모두에게 보편적인 기준을 제공하기 위해 탄생했다. 중세 시대부터 페이지의 여백 공간은 어디에 무슨 단어를 삽입하거나 삭제해야 하는지 알려주는 유용한 협업 공간이었다.

교정자는 찾아낸 모든 오류를 두 번씩 표시한다. 한 번은 본문에, 다른 한 번은 같은 줄의 여백에. 오류가 본문의 정중앙보다 위쪽에 있으면 왼쪽 여백에 표시하고, 아래쪽에 있으면 오른쪽 여백에 표시하는 것이 원칙이다. 조판자가 여백을 훑으면서 재빨리 표시된 부분을 찾고, 텍스트의 덤불 속에서 정확히 어떤 수정을 해야 하는지 알아낼 수 있게 하기 위해서다. 표준 교정기호는 "뚜렷하게 알아볼 수 있어야 하고, 기억하기 쉬워야 하고, 쉽고 빠르게 재현할 수 있어야 한다." 최초의 교정기호 표준안은 1976년에 제정되었고 2005년에 개정되었다. 표준 교정기호는 온라인에서도 쉽게 찾아볼 수 있는데, 이탤릭은 'ital', 스펠링은 'sp'로 표기하는 것처럼 약어와 기호가 뒤섞인 모습을 확인할 수 있다.

실수가 생겨나는 과정

교정자의 역할을 두고 의견이 분분하기는 하지만 철자, 구두점, 문법을 점검하고, 교열자의 교정 교열 표와 출판사의 자체 편집 매뉴얼을 일관되게 지켰는지 확인해야 한다는 것에는 모두가 동의한다. 또 본문에 실린 모든 삽화, 도판, 주석 같은 참고 자료도 교차 확인해야 하며, 교정지의 전반적인 디자인이 일관되게 적용되었는지 확인하는 것도 교정자의 일이다. 엄밀히 말하자면 글의 사실 여부를 확인하거나 고치는 건 교정자의 몫이 아니다. 이건 그전 편집 단계에서 해결해야 하는 일이다. 물론 그렇다고 틀린 게 아닌가 의심되는 무언가를 못 본 척한다거나 누가 봐도 서툰 문장을 개선할 필요가 없다는 이야기는 아니다. 그런 부분을 발견하는 게 교정자의 일은 아니지만 아마 대부분은 뭔가를 발견하고 말 것

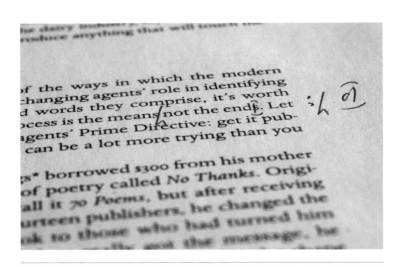

교정지에 쓰인 교정기호들. 삽입과 삭제를 나타내는 기호가 사용되고 있다.
물론 이외에도 수많은 기호가 있다.

이다. 발견 집착증이 원래 그런 거라서 교정자들도 어찌할 도리가
없다.

교정 후에는 저자와 교정자를 비롯한 이해 당사자들이 교정
을 본 교정지를 모두 모아 교열자에게 돌려보내 대조 작업을 요청
한다. 때로는 편집 주임이나 이에 상응하는 사람, 그러니까 바로
나 같은 사람에게 요청하기도 한다. 그러면 누군가가 교정자의 교
정지(이것이 원본 역할을 한다), 저자의 교정지, 편집자의 교정지, 역
자의 교정지, 기타 모든 이해 당사자의 교정지(이해관계에 얽혀 있지
않으면서도 할 말 있는 사람이 이렇게 많을 수 있다는 건 정말 놀라운 일이
다)를 보면서 모든 제안과 수정 사항을 모아 하나의 교정지에 다시
쓴다. 편집 일을 막 시작했을 때는 'collation대조'을 저녁 대신 먹는
간단한 식사로만 알고 있었는데, 교열자에게는 이 단어가 원고 작

업을 하면서 내리거나 내리지 못한, 혹은 설상가상으로 내리긴 했지만 일관되게 적용하지 못한 모든 결정을 글로 대면하는 순간을 의미한다는 걸 차차 알게 되었다. 교열자가 자신의 실수를 직면하는 순간이 온다면 뷔페 음식을 잘못 먹었을 때처럼 아마 꽤나 소화하기 힘들 것이다.

막상 편집 작업을 여기까지 마쳤다 해도 오히려 그 뒤에 실수를 저지르거나 오탈자를 놓칠 가능성이 높다. 때문에 사실상 위험에 가장 취약한 단계이므로 바짝 경계해야 한다. 여기에는 몇 가지 이유가 있다. 우선 이쯤 오면 대부분의 작업이 시간의 압박 속에서 행해진다.[*] 저자, 편집부, 그리고 당연하게도 조판자까지 압박감을 느낀다. 또 이 단계에 이르면 조판자는 보기 좋고 깔끔한 전자 텍스트를 가지고 작업하는 것이 아니라, 교정자가 손으로 표시하고 교열자나 대조 담당자가 추가해 넣은 수정 사항을 해독해가며 작업해야 한다. 관계자 모두가 아무리 신중하고 정확하게 표기하려 애쓴다 해도 조판자는 교정지에 담긴 흔적을 판독하는 영웅적인 일을 해야 하는 셈이다. 모두가 최선을 다했음에도 조판자에게

---

[*] 교정지에 '일괄 변경'이라는 말이 써 있다면, 이는 교정지 전체에 수정 사항을 일일이 적용해달라는 뜻이다. 사실 이렇게 쓰면 교정자 입장에서는 매우 편리하다. 교열 단계에서 실수를 발견했거나 어떤 단어를 다른 것으로 통일하기로 결정했다면, 수정 사항을 하나하나 표시하는 대신 이 말 하나만 쓰면 되니 말이다. 그러면 조판자가 해당 부분을 자동으로 찾아 바꿔준다. 대신 이 방식은 아주 가끔씩 문제를 일으키곤 하는데, 동료 B가 들려준 한 이야기가 여기 해당한다. B는 교정 작업을 하다가 'pants 바지'를 같은 뜻인 'trousers'로 일괄 변경하겠다 결정했다고 한다. 그런데 조판자가 이 지침을 너무 충실히 반영한 나머지, 본문에 나오는 모든 'participants 참여자'가 'particitrousers'로 바뀌었다고 한다.

넘어간 결과물이 엉망진창일 때도 있다. 어찌어찌 마침내 조판자가 반영을 완료하면, 이 수정된 재교지를 다시 한번 점검한 뒤 저자(한동안 뜸했던 이들을 기억하는가)의 승인을 받아야 한다.

현재 대부분의 대형 출판사는 영국 외 지역, 주로 인도에 기반을 둔 조판업자를 고용 중이라 언어 장벽이 있다. 교정기호는 만국 공용이기 때문에 별 상관이 없지만, 손 글씨를 해독하는 일은 문제가 될 수 있다. 나는 글씨를 정말 못 쓰는 편인데, 아무리 또박또박 쓰려고 최선을 다해도 800쪽에 달하는 책에 수백 개가 넘는 수정 사항을 손으로 표기하다 보면 어느새인가 휘갈겨 쓰고 있는 나를 발견한다. 조판자는 그런 악필을 읽어내야 하는데, 그러다 보면 이 단계에서 오류가 발생할 확률이 훨씬 높아질 수밖에 없다. 설상가상으로 각 단계를 거치면서 텍스트를 보는 사람은 점점 줄어든다. 보통 처음에는 교열자와 저자가 함께 작업하고, 다시 저자가 보고, 그다음에는 교정자가 보고, 후에 교열자나 편집 주임이 확인하는 수순을 밟는다. 하지만 최종 단계에 이르면 시계가 똑딱거리는 가운데 마지막 교정지를 볼 사람은 한 사람밖에 남지 않는다(그렇다. 주로 나다). 이런 이유로도 종종 최종 인쇄물에서 오류가 발견된다. 이 단계에서는 실수를 저질러도 알아차릴 사람이 없다. 그러니 혹시 나중에 책을 읽다가 명백한 실수를 발견하더라도 이런 사정이 있었겠거니 하고 감안해주면 좋겠다.

그럼에도 수많은 교정지는 좋은 글이 만들어지는 과정을 보여주는 궁극의 물리적 기록이라는 점에서 무척 멋지다. 날것의 원고가 깔끔하게 편집되어 조판을 앞둔 텍스트, 교정지, 재교지로 점차 진화하고, 결국 한 권의 책이 되는 과정을 지켜보는 건 굉장한 만족감을 준다. 저자의 원래 글을 가져다가 체에 거르는 것과 비슷하달까. 각 단계를 거칠 때마다 글은 더 정교해지고 좋아져서 결국에는 좋은 글, 즉 맞춤법이 올바르고, 의미가 살아 있고, 저자가 하려는 말이 정확히 전달된 글만이 남게 된다.

낙원의 저편

스콧 버그에게 "전 시대에 걸쳐 펼쳐진 현수막 같다"는 평을, 문학평론가 에드먼드 윌슨에게서 "지금까지 출간된 유의미한 책 중 가장 무식한 책 중 하나"라는 평을 들은 피츠제럴드의 『낙원의 이편』 초판본은 헌사 페이지* 부터 오류들로 가득 차 있다. 피츠제럴드는 맞춤법에 서툰 것으로 유명했다. 매슈 J. 브루콜리는 「피츠제럴드의 『낙원의 이편』 대조A Collation of F. Scott Fitzgerald's This Side of Paradise」에 다음과 같은 말을 남기기도 했다.

스콧 피츠제럴드가 문법과 맞춤법에 서툴다는 말은 많았지만, 『낙원의 이편』은 그중에서도 오류가 가장 심각하게 드러난 책으로 꼽힌다. 프린스턴대 재학 시절 공부를 등한시하고 두서없이vagarious† 책을 읽어댄 결과, 그는 부분적으로만 교육을 받은 젊은 작가가 되었다. 영어를 이해하는 감각은 더할 나위 없이 훌륭했지만 철자법 실력은 늘 형편없었다.

---

* 원래 초판본 헌사였던 "To Sigorney Fay"는 나중에 "Sigourney Fay"로 수정되었다.
† 나는 이 단어를 사전에서 찾아봐야 했다. 콜린스 온라인 사전에 따르면 이 단어는 희귀 단어로, 불규칙하거나 엉뚱하거나 종잡을 수 없는 상태를 뜻한다.

1920년 여름,《뉴욕 트리뷴》의 칼럼니스트 프랭클린 P. 애덤스는『낙원의 이편』에서 실수를 발견하며 노는 게임을 만들기에 이른다. "초판은 변명의 여지없이 조잡한 결과물이었고 … 여기에 대한 비난은 저자와 출판사 둘 다 감수해야 한다"는 이야기와 함께 말이다.

『낙원의 이편』이후 5년 만에 출간된『위대한 개츠비』역시 상태는 비슷했지만, 전과 달리 부당하게 맞춤법과 오탈자를 지적받은 감이 있었다. 문제는 표지에서부터 발생했는데, 프랜시스 쿠가트가 디자인한 그 유명한 초판 커버(296쪽 참조)에 개츠비의 J가 소문자 j로 표기되어 배본 전에 수작업으로 일일이 수정해야 했다. 초판 1쇄에 실린 이 오탈자 커버는 훗날 "20세기 서적 수집가들에게 가장 비싸게 팔릴 한 장의 종이(어느 서적상의 말)"가 되었고, 덕분에 초판본의 가치는 네 자리 수에서 여섯 자리 수로 수직 상승했다. 실수란 그런 것이다. 좋은 글을 만드는 데 기여는 못할지라도 어떤 상황에서는 확실히 가치를 더하기도 한다. 이처럼 무엇이 더 좋다고 판단하는지에 따라 오탈자는 **좋은 것**이 되기도 한다.

『위대한 개츠비』초판본 205쪽에는 마이어 울프심의 비서가 닉 캐러웨이에게 젊은 남자들이 제멋대로 사무실에 들어오는 것에 "진저머리가 난다sick in tired"(sick and tired의 오탈자—옮긴이)고 말하는 대목이 나온다. 이런 오탈자는 발견하기 까다로운 축에 속한다. 이 책에서 발견된 실질적인 오류는 총 다섯 개인데, 5만 개가 넘는 단어 수를 생각하면 상당히 양호한 편이라고 할 수 있다. 피츠제럴드가 철자법에 서툴다는 인식을 초창기부터 너무 강하게 심어준 바람에 나중에 쓴 오류가 많지 않은 책조차 덩달아 매도당한 걸까? 하지만 궁극적으로, 서툰 맞춤법은 그가 상업적 성공과 문학적 성공을 거두는 데 전혀 지장을 주지 않았다. 그의 영어를 이해하는 감각과 스토리텔링 능력이 부족한 맞춤법 실력을 만회했기 때문이다.

오탈자는 군데군데 도사리며 눈에 띌 기회를 엿보지만, 독자가 자신이 읽고 있는 것의 약점이 아닌 강점을 인정한다면 그런 건 별로 중요하지 않을지도 모른다. 메리 노리스는 『뉴욕은 교열 중』 제사題詞에 이런 문장을 인용했다.

"남의 오류를 바로잡을 때는 부디 친절을 베풀기를. 후대의 작가들이 당신의 오류를 바로잡을 때도 그렇게 친절하기를 바라는 마음으로."

억압의 노른자

프리랜서 교열자나 교정자를 아무나 붙잡고 출판계에서 일하는 동안 접한 최고의 오탈자가 무엇이었는지 물어보면, 틀림없이 보석 같은 사례들을 알려줄 것이다. 이상하게 들릴지도 모르겠지만, 어떤 면에서는 오탈자가 세상에 나가 독자들을 만나기도 전에 발견돼 편집이나 교정 단계에서 수정되는 것이 비극이기도 하다. 물론 저자는 동의하지 않겠지만 말이다. 맞춤법이 잘못된 단어가 야기하는 불운과 유머는 종이 한 장 차이인데, 당사자가 글을 쓴 사람인지 읽는 사람인지에 따라 달라질 때가 많다.

이 책을 쓰면서 내가 제보받은 오탈자 중 가장 흥미로운 사례를 몇 개 꼽아보자면 '벌어진 심연yawning abyss'이 '하품하는 수녀원장yawning abbess'으로 둔갑한 것과, '무솔리니의 노른자 아래under the yolk of Moussolini'(이때 yolk는 멍에를 뜻하는 yoke의 오탈자다—옮긴이)가 포함될 것이다. 이때 이 두 쌍의 단어는 동음이의어가 아니다. 참고로 row 열 와 row 젓다, lead 납 와 lead 이끌다 처럼 철자는 같지만 뜻이 다른 단어는 동형이의어라고 하며, 동음동형어는 동음이의어와 동형이의어를 포괄하는 개념이다.

어렸을 때 나는 한동안 homonyms 동음동형어 와 homophones 동음이의어 와 조너선 스위프트의 『걸리버 여행기』에 나오는 가상의 고지능 말 종족 Houyhnhnms를 혼동하곤 했다. 『걸리버 여행기』는 담당 교정자에게 악몽 같은 책이었을 것이다. 럭낵, 글럽덥드립, 스트럴드브러그, 발니바르비 같은 해괴한 단어들이 무수히 등장했으니 말이다. 예전에 나도 로마 황제 엘라가발루스에 대한 글을 교열한 적이 있는데, 철자 때문에 그렇게 고생한 적은 그때가 처음이자 마지막이었던 것 같다. 덧붙이자면 영국 역사가 에드워드 기번은 엘라가발루스를 "참을 수 없는 분노와 저속하기 그지없는 쾌락에 몸을 맡긴 자"라고 평했다. 엘라가발루스는 조티쿠스라는 **남성**과 공식 결혼식을 올렸다고 전해진다. 당시로서는, 좀 순화해서 말하자면 상당히 이례적인 일이었다. 하지만 안타깝게도 그는 자신의 할머니가 꾸민 음모에 빠져 암살당했다.

이 책을 읽는 독자 여러분의 교정 본능이 어느 정도인지는 모르겠지만, "무솔리니의 노른자 아래"를 무솔리니 스타일로 요리한 달걀노른자가 어떤 모양일지 상상하지 않고 읽어보기를 권한다.*
남극종단산맥 저 높은 곳에 위치한 외딴 빙하에서 졸린 수녀원장을 마주치면 어떨지 상상하는 것도 금지다.

나는 그동안 긴 호흡의 진지한 논픽션 책을 주로 작업해왔다. 작업을 하다 보면 한 사람의 이름을 계속해서 마주치게 되는데, 바로 아돌프 히틀러다.[†] 나는 히틀러를 본격적으로 다룬 책을 작업한 적도 있고, 20세기를 다룬 다른 책 작업을 하다가 특별 출연한 그를 만난 적도 있다. 유럽의 역사를 생각하면 납득이 가는 일이긴 하다. 그리고 어느 순간부터는 그의 책을 작업할 때마다 일종의 패턴이 반복된다는 걸 깨달았다. 가제본이 나오면 그로부터 6주간은 히틀러Hitler가 '힐터Hilter'로 잘못 표기된 부분을 찾아내느라 늘 여념이 없었기 때문이다.

그간 작업해온 대부분의 히틀러 책을 기획한 편집자는 종종 묻곤 한다. 그놈의 '힐터'가 안 들어간 히틀러 책을 펴내는 건 불가능하냐고. 하지만 800쪽 분량의 히틀러 책을 편집하다 보면 자판을 살짝 잘못 누르는 일로도 오탈자가 생길 수밖에 없다. 전문 용

---

[*] 캐런 하퍼의 『여왕의 가정교사The Queen's Governess』에 나오는 다음 구절도 봐주기를 바란다. "새벽녘의 희미한 빛을 받으며 나는 어젯밤 존의 품에 안겨 만두wonton처럼 벗어버린 가운을 잡아당겼다." (여기서 wonton은 탕녀를 뜻하는 wanton의 오탈자다—옮긴이) 맛있는 만두.

[†] 히틀러도 자기 글을 더 좋게 만드는 데 관심이 많았다. 『나의 투쟁』의 원래 제목은 '거짓과 어리석음, 비겁함에 맞선 4년 반(의 투쟁)'이었다고 한다. 이렇듯 많은 작품이 원래 작가가 생각한 제목과 다른 이름을 달고 세상에 나온다. 과연 어떤 것들이 있을까? 궁금하다면 다음 제목들이 무엇의 원제였는지 맞춰보자. '대법관청에 들어갔다가 다시는 나오지 못한 톰 올 얼론의 공장' '끝이 좋으면 다좋은 법' '죽지 않는 자' '의무감' '무언' '블랑시의 달나라 의자' '유럽의 마지막 남자' '라레접' '내 다리를 먹고 있는 저건 뭐지?' '포크스'. 정답은 이 장의 마지막 꼭지가 실린 207쪽에 수록해두겠다.

어로 '팻 핑거fat-finger'라 하는데, 쿼티 자판을 사용해본 사람이라면 어떤 느낌인지 알 것이다. 방금도 치면서 Hitler와 Hilter를 입력해봤는데, 자판 위를 움직이는 손가락의 느낌이 둘 다 지극히 자연스럽게 느껴졌다. Hilter를 쳐도 잘못되었다는 느낌이 뇌brain[*]로 접수조차 되지 않았다는 이야기다. 다른 단어는 오타를 쳤을 때 본능적으로 뇌에서 뭔가를 접수할 때가 많은데 말이다. 어찌 되었든 Hitler와 Hilter는 둘 다 글자 수도 같은 데다 자판 위치도 오묘하게 헷갈려서 떼려야 뗄 수 없는 관계가 되어버렸다. 힐터 오류가 자꾸만 생기는 이유는 저지르기는 쉬운 반면, 노련한 편집자의 눈조차 피해갈 정도로 발견되기는 어렵기 때문인 것 같다. itl과 ilt는 서로 분간이 거의 안 될 만큼 비슷해 보인다.

물론 히틀러에게 가할 수 있는 모든 비판 중, 오탈자를 잘 일으킨다는 비난은 비교적 양호한 편에 속할 것이다. 이제는 나도 PDF 파일에서 검색 기능을 사용해 숨어 있는 힐터를 제거하고 있지만,[†] 페르시아 양탄자 장인들이 양탄자에 일부러 흠을 남기기도 하는 것처럼[‡] 책에서 가끔씩 힐터를 만나는 것도 나쁘지만은 않을 것 같다는 생각이 든다. 모든 편집자는 사람이기에 오탈자를 남길 수도, 발견할 수도 있다는 것을 상기시켜 준다는 점에서 말이다.

---

[*]   동료 루스가 이 책 교정을 보며 상기시켜준 것처럼, brain에 관한 책을 출판할 때는 'brian' 같은 오탈자가 없는지 반드시 확인해야 한다. 그렇다… 내게도 생긴 일이라서 하는 말이다.

[†]   나는 이 과정을 '힐터 필터Hilter Filter 설정하기'라 부르곤 하는데, 독일 니더작센주에 위치한 힐터 마을은 반대로 '히틀러 피틀러Hitler Fitler'를 설정해야 하지 않을까 싶다.

원자폭탄 오탈자

역사적으로 우리는 제2차 세계대전 이후 원자폭탄의 시대가 도래한 것을 알고 있다. 오탈자도 마찬가지다. 힐터 다음에 온 것은 unclear 불명확한, 아니 nuclear 핵의 시대였다. nuclear를 unclear로 잘못 표기한 것은 Hitler와 Hilter처럼 단어의 두 글자를 서로 바꿔 쓰는 교차 오류이자 원자폭탄급 오탈자이기도 하다. 여기에 원자폭탄이라는 말이 붙은 이유는 아주 작은 실수가 엄청난 차이를 초래해서다. pubic 치골의 과 public 공공의, dairy 유제품 와 diary 일기, fight 싸우다 와 eight 여덟 이 그렇다. 이런 오탈자는 문장의 전체 의미를 바꿔 혼란을 야기할 뿐만 아니라, 맞춤법 검사기에도 잡히지 않아 난감하다. 문맥에 맞지 않게 잘못 쓰였는데도 그 자체로서는 완벽하게 유효한 단어이기 때문이다.

원자폭탄 오탈자의 부산물

1962년 미국은 네바다 지하 얕은 층에서 핵실험을 실시했다. 공식적으로 '스토락스 세단'이라 알려진 이 실험은 미국에서 가장 큰 인공 분화구를 생성했고, 두 가지 결과를 초래했다. 하나는 '플로우셰어 작전'이라 불린 일련의 핵실험이 실시되는 동안 방출된 전체 방사선의 약 7퍼센트가 미국 인구에 영향을 미쳤다는 것이고, 또 하나는 이 때문에 2005년 수단과의 외교 분쟁이 일어났다

---

‡　이슬람교 신자들은 오직 알라만이 완벽한 것을 만들 수 있으므로 완벽한 양탄자를 짜는 건 신에 반하는 행위라 믿는다. 아직까지 오류 때문에 화가 난 저자를 진정시키기 위해 이런 논리를 사용해본 적은 없지만, 언젠가는 사용하게 될지도 모르겠다.

는 것이다.

2005년 3월 11일 BBC의 한 기사에는 이런 헤드라인이 달렸다. "핵 공포를 야기한 오타." 기사는 다음과 같이 이어졌다. "수단 정부는 미국이 수단에서 핵실험을 실시했다는 정보를 금주 미국 의회 웹 사이트에서 접하고 엄청난 충격에 빠졌다." 하지만 알고 보니 실제로 일어난 일은 별게 아니었다. 민주당 소속 캘리포니아주 하원 의원 엘런 타우셔가 과도한 방사선 낙진을 초래한 핵실험의 한 사례로 세단 폭발을 인용했는데, '세단Sedan'이라는 이름이 의회 의사록에 '수단Sudan'으로 잘못 표기된 것이다. 수단의 외무부 장관은 지금까지 알려지지 않았던 자국 내 핵실험 소식에 너무 놀라 수도인 하르툼에서 미국 측 관계자들을 만나 문제를 제기했다. 외무부 장관은 이것이 단순히 오타로 인해 빚어진 오해라는 것을 알고 "매우 안심했다"고 말하면서도 "이 문제의 진상을 제대로 파악할 때까지 조사를 계속하겠다"고 말했다. 여러모로 원자폭탄이라는 이름값을 톡톡히 한 오탈자다.

혼돈의 맞춤법

미국식 영어와 영국식 영어의 철자 차이는 두 대륙이 단어와 언어를 공유하는 문제의 시작일 뿐이다. 두 나라의 문법, 철자, 어휘 차이는 여러 논쟁을 유발하고, 때로는 의도와 상관없이 예기치 않은 결과를 초래하기도 한다. 2003년《옵서버》국제부에서 보조 업무를 하던 니콜 모브레이는 프린트한 이메일 한 통을 타이핑해 달라는 요청을 받았다. 그가 받은 유일한 지침은 실수하면 안 된다는 것뿐이었다. 하지만 2019년 인터뷰에서 모브레이는 그 후 벌어진 일에 대해 설명했다.

"제가 메모를 열심히 타이핑하긴 했지만 그 문서의 정체나 출처는 전혀 몰랐어요. 그래서 미국식 철자로 표기된 실수가 있다면 전부 영국식으로 바꿔야 한다고 생각했고요. 예를 들어 recognize는 recognise로, emphasize는 emphasise로, favorable은 favourable로요. 저는 나름 도움이 되려고 한 일인데, 알고 보니 일을 망치고 있었던 거죠."

알고 보니 모브레이가 타이핑한 것은 유출된 미국 측 메모 사본이었던 것이다. 《옵서버》는 2003년 3월 2일에 "이라크 전쟁 찬성표를 얻기 위한 미국의 더러운 속임수가 드러나다"라는 헤드라인을 달고 이 사건을 기사화했다. 모브레이가 타이핑한 메모는 1면 헤드라인 바로 밑에 실렸다. 하지만 미국식 철자를 전부 영국식으로 수정한 탓에 즉각 출처에 의혹이 제기되었다. 모브레이는 다음과 같이 말했다.

"문서가 위조되었을지도 모른다고 생각한 사람들이 동요를 일으켰어요. 메모의 진위 의혹이 불거지자 《옵서버》의 기사를 보도하기로 했던 일부 매체는 인터뷰를 취소하기도 했고요. 저희는 쏟아지는 독자들의 항의에 대응하기 위해 긴급 특보를 발행해야 했죠. 특히 미국 독자들은 저희를 보고 '거짓말쟁이 영국놈들'이라면서 거세게 항의했어요. 기사를 쓴 기자는 사기를 당한 거고, 이메일은 역정보 작전의 일부였다고 주장하면서요."

이 일화는 영화 〈오피셜 시크릿〉에도 나온다. 하지만 모브레이에게 주어졌던 일만을 따지고 보면 그가 저지른 실수는 오직 단 하나뿐이었다.

나는 organize 조직하다 나 realize 깨닫다 같은 단어에 -ize를 사용하는 표기 스타일에 익숙해서 교정을 볼 때도 이 원칙을 자주 적용한다. 덕분에 -ize는 **미국식**이니 **틀렸다**는 이야기를 셀 수 없을 만큼 많이 들었지만,* 사실 영국은 15세기부터 -ize 철자를 사용해왔다. 17세기에 영국에서 미국으로 건너간 최초의 정착민들이 배에 개, 양, 염소, 가금류와 함께 -ize를 신고 갔을 거라는 이야기다. 그들이 미국에서도 같은 방식을 고수한 탓에 오늘날 사람들은 -ize를 미국식이라고 생각하게 되었다.

organize나 realize 같은 단어들의 -ize 어미는 그리스어 접미사 -izo의 직접적인 영향을 받은 반면, -ise 어미는 프랑스어 접미사 -iser에서 유래하여 거의 한 세기가 지나서야 사용되었다. 영국 국왕 제임스 1세가 직접 주도한 영어 성경인 '킹 제임스 성서'와 셰익스피어 작품을 보면 시종일관 -ize가 사용된 모습을 볼 수 있다. 옥스퍼드대학교 출판사와 『옥스퍼드 영어 사전Oxford English Dictionary』이 이 방식을 고수해서인지 이른바 옥스퍼드 철자법†이라 불리기도 하지만, 무엇이 맞고 틀린지 혼란이 지속되는 것도 놀라운 일은 아니다. 사실 장소와 대상에 따라 입장은 달라질 수밖

---

* 『영토 방어: MI5의 공인된 역사The Defence of the Realm: The Authorized History of MI5』가 출간되었을 때, Authorized에 -ize가 사용된 것을 두고 한바탕 논쟁이 벌어졌다. MI5의 웹 사이트를 보면 이 책을 언급할 때 늘 -ise를 사용하기 때문이다. 결국 미국판 제목은 『영토를 방어하다Defend the Realm』로 바뀌었는데, defence(영국식)냐 defense(미국식)냐를 두고 또다시 논란이 생기는 일을 방지하려는 의도가 아니었을까 싶다. 정말 난장판이 아닐 수 없다.

† 사실 옥스퍼드 측은 그리스어 -izo 접미사에서 유래하지 않은 단어에 -ize를 사용하지 않는다. 그래서 analyse, prise, chastise 같은 단어가 있는 것이다.

에 없다. 나토, 세계보건기구, 유네스코, 유엔, 『브리태니커 백과사전』, 케임브리지대학교 출판사, 《네이처》를 비롯한 여러 곳이 옥스퍼드 철자법을 사용하지만 대부분의 영국 신문이 −ise를 사용하는 것처럼 말이다. 이건 아마도 −ize가 미국식 표기라는 통념을 감안해 독자의 기대를 반영한 조치일 것이다. 《타임스》는 −ize를 사용하다 1992년부터 −ise를 사용하기 시작했다. 당연히 일부 독자들은 그 이유를 궁금해했고, 당시 수석 수정 편집자였던 리처드 딕슨은 한 독자의 질문에 다음과 같은 답변을 적어 지면에 실었다.

Q. 최근에 《타임스》를 집었다가 특정 동사들이 뜻밖의 철자로 표기된 것을 봤습니다. 『옥스퍼드 영어 사전』은 colonize나 modernize 같은 단어들에 z를 쓰지만 《타임스》는 colonise와 modernise로 표기하던데, 언제부터 철자를 바꿔 쓰게 된 건가요? 그리고 그 이유는 뭔가요?

A. −ize 대 −ise 대논쟁에서 《타임스》는 지식보다는 단순함의 원리를 중시해 후자를 선택했습니다. … 원래 적용했던 원칙은 어원적으로 고대 그리스어에서 유래했고, 접미사 제타zeta가 붙은 동사에 −ize를 붙인다는 것이었죠. 하지만 1992년 개정안에 다음 항목이 등장했습니다.

−se, −isation: 거의 모든 경우에 z를 멀리하라. 이 문제는 관용 어법이 고전 어원학의 지각을 뒤흔드는 화산 지대와도 같다. 그리스어 제타에 뿌리를 둔 어미는 라틴어 어미와 관용 어법에 맞는 수정이 필요하다(예시: apologise, organise, emphasise, televise, circumcise). 진짜 어색한 유일한 단어는 capsize인데, 이 단어는 그리스식으로 내버려둬야 한다.

불안정하게 꿈틀대며 우리 발밑에서 언제든 폭발할 준비를 하고 있다는 점에서 '화산 지대'라는 표현은 -ize와 -ise 논쟁을 탁월하게 설명하는 듯하다.

현지화된 텍스트

1906년, H.W. 파울러와 F.G. 파울러는 영어 용법과 문법에 관한 공저 『왕의 영어The King's English』에 다음과 같이 썼다. "영국과 미국의 언어와 문학은 둘 다 훌륭하지만, 섞여 있을 때보다 떨어져 있을 때 더 좋다." 그리고 1997년, 킹슬리 에이미스는 자기만의 방식으로 새롭게 집필한 『왕의 영어』를 출간했다. 이 책의 색인 중 미국식 영어 항목에는 억양, 억양법, 철자, 발음, 현수 분사, 가정법, 독일어 표현, 편지 쓰는 법, 장모음과 단모음을 비롯해 alternate world 대안 세계, -athon 장시간 특정 행위를 계속하는 이벤트, bath 목욕, billion 10억, convince 설득하다, elevator 엘리베이터, gorged-snake 먹이를 삼킨 뱀, construction *, kids 아이들, penultimate 끝에서 두 번째의, shall과 will, should와 would, show me a good loser 질 때 지더라도 잘 싸워라, specialty 장기, suckling pig 젖먹이 돼지†, too 너무 ~한 같은 단어가 있었다. 이 하위 항목들이 미국식 영어와 영국식 영어가 얼마나 다양한 측면에서 큰 차이가 있는지 보여주었기를 바란다. 적어도 에이미스는 그런 점을 잘 찾은 것 같다.

이는 텍스트를 영국화하는 관행과도 이어진다. 상당히 최근까지도 영국의 많은 출판사가 미국판 도서를 출간하기 전에 글을 영국식 표현법에 맞게 고치는 과정을 거쳤다. 세계가 이렇게 긴밀하게 연결되기 전에는 독자들이 익숙하지 않은 어휘 때문에 힘들지 않도록 글을 영국식으로 바꾸는 게 좋다고 생각했던 것이다. 영국의 독자들이 drugstores 약국, pacifiers 고무 젖꼭지, cookies 쿠키, apartments 아파트, vacations 휴가 같은 단어를 제대로 이해할 수 있을까? diapers 기저귀, freeways 고속도로, zip codes 우편번호, railroads 철도도 마찬가지고 말이다. 하지만 그렇다고 무조건 영국식으로 바꾸는 게 과연 맞는 방법일까? 미국인 저자가 선택한 특정 단어를 영국식으로 바꾸는 것이 과연 옳은 일일까? 의미나 효과에 영향을 미치지 않으면서 어떠한 단어를 다른 것으로 대체하는 게 정말 가능할까? 이런 일은 정도를 지키기가 무척 어려운 법이다.

글을 영국식으로 고치려면 시간과 돈이 든다. 예전에는 많은 출판사가 영국판으로 나오는 모든 출판물을 영국화하려 했지만,

---

*   에이미스에 따르면 'construction'은 한 기사 안에 서로 다른 사실들을 엮어 넣는 언론 수법을 미국식 명칭으로 표현한 것이다. 그가 지어낸 예시는 이러하다. "스물여섯 살 브리턴 크리스 맨키위츠는 다음 달 예정된 루리타니아와의 경기에서 영국 축구팀을 이끌 주장으로 지명되었다. 두 아이를 둔 바르샤바 태생의 이 선수는 최근 재건축된 시가 약 2억 5000만 원 상당의 템퍼드 소재 자택에서 '저는 금발의 매력적인 스물네 살 아내 서맨사와 이 소식을 듣고 무척 행복해하고 있습니다'라고 말했다."

†   에이미스에 따르면 "아직 젖을 떼지 않은 새끼 돼지를 이르는 통상적 명칭"은 'sucking pig'다. 그는 suckling pig라는 대체어가 미국식 표현이라 말하며 다음 지적을 덧붙였다. "sucking을 suckling으로 바꾼다고 얼마나 순화 효과가 있겠느냐 생각할 수도 있지만 티끌 모아 태산이라고 했다. 옛날 여성들이 소변을 보러 가면서 바다에 물 주러 간다고 말했던 것처럼 말이다."

요즘에는 거의 그러지 않는 추세다. 많은 독자가 흔히 사용하는 변종 단어들에 훨씬 더 많이 노출되었기 때문이다. 실제로 인터넷과 세계화 덕분에 미국식 영어를 비롯해 다른 외국어에 당황할 일이 훨씬 줄어들기도 했다.

스릴이냐 드릴이냐

1947년 조지 오웰은 『1984』를 썼다.* 그의 원고 노트, 일기, 편지, 사진 등을 보관 중인 유니버시티 칼리지 런던에 따르면, 오웰은 "아주 적은 양의 사적인 문서만 남겼고, 특히 원고는 거의 남기지 않았다." 실제로 어떤 형태로든 살아남은 그의 원고는 절반도 안 되는 분량의 『1984』가 유일하다. 1984년에 세커앤드와버그 출판사가 『1984: 남아 있는 원고의 영인판Nineteen Eighty-Four: The Facsimile of the Extant Manuscript』을 출간했을 때도 최종본의 40퍼센트 정도에 해당하는 원고만 복제할 수 있었을 뿐이다. 내가 이런 사정을 알게 된 건 업계 사람들 사이에서 악명 높은 전설로 전해지

---

* 내가 가장 좋아하는 오웰의 소설은 『엽란을 날려라』인데, 이 소설에는 문학사상 최고의 숙취 장면이 묘사되어 있다. 바로 주인공 고든 콤스톡이 방탕한 밤을 보내고 경찰서 유치장에서 깨어나는 장면이다. "고든은 도서관의 책들이 전부 잘못된 순서로 꽂혀 있는 꿈에 한참 시달리다가 마침내 잠에서 깨어났다. … 몸을 움직일 때마다 느껴지는 경미한 통증 외에도 어딘지 알 수 없는 곳에서 전해지는 둔탁한 통증이 온몸을 휘감은 듯했다." 두 번째로 뛰어난 숙취 묘사는 킹슬리 에이미스의 『럭키 짐』에 등장한다. "그의 입은 작은 야행성 생물들의 변소로, 나중에는 무덤으로 사용되었다. 어떻게 된 일인지는 몰라도 밤새 들판을 달리다가 비밀 경찰에게 흠씬 두들겨 맞기까지 했다. 그는 기분이 좋지 않았다." 이 마지막 문장의 효율성은 좋은 글이 어떻게 만들어지는지를 보여주는 완벽한 예다.

는 오탈자의 흔적을 발견할 수 있을지도 모른다는 희망에, 그 책을 한 권 구해보려 애쓴 적이 있기 때문이다. 하지만 현재 이 영인판은 한 권에 16만 원 정도로 팔리고 있으니, 이 책이 베스트셀러가 될 때까지 구매는 미루어야 할 것 같다.

문제의 오탈자는 책 거의 끝부분에 이르러 등장한다. 윈스턴 스미스가 "적막한 15시"에 체스트넛 트리 카페에 들어와 앉는다. 여기까지는 오웰의 평소 스타일대로 모든 단어가 더욱더 좋고(doubleplusgood. 『1984』에 사용된 신조어―옮긴이) 있어야 할 자리에 정확하게 사용된다. 하지만 다음 대목에 이르면 이런 문장이 등장한다.

"날카로운 나팔 소리가 정적을 깨뜨렸다. 공보였다! 승리! 공보 전에 나팔 소리가 나오는 것은 늘 승리를 의미했다. 전기 드릴(drill. thrill의 오탈자―옮긴이)이 카페 안으로 퍼져나갔다. 웨이터들조차 흠칫 놀라며 귀를 쫑긋 세웠다."

내 책장에는 서로 다른 네 종의 『1984』가 꽂혀 있지만, 어떤 것에서도 이 오탈자를 찾아볼 수 없다. 오탈자가 있어야 할 대목을 마주칠 때마다 나도 모르게 표정죄(facecrime. 『1984』 속 세계에서는 못마땅한 표정을 지으면 표정죄 혐의로 처벌받을 수 있다―옮긴이)를 저지르게 된다. 작품 속 윈스턴 스미스도 빅 브라더와 당의 방침에 따라 《타임스》 기사를 수정하고 다시 쓰는 일을 하기는 했지만, 나는 이 오탈자가 어느 시점엔가 부지런한 편집자의 눈에 띄어 수정된 것이 못내 안타깝다.

최악의 대비책, 정오표

"우리는 오류에 책임이 있는 사람이 오류를 발견하면 어떤 기분일지 너무 잘 알면서도, 그를 동정하는 동시에 비웃는다." 이는 마틴 토슬랜드가 『스테로이드가 지구를 강타하다A Steroid Hit the Earth』 서문에서 한 말이다.[*] 내 경험에 의하면 상황은 이보다 더 나쁘다. 보통 실수를 발견한 사람은 **내**가 아니라 기획 편집자, 저자, 동료, 평론가, 마음씨 좋은 친구, 목소리 큰 인터넷 블로거, 화가 잔뜩 난 독자 중 한 명일 가능성이 높기 때문이다. 내가 먼저 발견했더라면 애초에 이런 일이 없었을 텐데 말이다. 나와 일해본 사람은 대부분 알고 있겠지만, 나는 내가 작업한 책의 가제본이 나오면 한동안 그것을 보지 못하는 습관이 있다. 일단은 원고 더미 밑에 묵혀놓았다가 아무도 무언가를 지적하지 않으면 그제서야 가제본을 펼쳐 들여다보고는 한다.

나처럼 출판계에서 오래 일하다 보면 적어도 한 번쯤은 중대한 실수를 마주하게 된다. 심지어 어떤 건 내 승인을 거친 것이다. 그렇다면 교열자와 오탈자 사냥꾼의 힘을 빌렸음에도 최악의 일이 일어나 실수를 놓쳐버렸을 때는 어떻게 해야 할까? 우선 잘못된 단어를 바로잡으려는 시도로, 정오표를 만들 수 있다. 정오표가 사용된 초기 사례로는 1613년에 나온 이른바 '유다 성서'가 있다. 이 성서의 마태복음 26장 36절을 보면 'Jesus'라고 적힌 작은 종

---

[*]　토슬랜드가 모은 보석 같은 오류 중에는 앨리슨 볼드의 『소중한 순간Moments to Cherish』 속 문장도 있다. "그는 그녀의 머리카락에 머리를 기댔다. 말벌(wasp. 한 줌을 뜻하는 wisp의 오탈자—옮긴이)이 그의 얼굴을 간질렸다. 그는 거기에 입을 맞췄다."

잇조각이 붙어 있는데, 그 아래에는 또 다른 J의 끝부분이 살짝 보인다. 원래 적혀 있었던 것은 'Judas'로, "내가 가서 기도하는 동안 너희는 여기에 앉아 있으라"고 말한 이가 예수가 아닌 유다인 셈이다.

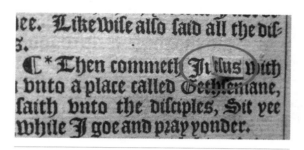

유다 성서

킹 제임스 성서에 실린 몇몇 오류는 너무 악명이 높아서 해당 인쇄본이 오류 이름으로 불리기도 한다. 그중 '사악한 성서Wicked Bible'가 널리 알려졌는데, 십계명에 not이 빠진 탓에 독자에게 간음을 저지르라고 말하는 꼴이 되고 말았다. 이른바 '식초 성서Vinegar Bible'에는 포도원vineyard 대신 식초vinegar 비유가 등장하고, 내가 개인적으로 제일 좋아하는 '인쇄업자의 성서Printers' Bible'에는 '고관들 Princes' 대신 "인쇄업자들Printers이 부당하게 나를 핍박하오나"라는 구절이 나오기도 한다.

전통적으로 정오표는 오류 내용과 수정안을 종이에 적어 책에 끼우게 되어 있다. 다른 말로는 '코리젠다corrigenda'라고도 한다. 역시 오류를 저질러 울적한 기분을 조금이나마 만회하는 데는 근사한 라틴어 용어만 한 게 없다. 『시카고 스타일 설명서』는 정오표를 다음과 같이 설명한다.

정오표가 책의 통상적인 한 부분은 아니다. 단순히 오탈자를 수정하거나(이런 건 재쇄를 찍을 때 바로잡아도 된다) 인쇄된 내용에 무언가를 추가하거나 수정하는(이 경우는 재판을 낼 때까지 기다려야 한다) 용도로 정오표를 사용해서는 절대 안 된다. 정오표는 오해를 불러일으킬 정도로 심각한 오류가 발견되었지만 정상적인 방법으로 수정하기에는 너무 늦었고, 아직 배본이 시작되지 않은 극히 예외 상황에만 사용해야 한다.

제임스 조이스의 1922년판 『율리시스』에는 8페이지 분량의 정오표가 만들어졌다. 니컬러스 블링코가《텔레그래프》에 인용한 어느 서적상의 말에 따르면, 그 초판본은 "눈 먼 저자와 그를 보좌하는 술 취하고 노쇠한 일곱 명의 타자수가 편집한" 것이라고 한다.[*] 이것으로도 성에 안 찼는지 조이스는 몇몇 오류를 일부러 저질렀고, 인쇄업자나 편집자가 잘못 교정하는 일도 있었다. 주인공 레오폴드 블룸이 신문에 자기 이름이 L. Boom이라 잘못 표기된 것을 보는 대목이 있는데, 프랑스어판에서 이 부분이 불필요하게 교정된 것이 그렇다. 정오표가 포함된 『율리시스』는 정오표가 없

---

[*] 제임스 조이스는 시력이 나빠 안대를 착용했고, 주로 커다란 종이에 빨간색 크레용으로 글을 썼다. 최근에 나와 함께 작업한 교정자는 조이스가 원래 왼쪽 눈에 안대를 착용하는데, 원고에 오른쪽 눈이라고 잘못 적힌 것을 찾아냈다. 그 교정자는 "수프soup를 먹었다"가 "비누soap를 먹었다"로 잘못 적힌 부분을 찾아내기도 했다.

는 판본보다 다섯 배 이상 비싸게 팔릴 정도다.

요즘에는 정오표를 보는 일이 예전만큼 흔하지 않다. 출판사들이 전에 비해 초판 부수를 적게 찍는 편이어서 정오표를 발행하는 것보다 이미 인쇄된 책을 전부 폐기하는 게 더 경제적이라 그런 걸지도 모른다. 하지만 과거에서 온 이 종잇조각들은 책의 생산 과정과 저자의 사고 과정을 연결한다는 점에서 현대 텍스트의 불안정성을 연구하는 학자, 애덤 스미스가 말하는 '연결성'을 떠올리게 한다.

한편 책의 역사를 연구하는 데니스 던컨이 메리 페더브리지의 『색인의 기술The Technique of Indexing』에서 찾은 정오표의 수동 공격적인 예를 한번 보자. 우선 책의 원래 내용은 다음과 같다.

"이 연구를 제대로 이해하려면 한두 권의 괜찮은 참고 도서를 구입하고, 모든 저자의 이름이 정확하게 기재된 대영박물관의 장서 목록을 살펴보는 것이 좋다."

그리고 이 부분에 해당하는 정오표에는 다음 내용이 써 있었다. "25쪽 세 번째 줄. '모든 저자의 이름'은 '**거의** 모든 저자의 이름'으로 수정되어야 한다." 어이쿠!

역사 고쳐쓰기

『1984』에서 윈스턴 스미스는 빅 브라더가 지배하는 일당 체제에서 "모든 역사는 필요한 만큼 말끔하게 긁어내 다시 기록하는, 고쳐 쓴 양피지 같았다. … 책 또한 몇 번이고 회수되어 다시 쓰인 후, 수정했다는 어떤 언급도 없이 재발행되었다"고 설명한다.

인터넷 시대에 접어들자 오류를 바라보는 상반된 두 견해가 등장했다. 어떤 이들은 인터넷과 전자책이 실시간으로 수정과 편집을 가능하게 해서 오탈자와 기타 오류를 역사에서 쉽게 지울 수 있게 되었다고 본다. 필요할 때마다 오류를 말끔하게 긁어내면 결국에는 올바른 정보만 남을 거라는 이야기다. 반면 어떤 이들은 폐기하면 끝인 인쇄된 책과 달리, 온라인에 게시된 정보와 오류는 완전히 지울 수 없다고 본다. 크레이그 실버먼은 『오류 유감: 미디어의 실수는 어떻게 언론을 오염시키고 언론의 자유를 위협하는가 Regret the Error: How Media Mistakes Pollute the Press and Imperil Free Speech』에서 "교정된 정보는 쉽게 접근할 수 있어야 하고, 모든 오류와 올바른 정보를 분명하게 드러내야 한다. 또 온라인 세계에서 이루어지는 교정은 문제가 된 글의 맥락 속에 존재해야 한다"고 했다. 윈스턴 스미스가 진리부 기록국에서 하는 일에는 당연하게도 이 맥락이 빠져 있다. 그곳에서는 이전의 것을 인정하지 않은 채 그저 오류를 역사에서 지워버리기 때문이다.

실수는 인간의 본성

존 밀턴은 『아레오파지티카』에서 출판 허가제와 검열에 반대하며, 사람은 누구나 직접 책을 읽고 좋고 나쁨을 판단할 권리가 있다고 주장했다. 제삼자에게 그런 결정을 맡기기보다는 말이다. 그는 이 생각을 금지되었거나 이단으로 간주된 책에도 적용했는데, 자신이 동의하지 않는 것에서도 많은 것을 배울 수 있다고 보았기 때문이다. 밀턴은 모든 사람이 자기만의 자유의지와 양심을 가지고 태어났기 때문에 검열 당국에 좌우되지 않고 스스로 책의 가치를 평가할 수 있어야 한다고 믿었다.

인쇄가 행해지던 초기에 실수는 그저 용인되는 수준이 아니라 당연히 있어야 하는 것으로, 텍스트와 독자 사이에서 담론과 대화 수단을 제공했다. 에이드리엔 라프랑스는 《디 애틀랜틱》에 게재한 "오탈자의 수정된 역사A Corrected History of the Typo"에 다음과 같이 썼다.

> 기나긴 인쇄의 역사는 오류, 취소선, 고쳐 쓴 글로 가득 차 있다. 이는 축하할 만한 일이자 어떤 면에서는 본받아야 할 일이기도 하다. 책이 만들어지던 초창기만 하더라도 작가와 독자는 실수를 작품에 대한 담론을 생산하는 일종의 수단 정도로 대했고, 새로 나온 책도 유동적이고 변경 가능한 것으로 여겼다. 실수를 애석해하기보다는 으레 있어야 하는 것으로 생각했고, 고쳐야 할 부분을 발견하면 그 위나 여백에 메모를 휘갈겨 썼고, 페이지 사이에 정오표를 끼워 넣었다.

나는 글의 좋고 나쁨을 결정하는 사람이 궁극적으로 독자이며, 실수가 대화를 만들어나가고, 다른 점을 환기하고, 확고한 견해를 전달하는 하나의 방식이었다는 생각이 마음에 든다. 오늘날은 인쇄물이 다 **정확**할 거라고 으레 생각하는 경향이 있어서 인쇄 과정 자체가 페이지에 실린 모든 단어와 사실과 주장에 권위를 부여한다. 출판된 것은 일단 믿고 보는 식이다.

앞서 인용한 글에서 라프랑스는 애덤 스미스와 초기 근대 텍스트의 오류를 논의했다. 스미스는 초창기 출판이 "실수를 널리 퍼뜨리는" 역할을 했으며, 그때는 지금처럼 오류를 "숨기려 하지

글은 어떻게 더 좋아지는가

않았다"고 말한다. 또 그는 오류가 "찰나의 실수, 일시적으로 드러나거나 암시된 생산 과정의 관계"를 상기시킨다고 주장한다. 사람들이 실수에 대해 알고 싶어 하는 것도 그래서가 아닐까? 실수는 무언가를 출판하기 위해 무대 뒤에서 열심히 일하는 사람들의 모습을 잠시나마 들여다볼 수 있게 하고, 인간이 얼마나 실수를 저지르기 쉬운 존재인지 깨닫게 해준다. 큰 웃음을 선사하는 건 말할 것도 없고 말이다. 그런 웃음을 마다할 사람이 어디 있겠는가? 애덤 스미스는 이렇게 말한다.

"실수는 없애야 할 결함이 아니라, 불가피한 상수로 생각해야 하는 걸지도 모른다. 유감스럽게만 여길 게 아니라, 글쓰기와 출판과 인생에서 늘 한 자리를 차지하고 있는 필수 요소로 생각할 수도 있을 것이다."

그러니 이 책에 오류가 있더라도(틀림없이 있을 것이다) 부디 느긋한 마음으로 즐겨주면 좋겠다. 갑작스러운 여백에 노여움을 표출하기를. 소리 내어 웃어주기를. 의기양양하게 파란 펜을 휘둘러 잘못된 부분을 고쳐주기를. 질타하는 이메일을 보내주기를. 나의 불완전성에 기뻐하기를. 밀턴이 원한 바도 이런 것이었을 거다.

잘 알려지지 않은 원제들
● 189쪽 각주 정답 ●

'대법관청에 들어갔다가 다시는 나오지 못한 톰 올 얼론의 공장'
→ 찰스 디킨스, 『황폐한 집』

'끝이 좋으면 다 좋은 법'
→ 레프 니콜라예비치 톨스토이, 『전쟁과 평화』

'죽지 않는 자'
→ 브램 스토커, 『드라큘라』

'의무감'
→ E.M. 포스터, 『천사들도 발 딛기 두려워하는 곳』

'무언'
→ 카슨 매컬러스, 『마음은 외로운 사냥꾼』

'블랑시의 달나라 의자'
→ 테네시 윌리엄스, 『욕망이라는 이름의 전차』

'유럽의 마지막 남자'
→ 조지 오웰, 『1984』

'라레겁'
→ 딜런 토마스, 『밀크우드 아래서Under Milk Wood』

'내 다리를 먹고 있는 저건 뭐지?'
→ 피터 벤츨리, 『죠스』

　　이 가제는 저자의 아버지가 농담조로 제안했던 것이라 알려져 있다. 또 다른 후보로
　　는 '물속의 고요' '떠오르는 리바이어던'이 있었다.

'포크스'
→ 스테퍼니 마이어, 『트와일라잇』

　　이 문제를 맞혔다면 축하한다. 워싱턴주에 위치한 포크스는 『트와일라잇』의 배경이
　　된 곳으로, 미국에서 비가 가장 자주 오는 곳이다.

각주 질환* — 각주

영국의 극작가이자 배우인 노엘 카워드†가 한 말이 있다. "각주를 읽어야 하는 것은 한참 사랑을 나누던 중에 누가 찾아와서 문을 열어주러 아래층에 내려가야 하는 상황과 비슷하다." 그는 성가시다는 뉘앙스로 이야기한 것이겠지만 그 정도면 기꺼이 아래층에 내려갈 만도 하지 않은가. 나는 각주를 **사랑**한다. 문을 열었는데 각주가 서 있다면 너무 기뻐서 당장 들어오라고 할 것만 같다. 재밌고, 장난스럽고, 수동적이면서 공격적이고, 흥미를 돋우는데다 계몽적이면서 기분 전환도 되는 각주는 글에서 찾을 수 있는 가장 재밌고 활기찬 요소 중 하나다. 각주를 창의적으로 사용하면 책의 다른 부분 못지않게 큰 효과를 기대할 수 있고, 감동을 전할 수 있다.

---

* '각주 질환footnote disease'은 영국의 시인이자 작가인 존 베처먼이 만들어낸 용어로, 분량을 채우기 위해 각주를 과도하게 사용하는 법조계나 학술계 저자를 비하하는 표현이다. 내가 보기에는 그게 뭐가 문제인가 싶지만 말이다.

† 카워드는 '노엘Noël'에 왜 분음 부호(e 위에 찍힌 두 점)가 있냐는 질문에 이렇게 대답했다. "e 위에 점을 찍은 건 제가 아니라 언어입니다. 그게 아니었다면 제 이름은 Noël이 아니라 Nool이 됐겠죠!" 정말이지 각주가 아니면 이런 재미난 여담을 어디서 할 수 있을까 싶다.

Fussnotenwissenschaft‡

각주를 처음 고안한 사람은 엘리자베스 1세를 위해 왕실 인쇄업자로 일한 리처드 저그라는 설이 유력하다.§ 잘 알려져 있지 않은 교리를 언급하거나, 교황을 비꼬거나, 다른 분석가들이 와전한 사실을 지적하는 메모로 성서 여백이 어지러웠던 시절에 저그는 최초의 각주라고 할 만한 것을 페이지 하단에 배치했다. 지금 와서 보자면 주석들을 깔끔하게 처리하는 선견지명을 가지고 있던 셈이다.

알렉산더 포프가 『우인열전The Dunciad Variorum』을 출판하려던 1729년 즈음의 각주는 독자에게 도움이 되는 추가 정보를 제공하는 데 그치지 않고, 문단을 조롱하는 하나의 방식으로도 사용되었다.‖ 이런 조롱에도 불구하고 반세기 후에 출간된 에드워드 기번의 6부작 『로마제국 쇠망사』에는 단어 150만 개 분량에 약 8000개의 각주가 달렸다.¶ "기번이 각주에서 성적 만족을 얻

---

‡ 이 편리한 독일어 단어는 문자 그대로 '각주 과학'을 의미한다. 고로 이 장에서 나는 각주 과학자인 셈이다.

§ 슬프게도 저그는 왕실 인쇄업자로서 그다지 좋은 평가를 받지 못했다. 교회와 정부가 요청한 성서 인쇄도 굉장히 더딘 속도로 작업했다고 한다. 오랜 불만과 논의 끝에 결국 그는 4절판 성서와 16절판 신약성서만 생산하라는 지시를 받았다. 참고로 4절판은 지금의 A4와 거의 같은 크기고, 16절판은 A4의 4분의 1 크기다.

‖ 『우인열전』의 각주를 자세히 살펴보기에는 지면이 허락되지 않는다(사실 그럴 의지도 없다. 아마 정말 읽기 싫은 글이 될 것이므로). 포프는 일단 제목부터 각주를 다는 것으로 시작한다. 존 멀런은 《가디언》에서 "포프의 시는 지식인과 평론가의 현학성을 조롱하는 서문, 주석, 부록으로 뒤덮여 있다"고 지적했다.

¶ 『로마제국 쇠망사』의 전자책 판매 페이지에는 "이 책은 파일 크기가 커서 다운로드하는 데 시간이 더 오래 걸릴 수 있습니다"라는 안내문이 적혀 있다.

었다"[*]는 말이 괜히 나온 게 아니다. 그렇다면 지금까지 기록된 가장 긴 각주는 무엇일까? 대부분의 각주 과학자(생각보다 많다)는 역사상 가장 긴 각주가 사용된 작품이 존 호지슨 목사가 1840년에 쓴 『노섬벌랜드의 역사History of Northumberland』라는 것에 동의한다. 장장 264쪽에 달하는 분량이라 이게 정말 각주가 맞는지 의구심이 들 정도다. 어쩌면 빅토리아 시대의 식자공들이 낮술을 한잔 걸치고 잘못 조판한 결과일지도 모르겠다.

나는 각주가 좀 길어져도 좋다. 폴 오스터의 『빵굽는 타자기』 원서 뒤표지에 실린 소개 글에는 이 책에 대한 간단한 설명이 적혀 있다.

"카드 게임, 야구 스릴러, 세 편의 짧은 희곡이라는 문학 역사상 가장 긴 각주 세 개가 달려 있다. 『빵굽는 타자기』는 폴 오스터에 대해 알고 싶거나 고군분투하는 예술가, 빈곤의 속성, 야구에 관심이 많은 독자라면 꼭 읽어야 할 책이다."

"각주는 1을 원해도 10을 준다"는 미국의 유머 작가 프랭크 설리번의 말처럼 이 책은 확실히 각주 활용의 새 장을 연 작품으로, 자기 자서전에 각주 형식을 사용해 야구 스릴러를 몰래 들여놓은 저자의 대담함에 감탄을 표하는 바다.

---

[*] 각주든 뭐든 나는 『로마제국 쇠망사』를 전혀 읽어보지 않았지만, 이 인용문(역사학자 필립 게달라가 한 말로 알려져 있다)과 노엘 카워드가 한 말 모두 각주를 섹스와 관련지어 생각했다는 점이 흥미롭긴 하다. 각주가 그런 열정을 불러일으킬 줄 누가 알았겠는가?

*

각주는 다양한 방식으로 활용될 수 있다. 본문에 포함시키면 너무 산만할 수 있는 정보를 넣을 수도 있고, 학술서의 경우 주장을 뒷받침하는 인용문이나 출처를 제공할 수도 있고, 독자에게 여담†이나 추가로 이정표를 제시해서 독자와 작가 사이를 가로막는 장벽을 허물 수도 있다. 논픽션에서 각주는 일상적으로 사용되는 편이다. 이 장을 읽으면서 알게 되겠지만 학술서에서는 보통 **미주**를 사용한다. 반면 소설가들은 각주를 독창적으로 사용하는 편이며, 존 그린은 저서 『열아홉 번째 캐서린에게 또 차이고 말았어』에 사용한 각주에 대해 이렇게 말했다.

"각주는 비밀스러운 제2의 내러티브를 창조할 수 있게 해준다. 이야기란 무엇인지, 과연 의미가 있는지에 대한 이야기를 쓰고 있다면 중요한 기능을 할 수 있을 것이다."

내가 소설 속 각주를 좋아하는 이유도 그래서다. 각주는 숨겨진 제2의 이야기를 덧입힐 수 있다. 테리 프래쳇의 '디스크월드 시리즈'는 다양한 이유로 사랑받고 있는데, 그중 하나로 꼽히는 것이

---

† 이런 여담을 각주로 다는 건 어떤가. "이것은 '셜록 홈즈 시리즈'를 통틀어 홈즈의 눈썹이 언급된 유일한 대목이다." 이는 레슬리 S. 클링거가 엮은 『주석 달린 셜록 홈즈』에 나오는 각주다. 셜록 홈즈 열혈 팬들의 세계를 다룬 클링거의 이 책은 대략 2000쪽 분량에, 무게는 4.5킬로그램에 달한다. 여기에는 동료 팬인 로저 T. 클랩의 연구도 언급되어 있으며, 그가 빅토리아 시대의 기차 시간표를 조사한 바에 따르면 모든 작품을 통틀어 기차 시간이 실제에 부합했던 때는 단 한 번이었다고 한다. 그렇다. 이 책이 셜록 홈즈에 관한 책이 아닌 만큼, 각주가 아니었다면 이런 이야기를 꺼낼 방도는 없었을 것이다.

각주로 생겨난 평행 우주다(프래쳇의 각주에 대해서만 이야기하는 온라인 토론 방도 있다). 프래쳇과 닐 게이먼은 『멋진 징조들』을 함께 집필할 때, 상대방이 쓴 글에 종종 각주를 달아 공동 작업에 대한 담론을 만들고, 독자와 공유하기도 했다. 제임스 그레이엄 밸러드의 단편소설 「정신 붕괴에 대한 메모Notes Towards a Mental Breakdown」는 단 하나의 문장으로 이루어져 있는데,* 각각의 단어에 달린 정교한 각주로 이야기가 진행된다. 에드 파크는 《로스앤젤레스 타임스》에 "그의 독특한 귀환에 대해On his Distinctive Returns"라는 제목의 기사를 게재하며 이런 평을 남겼다.

"주석을 통해 이야기가 복잡하게 전개될수록 저자와 저자가 다루는 주제의 구분은 흐릿해지고, 이런 구조적 붕괴가 곧 정신의 붕괴를 반영하는 것이다."

미치광이 주석자

그간 작가들과 각주footnotes에 대해 수많은 대화를 나누었지만, 알고 보니 작가들이 말하는 건 미주endnotes일 때가 많았다. 이름 자체에 힌트가 숨어 있는데 이게 왜 혼란을 야기하는지 나로서는 알다가도 모를 일이지만, 어쨌든 종종 일어나는 일이다. 각주는 페이지 아래쪽에, 미주는 책이나 각 장의 끝에 실린다. 이걸 헷갈리는 사람은 나와 함께 일한 저자들뿐만이 아니다. 블라디미르 나

---

* 이 문장은 다음과 같다. "브로드무어 특수 병원에서 풀려난 한 환자는 자신의 아내가 살해된 뒤 재판을 받고 무죄를 선고받은 일을 떠올리며 '정신 붕괴에 대한 메모'를 작성한다."

보코프의 『창백한 불꽃』과 데이비드 포스터 월리스의 『무한한 재미Infinite Jest』†는 각주가 많이 달린 대표적인 책으로 종종 언급되곤 하는데, 사실은 둘 다 미주가 많이 사용된 책이다. 조너선 러셀 클라크는 「각주의 순수예술에 대하여On the Fine art of the Footnote」에서 『창백한 불꽃』을 다음과 같이 설명했다.

"이 책은 가공의 인물 찰스 킨보트가 쓴 머리말, 역시 가공의 인물인 존 셰이드가 쓴 「창백한 불꽃」이라는 999줄 분량의 시, 그리고 다시 킨보트가 쓴 주석으로 구성되어 있는데, 이 킨보트라는 사람이 자신이 젬블라라는 나라의 왕이라고 믿는 미치광이라는 사실이 밝혀진다."

나보코프는 미주를 사용해 독자가 셰이드의 시와 킨보트의 주석을 계속 오가게 만들면서, 이 가상의 작품을 읽는 독자에게 주가 달린 학술서를 읽고 있는 것 같은 경험을 선사한다. 하지만 알고 보니 『창백한 불꽃』은 연습에 불과한 수준이었다. 나보코프는 2년 뒤인 1964년에 알렉산드르 푸시킨의 시 『예브게니 오네긴』 번역본을 출간했는데, 《뉴욕 타임스》가 이 책을 "출판사에서 분량을 전혀 제한하지 않은 것으로 보인다"고 따끔하게 평할 정도였기 때문이다. 총 2000쪽 분량이라 네 권으로 분권해 출간했으니 분

---

† 데이비드 포스터 월리스는 『무한한 재미』에서 400개가 넘는 미주를 사용했다. 심지어 거기서 그치지 않고 독자가 주를 건너뛰지 못하게 그중 한 개인 324번째 주를 아예 본문의 한 장으로 만들어버리기까지 했다. 지금 읽고 있는 이 각주의 글자 크기와 대략 비슷한 크기의 작은 글자로 된 글이 장장 7쪽에 걸쳐 이어진다고 보면 된다. 7페이지라니, 아이고야. 이건 독자에게 미주 읽기를 강요할 뿐만 아니라 두 개의 책갈피를 요구하는 기법이다.

량의 제약을 받지 않은 것은 사실인데, 그중 실제 시가 차지한 분량은 228쪽에 불과했다. 나머지는 주해, 논평, 주석을 포함해 다른 버전의 시들과 두 개의 부록을 싣는 데 할애되었다. 이에 대해 나보코프는 "과학처럼 예술도 세부 사항을 모르면 기쁨을 누릴 수 없다. 나는 독자들이 이런 세부 사항에 주의를 기울이게 하려고 노력했다"고 썼다. 그는 번역을 시작하면서 동료이자 친구인 에드먼드 윌슨에게 "다른 즐거움을 병행하면서 원활하게 이 작품을 쓸 수 있을 것 같다"고 했지만, 일 년이 지난 후 다시 쓴 편지에는 "신경쇠약에 걸리기 일보 직전이다. 나는 사람들과 어울릴 수 없는 사람이 되었다"는 내용이 들어 있었다.*

1970년에는 앨프리드 아펠 주니어의 해설이 포함된 『주석 달린 롤리타The Annotated Lolita』†가 출간되었다. 하지만《뉴욕 타임스》는 아펠을 "나보코프 숭배자"라고 칭하며 이렇게 평했다.

"아펠은 설명하지 않아도 될 곳에 굳이 설명을 해가며 힘겹게 텍스트를 헤쳐나간다. 그는 자신도 모르게 『창백한 불꽃』의 찰스 킨보트를 기묘하게 흉내 내고 있다. 숙주를 잡아먹는 기생충처럼

---

* 나보코프의 『예브게니 오네긴』은 1964년에 출간되었지만, 그는 1970년대 중반까지 수정 작업을 계속했다. 윌슨이《뉴욕 타임스 리뷰 오브 북스》에 책을 혹평한 것이 이유 중 하나였다.

† 『블라디미르 나보코프: 미국 시절Vladimir Nabokov: The American Years』을 쓴 브라이언 보이드에 따르면 1955년에 출간된 『롤리타』 초판은 오탈자가 가득했다고 한다. 나보코프는 이 책으로 유명해졌지만, 자기 책 때문에 '롤리타'라는 이름이 인기가 떨어진 것 같다고 말했다. "사람들이 더 이상 딸에게 롤리타라는 이름을 지어주지 않는 것에 일말의 책임감을 느낀다. 1956년 이후로 암컷 푸들에게 롤리타라는 이름을 지어줬다는 이야기는 들었어도, 사람에게 지어줬다는 건 들어보지 못했다."

미친 듯이 시에 주를 달던 그 미치광이 주석자 말이다."

이런 혹평에도 왠지 나보코프라면 괜찮다고 했을 것 같지만 말이다.

아름다운 각주 기호

독자에게 각주를 알리는 방법은 다양하다. 간단하게는 위첨 자‡를 사용해 순차적으로 번호를 매기는 방법이 있고, 때로는 번호를 괄호 안에 넣기도 한다. 하지만 이런 아름다운 기호들을 사용할 수 있는데 군이 왜 순서대로 번호를 매기는 방식을 택하겠는가?

＊ † ‡ § ‖ ¶

내 생각에는 이것이야말로 페이지에서 볼 수 있는 가장 매력적이고 우아한 장식이 아닐까 싶다. 이 기호들 때문이라도 각주를 가능한 한 많이 달고 싶다는 생각이 들 것만 같다. 그렇다면 이 기호들을 좀 더 자세히 알아보자.

＊ 작은 별

선사 고고학자 제네비브 폰 페칭어는 유럽 전역의 370개 암석에서 기하학 기호를 수집해 데이터베이스를 구축하는 데 5년을

---

‡   본문에 주석 번호나 기호는 텍스트의 기준선(각각의 글자가 놓이는 투명한 선)보다 높은 위치에 달아야 한다.

바쳤다. 그 결과 3만 년의 역사 동안 유럽 전역에 지속해서 등장한 기호는 32개에 불과하다는 것을 발견했다. 이 기호들을 공유했던 사람들이 시공간적으로 얼마나 멀리 떨어져 있었는지를 생각하면 상당히 놀라운 일이라고 할 수 있다. 그리고 이 32개 기호 중 하나가 별표, 즉 '작은 별'이다.

사모트라케섬의 아리스타르쿠스[*]가 2000년 전 알렉산드리아 도서관의 사서로 일했다는 사실은 이미 앞에서 살펴본 바 있다. 그는 거기 보관된 40만 개의 파피루스 두루마리를 관리하는 동시에 호메로스의 작품을 편집하기도 했는데, 그때 아스테리코스(※)라는 기호를 만들어 중복된 행을 표시하는 데 사용했다. 아리스타르쿠스는 자기 일에 진지한 프리랜서 교열자이자 교정자였다. 그는 잘못된 위치에 놓인 행을 표시하는 기호(ⓒ)를 비롯해 초승달 모양에 기반한 여러 기호를 만들어 원고의 잘못된 부분을 표시했다. 오늘날 '아리스타크aristarch'가 엄격한 평론가를 뜻하는 단어가 되었다는 사실은 그가 자신이 만든 기호들을 너무 과도하게 사용했을지도 모른다는 추측을 낳기도 한다.

†단검

아리스타르쿠스가 첫 번째 각주 기호가 된 별표를 적절히 활용한 사람이라면, 그보다 앞서 알렉산드리아 도서관에서 일한 전임자는 혼란스럽게도 두 번째 각주 기호인 단검과 연관이 깊다.

---

[*]   위키피디아에 따르면 아리스타르쿠스는 "기억력이 뛰어나고 자신의 외모에 완전히 무관심했다"고 한다.

단검은 오벨리스크†라고 불리는 기호의 변형으로, 제노도투스가 만들었다. 제노도투스는 초기 메타데이터 사용을 감독한 사람으로도 유명하다. 기원전 280년경에 메타데이터를 사용했다는 건, 독자들이 두루마리를 다 펼쳐보지 않아도 그게 어떤 내용을 담고 있는지 알 수 있도록 두루마리 아래쪽에 저자, 제목, 주제 같은 정보가 적힌 꼬리표를 달았다는 뜻이다. 이 장 뒷부분에서 살펴보겠지만 각주와 미주는 오늘날 사용되는 하이퍼텍스트 링크의 조상이라 할 만한데, 제노도투스에게는 전혀 놀랍지 않은 일일 것이다.

오벨리스크 기호는 쇠꼬챙이와 창끝을 닮았다. 불필요한 텍스트를 파내거나 자르는 도구를 표현한 것이다. 성 예로니모는 별표와 단검의 차이를 깔끔하게 요약했다. "별표는 빛을 비추고, 오벨리스크는 자르고 찌른다." 나는 이런 시선으로 기호들을 바라볼 수 있다는 게 마음에 든다. 별표는 강조해야 할 것에 빛을 비추고 오벨리스크는 글 속에 숨은 오류를 문자 그대로 파낸다니, 멋지지 않은가. 그저 담당 교열자가 내 글을 자르고 찌르기 위해 오벨리스크를 너무 많이 사용하는 일만 없기를 바랄 뿐이다. 하지만 더 안 좋게 쓰이는 경우도 있다. '죽음의 단검'으로 불리기도 하듯 사람의 생몰년도 앞뒤에 쓰이기 때문이다. 그러니까 그 사람이… 죽었다는 것을 표시하기 위해서 말이다.

---

†   오벨리스크 기호는 '÷'로 시작해 '÷'를 거쳐 현재의 단검 모양(† 혹은 ‡)이 되었다.

이름 옆에 단검 기호를 붙이는 것만으로는 충분하지 않았는지, 단검을 이중으로 표시해 이보다 더 확실할 수 없게 죽음을 알리기도 한다. 세 번째 각주 기호인 이중 단검은 하나짜리 단검과 공통점이 많은데, 체스 기보에서 체크메이트를 표시할 때 사용한다는 점은 주목할 만하다. 어디에 사용되든 단검은, 특히 이중 단검은 각주 기호로 사용되는 게 아니라면 주로 나쁜 소식을 의미한다.

§‖¶ 섹션 기호, 파이프, 필크로

파이프와 필크로Pipe and Pilcrow라고 하면 타이포그래퍼나 조판자가 자주 드나드는 술집 이름으로 딱일 것 같다는 생각이 들지만, 내가 이 세 기호를 하나로 묶은 이유는 별표, 단검, 이중 단검 다음에 어떤 기호가 어떤 순서로 와야 하는지 의견이 분분하기 때문이다. 당연하게도 뒤쪽 기호들은 등장할 기회가 적은 편이라, 섹션 기호(§)*, 파이프(‖)†, 필크로(¶)‡는 별표와 단검에 비해 훨씬 보기 드물다. 이 불평등은 유엔 기구 때문에 더 악화되었는데, 유엔의

---

* 섹션 기호는 두 개의 S자로 이루어져 있는데, 아마도 잘라낸 섹션을 뜻하는 라틴어 'signum sectionis'에서 유래한 듯하다. 야로슬라프 하셰크는 『착한 병사 슈베이크The Good Soldier Švejk』에서 관료제를 뜻하는 말로 사용하기도 했다.

† 파이프는 자른다는 뜻의 라틴어 'caesurus'에서 유래했고, 원래는 텍스트에서 휴지나 중지를 의미할 때 사용했다.

‡ 필크로는 그리스어 단어 'paragraphos'에서 유래했으며 paragraphe, pelagraphe, pylcrafte를 거쳐 pilcrow가 됐다.

편집부에서 발행한 온라인 편집 매뉴얼에 따르면 유엔 공식 문서에 사용되는 각주 기호의 순서는 *, **, ***, ****, †, ‡, §다. 아무래도 유엔은 별표의 **열혈 팬**인 모양이다. 별표를 너무 많이 사용하면 언뜻 보기에 욕설을 처리하는 것처럼 보일 수도 있을 텐데 말이다.

"재미, 매력, 휴식의 기회"§

각주는 서로 다른 종교적 관점을 가진 사람들이 한 페이지에서 논쟁하는 도구로 시작되었다. 글에 단검을 쥐여주고 서로 결투를 벌이는 방식. 날카로운 단검 모양인 것도 의견 대립을 강조하는 데 효과적이라 그랬던 걸지도 모른다. 각주로 문제의 핵심을 꿰뚫은 뒤, 작은 단검의 도움을 받아 상대에게 직격탄을 날리는 기분은 정말 짜릿했을 것 같다. 하지만 시간이 흐르면서 각주는 점차 싸움을 덜 걸었고, 이제는 학문적 철저함을 나타내는 영광의 상징으로 자리 잡았다.

앤서니 그래프턴은 『각주의 역사』에서 "본문은 설득하고 주석은 입증한다"고 쓴 바 있다. 그의 설명처럼 각주의 역할은 "저자가 자료 조사를 충분히 했다는 걸 독자에게 납득시키는 것"이

---

§ 척 저비, 『악마의 디테일The Devil's Detail』, p.5. 내가 굳이 이 각주를 넣은 이유는, 이런 각주는 미주로 처리하는 것이 더 낫다는 걸 보여주기 위해서다. 유용하기는 해도 결코 흥미롭다고 할 수는 없는 이 출처 각주로 독자를 실망시킨 점은 유감스럽게 생각한다. 하지만 이 장의 다른 모든 각주는 재밌거나 매력적이거나 휴식으로 여겨지기를 바란다.

다.[*] 나는 그래프턴 말고도 또 다른 각주 박사, 척 저비가 쓴 『악마의 디테일: 각주의 역사 The Devil's Details: A History of Footnotes』를 참조했다. 『악마의 디테일』에도 각주가 엄청나게 많은데, 저비는 그래프턴보다 한 단계 더 나아가다 큰 혼란을 초래하고 만다. 한 페이지에 두 종류의 각주를 동시에 사용한 것이다. 여담이나 본문에 대한 자세한 설명이 포함된 각주에는 **기호**를 사용하고, 출처를 표시하는 각주에는 **번호**를 사용한 탓에 결국 거의 모든 페이지가 작은 기호와 숫자들로 얼룩져버리고 말았다. 출처 주석을 깔끔하게 미주로 정리해서 재밌고 유익한 여담 각주가 조명을 받을 수 있게 했다면 훨씬 보기 편하고 좋았을 텐데 말이다. 심지어 저비는 "각주의 주요 임무는 방해하는 것"이라는 말도 했다. 이 말을 들으니 그가 왜 출처 주석을 각주로 처리했는지 더욱 이해가 가지 않는다.

나는 책에서(실제 삶에서도) 재밌고 매력적인 이야기가 불쑥 끼어드는 건 전혀 싫지 않지만, 출처 표기 같은 자질구레한 정보가 진로를 방해하는 건 영 질색이다. 그런 것이야 나중에 편할 때 뒷부분을 펼쳐 얼마든지 확인할 수 있기 때문이다. 사실 안 봐도 무방하기는 하다.

---

[*] 그래프턴은 각주로 자신의 근면 성실함을 확실히 보여준다. 그도 그런 것이 244 쪽짜리 책에 각주를 423개나 달았는데, 계산해보면 한 페이지당 1.73개인 꼴이다. 대부분 출처를 표기하는 용도였는데, 사실 내 기준으로 따지면 미주로 처리해야 할 항목이다. 독자의 눈에 거슬리게 여기저기 흩어 놓기보다는 깔끔하게 책 끝 한곳에 모아 싣는 편이 낫지 않았을까.

*

저비의 말처럼 각주는 "잘못된 편견[†], 비애, 미묘한 결정, 치욕, 분노를 들을 수 있게 해준다." 본문에 달린 이 작은 여담이 이토록 중요한 이유도 그래서다. 각주는 작가가 하고 싶은 말을 더 잘 이해할 수 있게 돕는다. 각주를 사용하는 데는 요령과 기술과 타이밍이 필요하지만, 잘만 사용하면 효과는 정말 크다.

2000년 마틴 에이미스는 회고록 『경험』을 출간했다.[‡] 그는 이 책 서두에서 "부차적인 생각을 보존"하는 한편 "유사성을 발견하고 서로 다른 것을 연결하기 좋아하는 소설가"의 모습을 보여주기 위해 각주를 사용했다고 밝혔다. 각주는 『경험』에서 가장 재밌고[§] 흥미롭고 감동적인 요소 중 하나다. 이 책에서 에이미스는 사촌 루시 파팅턴의 가슴 아픈 이야기를 풀어놓는다. 1973년에 실종된 루시는 1994년이 되어서야 글로스터에 위치한 프레드 웨스트와 로

[†] 편견에 관한 이야기가 나왔으니 하는 말인데, A.J.P. 테일러가 『유럽 정복을 위한 투쟁 1848~1918 The Struggle for Mastery in Europe 1848~1918』에 쓴 다음 각주는 나를 비롯해 많은 사람이 최고의 각주 10위 안에 꼽는 것 중 하나다. "모든 일반화에 '이탈리아인은 제외하고'라는 말을 덧붙이는 건 피곤한 일이다. 이제부터 이 말은 당연한 것으로 간주해야 한다." 참고로 이 각주가 달린 본문 문장은 이러하다. "외교관의 도덕률에 따르면 모든 외교관은 정직했다."

[‡] 에이미스는 이 밖에도 많은 책을 냈다. 그중에는 『죽은 아기들 Dead Babies』이라는 책도 있는데, 제목이 너무 끔찍해서 문고판은 『어두운 비밀들 Dark Secrets』이라는 제목으로 바뀌어 출간되기도 했다. 최근 인쇄된 책을 보면 다시 원래 제목으로 돌아간 것 같긴 하다.

[§] 이를테면 49쪽에 나와 있는 다음 각주를 보자. "사우스웨일스에 살던 시절, 우리 집에서는 크리스마스 날이면 다섯 살짜리도 담배를 피울 수 있었다."

즈 웨스트의 집에서 유골로 발견된다.[*] 저비는 에이미스가 루시 이야기를 들려주는 동안 웨스트를 각주 칸으로 강등시켰다는 점에 주목했다. 이후 웨스트는 1995년 1월, 그의 자살을 다룬 장에 이르러서야 다시 한번 등장한다. 책 속 말을 인용하자면 "그는 죽고 나서야 각주에서 본문으로 올라온다." 에이미스는 이런 방식으로 사촌과 살인범을 우아하게 분리시키고, 루시의 이름이 살인범의 이름과 나란히 놓이지 않도록 했다.

미주 예찬

나도 내가 미주를 다소 편파적으로 대했다는 것은 알고 있다. 미주는 절친 각주와 달리 독자를 매혹할 화려한 기호나 상징을 갖추고 있지 않다. 또 앞에서도 언급했듯 미주는 출처 표기처럼 순전히 기능적인 목적으로 쓰여야 한다는 점을 분명히 알아두어야 한다. 각주가 때때로 짜증 날 정도로 산만하고 과시적이라면, 미주는 믿음직스럽고 착실한 일상의 영웅이라 할 수 있다. 미주를 신뢰할 수 있다면 저자와 책도 신뢰할 수 있다. 각주는 저자의 창의성을 보여주며, 미주는 사용된 자료의 출처를 밝히고 저자가 자료를 제대로 조사했음을 확인시켜준다. 《반스앤드노블 리즈》에 게재된 "각주: 더 많은 저자가 이 강력한 도구를 사용하지 않는 이유는 무엇일까?Consider the Footnote: Why Don't More Authors Use This Powerful Tool?"의 내용처럼 "각주의 힘이 분열적인 속성에서 나온다"면, 미주의

---

[*]   프레드 웨스트는 1967년부터 1987년까지 최소 열두 건의 살인을 저지른 연쇄살인범이다. 아내 로즈마리도 대부분의 살인 행각에 가담했다.

힘은 마치 로마네스크 양식의 부벽처럼 텍스트를 명확하고 신중하게 뒷받침하는 방식에서 나온다고 할 수 있다.

미래에서 온 주석

나는 각주 표시가 된 곳을 발견하면 '와! 더 자세한 설명이 저기 아래에 있겠구나' 생각하며 즐거워한다. 내가 할 일은 그저 아래로 시선을 던지고 (각주가 제 기능을 발휘한다는 전제하에) 재밌어하거나 매혹당하거나 감동받기만 하면 된다. 하지만 요즘은 종이보다 전자책 단말기, 태블릿, 컴퓨터 모니터로 글을 읽는 경우가 점점 늘어나고 있다. 디지털 방식으로 책을 읽으면 각주가 표시된 곳을 클릭하거나 커서를 가져다 대서 해당 주석으로 즉시 이동할 수 있다. 하지만 내가 느끼기에 이 방식은 주석이 너무 갑자기 본문과 분리된다는 느낌이 든다. 특히 각주는 본문과의 관계가 중요하기 때문에 더욱 아쉽다. 이제 미주와 각주는 물리적인 공간에서 이탈해 하이퍼스페이스를 자유롭게 돌아다닌다. 그렇다면 과연 종이와 화면을 보는 감정이 같다고 할 수 있을까?

점점 많은 저자가 각주와 미주를 책이 아닌 온라인에 올려달라고 요청받는다. 알렉산드라 호로비츠는 디지털 시대 각주의 미래를 다룬《뉴욕 타임스》기고문[†]에서 문제를 깔끔하게 요약했다. "각주는 사실 하이퍼링크의 전신 격으로, 둘 다 궁극적으로

[†] 언젠가 독자 여러분이 이 링크를 확인해보려 할 때, 그때도 과연 여전히 제대로 작동하고 있을까? www.nytimes.com/2011/10/09/books/review/will-the-e-book-kill-the-footnote.html?_r=2&ref=books&pagewanted=all.

생각의 흐름을 방해한다(하지만 각주가 훨씬 우월하다. 하이퍼링크가 유용한 건 맞지만, 각주는 에러 메시지가 뜰 일이 전혀 없을 테니 말이다)."[*]

저비도 하이퍼스페이스상의 주석에 문제를 제기했는데, 물리적 공간에서 디지털 공간으로 이동하면서 각주가 시의적절하게 사용될 수 있는 '극적인 가능성'이 사라진다고 생각했기 때문이다. 그는 탐험가 어니스트 섀클턴이 사용한 각주를 예로 들어 이를 멋지게 보여준다. 일단 저비의 말에 따르면 남극을 탐험한 섀클턴의 기록에는 각주가 거의 없다. 그는 페이지 하단이 "횅한 병원처럼 텅 비어 있을 뿐"이라고 했다. 텍스트가 페이지를 가로질러 나아가듯 탐험가들은 얼음을 가로질러 나아가고, 섀클턴은 혹독한 기후 속에서도 살아남은 일행이 로티퍼[†] 조사를 위해 표본을 채취해서 모국으로 가져간 일을 설명한다.

하지만 호주로 이동하는 동안 너무 높은 온도에 노출된 로티퍼는 시드니에 도착했을 때 전부 죽은 것으로 밝혀진다. 저비의 말처럼 "안타까운 일이다." 이때 글에서 좀처럼 보이지 않던 희귀한

---

[*] 호로비츠는 다음과 같이 덧붙였다. "오디오북도 각주를 전달하는 문제를 해결했다. 데이비드 포스터 월리스의 산문집 『재밌다고들 하지만 나는 두 번 다시 하지 않을 일』 낭독을 들어보라. 이 책에는 독자들의 호기심을 자극하는 여담이 도처에 산재해 있는데, 어떤 부분에서는 목소리가 이상할 정도로 멀게 들린다. 이는 각주의 작은 글자를 재현하기 위해 시도한 방법이다." 정말 근사하다.

[†] 존 해리스 목사는 이 작은 동물을 끔찍하게 묘사했다. "커다란 구더기 같은 이 동물은 몸을 구형으로 수축했다 폈다 할 수 있다. 꼬리 끝에는 집게벌레의 집게를 연상시키는 것이 달려 있다." 사실 로티퍼는 현미경으로 봐야 보일 정도로 작은데(크기가 이 정도라면 덜 위협적으로 들린다), 해리스의 설명에는 이 사실이 빠져 있다.

각주 표시가 등장하는데, 이 각주는 독자에게 무척 중요한 정보를 알려준다.

이 글이 쓰인 이후로 런던에서 행해진 조사에 따르면… 로티퍼는 아직 살아 있다고 한다.

전부 죽은 줄 알았던 로티퍼가 일부나마 기적처럼 살아남았다는 소식을 읽기까지 "약간의 시간차"가 생긴 덕분에 독자는 "섀클턴 일행이 느꼈을 실망과 그 뒤에 맛보았을 기쁨을 모두 경험하게 된다. 본문을 그냥 수정했더라면 절대 하지 못했을 경험이다." 이처럼 각주의 고유한 분열 능력은 새로운 창조에 활용되기도 한다. 실망과 기쁨 사이에 다리를 놓아, 섀클턴과 동행한 과학자들이 느꼈을 양극단의 감정을 생생하게 살려낸 것이다. 이것이 각주의 힘이다.

인덱스, 미주리*─색인

내 동료 리처드는 색인을 정말 좋아한다. 어쩌면 본문보다 색인을 더 좋아할지도 모르겠다. 한번은 그에게 평균 이상의 색인이란 어떤 색인인지 물었다. 그러자 리처드는 "'색인index'이 '평균norm보다 위에 위치해 있으면 적어도 알파벳순으로 되어 있긴 한 거네"라며 너스레를 떨었다.

나는 불쑥 튀어나온 유머에 아랑곳하지 않고 가장 좋아하는 색인이 무엇인지도 물었다. 처음에는 대답을 잘못 들은 줄 알았다. '스니커-스낵 치명적 정신 질환snicker-snack fateful psychosis'이라고 하길래 그게 뭔가 싶어 다시 물어보니 '스니커-스낵, 치명적, 정신 질환snicker-snack, fateful, of psychosis'이라는 것이다.† 관련 없어 보이는

---

* 미국에는 '인덱스'라고 불리는 곳이 일곱 곳 있다. 미주리주의 인덱스는 유령 도시고(위키피디아에는 "미주리 관련 항목의 색인index과 혼동하지 말 것"이라고 적혀 있다), 나머지 인덱스는 아칸소, 켄터키, 뉴욕, 워싱턴, 버지니아, 웨스트버지니아에 있다.

† 리처드가 가장 아끼는 색인. 이 항목은 '더귀드, 리처드, xxiii'으로, 본문에 언급된 모든 사람뿐 아니라 감사의 말, 참고 문헌에 나오는 사람까지 전부 색인에 포함시키고 싶어 한 어느 작가의 책에 나온다. 리처드는 이에 대해 첫 번째는 합당하지만, 두 번째는 이례적이고, 세 번째는 기괴하다고 했다. 리처드는 이렇게 설명한다. "일리가 있는 생각이에요. 학계에서는 신간이 나오면 사람들이 전부 색인에 자기 이름이 있는지부터 찾거든요. 되도록 많은 사람이 기분 좋았으면 했던 거죠. 저까지 포함해서요!"

단어들이 나열되자 당혹스러웠는데, 알고 보니 윌 셀프의 산문집 『먹잇감 싸움Feeding Frenzy』에 등장하는 색인 항목을 말한 것이었다. 이를 추적하던 나는 《옵서버》에 실린 서평에도 똑같은 내용이 언급된 부분을 발견했다.

서평은 "『먹잇감 싸움』을 읽기 전에 색인을 먼저 읽어보라" 권하며, 셀프의 색인이 "사람, 장소, 사물뿐만 아니라 아이디어, 집착 대상, 저자 자신의 지긋지긋한 스타일 버릇까지 포함한다"고 지적했다. 그러면서 '서로 맞물린 혀' '짝이 맞는 양말과 신발' '서로 조화를 이룬 신발과 양말' '스니커-스낵, 치명적, 정신 질환'을 비롯한 일부 색인 항목도 언급했다. 아무래도 나도 이 책을 한 권 사야 할 것 같다.

색인의 의미‡

2018년 11월 《가디언》에는 "미셸 오바마의 회고록에는 왜 색인이 없는가? 이게 다 트럼프 때문이다"라는 헤드라인이 실렸다. 앤 트레너먼은 《타임스》에 기고한 글에서 "대체 출판사는 무슨 생각이었나" 추궁하면서 "독자에게 로드맵이 되어줄 수 있는 색인을 왜 제공하지 않았는지" 이해할 수 없다는 반응을 보였다. 색인

---

‡ 1602년에 쓰인 셰익스피어의 『트로일러스와 크레시다』에는 이런 구절이 나온다. "전체 양에 비하면 미약하나 / 이러한 색인을 통해 보이는 것은 / 거대한 덩어리의 초기 형상 / 곧 다가올 전체의 모습이니." 이보다 더 이른 1593년에 쓰인 크리스토퍼 말로의 「헤로와 레안드로스」에서도 색인에 대한 언급을 찾아볼 수 있다. "그리하여 마치 책의 색인처럼 / 젊은 레안드로스의 외모는 그의 마음을 드러내고 있었다."

가 협회의 상임 이사 루스 엘리스에 따르면, 그 이유 중 하나는 지나치게 촉박한 출간 일정 때문이었다. 색인 작업은 편집 과정 중에서도 맨 마지막에 이루어지는데, 일정이 워낙 빠듯하다 보니 작업 시간을 확보하지 못하는 경우가 점차 늘어난다는 것이다.[*] 논픽션 책 한 권의 색인을 제대로 작업하려면 보통 4주에서 6주 정도가 걸리고, 더 오래 걸리는 경우도 많다.

색인가 협회 명예 회장인 샘 리스도 색인의 날에 맞춰 색인 예찬 글을 발표하면서 색인을 로드맵에 빗댄 바 있다. 리스는 좋은 색인은 "단순히 책의 내용을 안내하는 것 이상의 역할을 한다. 광고나 서평보다도 훨씬 또렷하게 책의 정신을 보여줄 수 있다"고 말한 영국 정치인 해럴드 맥밀런의 말을 인용하며 다음과 같이 이어 썼다. "색인은 논픽션 책에서 다른 어떤 것보다 유용하다. 텍스트의 지도이자 정교하게 고안된 일련의 신비한 지름길이라 할 수 있다." 내 동료 리처드는 이렇게 말했다.

"세상에는 좋은 색인도 많고 나쁜 색인도 많지만, 좋은 색인은 지형을 파악할 수 있게 해주고, 그런 점에서 서점에 마케팅 포

---

[*] 색인가 협회 회장을 역임한 적 있는 존 서덜랜드는 살만 루슈디의 회고록 『조지프 앤턴』에 대한 글을 쓰며, 어떤 작가들은 의도적으로 색인을 생략하기도 한다는 사실을 강조했다. 서덜랜드는 "논픽션 책에서 색인은 폐에 반드시 공급되어야 하는 산소처럼 꼭 필요한 부분"이라 말했지만, 루슈디는 656쪽짜리 책에 색인을 넣지 않은 탓에, 기자와 비평가들이 뭔가를 알아내고 싶으면 색인으로 직행하는 대신 책의 모든 페이지를 다 읽을 수밖에 없게 만들었다. 루슈디는 영국의 전 총리, 존 메이저 회고록 색인에 자신이 포함되지 않아 언짢아했다는 에드위나 커리(영국의 여성 정치인. 메이저와 불륜 관계였다고 한다—옮긴이) 같은 사람이 생기는 일을 방지하기 위해 이런 조치를 취한 것으로 보인다.

인트를 제공하죠. 서적상 중에도 책을 살지 말지 결정하기 전에 잠깐이나마 색인을 들여다보는 사람이 꽤 많을 테니까요."

사해 두루마리를 펼치다

색인이 있기 전에는 '용어 색인'이라는 것이 있었다. 용어 색인은 선별한 개념과 주제만 나열한 색인과 달리 글에 사용된 모든 단어를 나열하는 것인데, 너무 노동 집약적이어서 성서나 셰익스피어 희곡 같은 아주 중요한 작품을 다루는 작업에서만 이루어졌다. 1230년경 성 셰르의 휴 추기경이 최초의 성서 용어 색인을 편찬하면서 수도사를 500명이나 고용했다는 사실을 고려하면 그 규모를 짐작할 수 있을 것이다. 히브리어 성서의 첫 용어 색인 작업은 고고학자들이 베두인족 양치기들의 도움을 받아 사해 연안의 동굴에서 수천 개의 문서 조각을 발견한 1946년을 시작으로, 10년에 걸쳐 진행되었다. 가장 오래된 문서 조각은 기원전 8세기에 만들어졌다. 이 문서는 '사해 두루마리'라 불렸는데, 일부 소수 학자가 이 문서를 독점적으로 열람하면서 이를 출판하고 관리하는 일이 순식간에 학문적 논쟁거리가 되었다. 그러던 1991년, 사해 두루마리 연구자 마틴 아벡은 컴퓨터를 활용해 1950년대 학계에 유입된 용어 색인을 **역으로** 작업하기 시작했다. 이는 결국 두루마리 원본 텍스트를 공개하는 일로 이어졌다. 지금으로 치면 책의 색인을 이용해 전체 텍스트를 역설계하는 것과 비슷한 작업이었을 것이다.

핵심을 가리키는 도구

색인index이라는 단어는 '가리키는 사람'을 뜻하는 라틴어에서 유래했다. 작가이자 저널리스트이기도 한 샘 리스는 더글러스 호프스태더의 1979년작『괴델, 에셔, 바흐』*의 색인을 거론하는데, 이 책의 색인에는 '색인의 문제' '책의 본질을 보여주는 색인' '예술 작품으로서의 색인'같이 색인과 관련한 하위 항목이 포함되어 있다. 특히 디지털 시대에 예술 작품으로서의 색인은 제대로 인정받지 못할 때가 많다. 많은 사람이 텍스트의 전자 파일을 가져다가 이름이나 주제를 검색한 뒤 도출된 페이지 번호를 달면 되는 정도로 색인 작업을 생각하는 경향이 있는데, 색인가 협회가 공식 웹사이트에 설명해두었듯이 "색인 항목에 들어갈 적절한 용어를 선택하고, 텍스트에서 무엇이 유의미한 정보인지 판단하는 지적인 작업은 오직 인간만이 할 수 있는 일이다."

색인가 협회는 독자가 전자책의 검색 기능을 사용하면 된다고 보는 관점의 문제를 강조하면서, 단순히 PDF 파일에서 검색하는 방식을 가지고 색인을 작성할 수 없는 이유를 설명한다. 색인은 단순히 단어의 문제가 아니라 **주제**의 문제라는 것이다. 색인 작업

---

* 『괴델, 에셔, 바흐』는 내가 출판계에서 일을 시작하고 처음 작업한 책 중 하나이자, 그때나 지금이나 가장 불가해하다고 꼽는 책 중 하나다. 이 책에는 "루이스 캐럴의 정신에 입각해 마음과 기계를 바라본 은유적 푸가"라는 한 줄 소개가 달려 있다. 한편 호프스태더는 『나는 이상한 고리다 I Am a Strange Loop』에서 "결국 우리는 자기 지시라는 기적의 신기루에 갇힌 채 자기 자신을 인식하고, 발명하고 있다"고 썼는데, 이는 색인 항목 중 '무한한 고리'의 작동 방식과도 잘 들어맞는다. 이 항목을 따라가보면 지금 보고 있는 페이지로 이동하게끔 설정되어 있어서 색인을 통해 정말 무한한 고리를 경험할 수 있다.

을 하려면 독자가 주제에 어떻게 접근할지 예상할 수 있어야 한다. 반면 검색 기능은 도움이 안 되는 결과만 무더기로 쏟아낼 때가 많다. 그러면 독자는 그중에서 유의미한 정보를 가려내는 작업을 스스로 해야 하는데, 그러다 보면 어느새 그냥 책을 덮어버리기 일쑤다.

나는 리처드와 색인을 주제로 이야기를 나누다가 좋은 색인의 핵심 요소를 설명해달라고 말했다.

"뻔한 말이지만 쓸모 있어야 한다는 말을 꼭 해야 할 것 같아요. 항목들이 알파벳순으로 잘 정렬되어 있고 페이지 번호도 정확해야겠죠. 페이지 번호는 막판에 수정이 이루어지면서 오류가 날 때가 많아요. 그렇다 해도 변명의 여지는 없지만요! 색인은 저자의 자아보다는 독자에게 가치가 있어야 해요. 항목들은 핵심 포인트가 있는 곳으로 독자를 데려다줘야 하고, 서로 연결돼야 하죠. 아무런 내용 없이 저자가 지나가면서 언급만 할 때는 과감히 생략할 수도 있어야 하고요."

인생 경험의 축소판

『사실과 픽션 속 색인가와 색인Indexers and Indexes in Fact and Fiction』에서 헤이즐 K. 벨[†]은 '소프트 텍스트'의 색인 작업에 대해 다음과 같이 썼다.

"개별적 사실보다는 반복되거나 지속되는 주제에 입각해 개

[†] 벨은 1978년부터 1995년까지 잡지 《인덱서》의 편집자로 일했으며 900건 이상의 색인을 작업한 다작 색인가다.

인적인 관계와 감정을 다룰 때가 많으며, 어떤 항목을 어떻게 표현해 색인에 넣을지 결정할 때는 주관적 가치 판단에 의거해 평가해야 한다. 그렇게 색인가는 텍스트를 전달하는 사람이 아니라, 해석하는 사람이 된다."

여기서 소프트 텍스트란 학문적 텍스트보다 **삶**에 대한 이야기를 지칭하는 용어다. 벨의 말처럼 "인간의 삶은 대체적으로 엄격한 원칙에 부합하지 않을 때가 많기에, 색인 작업을 할 때도 삶의 불규칙성에 유연하게 접근해야 한다."

1997년, 벨은《인덱서》에 더글러스 매슈스에 관한 글을 썼다. 매슈스는 리처드가 색인의 대가로 꼽는 사람으로, 모든 색인가의 본보기이자 저자가 감사의 말에 고마움을 표하는 몇 안 되는 색인가 중 한 명이다(색인가들은 모두 감사를 받아야 마땅하지만). 벨은 매슈스의 견해를 인용해 "색인가는 단순히 색인을 작성하는 것 이상의 일을 하며, 최후의 교열자 혹은 시운전자가 되어 미처 발견하지 못한 글의 오류나 모순을 찾아내기도 한다"*고 말했다. 매슈스가 색인의 기술에 대해 말한 것처럼 "색인가가 하는 일은 한마디로 전체 작품을 집요하고 분석적으로 읽은 뒤 텍스트를 쉽게 찾아볼 수 있도록 배열하는 것인데, 여기에는 지름길이 없다."

2020년에 매슈스가 세상을 떠나자, 그와 작업했던 작가 중한 명은 그가 "마치 허공에 대고 루빅스 큐브를 하는 것처럼 수십만 개의 이름과 장소를 한 번에 머릿속에 저장하는 놀라운 능력"

---

* 사실이다. 작업을 의뢰하면 거의 대부분의 색인가가 색인 파일만 주는 게 아니라, 텍스트를 살펴보다가 발견한 오탈자나 오류 목록도 정중히 전달해준다.

을 가지고 있었다고 회상하기도 했다. 또 벨은 2012년 《인덱서》에 기고한 또 다른 글에 커트 보니것이 색인가 협회에 보낸 한 편지 내용을 인용했다. "색인가는 마치 옛날 시인 같습니다. 생각, 감정, 인상, 사실을 규격화되고 제한된 기존 틀에 깔끔하게 정리해내죠."

보니것의 소설 『고양이 요람』 55장의 제목은 '자기 책에 직접 색인을 작성하지 말라'다. 작품 속 샌 로렌조 주재 미국 대사의 아내로 등장하는 클레어 민턴은 전문 색인가다. 남편은 "아내는 색인에서 성격을 읽어낼 수 있지요"라고 말한다. 클레어는 "저자가 자기 작품에 직접 단 색인은 많은 걸 드러내 보인답니다. 숙련된 눈에는 적나라하게 다 보이죠"라고 말하면서 "자기 책에 직접 색인을 작성하지 말라"고 쐐기를 박는다.

이 글의 소제목인 '인생 경험의 축소판'은 2004년 필립 헨셔가 《인디펜던트》에 기고한 색인에 관한 글에서 인용한 것인데, 여기서 헨셔는 색인의 기능을 간단히 요약했다.

"전기가 인생 경험의 축소판이라면, 색인은 글에 가려진 적나라한 진실을 한층 더 축소한 것으로, 책의 일반적인 특징이나 반복되는 주제를 보여준다."

헨셔는 기계적인 과정에 의존하기보다 인간이 색인 작업의 주체가 되어야 한다는 점을 강조하면서, 좋은 책이 색인으로 한층 더 보완되고 확장되기를 바라는 독자의 마음으로 다음과 같이 말했다.

일반적으로 색인가는 대단한 기술과 지능이 필요한 작업을 수행하는 훌륭하고 세심한 사람이다. 길고 복잡한 논픽션 책의 색인 작업을 하려면 주제에 익숙해야 하고, 다소 설득력이 떨어지는 저자의 생소한 주장들도 잘 이해해야 하며, 논쟁의 중요한 핵심을 숙지해야 한다. 이런 일은 결코 기계가 대신할 수 없다. 누구 하나 알아봐주는 사람 없고, 매우 적은 보수를 받으면서도 묵묵히 일하는 이 겸손하고 고도로 지적인 사람들이 계속해서 이 까다롭고 고된 일을 맡아주어야만 한다.[*]

그렇다. 색인이 없는 책은 중요한 무언가를 놓치고 있는 것이다. 헨셔는 이렇게 말한다.

"색인은 단순한 요약이 아니라 무자비한 재치, 초현실적 병치, 잔인한 복수를 위한 기회다. 색인이 단순히 이름을 언급하고 나열하는 수준을 넘어설 때, 음흉한 꿍꿍이와 기괴한 농담이 가득한 색인만의 이상한 이야기가 펼쳐진다."

이 글에서 헨셔는 "소설가이자 색인 중독자"로 소개되었다. 그는 자신의 소설 『적임자The Fit』에서 색인가를 주인공으로 내세우기도 했다. 소설 속 주인공의 꿈은 "그 자체로 너무 아름답고 완전해서 굳이 책을 써야 할 이유가 없는 색인"을 쓰는 것이다. 헨셔는 소설의 색인을 직접 작성한 뒤 소감을 남겼다.

"이야기의 이상한 순간에 '마거릿 공주로 변할지도 모른다는 비이성적 두려움' 같은 색인 항목을 제공하는 재미가 있기는 했지

---

[*] 나는 색인가에 관한 다음 세 가지 사실에 동의를 보탠다. 그들은 겸손하고, 고도로 지적이고, 하는 일에 비해 확실히 보수가 적다.

만, 무척이나 힘든 일이었다."

작가의 색인

1977년 제임스 그레이엄 밸러드는 「색인The Index」이라는 단편소설을 썼다. 처음부터 끝까지 색인 형식으로 구성된 이 소설은 20세기를 살아간 수수께끼 같은 주인공(헨리 로즈 해밀턴 또는 HRH)의 인생을 독자가 추적하게 만든다. 이를테면 '아돌프 히틀러' 항목에는 "HRH를 베르히테스가덴에 초대하다; 러시아 침공 계획을 누설하다; HRH에게 깊은 인상을 남기다; HRH를 실망시키다" 같은 하위가 달려 있다. 결국 독자는 이야기가 순차적으로 진행된다는 것을 깨닫는다. 색인의 첫 시작인 A에서는 HRH의 출생지인 아비뇽Avignon이 드러나고 U, V, W에 이르면 HRH의 몰락이 밝혀진다("웨스트민스터Westminster 사원, 특수부가 HRH를 체포하다" "와이트Wight섬, HRH가 투옥되다" "윈저Windsor 왕가, HRH가 정통성에 이의를 제기하다"). 그리고 마지막 Z 항목은 색인 작업을 한 당사자를 가리킨 것으로 드러난다("질린스키Zielinski, 브로니슬라프, HRH에게 자서전을 제안하다; 색인 작업을 의뢰받다; 은폐 위협을 경고하다; 사라지다").

그렇다면 누가 색인을 작성하는 게 좋을까? 작가? 전문 색인가? 나는 다시 리처드에게 의견을 물었다.

"물론 일부 작가들은 직접 해도 된다고 봐요. 색인 작업에 재능이 있으면요. 돈도 조금 절약할 수 있을 테고요.[†] 하지만 대다수

[†]   요즘 대부분의 출판사는 저자 쪽에서 색인 비용을 직접 부담하기를 요구한다.

작가는 안 하는 게 좋다고 생각해요. 색인 기술이라는 게 근본적으로 독학으로 배우는 것이라고는 하지만 어느 정도 훈련이 필요하고, 오랜 시간 갈고닦은 판단력도 필요하니까요. 또 유용하게 적용되는 색인 원칙이 많아서 그걸 제대로 이해해야 해요. 많은 작가가 색인을 그렇게 자주 사용하면서도 놀라울 만큼 색인의 원리는 제대로 이해하지 못하고 있거든요. 작가가 직접 색인 작업을 하면 장단점은 뚜렷해요. 장점은 해당 주제를 잘 안다는 거고, 단점은 그 주제를 '너무' 잘 안다는 거죠. 색인이 텍스트에 불을 비추고 독자가 더 쉽게 접근할 수 있도록 내부 작동 방식을 드러내야 하는 것이라면, 횃불을 든 색인가는 자신이 발견한 걸 감탄할 수 있어야 하고, 흥미로운 발견을 간결하면서도 의미 있게 기록해서 동료 탐험가들을 가장 흥분시키는 방식으로 배열할 수 있어야 해요. 저자는 자기 글의 매력이나 새로움에 어느 정도 익숙해져 있기 때문에 색인 작업을 할 때 일반 독자보다는 전문가에게 의미 있는 부분에 집중할 수도 있거든요."

리처드는 작가가 자기 작품에 색인 작업을 하지 말아야 하는 또 하나의 중요한 이유를 설명했다.

"저자는 책이 얼마나 많은 내용을 담고 있는지, 자기가 독자를 위해 얼마나 광범위하게 조사했는지 보여주기 위해 전문가가 생각한 것보다 훨씬 더 많은 항목을 넣으려는 경향이 있어요. 반면 색인가는 늘 색인의 쓸모를 고민하죠. 누가 실제로 이 표제어를 찾아볼까? 이 표제어가 의미가 있을까? 저자가 관련해서 의미 있는 말을 하나? 이런 질문을 염두에 두면서요. '전 분명 사포를 언급했는데요!' '그렇긴 한데, 그냥 지나가면서 하신 말이지 유의미한

얘기는 아니잖아요!' 대충 이런 식으로 흘러가는 저자와 색인가의 대화를 상상해볼 수 있겠죠. 또 항목에 페이지 번호가 너무 적게 달린 것 같다는 항의를 받을 수도 있어요. '전 사포를 이것보다 훨씬 더 많이 언급한 것 같은데요!' '그렇긴 한데, 75쪽과 77페이지에서만 구체적인 얘기를 하셨잖아요!' 뭐, 또 대략 이런 대화를 상상하시면 되겠죠. 그래서 저자가 작성한 색인은 지나치게 길고 쓸모없는 항목들로 가득 찬 경우가 많아요. 이유를 하나 더 들 수도 있어요. 바로 양질의 색인을 만들려면 시간이 오래 걸린다는 거예요. 작은 책은 15시간, 정말 두꺼운 책은 무려 100시간 상당의 비용이 청구돼요.* 또 아무래도 좋은 색인은 전문 색인가와 저자의 협업을 통해 만들어질 때가 많아요. 물론 저자가 직접 색인을 작성하지 않더라도 특정 개념이나 문구를 표제어로 사용하면 좋겠다는 의견을 가지고 있다면, 기존의 색인 작업에 의견을 내거나 수정할 수 있는 기회가 주어져요. 가끔은 이게 갈등의 원인이 되기도 하지만요!"

하위 항목 정렬

영어로 된 책은 알파벳순으로 정렬된 색인에 익숙하다. 일반적으로 색인 항목은 관사 a, the나 전치사 in, on으로 시작하면 안 된다. 색인가는 독자가 글에서 원하는 것을 쉽게 찾을 수 있도록

---

* 2019년 12월 31일을 기준으로, 색인가 협회는 시간당 약 4만 2000원, 페이지당 약 4800원, 혹은 단어 1000개당 약 1만 3000원이라는 색인 단가를 권장한 바 있다. 이를 기준으로 계산해보면 100시간 이상이 소요된다고 했을 때, 출간 비용에 상당히 큰 부담이 되리라는 것을 알 수 있다.

해야 한다. 예를 들어 코끼리의 식성이라는 항목을 넣는다고 할 때, '식성'보다는 '코끼리'를 표제어로 하고 하위 항목에 '식성'을 두는 편이 더 좋다는 뜻이다.

하위 항목은 논픽션 책에서 굉장히 중요하다. 복잡한 내용이나 사람과 사건 간의 관계를 파악하는 데 큰 도움을 주기 때문이다. 전기 색인은 인물의 삶이 소재와 주제별로 알아보기 쉽게 세분되어야 한다. 이 작업을 제대로 하지 못하면 항목이 수백 개 있다 해도 독자에게 전혀 도움이 안 된다.[*] 또 색인 내에 상호 참조를 사용해 독자에게 추가 정보나 연관된 다른 항목을 알려줄 수도 있다. 항목이 서로 다른 형태로 두 가지 이상 등장하는 이중 항목이 사용될 때도 있는데, 가령 '차'와 '자동차'가 그렇다. 물론 접근 경로를 다양하게 열어줄 때도 있지만 자리를 너무 많이 차지할 수도 있으니, 각각의 항목이 얼마나 유용한지를 따져 최종 결정을 내려야 한다.

색인 작업은 보통 교정 작업이 마무리된 후에 한다. 어차피 그전에는 할 수가 없다. 조판을 해야 텍스트가 자리를 잡고, 무엇이 몇 페이지에 있는지 알 수 있기 때문이다. 그래서 이 단계에서 저자가 글을 고치면 문제가 되곤 한다. 다시 편집 작업을 더하느

---

[*] 하위 항목은 색인가가 가장 재밌게 작업할 수 있는 부분이기도 하다. 프리랜서 색인가 폴라 클라크 베인이 프랜시스 윈의 책 『허튼소리는 어떻게 세상을 정복했는가How Mumbo-Jumbo Conquered the World』를 비평하며 언급한 바와 같이, 윈은 하위 항목을 기가 막히게 활용해 자신의 색인에 나오는 인물들을 묘사한다. 이를테면 엘리자베스 2세 여왕에게는 "코카인 밀수 혐의를 받다" 하위를, 필립 공작에게는 "UFO 잡지를 즐겨 읽다; 외계인들에게 칭찬을 받다;" 같은 하위를 달았다.

라 페이지 흐름이 바뀌면 공들여 작성한 색인 항목이 전부 틀어질 수도 있기 때문이다. 정말이지 악몽 같은 상황이 아닐 수 없다. 나도 부수적인 페이지 조정으로 틀어진 색인을 손보는 데 꼬박 몇 주를 허비한 적이 있다. 처음에는 이 정도면 혼자서 충분히 처리할 수 있다고 낙관하지만, 두어 개 항목만 해봐도 이걸 전부 하나하나 손보려면 몇 시간은 걸리겠다는 사실을 깨닫고, 전문가를 고용하지 않은 현실을 후회하게 된다. 삽입하거나 삭제해서 조정되는 게 한 페이지로 그치는 경우는 별로 없으니 조판자에게 자동 수정을 부탁할 수도 없다. 한 페이지에 대여섯 줄 정도만 영향을 받아도 어떤 항목이 수정 대상인지 일일이 확인해야 한다. 검색 가능한 PDF 파일을 사용하더라도 상당한 집중을 요하는 길고 힘든 작업이다.

색인의 배신으로 또 다른 악몽이 일어날 수도 있다. 이를테면 법적인 이유로 본문을 수정했는데, 미처 색인까지 수정하지 못한 경우다. 이런 유의 수정은 보통 막판에 이루어지는 경우가 많기 때문에 심심치 않게 볼 수 있다. 즉 본문이 누군가의 명예를 훼손하지 않더라도, 색인은 한때 존재했던 무언가의 유령 같은 그림자를 가리킬 수도 있다는 이야기다. 수상한 막다른 길을 가리키는 색인 항목만큼 관계자의 의심을 불러일으키는 것도 없다.

색인의 역사

최초의 색인은 전혀 색인 같지 않았다. 굳이 펼쳐보지 않아도 어떤 글인지 알 수 있도록 두루마리에 붙여놓은 종이쪽지에 불과했기 때문이다. 상세한 차례 정도가 색인과 가장 비슷하다고 할 수 있는데, 그건 약 2000년 전에 등장했다. 우리가 아는 지금 형태의 색인이 등장하려면 우선 세 가지가 먼저 발명되어야 한다. 바로 알파벳(그리스인이 발명했다고 추정되지만 확실하지는 않다), 페이지 번호(1470년경부터 사용되기 시작했다[*]), 인쇄기(16세기 중반에 발명되어 동일한 형태의 책을 대량으로 생산할 수 있게 만들었다)가 그것이다.

오늘날의 독자가 색인이라 인식할 만한 것은 18세기부터 사용되었다. 색인계의 황태자를 꼽자면 1787년 대영박물관의 장서 목록을 작성하고 최초의 셰익스피어 용어 사전을 작업한 새뮤얼 아이스코프라고 할 수 있다. 당시 그는 이 작업에 대한 보수로 200기니(현 기준 약 35만 원)를 받았다.

새뮤얼 리처드슨은 직접 엮은 『이솝 우화』부터 시작해 자기 작품에 누구보다 먼저 색인을 시도한 사람 중 하나였다. 그의 작품 『파멜라』는 소설의 발전에 결정적인 영향을 주었다는 평가를 받는다. 지금은 색인을 주로 논픽션 책과 관련지어 생각하지만 리처드슨은 작품을 끊임없이 고쳐가며[†], 여섯 번째 개정판에 "작품의 개요라 할 만한 풍성한 차례"를 넣었다. 이 차례는 파멜라의 편지들을 요약적으로 제시하는 한편 "가장 관능적인 구절을 어디서 찾

---

[*] 페이지 번호는 인쇄소에서 페이지 순서가 올바른지 확인하는 용도로 사용하기 시작했다. 작가들도 1500년대 초반이 되어서야 페이지 번호를 사용해 책의 특정 부분을 언급하기 시작했다.

[†] 리처드슨이 『파멜라』 개정 작업에 얼마나 열심이었냐면, 중산층과 상류층 여성들로 구성된 독서 모임을 꾸려 작품 속 계급의 캐릭터를 묘사하기 위해 조언을 구할 정도였다. 『파멜라』는 이 계급의 독자들에게 인기가 많았지만, 동시에 소설 속 묘사 방식을 두고 우려가 제기되기도 했다.

아야 하는지 안내하고, 작품에서 찾을 수 있는 재밌고 유익한 대목을 소개"하면서 사실상 작품의 "상세한 색인" 역할을 했다.

리처드슨의 소설은 워낙 길어서, 어쩌면 그가 색인을 제공한 것도 독자들이 줄거리를 잊어버리지 않도록 하기 위해서였을 것이다. 『클러리사 할로』는 대략 192만 7870개의 단어가 사용되기도 했다.‡ 그는 새뮤얼 존슨의 강력한 권고에 못 이겨 개정판에 차례를 넣었고, 세 번째와 네 번째 개정판에는 색인을 넣었다. 리처드슨의 말을 빌리자면, "독서를 수월하게 하고" "독자가 뭔가를 찾아보고 싶을 때 … 쉽게 찾아볼 수 있도록" 하기 위해서였다.

색인 속 농담

색인의 아버지(색인식으로는 '색인, 아버지'라고 할 수 있겠다)로 알려진 헨리 B. 휘틀리§는 "진정한 색인가는 자신의 일을 재밌게 만들어야겠다는 생각은 거의 하지 않는다"고 말했다. 하지만 휘틀리의 견해에도 불구하고 색인에는 유머를 사용하는 훌륭한 전통

---

‡   기네스 세계기록에 등재된 가장 긴 소설은 마르셀 프루스트의 『잃어버린 시간을 찾아서』다. 이 책에는 단어 126만 7069개가 사용되었다. 하지만 단어 1100만 개가 쓰인 『데브타Devta』에 비하면 또 아무것도 아니다. 우르두어로 쓰인 이 판타지 스릴러 소설은 1977년부터 2010년까지 잡지 《서스펜스 다이제스트》에 매달 연재되었다.

§   휘틀리는 1877년에 색인 협회를 설립했지만 이 협회는 자금 부족으로 실패했다. 하지만 그는 도서관 협회, 새뮤얼 피프스 클럽을 설립하는 등 끊임없이 협회를 만들었다. 색인가 협회는 뛰어난 색인 작업을 인정하고 장려하기 위해 휘틀리 메달이라는 것을 만들어 2012년까지 수여했다고도 한다. 휘틀리는 "대중은 색인 작업에 상당한 관심을 보이지만, 그렇다고 거기에 기꺼이 대가를 지불하려는 것 같지는 않다"고 말한 바 있는데, 슬프게도 사실이다.

이 있다. 다소 건조하고 학문적으로 보일 때도 있지만, 색인은 제대로만 사용하면 코믹한 효과를 내기도 한다. 거기 깃든 유머를 즐길 줄 아는 우리 같은 사람들을 위해 폴라 클라크 베인은 가장 재밌고 유머러스하게 사용된 색인의 예를 자신의 블로그에 올려놓았다(이 장을 읽고 색인에 대한 관심이 폭발했다면, 재밌으면서 교육적이기도 한 그의 블로그를 둘러보기 바란다). 베인은 『나, 파트리지: 앨런에 대해 이야기하기I, Partridge: We Need to Talk About Alan』와 『앨런 파트리지: 유목민Alan Partridge: Nomad』*의 색인이 특별히 유머가 돋보였다고 꼽는다.

영국의 인기 코미디쇼 〈앨런 파트리지〉에 등장하는 방송인 캐릭터 파트리지는 비록 자신이 허구이더라도 회고록이 진지하게 받아들여지려면 색인이 필요하다는 걸 간파했다. 그래서인지 『나, 파트리지』의 색인 중 '노퍽(영국 동부의 주—옮긴이)' 항목에는 "퇴보하는 학습 부진아" "섹스" "굶주림" 같은 하위가 달려 있다. 또 본인을 지칭하는 '앨런 고든 파트리지' 항목에는 "무능한 지도자" "단종된 방수 바지" "토블론 중독" "노리치의 돈 후안"을 비롯해 앨런의 삶을 간추려 보여주는 하위가 포함되어 있다.

장난스러운 색인

1928년 호가스 출판사는 버지니아 울프의 『올란도』를 출간했

---

* 『앨런 파트리지: 유목민』은 훌륭하게 사용된 패러디 색인과 함께 144개의 미주를 실어, 앨런이 논픽션 저자로서 신뢰할 만하다는 것을 한층 강조한다. "완곡어법이 아닌" "내 설명" "내 출판사" 같은 표현이 주석에 종종 등장하고, 이몬 홈스와의 현재진행형 브로맨스도 간간이 언급된다.

다. 『올란도』는 영국 문학을 전복적으로 풍자한 작품이자 페미니즘 고전이자 문학적 실험의 결과였다. 원서에 달린 '전기'라는 부제는 글쓰기를 대하는 울프의 장난스러운 접근법을 보여준다. 훌륭한 전기가 다 그렇듯 『올란도』에도 색인이 포함되어 있는데, 이는 울프가 직접 작성한 것이다.[†]

색인은 끊임없이 변신하는 올란도의 속성을 반영한다. 울프가 '그리고'를 사용해 색인의 하위 항목들을 연결한 덕에 독자는 색인만 훑어보아도 이야기의 얼개를 대충 눈치챌 수 있다. 주인공 '올란도' 항목은 "소년 시절의 외모" 하위에서 시작해 생애 전반부의 사건들, 가령 "엘크하운드를 사다" "첫 번째 혼수상태" "고독 속으로 침잠하다"로 흘러간다. 그렇게 절반쯤 지났을 때 갑자기 "여성이 되다"라는 하위가 등장하면서 가볍게 색인을 훑어보던 독자를 충격에 빠뜨린다. 그리고 나서 몇 항목 뒤에 "여성으로 판정되다"가 나오고, 마지막으로 "첫아들을 낳다"로 끝난다. 울프는 색인의 전통적인 학문적 개념을 전복하고, 『올란도』를 어떻게 읽어야 하는지 독자에게 은밀히 알려주는 방식을 선택한 것이다. 덕분에 색인을 훑어보던 독자는 변신하는 올란도의 유동적인 젠더 모험을 함께할 기회를 얻을 수 있게 된다.

[†] 물론 울프가 작업한 첫 색인이 『올란도』는 아니다. 울프의 첫 색인은 1926년 역시 호가스 출판사에서 출간한 배우 비올라 트리의 회고록 『공중의 성 Castles in the Air』 이다.

보편적 색인

호르헤 루이스 보르헤스의 단편소설 「바벨의 도서관」에서 화자는 가능한 모든 문자로 쓰인 모든 책이 보관된 무한한 도서관을 묘사한다.

"도서관의 모든 남자처럼 나도 젊었을 때는 여행을 다녔다. 나는 책을 찾아 여행했다. 어쩌면 내가 찾는 건 세상의 모든 책이 담긴 장서 목록이었는지도 모른다."

헨리 휘틀리의 색인 협회는 결국 문을 닫아야 했지만, 그에게도 이런 돈키호테적인 야망이 있었다. 색인 협회는 세상에서 가장 야심 찬 색인, 모든 것에 대한 보편적 색인, 세상의 모든 단어 목록을 만들겠다는 취지로 설립되었다. 1877년에 열린 국제사서회의에서 J. 애슈턴 크로스는 「주제에 대한 보편적 색인A Universal Index of Subjects」이라는 논문을 발표하기도 했다.

색인 협회가 설립될 수 있었던 것도 모든 것에 대한 보편적 색인을 만들고 싶다는 사서들의 열망이 컸기 때문이다. 『색인, 역사 Index, A History of the』를 쓴 데니스 덩컨은 《리터러리 리뷰》에 다음과 같이 설명했다.

첫째, 협회는 중요하거나 '표준'이 되는 작품 중 색인이 없는 책을 확인하고, 회원들에게 작업을 요청한다. 둘째, 인류학, 천문학, 식물학 등 분야별로 목록을 작성하며 각 분야의 고전에서 추출한 색인을 주제별로 통합해 만든다. 마지막으로, 모든 것을 아우르는 거대한 보편 색인 속에 주제별 색인을 통합한다.

"모든 것을 아우르는 거대한 보편 색인"이라니. 이 세상에 존재했던 모든 사물과 사람을 찾을 수 있는 그런 색인을 상상해보자. 목록 양식으로 작성하고 알파벳순으로 정렬한, 잘 정돈된 색인을 말이다. 하지만 이제는 그런 걸 상상할 필요가 없다. 컴퓨터 앞에 앉을 때마다 각자가 선택한 웹 브라우저를 통해 역사상 가장 크고 검색 가능한 색인에 접근할 수 있으니 말이다. 애슈턴 크로스는 이런 말을 남기며 논문 발표를 마쳤다. "문제는 … 보편 색인을 만들 것이냐 말 것이냐가 아니라, 그것을 어떤 방식으로 만들 것이냐다." 이 장을 통과한 우리는 이제 이 문제에 대한 답을 알고 있다.

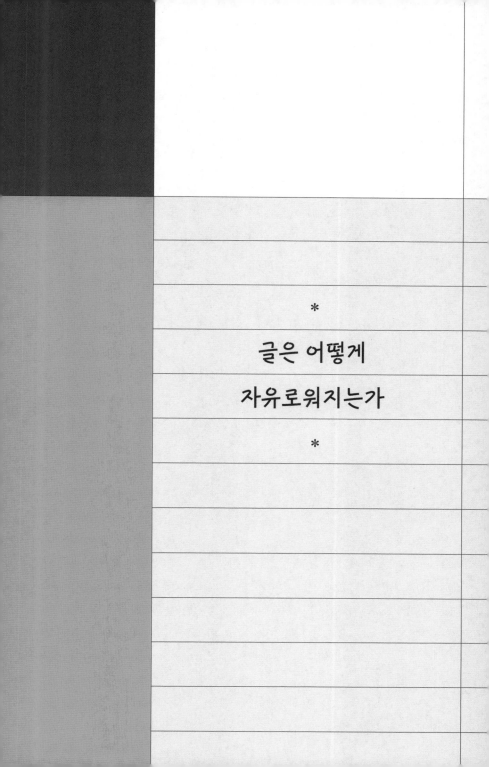

*

글은 어떻게

자유로워지는가

*

가동 활자와 인쇄기가 발명된 후로 수도승은 책을 한 권 한 권 필사해야 하는 수고에서 해방되었다. 대량 인쇄는 진정으로 글을 해방시켰고, 모든 것을 바꾸어놓았다. 한편 글의 자유는 **번역**과 **설득**으로 이루어지기도 한다. 번역은 책이 국경과 대륙과 문화를 초월해 자유롭게 독자를 만날 수 있게 하고, 호기심과 구매욕을 자극하는 잘 쓰인 표지 문구는 좋은 글이 만들어지는 과정을 메우기 때문이다. 또 글은 타이포그래피로도 자유를 얻는다. 즉 인쇄된 페이지의 물성은 작가와 독자가 서로를 이해할 수 있게 하는 계약의 일부인 셈이다.

매그레 반장과 스카이 콩콩 — 번역

"그들은 우리한테 캐치-22를 보여줄 필요가 없어요. 법에 따르면
그렇답니다." 노파가 대답했다.

"어떤 법이요?"

"캐치-22요."

1962년 조지프 헬러는 《뉴스위크》와의 인터뷰에서 핀란드어
번역가에게 받은 한 편지에 대해 이야기했다. 편지에는 이런 내용
이 써 있었다.

"저는 작가님의 소설 『캐치-22』를 핀란드어로 번역하고 있습
니다. 한 가지 여쭤보고 싶은 게 있는데, 캐치-22가 무엇을 의미하
는 건가요? 그런 단어는 아무리 사전을 뒤져봐도 찾을 수가 없네
요. 여기 헬싱키 주재 미국 공군 담당관에게 물어봐도 정확한 설명
을 들을 수 없고요."

결국 헬러는 인터뷰에서 이러한 결론을 내렸다. "아무래도 이
책은 핀란드어로 번역을 거치며 많은 것을 잃게 될 것 같네요."

이 핀란드어 번역가는 아무리 사전을 찾아본다 한들 캐치-22
의 의미를 이해하지 못했으리라. '캐치-22'라는 용어는 이 소설을
통해 널리 알려진, 역설적인 상황을 한마디로 응축해서 보여주는
단어였기 때문이다. 소설 말미에 주인공 요사리안이 노파와 나눈

위의 대화가 이를 잘 보여준다. 응용하자면 핀란드어 번역가가 직면한 상황이 바로 캐치-22인 셈이다. 번역가의 말대로 당시에는 이 용어를 마땅히 번역할 말이 없기도 했다. 캐치-22는 그냥… 캐치-22를 의미했다.

말이 나온 김에 하는 이야기지만 원래 헬러가 생각했던 원제는 『캐치-18』이었는데, 같은 해에 레온 유리스의 『밀라 18Mila 18』이 출간되는 바람에 제목을 바꿀 수밖에 없었다. 헬러는 "그때 정말 상심이 컸죠. 18이 아니면 안 된다고 생각했거든요"라며 아쉬움을 표했다. 하지만 또 전후 영국을 배경으로 하는 이언 매큐언의 2019년 대체역사소설 『나 같은 기계들』에서는 사람들이 『캐치-18』이라는 책을 읽고 있는 걸 확인할 수 있다.

번역을 어떻게 하느냐의 문제는 고대부터 논의되어왔고, 그만큼 작가들은 글의 자유로운 이동을 중시했다. 고대 그리스인은 문자 그대로 번역하는 직역과, 보다 설명하는 투로 풀어서 번역하는 의역을 구분했다. "단어 대 단어보다는 의미 대 의미로." 기원전 4세기경 성 예로니모가 성서를 그리스어에서 라틴어로 번역하며 (최초의 대형 번역 작업이라 할 수 있다) 한 말이다. 고대 로마의 극작가 테렌티우스의 희곡 여섯 편도 그리스 희곡을 번안한 것이다. 명료하고 유쾌하고 일상적인 문체를 사용한 덕에 많은 필경사가 테렌티우스의 글을 베껴 쓰며 라틴어를 배웠다.

성 예로니모처럼 키케로* 역시 단어 대 단어 번역을 경계했다.

---

*   "키케로를 좋아하지 않는 사람은 채찍질당해 마땅하다." 폼페이의 어느 기둥에는 키케로의 훌륭한 작품과 번역을 칭송하는 이런 낙서가 쓰여 있었다.

키케로는 번역가를 예술가라고 생각했다. "단어를 무슨 동전이라도 되는 양 독자에게 세어줄 필요는 없다고 생각한다. 그보다는 무게로 계산하는 편이 낫다." 영국의 시인 존 드라이든은 좋은 번역은 다음 두 유형의 번역이 혼합된 것이라고 믿었다.

"문장이 그 자체로 아름다울 때 … 작가는 그것을 바꿔야 한다는 생각에 상처를 받는다. 하지만 … 한 언어에서 아름다운 것이 다른 언어에서는 생경하거나 의미가 통하지 않을 때가 자주 있는 만큼, 번역가에게 저자가 사용한 단어 범위 안에서만 단어를 선택하게 해서는 안 된다. 의미를 손상시키지 않는 선에서라면 다른 표현을 선택해도 괜찮다."

하지만 번역으로 글을 해방시키는 일에는 위험이 따른다. 번역을 거치면서 원래 의미를 잃게 될 수도 있기 때문이다. 번역으로 인해 **손실**이 발생한다는 생각은 번역이 종종 무시되는 이유 중 하나이기도 하다. 번역은 늘 근사치다. 데이비드 벨로스가 『번역의 일』에서 말하듯 "아주 간단한 말이 아닌 이상 모든 말은 단 한 가지로만 번역되지 않는다. 말은 수없이 다양한 방식으로 번역될 수 있다." 그러고 나서 그는 이렇게 지적한다.

"다양한 번역이 존재할 수 있다는 건 인간의 정신이 무한히 유연하다는 것을 보여주는 명백한 증거다. 이것보다 더 흥미로운 주제는 없을 것 같다."

한 언어에서 다른 언어로 글을 번역하는 일은 오래전부터 있어왔다. 글을 전 세계 독자에게 소개하려면 반드시 필요한 작업이기도 하고 말이다. 번역이 없다면 작가와 그의 작품은 자기 나라나 같은 언어를 쓰는 곳에서만 알려질 것이다. 그런 의미에서 번역은 글을 궁극적으로 해방시킨다.

그렇다면 번역가는 실제로 어떤 일을 할까? 많은 번역본이 내 책상 위를 거쳐 갔고, 실제로 데이비드 벨로스의 책을 작업하기도 했지만 그렇다고 내가 직접 번역을 해본 적은 없다. 번역에서 길을 잃은 셈이다. 하지만 다행히도 편집자이자 교열자로 일하는 동시에 프랑스어를 영어로 번역하는 데이비드 왓슨이 번역에 대한 모든 것을 기꺼이 알려주었다.

질척이는 위켓

"물론 번역을 단어 대 단어로 하면 안 된다는 건 번역계에서 너무나 자명한 말이에요"라며 데이비드는 이렇게 말했다.

"번역은 해독이 아니에요. 일 대 일 치환이 가능하지도 않고요. 기계적으로 작업을 수행할 수 있는 에니그마(제2차 세계대전 때 독일군이 사용한 암호 기계—옮긴이) 같은 기계도 존재하지 않죠. 지금까지 그 어떤 컴퓨터 프로그램도 엉성한 근사치 이상 수준의 번역을 제공하지 못하고 있어요. 그마저도 이전에 인간이 해놓은 수많은 번역 데이터를 가져다 쓰는 거고요. 똑같은 텍스트를 100명의 다른 번역가에게 준 뒤 번역을 시켜본다고 칩시다. 그 글이 정말 간단하고 평범하다 해도 각자의 결과물은 거의 100퍼센트 다를 거예요. 이상적으로 전달하고자 하는 의미는 비슷비슷하겠지만, 사용한 단어는 다 다를 겁니다. 그런 점에서 번역은 단어 대 단어가 아니라 의미 대 의미로 해야 한다는 성 예로니모의 격언은 번역의 본질을 시사하는 바가 있죠. 하지만 의미는 머리가 여럿 달린 히드라예요. 하나의 사전적 의미만 있는 게 아니니까요. 이 정도 복잡함이야 감당할 수 있다 해도 그 외에 신경 써야 할 것이 너무 많아요. 스타일, 목소리, 관용구, 사용역(register. 상황에 따라 달라지는 언어의 성격—옮긴이), 아이러니, 사투리 같은 것까지 번역으로 전달할 수 있어야 하죠. 이런 작업에는 고유한 도전과 어려움이 따르고요."

데이비드는 번역가가 어떤 문제를 맞닥뜨릴 수 있는지도 간단히 예를 들어 설명해주었다.

"해롤드 핀터의 작품을 번역하던 일본어 번역가는 '질척이는 위켓a sticky wicket'이라는 표현을 어떻게 옮겨야 할지 몰라 핀터에게 편지를 썼다고 해요. 놀랄 일도 아니죠. 일본에서는 크리켓이 인기가 거의 없거든요. 번역가는 위켓이 크리켓에서 세 가지 의미로 쓰일 수 있다는 사실에 더욱 어려워했어요. 위켓은 투수와 타자 사이의 경기장을 지칭하기도 하고, 스텀프와 베일로 이루어진 삼주문을 뜻하기도 하고, 투수 팀 때문에 타자의 이닝이 종료되는 상황(위켓을 잡다taking a wicket)을 의미하기도 하니까요.* 물론 이 세 가지 의미를 한 문장 안에 모두 사용하는 것도 가능하죠. '볼이 위켓(경기장)을 벗어나 위켓(삼주문)을 때려 타자는 위켓(아웃)을 당했다'† 처럼요. 핀터의 문장에 등장하는 위켓은 경기장 자체를 지칭하는 거였는데, 번역가 입장에서는 단순히 해석하는 것만이 문제가 아니었던 거죠."

---

* 번역이 불가능한 스포츠가 있다면 그건 아마 크리켓일 것이다.
† 한 번도 크리켓 경기를 본 적이 없는 사람에게 이 모든 걸 설명해야 한다면 무척 난감할 것이다.

그렇다면 이런 경우에는 어떻게 해야 좋은 번역을 할 수 있을까? 일본어 번역가가 마주한 어려움을 설명하던 데이비드는 곧 그가 고려해볼 수 있는 여러 방안을 이야기했다.

"먼저 크리켓 용어를 이해할 수 있는 일본인이 거의 없는 만큼, 번역가는 그에 상응하는 다른 스포츠 비유를 생각해볼 수 있을 거예요. 이를테면 미끄러운 스모 경기장을 떠올릴 수 있겠죠. 영국에서 '질척이는 위켓'이라는 말을 쓰듯 일본에서도 그렇게 흔히 사용하는 관용구 표현이 있다면 딱이겠지만, 그게 번역가가 지금 막 만들어낸 말이라면 전혀 효과가 없을 거예요. 게다가 영국 배경의 캐릭터들이 갑자기 스모 비유를 들면 아무래도 좀 어색하겠죠. 자, 그래서 결국 적당한 스포츠 비유를 찾지 못했다고 해봅시다. 구어체 느낌까지는 못 살린다 해도 일반적으로 자주 사용하면서 최소한의 의미를 전달할 수 있는 일본어 표현이 분명 있긴 할 거예요. 제가 일본어를 할 줄 모르긴 하지만‡, 편의상 '미끄러운 비탈'이 일본에서 난감한 상황을 뜻하는 비유적 표현으로 쓰인다고 가정해봅시다. 그런데 만약 일본어가 그런 은유적 표현을 즐겨 사용하지 않는 언어라면 또 어떨까요? 그렇다면 일반적인 일본어 사용자들은 위켓이니 스모니 비탈이니 하는 것들을 제대로 이해하지 못할 거고, 어쩌면 뚱딴지같은 소리로 받아들일지도 몰라요. 번역가는 이 문제로 한참을 괴로워하다가 결국 '어려운 상황'이라는 단조로운 지시적 표현을 채택할 수밖에 없었어요. 기본적인 의미를 전달하기에는 적절하지만 핀터식 대사의 말맛은 거의 살리지 못한

‡   나도 못 한다.

번역이었죠. 핀터는 그 유명한 '멈춤'과 함께, 무언의 위협이 도사리는 극적인 상황과 악의 없는 상투적 구어체를 나란히 사용해서 극에 불길한 긴장감을 조성했잖아요. 나중에는 그런 스타일을 통칭하는 '핀터레스크Pinteresque'라는 형용사까지 생겼고요.[*] 이렇게 한 언어가 가진 층들을 다른 고유한 언어 관습과 문화적 배경을 가진 언어 맥락에서 새롭게 만들어내는 일은 번역가가 직면한 핵심 과제 중 하나일 겁니다. 정말이지 질척이는 위켓이 따로 없죠."

우스꽝스러운 직역

"이 책의 부조리함은 그 누구도 더할 수 없고 모방할 수 없으며, 아류작을 만드는 것도 불가능하다. 이 책은 완벽하다." 이 문장은 '신新 포르투갈어-영어 회화 책 혹은 친숙한 대화 학교', 이른바 『말하는 영어English as She Is Spoke』로 더 잘 알려진 책을 읽고 마크 트웨인이 한 말이다. 페드로 캐롤리노가 쓴 이 책은 1855년에 포르투갈어 사용자들의 영어 회화에 도움을 주려는 목적으로 출간되었다. 그런데 사실 캐롤리노는 영어를 할 줄 몰라서 프랑스어-영어 사전을 이용해 포르투갈어-프랑스어 숙어집을 번역했고, 그 결과 놀라운 번역을 만들어냈다.

심지어 캐롤리노는 지나칠 정도로 직역에 의존하는 번역가였다. 포르투갈어 표현 'chover a cântaros'를 두고 'raining buckets 양동이로 들이붓듯 비가 쏟아지다'라는 영어 관용구가 있다는 걸 모른 채

---

[*] 핀터의 초기 희곡들은 '위협의 희곡'이라 불렸는데, 매우 강렬한 단어의 결합이 아닐 수 없다.

'raining in jars 항아리'라 옮길 정도였다. 캐롤리노에 따르면 '벽에도 귀ears가 있다'를 '벽에도 소문hearsay이 있다'로, '침묵은 동의를 뜻한다'를 '말하지 않는 것은 동의That not says a word, consent'로, '토할 것 같다'를 '토할 마음이 있다I have mind to vomit'로 옮기는 게 모두 전적으로 허용되는 번역이었다. 1883년판 『말하는 영어』에는 트웨인이 쓴 다음과 같은 서문이 포함되어 있다.

> 이 불확실한 세상에서 그럼에도 확실하게 말할 수 있는 것이 한 가지 있다면, 영어라는 언어가 지속되는 한 이 작지만 유명한 회화집이 세상에서 사라질 일은 결코 없으리라는 것이다. … 무의식중에 뿜어져 나오는 맛깔나는 우스꽝스러움과 매혹적인 순진함은 셰익스피어의 장엄함만큼이나 최고이고, 누구도 감히 범접할 수 없는 수준이다. 이 책의 기적적인 멍청함이 계산된 것이고 솔직하지 않다고 믿는 사람도 많지만, 끝까지 꼼꼼히 읽은 사람이라면 이런 의견은 굽힐 수밖에 없다. 이 책은 자신이 영어를 어느 정도 안다고 생각하고, 남들에게 지식을 나눠줄 수 있을 거라 생각한 어느 정직하고 고결한 멍청이가 선의와 진심을 다해 쓴 책이다. … 그는 자신이 국가와 동시대인들을 위해 훌륭하고 가치 있는 일을 했다고 믿고, 그 성과에 매우 만족하는 사람이다.

캐롤리노의 영어는 남북전쟁을 치루는 동안 에이브러햄 링컨이 기분 전환을 할 수 있게 했고, 1970년 영국 BBC에서 방영된 코미디 프로그램 〈몬티 파이선의 비행 서커스〉의 토막극 '야한 헝가리어 회화집'과 1976년에 출간된 패러디 관광 안내서 『방문하는 영국Britain as she is visit』에 영감을 주었다. 이처럼 좀 엉터리인 번역도 충분히 즐길 수 있다. 구텐베르크 은하계의 내 구석 자리에는『위대한 개츠비』의 스웨덴어판 제목『양심 없는 남자』와,『잘못은 우리 별에 있어』를 매우 비관적으로 번역한 마케도니아판 제목『세상은 소원을 들어주는 공장이 아니야』가 비집고 들어갈 틈이 분명 있을 것이다. 글의 세계에서는 허튼 소리가 오락거리가 되기도 하니 말이다.

잃어버린 번역을 찾아서

1922년, 소설가 조지프 콘래드는 찰스 스콧 몬크리프가 영어로 번역한 마르셀 프루스트의『잃어버린 시간을 찾아서』(스콧 몬크리프는『지나간 것들의 기억Remembrance of Things Past』이라고 번역했다) 1권을 읽고 그에게 편지를 썼다. "나는 프루스트보다 당신의 해석에 더 흥미를 느끼고 매료되었어요. 정말 천재적인 재능을 갖고 계시군요." 한 언어로 쓰인 작품을 다른 언어로 번역한다는 어려움은 스콧 몬크리프가 제목을 어떻게 옮겼는지만 봐도 알 수 있다. 그는 프랑스어 제목에 딱 맞는 영어 제목은 없다는 것을 깨닫고, 셰익스피어 소네트 30번의 다음 구절에서 제목을 가져오기로 결정한 것이다. "달콤한 침묵의 상념 속에서 나는 지나간 것들의 기억을 소환하네."

『잃어버린 시간을 찾아서』의 영어 번역본은 단 세 종류뿐이다. 스콧 몬크리프가 1921년부터 사망했을 때인 1930년까지 작업한 원본, 1981년 테런스 킬마틴이 선보인 번역본*, 프루스트가 쓴 총 일곱 권을 일곱 명의 번역가가 7년에 걸쳐 번역한 2002년 펭귄 출판사 판본이 그것이다. 사실 스콧 몬크리프가 번역 대본으로 삼은 프랑스어판은 오류가 가득했다. 그는 이 불안정한 텍스트를 어떻게든 이해하고 프루스트의 의도를 간파해 영어로 표현할 방법을 찾아야 했다. 게다가 이후에 작업한 번역가들과 달리, 그에게는 참고할 수 있는 다른 영어 번역본도 없었다. 스콧 몬크리프의 고조조카이자 『잃어버린 시간의 추적: 군인, 스파이, 번역가로 살아온 C.K. 스콧 몬크리프의 삶Chasing Lost Time: The Life of C.K. Scott Moncrieff, Soldier, Spy and Translator』을 쓴 진 핀들리가 말했듯, "1921년에 스콧 몬크리프는 홀로 일했다. 마치 최초로 에베레스트산에 오르는 남성 같았다. 그에게는 이정표도, 누가 다져놓은 발판도 없었다."

프루스트는 스콧 몬크리프가 작업을 시작했을 때 여전히 살아 있었고, 세상을 떠나기 직전인 1922년 11월에 몬크리프와 편지를 주고받기 시작했다. 하지만 영어로 번역되어 나온 1권, 『스완네 집 쪽으로』가 호평을 받았음에도 프루스트는 편지에 번역본은 "내 『잃어버린 시간을 찾아서』의 내적 모호성을 대체할 수 없다"고 썼다.

스콧 몬크리프는 1930년에 겨우 마흔의 나이로 세상을 떠났다. 내내 빡빡한 작업 일정에 시달렸고 아홉 명이나 되는 조카까지

---

*　이 판본은 스콧 몬크리프 번역본에, 프루스트의 동생 로베르와 갈리마르 출판사가 추가한 단어 30만 개 분량의 글을 더 넣어 번역해 엮은 것이다. 추가된 글은 프루스트가 원고에 붙여놓은 일명 가필 노트(179쪽 참고)를 토대로 했는데, 대부분이 제자리에서 떨어져 나와 힘들게 다시 끼워 넣어야 했다고 한다. 킬마틴의 번역은 1992년 D.J. 엔라이트의 개정 작업을 거쳐 지금의 'In Search of Lost Time'으로 제목이 변경되었다.

부양해야 했던 와중에도 그는 스탕달, 아벨라르, 엘로이즈, 피란델로의 작품들과 마지막 권을 제외한 프루스트의 전권을 번역했다.[*] 나는 데이비드에게 프루스트의 번역본에서 "내적 모호성"이 어떻게 번역된 것 같냐고 의견을 물었다.

"움베르토 에코는 번역을 일종의 **협상**이라고 설명해요. 번역은 역자와 저자가 서로 말을 주고받으며 실랑이를 벌이는 과정입니다. 거래가 수반되죠. 모든 협상이 그렇듯 타협은 불가피해요. 때로는 이기고 때로는 지기도 하죠. 『잃어버린 시간을 찾아서』의 첫 문장인 "오랜 시간, 나는 일찍 잠자리에 들어왔다Longtemps, je me suis couché de bonne heure"(한국어판을 번역한 김희영 번역가의 번역을 참고했다—옮긴이)에는 행복bonheur의 기운이 서려 있어요. '일찍'을 뜻하는 'de bonne heure'라는 표현 때문이죠. 하지만 영어로 오면 소리로 같은 의미를 전달하는 게 불가능합니다. 그래서 번역가는 협상을 거쳐 이 미묘한 의미를 날려버리기로 하죠. 모든 걸 살릴 수는 없는 법이니까요."

그러면서 데이비드는 좀 더 느슨하고 원문에 덜 치중하는 전략을 취할 수도 있다고 덧붙였다.

"단순히 페이지에 적힌 단어들을 충실하게 번역하기보다는 의미를 번역하는 데 주안점을 두는 거죠. 이를테면, '나는 기쁜 마음으로 일찍 잠자리에 들었다'고 과감하게 번역하는 것처럼요. 물론 이 방법에는 위험이 따라요. 번역가가 원문에 뭔가를 덧붙이는 셈이잖아요. 문장의 흐름과 리듬을 바꾸고, 결정적으로 넌지시 암

---

[*] 이 시리즈 번역은 그가 죽은 뒤 스티븐 허드슨이 완성했다.

시만 된 의미를 노골적으로 표현해서 문장의 미묘한 느낌을 날려 버리게 돼요. 게다가 이건 단어 125만 개 분량의 소설에서 겨우 첫 번째 문장일 뿐이죠. 그렇다면 결국 어떻게 하는 게 좋을까요? 네, 번역에는 정답이 없답니다."

의회파와 왕당파

데이비드는 번역가를 의회파와 왕당파, 두 진영으로 분류한다고 말했다.

"의회파는 정직한 스타일이죠. 원문에 사용된 표현을 그대로 반영해서 최대한 직역하려 하거든요. 반면 왕당파는 번역된 글이 마치 원래 영어로 쓰인 것처럼 읽히도록 하는 것을 목표로 하죠. 그러기 위해 원문과는 다른 관용구와 표현 형식을 택하기도 해요. 의회파는 텍스트란 태생적으로 이질적인 것이라 말합니다. 문화가 다르면 언어적으로나 다른 방식으로나 표현이 달라질 수밖에 없다고요. 그런데 왜 굳이 그런 프랑스어만의, 또는 이탈리아어나 중국어만의 느낌을 지워버리고 부적절한 영어 관용구를 사용해야 하냐고 묻죠. 의회파 비판자들은 이런 번역이 자칫 어색하고 딱딱한 문장으로 이어질 수 있고, 학문적 오만으로까지 비칠 수 있다고 말해요. 한편 왕당파는 원어 독자가 접하지 않았을 부자연스러운 표현은 영어 독자도 경험할 필요가 없다고 생각해요. 왕당파 비판자들은 저자의 선택과는 무관한 스타일과 목소리를 남용하고, 원문을 충실히 따르기보다는 자기 입맛대로 옮기는 거라 말하지만요. cavalier 왕당파 가 무신경하다는 의미를 가지고 있기도 하고요. 하지만 이 영국 내전 비유는 사실 잘못된 이분법에 기대고 있어요.

번역가들은 이 두 진영 중 하나에 소속되어 있다기보다 스펙트럼을 따라 분포해 있거든요. 원문의 모든 표현을 곧이곧대로 직역하는 번역가도 없고, 원문에 구애받지 않고 내키는 대로 번역할 정도로 의역하는 번역가도 없습니다. 그래도 무릇 괜찮은 번역가라면 단어 대 단어 직역을 기피하는 법이죠. 예를 들어 독일어는 동사를 절 끝에 배치하는 경향이 있는데, 번역가가 이 어순을 무작정 따라 하면 요다 말투를 흉내 내는 것처럼 들릴 겁니다."

데이비드는 관련해 재밌는 일화를 소개했다.

"마크 트웨인은 프랑스어로 번역된 자기 작품 중에서 유난히 장식이 많은 문장을 하나 골라 단어 대 단어 직역 방식을 사용해 다시 영어로 번역해보는 실험을 했어요. 그 결과, 원래 문장과는 상당히 다른 문장이 나왔다고 해요. 'It there was one time here an individual known under the name of Jim smiley; it was in the winter of '49, possibly well at the spring of '50. I no me recollect not exactly⋯.' (의미는 크게 다르지 않지만 사용된 단어와 문장구조가 다르고, 약간의 비문도 섞여 있다. '한때 여기에 짐 스마일리라는 이름의 사람 있었다. 49년 겨울, 어쩌면 50년 봄이었을 것이다. 나 이제 정확히 기억나지 않는다⋯.'—옮긴이) 원래 문장은 이러했죠. "There was a feller here once by the name of Jim Smiley, in the winter of '49 or may be it was the spring of '50 I don't recollect exactly⋯. 짐 스마일리라고 하는 남자가 한때 이곳에 머물렀다. 49년 겨울이었는지 50년 봄이었는지 정확히 기억은 나지 않지만⋯."[*] 저는 왕당파를 자청하지만, 아무리 만족스러운 영어 표현을 떠올려도 그것이 원문의 의미와 스타일에 맞지 않으면 아쉽더라도 그냥 버릴 때가 많아요. 텍스트를 자연스러운 영어로 옮기는 게 목적이라고 했을 때 왕당파의 또 다른 문제는 영어 중에서도 어떤 영어를 사용할 것인가, 또 그게 저자나 원문의 화자에게 적합한 목소리라는 것을 어떻게 알 수 있는가 하는 겁니다."

의회파와 왕당파 번역을 한참 설명하던 데이비드는 다시 프루스트 이야기로 돌아와, 오늘날의 번역이 어떤 자세를 취해야 하는지 자신의 생각을 이야기했다.

"앞에서 보았듯이 스콧 몬크리프는 하나의 기준이 될 만한 첫 번역을 선보였어요. 하지만 그가 사용한 에드워드 시대의 화려한 산문체는 비판을 받기도 했죠. 이 문체가 당시 영국의 문학적 취향에는 부합했는지 몰라도, 시간이 지남에 따라 퇴색해 여러 면에서 프루스트의 스타일에 부적합하다고 여겨졌거든요. 그렇다면 결국 오늘날의 번역가는 어떻게 텍스트에 접근해야 할까요? 우선 시대에 맞지 않는 문체를 사용하는 것은 분명히 지양해야겠죠. 플로베르나 톨스토이의 소설 속 캐릭터들이 서로에게 '헤이 친구, 밥은 먹고 다니나?' 같은 인사를 해서는 안 되니까요. 그러나 현대 독자에게 보다 자연스럽게 들리는 번역을 추구할지, 저자의 시대적 배경을 반영하는 번역을 추구할지는 번역가 자신이 선택해야 하는 영역입니다. 일반적으로 고전을 새로 번역해달라는 의뢰는 좀 더 현대적인 느낌으로 번역해달라는 뜻일 때가 많긴 하죠. 여기에는 번역된 텍스트를 하나의 독립된 작품으로 얼마나 인정해줄 수 있

---

*   이는 트웨인의 단편소설 「캘러베러스 카운티의 명물, 뜀뛰는 개구리The Celebrated Jumping Frog of Calaveras County」의 첫 문장이다.

느냐는 문제가 포함돼 있기도 하고요.[*] 이 주제에 제 개인적인 의견을 보태자면 제 번역 방식을 먼저 간단히 소개해야겠네요. 저는 문장을 읽어보고 1차로 번역한 다음, 그게 어떻게 들리는지 머릿속에서 굴려본 후, 가능하다면 좀 더 자연스러운 영어 표현으로 다듬으려 합니다. 특정 방법이 있는 건 아니에요. 그저 본능에 따를 뿐이죠. 아니, 본능이라기보다는 평생 영어를 읽고 써온 경험에서 나온 반응이라고 해야 할 것 같네요. 좋은 번역을 하려면 외국어만 잘하는 게 아니라 모국어도 잘해야 하는데, 이 사실이 종종 간과되는 것 같더라고요.[†] 저자처럼 원작을 만들어내는 건 아니지만, 번역에도 창의적인 기술이 필요해요. 번역은 새로운 텍스트를 만들어내는 일이고, 모든 단어는 번역가가 선택한 것이니까요. 번역가는 뽐내지 말고 겸손하게 자신을 낮출 줄 알아야 하지만, 저자의 목소리를 전달하면서 필연적으로 자신의 목소리를 드러내게 되어 있어요. 중립적으로 투명한 번역이란 결코 존재하지 않는 거죠."

제임스 조이스의 『피네간의 경야』에는 100글자로 된 열 개의 단어가 소설 전반에 걸쳐 등장한다. 그중 첫 번째 단어는 1쪽에 나오는 다음 문장에 사용되었다. "The fall(bababadalgharagh-takamminarronnkonnbronntonnerronntuonnthunntrovarrhounawnskawn-toohoohoordenenthurnuk!) of a once wallstrait oldparr is retaled early

---

[*] 보통 세계 대부분의 나라에서는 번역가가 번역 저작권을 보유하기 때문에(심지어 승인받지 않은 번역일지라도) 번역물은 그 자체로 독립된 작품이라 인정되는 편이다.

[†] 번역가는 외국어를 자신의 모국어로 옮기는 경우가 대부분이고, 반대 경우는 거의 없다.

in bed and later on life down through all christian minstrelsy."(한국
어판을 번역한 김종건 번역가의 번역은 다음과 같다. "추락墜落(바바번개개
가라노가미나리리우우레콘브천천둥둥너론투뇌뇌천오바아호나나운스카
운벼벼락락후후던우우크!), 한때 벽협가壁狹街의 노부老父의 (추락이) 잠자
리에서 그리고 나중에 이어 줄곧 모든 기독교도의 음유시인을 통하여 일찍
이 재차 들리도다."—옮긴이) 이건 번역이 불가능한 문장일까? 나는
데이비드에게 물었다.

"글쎄요, 그래도 이런 수식어가 붙어 번역이 불가능할 것 같
았던 많은 작품이 놀랍게도 어떤 식으로든 다른 언어로 번역이 됐
어요. 『피네간의 경야』는 언어적으로 굉장히 난해한 소설이라 프
랑스어 번역본은 완성되는 데 30년이 걸렸고, 일본어 번역본‡은
번역가가 두 번이나 교체된 후에야 완성되었다고 해요. 첫 번째 번
역가는 사라져버렸고, 두 번째 번역가는 미쳐버렸다고 하네요."

데이비드는 조르주 페렉의 소설을 예시로 들어, 한 가지로 정
의할 수 없는 번역의 가변성에 대해 말을 이었다.

"페렉의 작품 『실종La Disparition』에는 알파벳 e가 들어간 단어
가 일절 사용되지 않았어요. 소설 속 단어들을 영어로 번역해도
똑같이 e가 들어가지 않는다면 아무 문제가 없겠지만, 당연하게

---

‡　일본어판 제목은 『フィネガンズ・ウェイク』다. 참고로 원자의 구성 입자로 알
　려진 '쿼크'라는 이름은 『피네간의 경야』에 나오는 "머스터 마크를 위한 세 개의
　쿼크"라는 구절에서 따온 것이다. 이름을 지은 물리학자 머리 겔만은 쿼크kwork의
　발음을 미리 생각해놓은 상태에서 『피네간의 경야』를 읽은 뒤 철자를 결정했다고
　한다.

도 그렇지 않았죠.* 그래서 길버트 어데어가 번역한 영어판『빈틈 A Void』은 e가 들어가지 않은 완전히 다른 영어 단어를 사용해 같은 이야기를 들려줘야 하는 방법을 찾아야 했어요. 제목도 프랑스어 판을 직역해 'Disappearance'라고 하면 규칙을 위반하는 셈이 되기 때문에 이런 안이 나오게 된 거죠. 이걸 그저 허술한 번역이라고 칭할 수는 없을 겁니다. 어떻게 보면 원작과 일관성을 유지하면서 얼마나 '허술하게' 번역할 수 있는지를 시험하는 흥미로운 사례인 셈이죠. 또 번역이라는 용어가 얼마나 유동적으로 사용될 수 있는지를 보여주는 사례이기도 해요. 질문을 해야 한다면 '번역이 불가능한 것이 있는가?'라고 묻기보다 '모든 것을 번역할 수 있는가?'라고 묻는 편이 나을 것 같네요. 저라면 이 질문에 '그렇다. 번역이 정확히 무엇인지 정의하지만 않는다면'이라고 답할 것 같습니다. 아마 눈치채셨겠지만, 저는 대화를 나누는 내내 이 입장을 취하고 있었답니다."

철학자 대 마법사

우리는 번역을 서로 다른 언어에 필요한 작업으로 생각하곤 하지만, 미국과 영국처럼 두 나라가 같은 언어를 사용해도 한 판본

---

* 페렉은 1969년『실종』을 쓴 뒤 1972년『돌아온 여자들Les revenentes』이라는 중편 소설을 발표했는데, 이 소설에는 알파벳 모음 중 오로지 e만 사용되었다.『실종』이 리포그램lipogram이라면『돌아온 여자들』은 안티리포그래마틱antilipogrammatic 에 해당한다. 참고로 리포그램이란 고대 그리스어에서 유래한 단어로 '한 글자 빼기'를 의미하며, 안티리포그래마틱은 단 하나의 모음만 사용해야 하는 글쓰기를 뜻한다. 그리고 이런 제약이 따르는 글쓰기를 올리포Oulipo라 한다.

에서 다른 판본으로 갈 때는 번역 작업을 해야 할 때가 있다. 스튜어트 터튼이 쓴 『에블린 하드캐슬의 일곱 번의 죽음』이 미국에서 『에블린 하드캐슬의 7½번의 죽음』으로 출간된 것처럼 말이다. "편집부에서 사이즈를 좀 더 키우기로 결정했다"는 게 출판사의 초기 입장이었지만, 실은 테일러 젠킨스 레이드의 『에블린 휴고의 일곱 남편』과 제목이 겹칠 수 있다는 세속적인 이유가 더 컸다. 테드 휴스의 『아이언 맨The Iron Man』도 마블이 '아이언 맨'이라는 이름에 이미 상표권을 등록해놓는 바람에 미국에서는 『아이언 자이언트The Iron Giant』로 제목을 바꾸어야 했다.

한 시장에서 다른 시장으로 진출할 때 책 제목을 바꾸는 여러 이유 중에는 제목이 모호한 것도 한몫을 한다. 스콜라스틱 출판사가 미국에서 첫 번째 해리 포터 소설을 출간할 때 제목을 『해리 포터와 철학자의 돌』에서 『해리 포터와 마법사의 돌』로 변경한 것도 그런 이유에서다.† J.K. 롤링의 전기를 쓴 필립 W. 에링턴은 스콜라스틱 출판사 대표 아서 러바인이 "미국 독자에게는 '마법'을 좀 더 노골적으로 드러내는 제목이 필요했다"고 말한 점에 주목했다. 미국판 제목이 좀 더 마법적으로 들렸을지는 몰라도 미국의 아동

---

† 제임스 본드 영화 〈살인 면허Licence To Kill〉도 미국의 주도하에 제목이 변경되었다. 원래 제목은 〈취소된 면허Licence Revoked〉였는데, 후반 작업 중에 제목이 바뀌었다. 원래 제목은 M이 본드의 살인 면허를 취소해 본드가 독자적으로 나서게 된다는 줄거리가 반영된 것이었는데 미국 관객은 본드의 운전면허가 취소되었다는 뜻으로 받아들일지도 모른다는 이유 때문에 바뀐 것이다. 참고로 영국에서는 명사 licence, 동사 license를 구분해 사용하지만, 미국에서는 license 한 단어를 동사와 명사로 모두 사용한다.

문학 연구가 필립 넬이 「젤리냐 젤로냐: 해리 포터와 언어의 변형 You Say "Jelly", I Say "Jell-O"?: Harry Potter and the Transfiguration of Language」에서 지적했듯, 제목을 '마법사의 돌'로 바꾼 탓에 "영국판 '철학자의 돌'에서 암시된 연금술과의 연결 고리가 유실"된 건 사실이다.

러바인은 제목을 바꾼 뒤, 미국 독자를 겨냥한 본문 번역에 나섰다. 이 책은 '해리 포터 시리즈'의 첫 책으로 일곱 권 중에서도 간섭을 가장 심하게 받았는데, 출간 당시 롤링이 미국에서 무명작가였던 이유도 있을 것이다. 미국판은 제목뿐 아니라 본문 속 단어들도 변경되었다. 퀴디치 '경기장'은 pitch에서 field가 되었고, 엄마는 mum에서 mom으로, 젤리는 jelly에서 Jell-O로, 스웨터는 jumper에서 sweater로 바뀌었다. 넬의 말처럼 pitch를 field로 바꾼 번역은 두 가지 부정적인 결과를 낳았다. 우선 첫 번째는 크리켓 경기장을 원래 pitch라고 하는데, 퀴디치를 크리켓과 분리시킨 탓에 퀴디치 경기가 크리켓처럼 끝없이 길어질 수 있음을 암시하는 수많은 농담이 무의미해진 것이다. 어차피 대부분의 미국인이 크리켓이 뭔지 잘 모를 테니 별로 중요하지 않을 수도 있겠지만 말이다. 두 번째는 직관적으로 알 수 있듯 라임이 파괴되었다는 것이다.

J.K. 롤링은 방언을 활용하고 파르바티 파틸이나 초 챙 같은 캐릭터를 포함하는 등 영국의 문화적 다양성을 반영하는 세계를 정성 들여 만들어냈지만, 이처럼 번역이 미묘한 문화적 차이를 지워버릴 수도 있다는 것이 드러났다. 특히 미국판에서 엄마를 mum에서 mom으로 바꾼 탓에 아일랜드계 캐릭터인 셰이머스 피네건조차 mom이라고 말하는 사례가 대표적이다(영국판에서는 mam이

라고 한다). 어떤 단어는 번역을 거치면서 언어유희 기능을 잃어버리기도 했다. 가령 영국의 '셀로테이프'가 미국에서 '스카치테이프'로 바뀐 탓에 미국 독자들은 셀로테이프와 마법 테이프인 스펠로테이프 사이에 존재하는 말장난을 놓치게 되었다. 또 미국판에서 덤블도어는 높은 의자high chair에 앉는데, 영국판에서는 등받이가 높은 의자high-backed chair에 앉는다. 하지만 전자가 유아용이라면, 후자는 권위와 위엄을 상징하는 의자라는 점에서 이 둘은 완전히 다른 의미다.

그렇다면 이런 번역은 정말 필요했던 걸까? "모든 번역 행위는 전유 행위로 해석될 수 있다"는 넬의 말처럼 문화적 전유 행위는 아니었을까? 넬은 해리 포터 시리즈의 번역 문제를 미국 아동 출판이라는 맥락 속에서 살펴본다. 미국 아동 출판계는 이런 일이 너무 흔해서 별다른 언급도 없이 지나가는 경우가 대부분이라는 것이다. 그는 제인 화이트헤드의 1996년 연구 「"이건 내가 쓴 게 아니야!": 영국 어린이책의 미국화 "This is Not what I wrote!": The Americanization of British Children's Books」를 언급하면서 다음 문장을 인용한다.

"미국화라는 명목하에 이루어지는 수정 양은 방대하다. … 철자, 문장부호, 어휘, 관용구 … 외에도 제목, 배경, 캐릭터 이름, 문화 특수적 암시 … 등을 포함한다."

같은 언어를 쓰는 두 시장 사이에서 이런 식의 번역은 텍스트의 의미를 바꾸고 왜곡시킬 뿐만 아니라, 독자들이 언어적 차이를 배울 기회까지 박탈한다. 러바인은 자신이 해리 포터에 접근한 방식을 이렇게 설명한다. "책을 … '미국화' 할 생각은 없었다. 내가 하려던 건 번역이고, 이 둘은 엄연히 다른 것이다. 나는 이 책을 읽는 미국 어린이가 영국 어린이와 똑같은 문학적 경험을 하기를 바랐다."

반면 넬은 이렇게 썼다.

"다른 나라 아이들에게 '똑같은 문학적 경험'을 제공하는 게 가능하다 하더라도, 그것이 과연 바람직한 일일까? … 영국인들은 영국화되지 않은 수많은 미국 문화를 받아들이는데, 미국 출판사는 거대한 미국 시장에서 성공하기 위해 영국식 텍스트를 마음대로 미국화해도 된다고 여긴다."

실제로 영국 아이들은 미국의 대중문화와 미국식 철자법에 굉장히 익숙하기 때문에 대체로 큰 어려움 없이 두 언어의 차이를 이해할 수 있는데 말이다.

개인적인 견해를 말하자면 나는 이런 방식의 번역에 동의하지 않는다. 영국식 영어에서 미국식 영어로 번역하는 것이든, 그 반대의 경우든 마찬가지다. 유년기 독서의 좋은 점 중 하나는 책을 읽지 않았다면 몰랐을 여러 단어와 구문과 개념을 접하게 된다는 것이니 말이다. 어느 열한 살짜리 친구가 『해리 포터와 아즈카반의 죄수』 출간을 맞아 1999년에 《뉴요커》에 보낸 편지 내용처럼, 어린이들은 "커다란 상상력을 지니고 있고 대체로 … 문맥을 통해 단어의 의미를 알아낼 수 있다."

나는 어렸을 때 영국식 영어와 미국식 영어의 어디가 다른지 찾아내는 걸 좋아했다. 이 발견은 무척 흥미로웠고 세상에 대한 많은 것을 배울 수 있었다. 그때까지만 해도 미국에 가본 적이 없었지만(비행기를 타는 건 고사하고, 죽 살던 영국을 떠나본 적도 없었다) 나는 스스로를 경험 많은 여행자라고 생각했는데, 비록 나이는 아홉 살밖에 안 되었어도 독서를 하며 두 나라가 공유하는 언어가 늘 같지는 않다는 걸 배웠기 때문이다. 1980년대 중반을 에섹스주 시골에서 보내며 자란 나는 세련과는 거리가 먼 아이였지만, 단어에 관해서 만큼은 예외였다. 미국은 colour를 color라고, pavement를 sidewalk라고 표현한다는 걸 알았고, 이런 걸 알게 될 때마다 마치 암호를 풀고 있다는 느낌이 들었다. 이런 차이는 내가 만나는 이야기들의 풍부한 배경이 되어주었고, 덕분에 배로 즐거울 수 있었다. 마지막으로 데이비드가 들려준 번역 이야기를 전하며 이 장을 마치도록 하겠다.

"제가 정말 비난받아 마땅하다고 딱 잘라 말할 수 있는 번역은 번역가가 원문이 별로라고 판단해 임의로 편집하거나 고쳐 쓴 경우, 내용을 완전히 잘못 이해해 오역한 경우뿐입니다. 그런데 조르주 심농이 쓴 매그레 시리즈*를 새로 번역하는 동안 이전 번역본에서 방금 말한 두 종류의 끔찍한 번역을 모두 접했었죠. 매그레가 강가를 따라 이동하기 위해 탈것을 빌리는 대목에서 아주 웃기는 오역을 발견하기도 했어요. 이 부분에서 탈것은 프랑스어로 'youyou'라고 하는 작은 배의 한 종류였는데, 번역가가 알 수 없는 이유로 이걸 '스카이 콩콩pogo stick'이라고 이해했더라고요. 다부진 체격의 매그레가 스카이콩콩을 타고 이동한다는 게 얼마나 터무

---

* 매그레 시리즈는 총 75권으로, 펭귄 출판사는 열한 명의 번역가를 고용해 6년간 매달 한 권씩을 출간했다. 조르주 심농은 1931년부터 1972년까지 소설을 썼는데, 그동안 매그레는 계속 노인으로 남아 있었다.

니없는 일인지, 스카이 콩콩이 정말 유효한 교통수단은 맞는지 어슴푸레batsqueak* 의구심을 품은 것 같긴 하다만, 이 번역가는 자기가 잘못 해석했을 수도 있다고 생각하기보다는 그냥 이런 설명을 덧붙였답니다. '… 그는 스카이콩콩을 받았다. **이건 최근에 유행한 것인데, 그는 한 번도 타본 적이 없었다**[†]….' 그러고는 문제를 잘 해결했다고 생각했겠죠."

---

* 『편집 만세』를 집필하는 동안 이 책 판권이 한국, 중국, 일본, 튀르키예에 팔렸다는 소식을 접했다. 각 나라의 번역가들이 이 표현을 어떤 식으로 번역할지 궁금하다(batsqueak은 박쥐가 내는 초음파 소리를 말하는 것으로, 소리나 감정 등이 희미하다는 의미로 사용한다—옮긴이).

† 볼드체 강조는 데이비드가 한 것이다. 나도 동의하는 바다.

블랩, 블로버, 블러브

사람들에게 책을 사서 읽어보라고 설득할 때 우리가 어떤 방법을 사용하는지 되짚어보자. 물론 답은 뻔하다. 바로 글을 사용하는 것. 표지 문구, 일명 '블러브blurb'는 뒤표지를, 최근에는 아마존 책 소개 페이지에 사용하는 글을 의미하는 것으로, 책을 세상으로 내보내는 발사대 역할을 한다. 다시 말해 이 글만큼은 정말 잘 써야 한다. 이런 형태의 설득은 어떻게, 왜 나오게 되었을까?

당신은 브로마이드‡인가?

자, 정말 그럴까? 이 흥미로운 질문은 블러브라는 단어가 처음 사용되었다고 알려진 글의 헤드라인을 장식했다. 1907년 미국인 프랭크 젤렛 버지스는 연례 무역 협회 만찬에 자신의 책 『당신은 브로마이드인가?Are You a Bromide?』를 소개해야 했다. 출판사 대표 B.W. 휩시에 따르면 당시에는 "소설 표지에 여성을 넣는 것"이 유행이었다. "나른하거나 영웅적이거나 요염한 여자" 말이다. 버지스는 여기서 영감을 받아, 자신의 책 커버에 '미스 벨린다 블러

---

‡　프랭크 젤렛 버지스는 따분하고 지루한 말을 하는 따분하고 지루한 사람을 '브로마이드bromide'라 지칭했다. 누군가 혹은 무언가를 모욕하는 새로운 방식이 필요할 때, 독자 여러분도 이 단어를 시도해보기를.

브'라는 가상의 젊은 여성이 블러브 행위를 하고 있는 이미지를 실었다.

따분하고 늙은 이미지와 거리가 멀어 보이는 벨린다는 맹렬히 블러브 중인 듯하다. 저런 여성이라면 같이 칵테일을 마시고 싶다는 생각이 절로 들 것 같기는 하다. 블러브는 이렇게 운을 뗀다.

"우리는 버지스라는 남성이 헨리 제임스(『여인의 초상』『나사의 회전』 등을 쓴 미국의 소설가—옮긴이)를 석탄 상자에 가두고 신고 전화를 했다고 생각합니다. 훌륭하고 엄청난 이 책은 350부 정도 팔릴 것으로 예상합니다. 감정이 폭발하고 활력이 넘치는 작품이죠. 약 48킬로미터에 달하는 울창한 열대 정글을 기어가 누군가의 목을 물어뜯고 싶게 만드는 확실한 뭔가가 있습니다."

20년간 책 표지 문구를 편집해왔지만 이런 괴상한 추천사는 난생처음 본다. 애초에 헨리 제임스가 왜 석탄 상자에 갇힌 건지도 모르겠다. 48킬로미터에 달하는 울창한 열대 정글을 기어가 누군가의 목을 물어뜯고 싶게 만드는 책을 **한 번이라도** 읽어본 적 있는가? 혹시 모른다. 어쩌면 이 책이 바로 그런 책인지도.

출판사 같은 소리

블러브라는 단어를 처음 만들어낸 버지스는 한발 더 나아가 1914년, 자신의 저서 『버지스 완전판Burgess Unabridged』에서 이 단어의 정의를 제시했다.

> **Blurb**
> 1. 현란한 광고, 감동적인 추천사.
> 2. 과한 칭찬. 가령 출판사 같은 소리. … 보통 신간 소설의 커버에서 찾아볼 수 있다. 이 책이 '올해의 책'이라고 증언하며 온갖 형용사와 부사를 남발한다.

혹여 출판사 같은 소리가 어떤 소리냐고 누군가 묻는다면 '블러브'라 답해주면 되겠다.

버지스가 제시한 첫 번째 정의, "현란한 광고, 감동적인 추천사"는 시간이 지나면서 책 뒤표지에 실리는 모든 광고 문구를 뜻하게 되었다. 출판계에서 통하는 다른 많은 단어처럼 블러브도 굉장히 구체적으로 쓰일 때가 있는가 하면 일반적으로 쓰일 때도 있다. 내가 일하는 곳에서 블러브는 표지와 책날개에 들어가는 문구뿐 아니라, 맨 앞 장에 실리는 추천사까지를 모두 포함하는 말로 쓰인다. 정확히 말하자면 출판계에서 재킷이라고도 하는 '커버'는 보통 양장본에 씌우는 탈착식 껍데기를 가리키고, '표지'는 무선 장정에 쓰는 두꺼운 맨 앞 종이를 뜻한다. 많이들 이 두 단어를 섞어 쓰는 만큼 우리도 그럴 수 있겠지만, 차이점을 알아둘 필요는 있다. 마찬가지로 블러브도 다소 게으르게 사용되는 경향이 있기는 하지만, 아무리 그래도 표지 문구를 쓰는 일은 서평이나 다른 작가의 추천사에서 블러브로 쓸 만한 말을 찾아내는 일과는 매우 다르다.

벨린다와 그의 브로마이드가 등장하기 반세기 전인 1855년, 월트 휘트먼은 『풀잎』을 출간했다. 이 시집을 읽고 큰 감명을 받은 랄프 왈도 에머슨은 휘트먼에게 성공을 축하하며 "작가로서의 멋진 삶을 시작한 당신을 환영합니다"라고 쓴(물론 다른 말도 썼겠다만) 편지를 보냈다. 그리고 휘트먼은 이듬해에 『풀잎』 개정판*을 내면서 이 문장을 가져다가 책등에 금박을 입혀 찍어냈다. 어쩌면 그러면서 자신의 시 「나 자신의 노래」의 유명한 첫 구절, "나는 나 자신을 축하한다"에 동의를 표시한 걸지도 모르겠다. 에머슨이 휘트먼에게 쓴 추천사는 한 작가가 다른 작가를 블러브한 첫 사례 중 하나다. 그런데 이 모든 것은 대체 어떻게 시작되었을까?

블러브의 여정

1678년, 존 번연은 『천로역정』이라는 기독교적 우화를 출간

---

* 휘트먼은 40년간 『풀잎』을 고쳐 썼다. 초판에는 열두 편의 시가 실렸는데, 마지막 판에는 무려 400편이 실렸다. 이 정도면 거의 다른 책이라고 봐야 할 것이다.

했다. 『천로역정』은 영어로 쓰인 최초의 소설로 인정받았을 뿐만 아니라[†], 이후 소설들과 함께 오늘날 우리가 아는 블러브를 탄생시키는 데 중요한 영향을 끼쳤다. 여기에 실린 『천로역정』 초판본의 표제지를 한번 보자.

이것은 일반적인 표제지를 **훌쩍** 넘어선다. 우선 "천로역정"이라는 제목과 "이 세계에서 앞으로 도래할 세계로"라는 부제가 독자에게 이야기의 얼개를 제공한다. 그리고 나서는 이야기가 "마치 꿈처럼 전해진다"는 점을 밝혀 전달 방식을 알려준 뒤, "바라던 땅에 무사히 도착"이라는 문장으로 결말을 암시한다.

『천로역정』이 처음 출간되었을 때만 해도 이야기의 내용을 전달할 방법과 물리적 공간이 확보되지 않은 상태였지만, 그래도 최초의 읽을거리는 대체로 기존의 이야기를 재구성한 것이었기 때문에 큰 상관이 없었다. 어차피 독자가 다 아는 이야기였을 테니 말이다. 하지만 새로운novel[*] 이야기가 등장하기 시작하면서 인쇄업자와 저자는 독자의 관심을 끌기 위해 이 소설이 무엇에 대한 이야기인지 설명할 방법을 찾아야 했다. 그리하여 표제지에는 갈수록 많은 정보가 들어가게 되었고, 결국 이것이 블러브로 변형되었다. 『천로역정』 초판본에는 줄거리뿐 아니라 삽화도 포함되어 있다. 삽화에는 선잠에 빠진 평범한 주인공 순례자가 자신이 여행하는 꿈속 풍경에 둘러싸여 있고, 여행의 출발지와 목적지가 친절하게 표시되어 있다. 이야기의 기본 구조를 삽화로 표현하여 훈련이 잘 된 독자든 그렇지 않은 독자든 호기심을 가지고 이야기를 따라가게끔 설정한 것이다.

그러자 다른 책들도 이 패턴을 따라 표제지를 꾸미기 시작했다. 1704년에 출간된 조너선 스위프트의 『통 이야기』 표제지

---

[*]　소설을 뜻하기도 하는 novel은 '새로운'을 뜻하는 이탈리아어 단어 novella에서 유래했다.

는 이 책이 "인류의 보편적 진보를 위해 쓰였다"고 설명하면서 책의 알레고리를 삽화로 보여준 뒤, 해석은 독자에게 맡겼다. 이후 1719년 대니얼 디포가 『로빈슨 크루소』를 출간할 즈음에는 표제지가 오늘날의 표지 문구와 좀 더 비슷한 형태를 갖추기 시작했다.

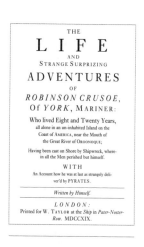

THE
LIFE
AND
STRANGE SURPRIZING
ADVENTURES
OF
ROBINSON CRUSOE,
Of *YORK*, MARINER:

Who lived Eight and Twenty Years,
all alone in an un-inhabited Island on the
Coast of AMERICA, near the Mouth of
the Great River of OROONOQUE;

Having been cast on Shore by Shipwreck, where-
in all the Men perished but himself.

WITH

An Account how he was at last as strangely deli-
ver'd by PYRATES.

Written by Himself.

LONDON:
Printed for W. TAYLOR at the *Ship* in *Pater-Noster-
Row*. MDCCXIX.

제목과 부제를 제외하면 단어 50개 분량 정도인 이 소개 글은 크루소가 요크 출신 선원이며, 난파 사고로 동료를 모두 잃고 표류하다 해적선에 구출되어 28년 동안 아메리카 대륙 어느 큰 강 하구 근처의 무인도에서 홀로 살고 있다는 사실까지 알려준다. 좋은 표지 문구들이 그러하듯 이 소개 글은 우리의 시선을 사로잡을 뿐만 아니라, 궁금증을 불러일으키기 딱 좋을 만큼만 줄거리를 공개해서 독자가 책을 집어 들고 더 읽고 싶게 만든다. 심지어 해적도 등장한다니, 누가 이 책을 마다하겠는가?

이런 표제지 블러브는 소설 형식이 발전하면서 점점 정교해졌다. 새뮤얼 리처드슨의 『파멜라』 표제지에는 "개인의 삶에서 가장 중요한 문제" "부모와 자식의 잘못된 행동으로 인한 괴로움"이라는 문장이, 그의 또 다른 작품인 『클러리사 할로』 표제지에는 "젊은 남녀의 마음으로 본 미덕과 종교관"을 다룬다는 문장이 적혀 있다.

PAMELA:
OR,
VIRTUE Rewarded.
In a SERIES of
FAMILIAR LETTERS
FROM A
Beautiful Young DAMSEL,
To her PARENTS.
Now first Published
In order to cultivate the Principles of VIRTUE and RELIGION in the Minds of the YOUTH of BOTH SEXES.
A Narrative which has its Foundation in TRUTH and NATURE; and at the same time that it agreeably entertains, by a Variety of curious and affecting Incidents, is intirely divested of all those Images, which, in too many Pieces calculated for Amusement only, tend to inflame the Minds they should instruct.
In TWO VOLUMES.
The SECOND EDITION.
To which are prefixed, EXTRACTS from several curious LETTERS written to the Editor on the Subject.
VOL. I.
LONDON:
Printed for C. RIVINGTON, in St. Paul's Church-Yard; and J. OSBORN, in Pater-noster Row.
M DCC XLI.

그러니까 쉽게 말하자면 300년 전에도 블러브의 역할은 지금과 전혀 다를 것이 없었다는 거다. 작은 공간을 활용해 독자의 흥미를 자극하기 딱 좋을 만큼만 책에 대해 알려준 뒤, 이 글에 시간과 돈을 투자하라고 설득하는 역할 말이다.

기쁨에 찬 비명

책에 실리는 블러브는 점차 두 가지 요소를 포함하기 시작했다. 바로 줄거리를 설명하는 표지 문구와 제삼자의 추천사가 그것이다. 1925년에 무명의 어니스트 헤밍웨이가 『우리들의 시대에』를 출간했을 때, 이 책은 다른 작가들의 추천사로 뒤덮인 커버를 달고 세상에 나왔다. 포드 매독스 포드, 길버트 셀데스, 존 더스패서스, 도널드 오그던 스튜어트, 월도 프랭크, 셔우드 앤더슨을 비롯한 여럿이 이 책에 추천사를 썼다. 앤더슨의 블러브는 이렇게 시작한다. "헤밍웨이 씨는 젊고 강하고 웃음이 많고 글을 쓸 줄 안다." 보니앤드리버라이트 출판사의 노력에도 불구하고 헤밍웨이는 이런 식의 홍보에 불만을 느꼈고, 그해 말에 출판사와 계약을 파기한 뒤 스크리브너 출판사와 손을 잡았다.

하지만 서평가나 다른 작가가 써주는 추천사는 논란의 여지가 있다. 1936년 조지 오웰은 「소설을 옹호하며In defence of the Novel」라는 글에서 다음과 같이 쓰기도 했다. "지각 있는 사람에게 왜 '결코 소설을 읽지 않는지' 물어보라. 서평가들이 써내는 역겨운 블러브가 한몫했음을 알 수 있을 것이다." 그러고 나서 오웰은 이렇게 썼다.

"소설이 하루에 열다섯 권씩 쏟아져 나오고, 그 모든 책이 다 영원히 기억될 걸작이라, 놓치면 마치 영혼에 못 할 짓이라도 하는 것처럼 호들갑을 떨어대는 통에 … 기쁨에 찬 비명을 지르지 못하는 독자는 죄책감을 느껴야 할 판이다."[*]

나도 무슨 말인지 알 것 같다. 서점에 가서 책들을 둘러보다 보면, 어서 책을 집어 들고 읽어보라 외쳐대는 듯한 블러브의 요란한 공세에 가끔은 진이 다 빠지곤 하니 말이다. 요즘은 장르를 불문하고 다른 작가나 전문가의 추천사로 표지를 장식하는 것이 하나의 문화로 자리 잡았지만, 사실 그게 얼마나 효과가 있는지는 아무도 **모른다**. 독자들은 정말 다른 사람들의 의견에 따라 책을 구입할까? 아니면 추천사를 활용하는 게 표준화된 마케팅 방식이라 그냥 다들 그렇게 하는 걸까? 오죽하면 작가들이 서로 좋은 평을 주고받는 행위를 일컬어 '추천사 품앗이logrolling'라는 말까지 생겼을까. 조지 오웰이라면 이런 말이 있다는 걸 알고도 별로 놀라지 않

---

[*] 여기서 오웰은 「소설을 옹호하며」를 쓰기 한 주 전에 《선데이 타임스》에서 발견한 한 서평을 언급한다. "이 책을 읽고 기쁨에 찬 비명을 지르지 않는다면 당신의 영혼은 죽은 것이다." 이 문제의 소설을 읽고 별로라 생각했다면… 내 영혼에 정말 못 할 짓을 한 느낌이 들 것 같다.

았을 것 같다. 가끔은 추천사가 고조되는 군비 경쟁처럼 느껴지기도 한다. 시간이 흐르면서 문장은 더 짧고 분명해졌지만, 사용되는 형용사는 갈수록 최상급이 되어가고 있다. 실제로도 '권위 있는' '강렬한' '책을 놓을 수 없는' 같은 표현이 주를 이룬다.

다시 아까 이야기로 거슬러 올라가보자면, 매독스 포드가 헤밍웨이에게 쓴 추천사는 이렇게 시작한다. "지금 이 순간 미국 최고의 작가(지금은 비록 파리에 머물고 있지만…)." 단어 하나로 승부를 봐야 하는 요즘 같은 주의력 결핍의 시대에는 결코 나올 수 없는 사치스럽고 현학적인 여담이 아닐 수 없다. 지금이라면 "미국 최고의 작가" 아니면 그냥 "최고"라는 말로 압축되지 않을까.

낯선 이에게 보내는 편지

파티에 가서 한 손에 술잔을 든 채 한 친구를 다른 친구에게 소개해야 하는 상황에 놓였다고 상상해보자. 아마 순발력을 발휘해 두 친구가 각각 어떤 사람인지를 짧은 문장으로 압축해서 들려줄 수 있어야 할 것이다. 단, 결함으로 비칠 수 있는 특징은 일절 언급하지 않으면서 말이다. 로베르토 칼라소는 『출판의 기술The Art of the Publisher』에서 블러브를 작성할 때 "효과적인 단어 몇 개에 의존해야 하고 … 뭔가를 처음 소개할 때마다 드는 어색함을 극복해야 한다"고 말했다. 파티든 책이든 상황은 똑같은 셈이다.

칼라소의 말에 따르면 책 날개의 전신은 저자나 인쇄업자가 작품을 후원해준 사람에게 쓴 '헌정 편지'라 할 수 있다. 후원자들은 왕족이거나 어느 정도 지위가 있는 사람인 경우가 많았다. 가장 잘 알려진 후원자 중 한 명은 사우샘프턴의 3대 백작 헨리 라이어

스슬리였다. 그가 윌리엄 셰익스피어를 후원하지 않았더라면 역사는 셰익스피어를 기억하지 않았을 것이다. 셰익스피어는 자신의 시 「비너스와 아도니스」를 그에게 바쳤고, 일 년 후에는 「루크리스의 능욕」을 헌정했다.

"경에게 바치는 나의 사랑은 끝이 없습니다. … 제가 쓴 작품은 경의 것입니다. 제가 써야 할 작품도 경의 것입니다. 경은 제 모든 것의 일부입니다."

표지 문구의 가장 중요한 목적은 후원자를 기쁘게 하는 것이었다. 하지만 행간을 읽어보면 칼라소가 지적하듯 "저자(혹은 인쇄업자)가 헌사에 진실이나 독약 몇 방울을 숨겨놓은 수많은 사례를 확인할 수 있다. … 표지 날개는 필연적으로 불신을 부채질한다."

이런 불신은 고대로 거슬러 올라간다. 18세기 전에는 저자가 출판사에게 보수를 받지 않는 것이 일반적이었기에 유력 인사에게 책을 헌정한다는 건 저자나 인쇄업자가 일종의 보상을 받으려는 시도이기도 했다. 어쩌면 이런 불신은 여전히 남아 있는지도 모르겠다. 책을 읽거나 구입하는 대부분의 독자도 표지 문구가 책을 **팔려는** 목적을 가지고 있다는 걸 알고 있으니 말이다. 표지 문구는 설득의 글이며, 칼라소의 말처럼 "은밀하게 부풀려진 광고일 수 있으므로 독자가 신중하게 읽어야 할 텍스트다." 마치 "낯선 이에게 보내는 편지" 같기도 하다. 문구를 쓰는 사람은 과연 누가 표지를 볼지 알 수 없지만, 제한된 단어 개수를 사용해 어떻게든 독자 한 명 한 명에게 다가가 책을 사라고 설득할 수 있어야 한다.

벨린다 블러브 씨의 블러브학 개론

내가 일하는 곳에는 '블러브'라 불리는 부서가 있다. 아니, 이제는 아니므로 예전에 그런 부서가 있었다고 하는 게 맞겠다. 지금은 단 한 사람이 블러브를 담당한다. 사생활 보호 차원에서 그를 벨린다 블러브 씨라고 하겠다. 벨린다는 책 소개 글을 쓰고 표지에 들어갈 블러브를 조합하는 일을 한다.

"저는 책이 빽빽하게 꽂힌 작은 방에 틀어박혀 블러브 쓰는 법을 배웠어요. 하루 종일 책을 읽고 글을 썼고, 가끔 밖에 나가 편집자와 이야기하거나 원고를 가져오곤 했죠. 정말 좋았어요. 당시 제 상사가 글을 무척 잘 다룬 덕에 건설적인 비판을 들을 수 있었고 문구를 수정받기도 했죠. 또 영감을 얻기 위해 다른 책에 쓰인 블러브를 살펴보며 많이 배우기도 했어요. 포스터부터 제품 포장지까지, 카피가 적힌 건 뭐든 가리지 않고 눈여겨봤어요. 블러브 쓰기는 예술보다 기술에 가까워요. 경험을 바탕으로 연마할 수 있죠."

하지만 점점 더 빨리 돌아가는 요즘 같은 세상 속에서 블러브를 쓰기 위해 책 한 권을 다 읽을 시간이 있기나 할까? 나는 벨린다에게 정말 그렇게 하는지 물었다.

"그건 책마다 달라요. 소설은 최대한 많이 읽으려고 하죠. 카피라이터 친구는 너무 많은 정보를 누설하지 않기 위해 초반 3분의 1 정도만 읽는다고 하더라고요. 하지만 저는 이야기가 어디로 향하는지, 어떻게 끝나는지 아는 게 중요하다고 생각해요. 그래야 방향을 넌지시 알려줄 수 있으니까요. 영화 〈해리가 샐리를 만났을 때〉의 해리 번스처럼 저도 마지막 페이지를 반드시 읽어야 해요. 또 시간이 허락하는 한은 책과 관련된 정보를 많이 찾아보는 편이에요. 특히 고전소설을 작업할 때는 맥락을 더 잘 파악하기 위해 저자 정보를 많이 찾아보죠. 원고가 나오지도 않은 상태에서 카피를 써야 할 때도 종종 있는데, 그럴 때는 책의 예상 독자가 누구인지, 어떤 점을 강조하고 싶은지를 알아야 해요. 원고가 나오지 않았을 때 작업이 더 수월한 경우도 있지만, 보통은 책을 읽고 저자의 스타일과 목소리를 아는 상태로 시작하는 게 더 좋은 것 같아요. 저는 메모를 많이 하고, 글을 필요 이상으로 많이 썼다가 이제 됐다 싶을 때까지 계속 자르고 다듬는 스타일이에요. 제 문장을 제 손으로 죽여야 하죠! 최대한 간결하고 명료한 언어를 사용하라는 조지 오웰의 격언을 마음에 새기려고 늘 노력해요.”

벨린다는 잔인한 사람이다. 나는 내가 쓴 문장이 아무리 장황하더라도 도저히 내 손으로는 못 죽일 것 같은데 말이다. 나는 벨린다가 생각하는 좋은 블러브와 나쁜 블러브가 궁금해졌다.

“나쁜 블러브를 설명하는 쪽이 훨씬 쉬워요! 너무 많은 정보를 누설하거나, 너무 두루뭉술하거나, 위키피디아 항목처럼 정보를 단순 나열하는 경우가 그렇죠. 최악은 너무 길어서 도저히 끝까지 읽을 수 없는 글이에요. 좋은 블러브란 설명하기보다는 보여줄 수 있어야 하죠. 만화책에 실릴 카피를 쓴다고 했을 때, ‘웃기다’ ‘놀라울 정도로 재밌다’고 설명하기보다는 그런 농담과 재치를 실제로 보여줘서 독자를 킬킬거리게 만들어야 해요. 긴장감 넘치고, 무섭고, 극적이라고 설명할 게 아니라 적절한 어휘와 문장구조를 사용해서 그런 점들을 보여줘야 하는 거죠.”

‘설명하지 말고 보여줘라’는 모든 유형의 글쓰기에 적용되는 말로, 설명이나 묘사보다는 행동, 말, 생각, 느낌으로 독자가 이야기를 경험할 수 있어야 한다는 뜻이다. 안톤 체호프는 자신의 형에게 보낸 편지에 이런 말을 썼다.

"자연을 묘사할 때는 독자가 눈을 감았을 때 광경을 떠올릴 수 있도록 작고 세세한 요소들을 포착해 배치해야 합니다. 이를테면 둑 위에 깨진 유리병 조각이 작은 별처럼 반짝거리고, 개인지 늑대인지 모를 검은 그림자가 공처럼 굴러간다고 쓰면 달밤이 되는 것이죠."

바로 이런 것이 설명하지 않고 보여주는 방식이다. 벨린다는 블러브를 쓸 때 염두에 두면 좋은 팁을 덧붙였다.

"블러브는 이 책을 왜 읽어야 하는지 출판사 입장에서 말하기보다는 독자를 책의 세계로 끌어들일 수 있어야 해요. 100자 안에 아주 짧은 이야기를 들려준다는 개념이죠. 최근에 작업한 시리즈 책은 뒤표지에 블러브가 달랑 한 줄 들어갔는데, 핵심만 짚을 자유를 얻은 것처럼 해방감 비슷한 감정이 들더라고요. 이제는 온라인 매출이 늘어서 아마존 책 소개 페이지에서 블러브를 보는 사람이 많잖아요. 하지만 소개 글을 끝까지 읽기 위해 '더 보기'를 클릭하는 사람이 과연 얼마나 될까요? 덜어낼수록 더 좋아지는 법이죠. 저는 동료 카피라이터랑 블러브 형태가 어떤지 자주 이야기하곤 해요. 어떤 건 삼각형 모양으로 좁게 시작했다가 넓어지고, 어떤 건 모래시계 모양으로 크게 시작해서 작아졌다가 다시 커져요. 다이아몬드 모양도 있다니까요. 정말 재밌어요!"

블러브의 모양이 이렇게 다양한지 누가 알았을까? 다음에 서점에 들른다면 여러분도 블러브의 여러 형태를 살펴가며 책을 구경해보기 바란다.

*

앨런 레비노비츠는 「경력의 정점에서: 블러브의 간략한 역사
I greet you in the middle of a great career: A brief history of blurbs」에서 로마 시대
부터 현재까지 이어지는 블러브의 기술을 살펴본다. 그의 말대로
우리는 이제 블러브의 시대를 지나 블랩과 블로버의 시대로 접어
들었다. 블랩은 "앞표지 바로 다음에 오는 블러브로 뒤덮인 반들
반들한 종이"다. 블랩으로도 충분하지 않으면 블로버를 사용할 수
도 있다. 레비노비츠가 "스테로이드를 맞은 블랩"이라고 칭하는
블로버는 두 번째 책 표지에 해당하며, 맨 앞 표지처럼 두꺼운 종
이를 사용해 추천사를 가득 실은 걸 말한다. 불과 한 세기 만에 브
로마이드에서 스테로이드까지 종횡무진한 셈이다.

그런데 놀랍게도 이 장을 쓰던 중, 블러브가 책 구매의 핵심
변수로 떠오르게 만든 예상치 못한 일이 일어났다. 코로나19로 모
든 곳에 봉쇄 조치가 시행되며 석 달간은 직접 책을 사러 가는 일
이 불가능해졌고, 후에 다시 서점이 문을 열자 고객의 안전을 위해
새로운 규정이 적용된 것이다. 이 규정에는 고객이 손은 댔지만 구
입하지 않은 모든 책을 72시간 동안 분리해둔다는 내용도 있었다.
서점 측은 사람들이 불필요하게 책을 집어 드는 일을 줄이기 위해
뒤표지가 보이게 책을 뒤집어놓기 시작했다. 고객이 책을 건드리
지 않고도 블러브를 읽을 수 있게 한 것이다. 벨린다는 이 새로운
유인책을 듣고 어떻게 생각했을까?

"즉각적으로 든 생각은 '지금이다!' 하는 거였어요. 그러다가 앞표지와 뒤표지가 어떻게 함께 작동하는지까지 생각이 미쳤죠. 그 둘은 서로 긴밀하게 연결되어 있거든요. 일단 독자는 앞표지에 관심이 가야 책을 뒤집어 블러브에 마음이 정말 동하는지 확인해요. 그런데 그 진실을 확인하는 순간이 좀 더 빨리 온다면 어떨까요? 앞표지의 유혹이 없다면, 앞표지의 질문에 뒤표지가 답을 제시하는 구조가 사라지면 책을 살펴보는 재미도 반감될까요? 사람들을 김새게 만들까요? 물론 그걸 제가 어떻게 알겠어요. 아마 결코 알 수 없겠죠."

*

한때 J.D. 샐린저는 이렇게 말했다. "좀 불온한 생각일지 모르겠지만, 글을 쓸 때 두 번째로 소중한 요건은 작가가 익명성을 유지하면서 세상의 눈에 띄지 않는 것인 듯하다." (아쉽게도 첫 번째로 중요한 게 무엇인지는 찾을 수 없었다.) 샐린저는 1950년대부터 표지에 제목과 자신의 이름만 표시할 것을 출판 계약서에 명시했다. 이미지(샐린저는 주인공 홀든 콜필드를 연상시키는 삽화가 사용된 『호밀밭의 파수꾼』의 한 판본을 보고 불같이 화를 냈다고 한다), 인용문, 블러브, 저자 소개 같은 건 일절 사용할 수 없었다. 단, 『프래니와 주이』의 초판본만큼은 책 날개에 다음 문구를 써도 된다고 허락했다. "작가에 따르면 1955년 《뉴요커》에 「프래니」가 실렸고, 곧이어 1957년에 「주이」가 실렸다." 이것은 벨린다가 말하는 "핵심만 짚을 자유"를 너무 극단적으로 추구한 예인 것 같기도 하다. 블러브에 관한 자기만의 생각을 뚜렷하게 가진 벨린다. 그렇다면 그가 가장 좋아하는 블러브는 무엇일까?

"제가 쓴 것들은 판단하기가 좀 어려워요. 편집자와 저자의 의견이 더해지다 보면 처음에 의도했던 것과는 꽤 달라질 때가 많거든요. 다른 사람이 쓴 문구를 평가하는 게 훨씬 쉬워요. 이를테면 제가 제일 좋아하는 블러브 중 하나는 마거릿 애트우드의 『시녀 이야기』 소개 글이에요. 여러 판본의 뒤표지를 장식한 블러브죠."

길리어드 공화국은 오프레드에게 단 하나의 기능, 생식만을 허락한다. 여기에 협조하지 않으면 오프레드는 다른 반대자들처럼 성벽에 매달리거나 방사선에 노출되어 서서히 죽어갈 것이다. 하지만 아무리 억압적인 나라라 해도 오프레드와 그의 미래가 걸린 두 남성의 욕망까지 없앨 수는 없다.

"이 소개 글을 좋아하는 이유는 50개 남짓의 영어 단어로 아주 많은 것을 전달했기 때문이에요. 모든 단어를 아주 효과적으로 사용하고 있고요. 공간과 시간 배경을 제시하고, 캐릭터를 소개하고, 극적인 긴장감도 뿜어내죠. 죽음, 공포, 심지어 사랑 이야기에 대한 기대감까지 담아냈어요. 또 흥미로운 디테일이 살아 있는데, 이게 아주 중요해요. 이상한 이름들도 그렇고 성벽에 매단다는 괴상한 표현도 관심을 집중시키잖아요."

세 시녀 이야기

　나는 문고판 『시녀 이야기』의 블러브가 탁월하다는 이야기를 듣고, 이 책의 블러브가 시간이 흐르면서 어떻게 변했는지 알아보기로 했다. 벨린다가 말했듯 문고판에 사용된 문구는 절제되고 완벽하고 간결했다. 하지만 그보다 먼저 양장본에 실린 블러브 내용은 완전히 달랐는데, 오히려 온갖 거창한 형용사를 줄줄이 나열한 것에 가까웠다. 1985년 호턴앤드미플린 출판사에서 출간한 미국 초판본에 실린 소개 글은 이러하다.

　『시녀 이야기』는 마거릿 애트우드의 급진적이고 눈부신 새로운 시작을 의미할 뿐만 아니라, 독자에게 잊을 수 없는 이미지와 예언을 선사하는 강렬한 소설이다. 근미래를 배경으로 한 이 작품은 한때 미국이었지만 이제는 길리어드 공화국으로 불리게 된 어느 신정 국가에서 일어나는 일을 그린다. 이 정권은 사회 혼란과 급감하는 출생률에 대응하고자 초기 청교도의 억압적이고 비관용적인 태도로 회귀해 극한으로 밀어붙인다. 또 창세기를 문자 그대로 받아들여 이 나라의 여성과 남성에게 기괴한 결과를 초래한다.

　이야기는 새로운 사회 체제하에 살아가는 불운한 시녀 중 한 명인 오프레드의 시선으로 전개된다. 그는 냉정, 다정, 절망, 열정, 냉소를 오가며 유려하면서도 농축된 언어로 체제의 차분한 외관 뒤에 숨은 어두운 구석을 드러내 보이고, 상황은 필연적 결말을 향해 치닫는다. 『시녀 이야기』는 재밌고, 예상을 뛰어넘고, 소름 끼치면서 전적으로 설득력 있다. 통렬한 풍자이면서 끔찍한 경고를 담고 있는 역작이며, 마거릿 애트우드가 절정의 필력을 발휘한 작품이다.

이 미국판 초판본에는 영어 단어 188개가 쓰였다.[*] 이에 질세라 조너선케이프 출판사에서 출간된 영국판 초판본은 단어 245개를 사용했다.

오프레드는 국가 자원이다. 그는 시녀다. 출생률이 심각한 수준으로 급락한 길리어드 공화국에서 아이를 낳을 수 있는 난소를 가진 오프레드는 소중한 상품이다. 불임 아내를 둔 사령관에게 배정된 오프레드의 목적은 단 하나, 생식뿐이다.

얼굴을 덮은 흰 가리개를 제외하면 머리부터 발끝까지 붉은색을 두른 오프레드는 매일 장벽을 지키는 신앙의 수호자들 옆을 조용히 지나간다. 그는 토큰을 음식으로 교환하고 성벽을 방문한다. 그곳에서 성 반역자들과 전범들은 이전 시대에 합법이었던 악행을 저지른 혐의로 교수형에 처해진다.

밤이 되면 오프레드는 텅 빈 방에서 옛 시대의 진기한 관습들을 떠올린다. 남 험담하기, 지폐 사용하기, 조깅하기 같은 것. 지금은 불법이 되었지만 여성들이 일을 하고 책을 읽던 시절, 그에게도 진짜 이름이 있었고 사랑이 있던 날들을 생각한다. 사랑은 모든 것의 중심이었지만 이제는 의미를 잃었다.

『인간 앞의 삶Life Before Man』과 『육체적 위해Bodily Harm』에서 현대 여성의 복잡성에 대해 비상한 통찰력을 보여준 마거릿 애트우드는 이제 미래로 시선을 돌린다. 우리는 오프레드의 눈으로 길리어드 공화

---

[*] 이 소개 글은 독자가 '신정monotheocracy'이라는 단어를 당연히 알 거라고 전제한다. 나는 사전을 찾아봐야 했지만 말이다.

국의 차분한 외관 뒤에 숨은 어두운 구석을 본다. 이 정권은 창세기를 문자 그대로 받아들여 여성뿐 아니라 남성에게도 기괴한 결과를 초래한다. 포스트 페미니즘과 전체주의가 판치는 21세기 미국을 강렬하게 환기하며 탁월한 발상과 완성미를 보여주는 이 소설은 마거릿 애트우드의 통렬한 아이러니와 위트, 날카로운 인식이 유감없이 발휘된 작품이다. 『시녀 이야기』는 위대한 소설가로서의 애트우드의 명성을 확인시켜준다.

사실 블러브들을 이렇게 단순 비교하는 건 좀 불공평하다. 문고판은 단순히 공간이 부족하다는 이유 때문에 문구를 더 짧고 효과적으로 쓴 것도 있기 때문이다. 하지만 판형 때문에 생긴 제약이 더 좋은 글쓰기를 가능하게 한 것은 분명한 듯하다.†

---

† 이보다 더 압축적으로 쓰인 글을 읽고 싶다면 셜리 잭슨의 「제비뽑기」를 읽어보기를. 이 소설에는 단어가 3389개 사용되었는데, 이 중 허투루 쓰인 단어는 단 하나도 없다. 이 소설은 《뉴요커》에 처음 발표되었고, 《뉴요커》는 "소설 작품으로 이렇게 많은 독자 편지를 받은 것은 처음"이라는 반응을 보였다.

그리고 모두 노란색이었다 — 표지와 커버

이탈리아에서 노란색을 뜻하는 '지알로giallow'는 범죄와 미스터리 문학 장르를 설명할 때 사용한다. 이탈리아의 몬다도리 출판사는 1929년부터 '지알로 몬다도리'라는 범죄 소설 시리즈를 출간했다. 이 값싼 노란 문고판이 얼마나 인기가 많았는지, 이제 지알로는 미스터리 소설이나 불가사의한 미결 사건의 동의어라 해도 될 정도다. 그러니 표지만 보고 책을 판단하지 말라는 말은 더 이상 하지 말자. 사실 이 장에서 다루려는 게 바로 이런 것이다. 표지, 커버, 제본을 비롯해 책을 구성하는 일련의 요소들은 글을 담고 책을 보호한다는 본래의 목적을 넘어 어떻게 변화하고 있을까? 덧붙여 말하자면, 노란색은 정말 이상할 정도로 자주 등장한다. 농담이 아니다.

『드라큘라』『일곱 건의 살인에 대한 간략한 역사』『추운 나라에서 돌아온 스파이』『도리언 그레이의 초상』《옐로 북》『스윙 타임Swing Time』『친구들과의 대화』『거꾸로』의 공통점은 뭘까? 정답은 노란색이다. 여기에는 표지나 이야기에 모두 노란색이 나온다. 고대영어로 노란색을 뜻하는 'geolu'는 '밝은' '빛나는'을 의미하기도 했다. 확실히 표지가 갖추어야 할 속성이다. 사람들을 설득해 글을 읽게 하고, 글을 자유롭게 하기 위해서는 일단 독자의 관심을 끌어야 한다. 색깔이든 이미지든 타이포그래피든 튀면 튈수록 좋다. 작가들은 자신의 책 표지가 큰 소리로 외쳐대기를 바라니 말이다.

천상의 눈

1924년 8월, F. 스콧 피츠제럴드는 프랑스에서 자신의 담당 편집자 맥스웰 퍼킨스에게 편지를 썼다. "나를 위해 아껴두고 있는 그 표지 그림을 절대 다른 사람에게 주면 안 됩니다. 그 이미지를 책에 썼단 말입니다." 피츠제럴드가 말하는 책은 『위대한 개츠비』였고, 스페인 예술가 프랜시스 쿠가트가 디자인한 이 커버는 초판본에 사용되었다.

보통 표지 삽화는 책이 다 쓰인 다음, 예술가나 디자이너가 작가의 글을 읽고 해석하며 만든다. 하지만 피츠제럴드는 쿠가트의 삽화에 먼저 반응했고, 본인 말에 따르면 『위대한 개츠비』에 관련 내용을 넣기까지 했다. 2003년 찰스 스크리브너 3세*는 「천상의 눈: 변형에서 걸작으로Celestial Eyes: From Metamorphosis to Masterpiece」에서 이 책의 커버 그림에 대해 다음과 같이 말했다.

> 20세기 문학 역사상, 아니 어쩌면 시대를 불문하고 가장 유명하고 널리 보급된 표지 예술이라 할 수 있다. 이 그림은 1925년 초판에 등장한 후, 대략 반세기 후인 1979년 '스크리브너 라이브러리' 문고판 출간과 함께 부활했다. … 소설과 마찬가지로 이 아르데코 양식의 역

---

* 피츠제럴드와 계약한 스크리브너 출판사는 찰스 스크리브너 3세의 가족 사업이었고, 그는 예술사학자였다.

작도 고전으로 확고히 자리를 잡은 셈이다. 또 이 그림은 작가와 삽화가 간의 독특한 '협업' 방식을 보여주었다.

피츠제럴드를 연구하는 학자들은 이 이미지가 어떻게 책에 쓰이게 되었는지 여전히 논의 중이다. 스크리브너 측의 말처럼 본문에 나오는 "닥터 T.J. 에클버그의 상징적인 안과 광고판"이 이 표지에서 유래했다고 보는 사람도 있다. "거대한 푸른색 눈은 높이가 1미터에 달한다. 얼굴은 없지만 존재하지 않는 코 위에 거대한 노란 안경을 걸친 채 우리를 내려다본다." 또 닉 캐러웨이가 데이지를 묘사한 문장 중 뉴욕 밤거리의 "어두운 기둥과 눈부신 간판을 따라 얼굴만 둥둥 떠다니는 여성"이라고 표현한 부분이 나오는데, 이게 이 이미지에서 영향을 받았다는 설도 있다.

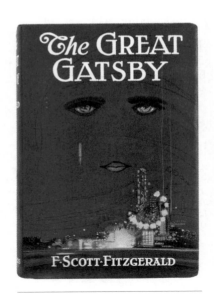

이 표지가 역대 가장 유명한 표지라는 말에 동의하는 사람도, 동의하지 않는 사람도 있을 것이다. 표지 디자인은 출간된 책 종수만큼 다양하며, 독자들이 꼽는 최고의 표지는 저마다 다르기 때문이다. 어니스트 헤밍웨이도 『위대한 개츠비』 커버를 별로 좋아하지 않았다고 한다. 그는 『파리는 날마다 축제』에 이렇게 썼다.

"여행을 시작하고 하루 이틀이 지난 뒤, 스콧이 자기 책을 가져왔다. 번쩍거리는 커버가 씌워져 있었는데, 그 거칠고 저급하고 번지르르한 이미지에 당황했던 기억이 있다. 수준 미달의 SF 소설에나 어울릴 법한 커버였다. 스콧은 내게 너무 그러지 말라며 이 그림이 이야기에서 중요한 역할을 하는 롱아일랜드섬의 고속도로 광고판과 관련이 있다고 말해주었다."

이 일화가 시사하듯 책을 사랑하는 사람이라면 누구나 표지에 저마다의 의견을 가지고 있다. 『위대한 개츠비』처럼 저자의 생각이 반영된 표지라면, 저자가 가진 책에 대한 통찰을 직접적으로 전해줄 수도 있다. 사랑하는 책을 생각할 때면 특정 판본의 표지가 떠오르고는 한다. 성장할 때 책장에 꽂혀 있던 책이나 학창 시절에 읽어야 했던 책의 표지가 생생히 기억나는 것처럼 말이다. 그 이미지를 잠깐 보는 것만으로도 내용이나 당시의 기억을 떠올릴 수 있을 것이다. 표지 디자인은 책 속으로 들어가는 지름길이자 세련된 마케팅 도구 역할을 한다(혹은 할 수 있어야 한다). 표지는 책의 분위기를 즉각 설정하므로 무엇이 효과적인 표지인지, 시대를 대표하는 표지는 어떤 것인지를 논하는 책, 블로그 글, 기사도 심심치 않게 찾아볼 수 있다.

때로는 새로운 표지 디자인이 우리가 익히 아는 친숙하고 애틋한 이야기를 공격한다고 느껴질 때도 있다. 2013년 제저벨(주로 여성 독자를 대상으로 하는 뉴스 웹 사이트―옮긴이)은 출간 50주년을 맞아 새로운 디자인으로 출간된 『벨 자』를 두고, "실비아 플라스가 자살하지 않았더라면 새로운 표지를 보고 자살했을 것이다"라는 말을 남겼다. 나는 내가 가지고 있던 『벨 자』를 생생히 기억한다. 나른한 분위기를 물씬 풍기는 보라색 배경이 노란 머리 여성의 초상화를 둘러싸고 있고, 상단에는 마치 립스틱으로 쓴 것처럼 저자의 이름이 선홍색으로 휘갈겨져 있었다. 지금 보니 지극히 1980년대적이라 느껴지지만 말이다. 아무래도 당시에는 내가 1980년대를 **살아가는 중**이었기 때문에 전혀 몰랐던 것 같다.

또 제저벨은 "질 낮은 복고풍 핀업 걸 스타일(예쁘지도 않고 색깔도 엉망이다)"이라고 평하기도 했다. 나도 전적으로 동의한다. 『벨 자』에 사용된 최고의 표지는 셜리 터커가 디자인한 초판 표지다. 일련의 절제된 동심원으로 시선을 사로잡는 이 표지는 사회와 자신의 선택에 갇힌 여성 주인공의 폐소공포증을 완벽하게 반영한다.

아름다운 장정

원래 책 표지는 내부가 마모되지 않도록 보호하고, 독자에게 책의 권위를 일깨워주는 게 목적이었다. 처음 장정된 책이 주로 성서나 종교적 의미를 지닌 책이었다는 걸 생각하면 납득이 쉬울 것이다. 금, 은, 보석, 상아, 실크, 손으로 새긴 장식이 표지에 사용될 정도로 책의 형태는 내용만큼이나 소중했다. 특히 공급이 제한되었기에 더욱 귀할 수밖에 없었다.

하지만 인쇄기가 등장하면서 책은 훨씬 저렴해졌고, 누구나 쉽게 접할 수 있는 것이 되었다. 이에 따라 장정도 평범해지면서 가죽이나 천을 대고, 금속 걸쇠를 사용해 책을 덮어 가장자리를 보호하기 시작했다. 표지 없이 그냥 종이에 포장된 책 뭉치도 있었다. 그러다 보니 독자는 자신의 취향과 예산에 맞게 표지를 맞춤 장정할 수 있었다. 19세기 초반에는 책이 더 저렴해졌고, 증기 인쇄기와 기계화된 종이 생산이 보편화되면서 대부분의 표지를 천이나 가죽으로 제작했다. 상황이 이러니 인쇄소도 점차 장정 전문가들을 대신해 책과 표지를 함께 만들어나가기 시작했다. 하지만 이때까지만 해도 아직 표지에 이미지를 인쇄하지는 못했다.

2009년 옥스퍼드대학교의 보들리언 도서관은 1829년에 제작된 것으로 보이는 오래된 커버를 발견했다. 알고 보니 도서관 측은 1892년에 그 커버를 비롯해 다량의 책 관련 잡동사니를 구입했는데, 당시에는 책과 분리된 채 있어서 그게 어디에 쓰인 물건인지 몰랐던 것이다. 이 커버는 당시의 다른 커버들처럼 포장지 역할을 해 책을 완전히 감싸는 형태였고, 알고 보니 실크 표지인『우정의 제공Friendship's Offering』이라는 선물용 책에 사용된 것이었다. 실크는 17세기와 18세기에 종종 책 표지로 사용되고는 했는데, 책을 싸는 커버는 이 표지와 책 자체를 보호하는 기능을 했다. 시간이 흐르며 천이 가죽을 대체하는 식으로 표지 재료가 점점 수수해지자 인쇄와 디자인이 더 중요해졌고, 표지는 잠재 독자에게 본문 내용을 전달하는 수단으로 사용되기 시작했다.

1860년대 무렵에는 인쇄기가 발전하며 표지에 정교한 컬러 이미지를 인쇄할 수 있게 되었다. 물과 기름의 반발력을 이용한 '다색 석판술'이라는 화학 공정 기술이었는데, 비싸고 시간이 많이

드는 공정인 건 여전히 매한가지였다. 숙련된 작업자라도 최선의 결과를 얻으려면 여러 달을 투자해야 했다. 하지만 이후 색깔을 줄이고 이미지를 단순화해 비용을 낮춘 기술이 새롭게 등장하자, 많은 표지에 이 기술을 활용해 제작을 진행했다.

누런 저속 소설

영국의 체인 서점 WH스미스는 1848년 유스턴역에 최초의 기차역 서점을 개설했다. 같은 해 루틀리지 출판사는 '철도 도서관 시리즈'를 출시하며 기차 승객들이 책을 사게끔 만들었다. 기차 여행은 독서하기에 적합했다. 도로 여행보다 길이 순탄했고, 석유등과 가스등 덕분에 승객이 밤낮을 가리지 않고 책을 읽을 수 있었기 때문이다. 이렇게 글을 읽을 수 있는 이동 인구가 많아지자 읽을거리 수요가 폭등했고, 제작비가 낮아진 틈을 타 저렴한 책들, 일명 '옐로백yellowbacks'과 '페니 드레드풀penny dreadfuls'도 시장에 진입했다.

값싼 본문 갱지 색깔 때문에 이런 이름이 붙은 옐로백은 대부분 인기 있는 소설을 재발행한 것이었다. 매주 연재되는 형태의 페니 드레드풀은 이름에서 짐작할 수 있듯 선정성이 강해서 초기 고딕 스릴러를 개작했거나 범죄자, 노상강도, 해적, 집시, 초자연적 존재가 등장하는 이야기가 많았다. 인기가 가장 많았던 페니 드레드풀 중 하나는 1845년부터 1847년까지 출간된 『바니 더 뱀파이어Varney the Vampire』였다. 뱀파이어의 날카로운 이빨이 처음 언급된 작품이기도 하다. 연재를 마쳤을 때 『바니 더 뱀파이어』는 제232장까지 분량이 늘어나 있었는데(대략 단어 667,000개), 오늘날

평균 소설 길이의 여섯 배에 달한다고 보면 된다. 이런 유의 이야기를 쓴 작가들이 한 줄당 보수를 받았다고 생각하면 소득이 꽤 짭짤했다는 걸 짐작할 수 있다. 페니 드레드풀은 묘지, 절망에 빠진 여성, 폭력을 묘사하는 스케치처럼 섬뜩하고 음산한 표지가 많았다. 역사가 주디스 플랜더스에 따르면 한 출판사는 삽화가에게 무조건 '피를 더 많이 그리라!'는 지침을 내렸다고 한다.

비록 평판은 좋지 않았지만 누구나 쉽게 접할 수 있던 이 저렴한 책들은 보급 문고판의 전신이자, 독자를 낚을 목적으로 표지를 사용한 최초의 사례이기도 하다. 시끄럽고 붐비는 역에서 독자의 시선을 사로잡아 기차가 떠나기 전에 구매까지 완료시키려면 표지가 중요한 건 사실이었다. 그리고 이런 연재 형식은 찰스 디킨스*와 윌키 콜린스 같은 작가들에 힘입어 점차 주류에 편입되기 시작했다.

노란 1890년대

19세기의 저렴한 인쇄를 상징하던 노란색은 현대성과 논란을 상징하는 색으로 진화했다. 『도리언 그레이의 초상』을 보면 헨리 워튼 경은 도리언 그레이에게 "유해한 프랑스 소설" 한 권을

---

*   페니 드레드풀은 디킨스가 1836년부터 2년간 연재한 『픽윅 클럽 여행기』를 표절했다. 또 『올리버 트위스트』를 『올리버 트위스』로, 『니콜라스 니클비』를 『니콜러스 니클베리』로, 『마틴 처즐위트Martin Guzzlewit』를 『마틴 거즐위트』로 따라하기도 했다. 서적상에게 말할 때 제법 취한 사람처럼 보였을 것 같은 제목들이다. 디킨스는 표절 관련 법 개정을 추진했지만, 법이 바뀐 건 『픽윅 클럽 여행기』를 표절한 책이 이미 최소 5만 부 이상 팔린 뒤였다.

건네고, 이는 그레이의 몰락으로 이어지는데, 작중에서 노란색으로 묘사된 이 책은 조리스카를 위스망스의 『거꾸로』*를 암시한다. 1894년 프랑스에서 출간된 이 책은 퇴폐 문학의 궁극적인 상징이 되었으며, 오스카 와일드가 이 책을 읽고 영감을 받아 『도리언 그레이의 초상』을 썼다고 알려져 있다. 이처럼 노란색은 당시의 비도덕적 문학과 결부되어 있었다. 1890년대 파리에서는 독자에게 음란성을 경고하기 위해 이런 책을 노란 종이에 싸주었다고 하는데, 그게 과연 경고였을지 추천이었을지는 각자의 관점에 따라 다를 것이다.

1894년부터 1897년까지 발행된 계간 문예지 《옐로 북》에서도 이런 경향이 포착된다. 퇴폐와 부도덕을 의미하는 강렬한 노란색 천으로 장정된 《옐로 북》은 여러 예술 장르에 걸쳐 폭넓게 담론을 생성하며, 노란색을 유미주의와 데카당스라는 새로운 운동의 상징으로 자리매김하게 했다. 이 노란색 표지는 지금 봐도 충분히 강렬하고 현대적이다.

《옐로 북》의 첫 아트 담당 편집자는 오브리 비어즐리†였고,

---

*　『거꾸로』는 1926년에 처음 영어로 번역되어 『순리에 반하여Against the Grain』라는 제목으로 출간되었다. 번역본 표제지에는 "도리언 그레이가 사랑한 책이자 오스카 와일드에게 영감을 준 책"이라는 설명이 적혀 있었다. 현재 펭귄 클래식판 표지에는 프란츠 쿠프카가 그린 〈노랑의 단계The Yellow Scale〉가 실려 있는데, 이 그림은 실로 아주 노랗다.

†　비어즐리는 25세의 나이로 세상을 떠났지만 영향력 있는 작품들을 남겼을 뿐만 아니라, 비틀스의 앨범 〈서전트 페퍼스 론리 하츠 클럽 밴드Sgt. Pepper's Lonely Hearts Club Band〉 커버에 실리기도 했다(뒤에서 두 번째 줄의 맨 왼쪽, 로버트 필 경 옆에 있는 사람). 비틀스는 노란 잠수함의 열렬한 팬이었다고 한다.

당시 발행인은 보들리헤드 출판사의 존 레인이었다(레인의 조카 앨런, 리처드, 존은 나중에 펭귄 출판사를 설립했다). 비어즐리는 대중에게 충격을 줄 수 있는 삽화를 실어 레인과 종종 마찰을 빚었다. 레인은 잡지에 수록될 모든 그림을 사전에 꼼꼼히 검토하려 했지만, 비어즐리는 문제가 될 만한 세부 사항을 숨기곤 했다. 일종의 쫓고 쫓기는 예술적 게임이었던 셈이다. 1894년 4월에 발행된 첫 호에는 다음 선언문이 실렸다.

《옐로 북》의 발행인과 편집자는 정기 간행물의 오랜 나쁜 전통에서 최대한 멀리 벗어나 한 권의 책으로서 아름답고, 활판 인쇄물로서 현대적이고 뛰어나며, 좀 더 좋은 의미에서 대중적인 삽화 잡지를 제공하는 것을 목표로 한다. 지금으로서는 그런 잡지의 부재만이 눈에 띌 뿐이다.

기술적 차원에서 《옐로 북》은 거의 완벽에 가깝게 탁월할 것이다. 지금 이 선언문에서 앞으로 사용될 종이 규격(이제 책으로 출간되었으므로), 서체 및 텍스트, 여백의 비율을 미리 확인할 수 있다. 쪽수는 256페이지 내외가 될 것이고 부드러운 노란 천으로 장정할 것이다.

이 글에서 알 수 있듯 편집자들은 강렬한 표지만 선보인 게 아니라 빅토리아 시대의 기존 페이지 레이아웃 전통을 깨기 바라며, 앞으로 사용할 서체 및 텍스트와 여백의 비율을 강조했다. 《옐로 북》은 단순하고 우아했다. 여백을 넉넉히 두어 기존의 어수선한 빅토리아 시대 스타일을 탈피한 것도 한몫했다. 안내 책자에 따르면 "형식과 내용에 충실한 책, 보기 좋고 다루기 편한 책, 스타일과 완성미가 있는 책, 모든 애서가가 첫눈에 사랑에 빠질 만한 책, 책에 무관심한 많은 이를 애서가로 만들 수 있는 책"을 지향했다고 한다.

편집자 헨리 할랜드도 《옐로 북》의 삽화는 텍스트를 설명하기 위해 존재하는 것이 아니라 독자적인 가치와 의미를 지닌다고 주장하며, 오브리 비어즐리와 함께 관습을 타파하는 데 일조했다. 잡지에 수록된 모든 삽화는 글과 별개의 작품으로 인정되었고, 각각 하나의 표제지처럼 기능하며 그 중요성을 강조했다. 《옐로 북》의 새로운 아이디어는 간행물 디자인에 지대한 영향을 미쳤고, 잡지가 발행된 기간이 1894년에서 1897년까지로 상당히 짧았음에도 1890년대 전체를 대표하는 색깔을 노란색으로 자리매김하게끔 만들었다.

노란색 미래

출판인 빅터 골란츠는 이렇게 말한 바 있다. "나는 '그림 표지'의 등장이 영국 출판계의 가장 불행한 일 중 하나라고 늘 생각해왔다." 1927년에 출판사를 설립한 그는 혁신적인 타이포그래퍼 스탠리 모리슨*을 초빙해 표지 디자인을 맡겼다. 이 커버들도 밝은 노란색이었다. 『펭귄 스페셜: 앨런 레인의 삶과 시대Penguin Special: The Life and Times of Allen Lane』를 쓴 제러미 루이스에 따르면 "골란츠는 … 런던 기차역 서점을 대상으로 여러 번 철저한 테스트를 실시한 결과, 노란색 커버가 눈에 가장 잘 띈다는 결론을 내렸다."

골란츠는 책을 팔기 위해 마케팅을 사용한 첫 출판인으로, 이전에 누구도 시도한 적 없는 신문 전면 광고를 싣기도 했다. 모리슨을 출판사 중역 자리에 앉힌 걸 보면 그가 브랜딩과 책 커버 같은 시각 커뮤니케이션을 얼마나 중시했는지 알 수 있다. 노란색 표지에 검은색과 보라색 볼드체가 쓰인 골란츠의 커버는 단연 눈에 띄었고, 즉시 알아볼 수 있었다. 그는 브랜딩이 주류가 되기 전부터 이미 그 중요성을 간파한 사람이었다.

골란츠의 출간 도서 목록은 커버만큼이나 진보적이고 인상적이었다. 1936년 조지 오웰에게 『위건 부두로 가는 길』을 써달라 청탁했고, 이후로는 대프니 듀 모리에, 킹슬리 에이미스, 존 르 카

---

* 모리슨은 골란츠에 이어, 미국의 조판과 글꼴 제작 회사인 모노타입의 비어트리스 워드(다음 장 '작은 손과 바닥 표제' 참고)와 긴밀히 협업하며 현대 타이포그래피에 지대한 영향을 미쳤다. 그는 에릭 길에게 '길 산스' 서체와 1932년《타임스》에 처음 사용된 '타임스 뉴 로먼' 서체 디자인을 의뢰했다. 현재 길 산스와 타임스 뉴 로먼은 역사상 가장 널리 사용되는 양대 서체라 할 수 있다.

레의 책을 출간했다. 1961년에는 르 카레의 데뷔작『죽은 자에게 걸려 온 전화』를 출간했는데, 이 책의 초판[*] 커버는 출판사의 전형적인 스타일을 여실히 보여준다. 노란색 커버를 씌우고, 빨간색 볼드체를 사용해 제목과 저자 이름을 넣었으며, 이미지 대신 다음 인용문이 자리했다. "르 카레는 흥분, 관심, 연민을 불러일으키는 드문 재능을 가진 뛰어난 신인 범죄 소설 작가다." 다음 해에 출간된 르 카레의 다음 책『뛰어난 살인A Murder of Quality』에는 첫 책 카피에 기반해 다음 문구가 실렸다. "이 책은 르 카레의 두 번째 스릴

---

[*]　이 초판본은 현재 온라인에서 판매 중이다. 모로코가죽 장정의 맞춤형 상자에 담겨 있고 표제지에 저자 서명이 있는 책으로, 호가가 약 4000만 원에 이른다.

러 소설이다. 그의 첫 소설『죽은 자에게 걸려 온 전화』는 1961년에 출간된 다른 어떤 데뷔작보다 큰 호평을 받았다."[†] 이처럼 골란츠는 노란색 배경 커버에 삽화는 일절 넣지 않는 대신 호평을 실어 독자의 관심을 끌었다.

표지 호불호

인쇄 기술이 보다 정교해지고 대중 광고가 부상하면서 1920년대부터는 표지 디자인도 확연히 현대적으로 변해갔다. 러시아 아방가르드 예술가 엘 리시츠키는 이렇게 말했다.

"책은 과거의 유적과 달리 사람들을 직접 찾아간다. 대성당처럼 한 곳에 서서 누군가가 다가오기를 기다리지 않는다는 이야기다. … 책은 미래의 유적이다."

리시츠키와 그의 러시아 동료인 알렉산더 로드첸코는 20세기 그래픽 디자이너들에게 엄청난 영향력을 행사했을 뿐만 아니라, 결과적으로 책 표지에도 큰 영향을 미쳤다. 총천연색, 상징주의, 큐비즘 요소들이 커버에도 사용되기 시작한 것이다.

책 표지는 나라마다 고유한 스타일이 있어서, 어떤 나라에서는 통하는 표지가 다른 나라에서는 통하지 않는 경우가 많다. 예컨대 프랑스의 책 표지는 타이포그래피에 집중하는 경향이 있으며 영국보다는 좀 더 절제되고 지적인 분위기를 띠는 것 같다. 이

[†] 호평을 더 많이 받았을 뿐만 아니라, 더 희귀하고 비싸다. 저자 서명이 된 초판본(이 버전은 모로코가죽 상자가 제공되지 않는다)의 온라인 판매가는 약 5000만 원이다.

에 비해 거대하고 다양한 시장이 형성되어 있는 미국은 보다 단순하고 직접적이다. 하지만 같은 미국이라도 플로리다 독자에게 통하는 표지가 노스다코타 독자에게는 통하지 않을 수도 있기 때문에 미국의 북 디자이너는 영국에 비해 보수적으로 디자인을 하는 편이다. 프리랜서 작가 톰 라몬트는 《가디언》에 기고한 글에서 이런 작업 방식의 차이가 당황스러운 결과를 낳을 수도 있다고 지적했다.

예컨대 독일 출판사는 러시아 강제 수용소에서의 비참한 삶을 그린 마틴 에이미스의 『만남의 집 House of Meetings』 원고를 받고, 대체 무슨 생각으로 현대적인 아파트 건물 창문 앞에서 춤추는 여섯 인물을 표지에 등장시킨 걸까? 이탈리아의 표지 디자이너는 어쩌자고 꼬마 마법사 해리 포터에게 쥐 모양 모자를 씌운 걸까? 프랑스는 왜 조너선 사프란 포어의 『모든 것이 밝혀졌다』 커버에 영국판과 미국판의 단색 디자인 대신 남성이 여성의 가슴을 애무하는 수채화를 썼을까?

아무래도 표지 디자인은 해석과 문학적 맥락이 전부인 것 같다.

펭귄의 초기 디자인

"저렴한 책이라고 디자인까지 변변치 않아야 할 이유를 도무지 모르겠다. 좋은 디자인이 나쁜 디자인보다 비싼 것도 아닌데 말이다." 앨런 레인은 1935년에 펭귄 출판사를 설립하면서 이렇게 말한 바 있다. 골란츠의 책처럼 펭귄 출판사도 초기에는 표지에 삽화 없이 그저 텍스트만을 사용했다.[*] 앞표지를 세 부분으로 나누어 맨 위와 맨 아래에 색깔을 넣고, 가운데는 흰 색으로 남겨둔 3단 레이아웃과 펭귄 로고는 펭귄의 첫 제작부장 에드워드 영의 디자인이었다.

초기 펭귄 출판사는 표지에 길 산스 서체를 사용해 눈에 띄게 현대적인 느낌을 연출했고, 독일의 알바트로스 출판사를 따라 표지 색으로 장르를 구분하는 방식을 채택하여 고객이 서점을 둘러보면서 어떤 장르인지 즉시 파악할 수 있도록 했다.[†] 필 베인스가 『펭귄 북디자인 1935~2005』에서 설명하듯이 "초기 표지 디자인은 매우 신선하고, 직접적이고, 현대적이라는 평가를 받으며 서점에서 돌풍을 일으켰다." 펭귄의 3단 레이아웃은 약 25년간 다양하게 변주되었다. 뛰어난 유연성과 적응력을 자랑하며 하나의 브랜드를 구축했고, 펠리컨과 펭귄 스페셜 같은 하위 브랜드를 선보이며 급속히 확장해나가는 동안에도 강력한 구심점 역할을 했다. 1948년에는 얀 치홀트가 3단 레이아웃을 미묘하게 새로 디자인해서 다시 한번 생명을 불어넣기도 했다. 이제 이 버전은 기획 상품으로 재탄생하거나 헌책방을 중심으로 유통되며 우리의 집단 문

---

* 초기 펭귄 책 중에 흑백 삽화가 실린 책이 있긴 했으니, 엄밀히 말하자면 사실은 아니다. 한편 1938년 2월에는 광고를 실은 첫 펭귄 출판사 책이 등장했다. 그때부터 1944년까지 담배, 치약, 땅콩버터, 탄약 등을 광고했고, 덕분에 한동안은 한 권에 6펜스(현 기준 약 100원)라는 저렴한 책 가격을 유지할 수 있었다.

† 주황색은 일반 소설, 초록색은 범죄 소설, 남색은 전기, 선홍색은 여행과 모험, 빨간색은 희곡, 노란색은 십자말풀이 책 같은 기타 출판물을 의미했다.

학 의식 속에 머물고 있다.

아름다운 장정의 귀환

　더 저렴해진 제작비, 브랜드 구축, 갈수록 중요해지는 마케팅과 대중 시장 판로는 문고판 표지를 20세기의 대세로 자리매김하게 했다. 골란츠와 펭귄 출판사를 비롯해 문고판을 출간하는 출판사들은 표지 디자인으로 책의 호감도, 상품성, 접근성, 휴대성, 소장성, 주목도를 강화하며 대중적인 가격대를 유지해왔다. 하지만 아름다운 양장본을 원하는 수요는 여전히 강력하다. 나는 『여우와 별』의 저자이자 그 유명한 천 장정 펭귄 클래식 시리즈를 디자인한 코랄리 빅포드 스미스와 이야기를 나누며, 전자책 시대에도 훌륭한 북 디자인이 지속되는 이유에 대한 그의 생각을 들어보았다.

　"저는 개인적으로 빅토리아 시대의 책 장정에 영향을 많이 받았어요. 펭귄 출판사 문고판은 원래 담배 한 갑 가격이었으니, 어떻게 보면 펭귄의 기존 철학에 약간 반하는 걸 수도 있겠지만요. 이런 재료들을 활용해 정말 특별한 책, 인쇄물을 향한 사람들의 열정을 다시 일으킬 수 있는 책을 만들어보고 싶었죠. 정교함과 예술성을 지향하는 출판사들은 늘 이런 아이디어를 중요하게 생각했어요. 폴리오소사이어티 출판사는 이 일을 70년째 해오고 있는 곳인데, 켈름스콧 프레스* 같은 개인 출판사를 모델로 하되 너무 비

---

* 켈름스콧 프레스는 윌리엄 모리스가 설립해 1891년에서 1898년까지 운영한 출판사로, 그가 아름답다고 여기는 책들을 인쇄했다. 50개 이상의 작품을 만들었으며 초기 근대 유럽의 채색 필사본에 큰 영향을 받았다.

싸지 않은 선에서 아름다운 삽화 책을 만드는 걸 목표로 해요. 사실 전혀 새로울 게 없는 일이에요. 단지 디지털 세계가 도래하면서 인쇄물이 자취를 감출지도 모른다는 위기감이 팽배하던 시점에 보급형 문고판 출판사들이 이 유행에 합류했다는 것 정도는 특이하다고 할 수 있겠죠."

나는 코랄리에게 북 디자인의 제약에 관해서도 이야기해달라고 청했다. 오랜 시간이 흐르는 동안에도 책의 형태는 거의 변하지 않았고, 표지 디자이너도 대체로 200년 전과 똑같은 크기로 작업하고 있으니 말이다.

"우리 디자이너들이 이토록 오랜 시간 동안 똑같은 작업을 해오고 있다는 사실 자체가 책이 얼마나 성공적이고 실용적인 물건인지를 말해준다고 생각해요. 저는 북 디자인이 여전히 과거에 발을 푹 담그고 있다는 사실이 마음에 들어요. 폰트 크기를 식별하기 위해 사용하는 포인트 사이즈도 알고 보면 초기 판화 제작에 뿌리를 두고 있어요. 이제는 DTPDesktop Publishing(개인용 컴퓨터를 이용한 전자 편집 인쇄 시스템—옮긴이) 시대를 살아가며 다른 방식으로 인쇄를 하고 있지만, 여전히 과거를 떠올리게 하는 측정 단위를 사용하는 셈이죠. 북 디자이너는 일상에서 이런 사례를 수도 없이 마주친답니다."

잘 알려진 표지는 여러 역할을 동시에 해낼 수 있어야 한다. 이미 그 책을 스무 번쯤 읽었을, 책에 강한 애착을 느낄 법한 독자에게 이야기의 새로운 면을 부각하는 동시에 새로운 독자를 유인해야 하는 것이다. 이렇듯 고전이 된 책을 새로 디자인하는 일에는 나름의 고유한 과제들이 따른다.

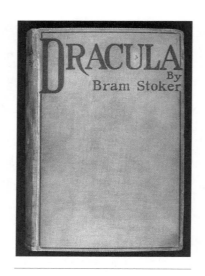

『드라큘라』: 시각적 효과를 비롯해 여러 면에서 한 획을 그었다.

　"저는 모든 걸 조사해요. 저자는 누구고, 글은 언제 쓰였고, 시대 배경은 언제인지 같은 것들요. 당시 정치적 상황이 어땠는지 살펴보면서 그 시기의 그래픽 스타일을 조사하기도 하고요. 저는 좀 깊게 파고드는 걸 좋아하는 것 같아요. 전 세계 독자의 사랑을 받는 문학작품을 잘못 표현하고 싶지는 않거든요. 제가 하는 게 글에 시각적 정체성을 부여하는 일인 만큼, 사람들이 책을 집어 들고 읽고 싶게끔 만들어야 해요. 그래서 가능한 한 많은 자료를 살펴보고, 편집자와 이야기를 나누고, 저자의 글을 이해해보려 하면서 많은 시간을 보내는 편이에요. 책의 상징적 요소를 찾아내서 표지를 장식할 패턴으로 만들기도 하죠. 새로운 독자를 유인할 수 있는 상징이 뭘지 생각하는 걸 즐기는 편이에요. 사람들이 '이 책은 왜 표지를 이렇게 디자인했을까?' 하고 궁금해하면 좋겠어요. 물론 본문을 읽고 나서 표지에 사용된 상징에 다시 흥미를 느끼는 독자도 있겠죠."

계간 문예지 《옐로 북》에서 시작해 누런색 문고판과 빅터 골란츠의 밝은 노란색 커버에 이르기까지, 노란색은 도처에서 튀어나왔다. 나는 코랄리에게 이 장을 쓰기 위해 자료를 조사하면서 계속 마주친 주제가 노란색에 관한 거였다고 말하며 질문을 던졌다.

"몇 년 전에 『더니치 호러』 『비틀The Beetle』을 비롯한 펭귄 고딕 시리즈를 디자인한 걸로 아는데, 그때 왜 표지에 노란색을 썼는지 말해줄 수 있어요?"

"시각적 효과를 잃지 않으면서 호러 장르 관습에 부합하는 색깔이 노란색이라고 생각했거든요. 또 1897년에 출간된 『드라큘라』 초판본을 존중하는 의미이기도 했죠. 밝은 노란색 커버에 빨간 글자가 써 있었는데, 지금 봐도 놀라울 정도로 현대적이에요."

《월 스트리트 저널》을 비롯한 여러 매체는 2015년 부커상을 수상한 말런 제임스의 『일곱 건의 살인에 대한 간략한 역사』 영국판과 미국판 표지에 노란색이 사용되었다는 사실을 주목하며, 노란색이 다시금 표지를 장식하는 '가장 인기 있는' 색이 되었다고 다음과 같이 보도했다.

"특히 흰색 표지는 아마존이나 다른 온라인 서점 사이트의 흰 배경에 묻히는 경향이 있지만, 노란색은 온라인에서도 눈에 확 띄며, 명암에 구애받지 않고 모든 활자와 그래픽을 돋보이게 한다. 특정 성별을 암시하지도 않고, 햇빛과 낙관주의부터 위험 경고에 이르기까지 온갖 것을 의미할 수 있으므로 다양한 장르와 주제에 활용할 수 있다."

이처럼 노란색은 정치 중립적이면서 성 중립적이며 눈길을 사로잡기까지 한다. 가만 생각해보면 공항 터미널이나 활주로 표지판에 노란색이 많이 사용되는 데는 다 이유가 있다. 혹시 노란색 배경이 좋은 글이 만들어지는 비결은 아닐까? 자유로워진 글은 붐비고 시끄럽고 경쟁이 치열한 세상에서 살아남아야 하는데, 독자의 시선을 사로잡기 위해 주어지는 시간은 고작 몇 초뿐이니 말이다.

손가락표와 머리 표제 — 텍스트 디자인

표지와 표지 문구의 유혹에 마음을 빼앗기고 나면 이제 독서의 모험을 시작할 차례다. 일단 책을 열면 우리가 가장 먼저 마주하는 건 첫 페이지다. 자칫하면 지금 무엇을 보고 있는지조차 깨닫지 못할 수도 있지만, 좋아 보이면 부지불식간에 우리를 책 속으로 끌어들이는 게 바로 첫 페이지다. 첫 페이지가 어떤 모습을 하고 있느냐는 책을 읽는 물리적 경험의 분위기를 결정한다. 이렇듯 잘 구성된 레이아웃은 우리를 이야기 속으로 끌어들이는 데 일조한다.

조판 원칙

에든버러대학교 책 역사 연구소 소장 톰 몰은 『책의 비밀스러운 삶Secret Life of Books』에서 다음과 같이 주장한다.

"각각의 단어는 들여쓰기, 단락 나눔, 여백, 단어와 단어 사이의 공백 등을 통해 페이지의 특정 위치를 차지한다. … 책의 이런 공간적 차원은 우리가 책을 인지하는 데 본질적 역할을 한다. … 우리는 책을 읽을 때 페이지 구조를 기준점으로 삼아 현 위치를 파악한다."

그런데 우리가 단어를 배치하고 현 위치를 파악하기 위해 기준점으로 삼기도 하는 이 '페이지 구조'라는 건 과연 무엇일까? 현

글은 어떻게 자유로워지는가

대의 페이지 레이아웃은 페이지 구성 **원칙**에 기반하는 경우가 많다. 이는 중세와 르네상스 시대 필사본에 사용되던 미적 규칙이기도 한데, 1947년부터 1949년까지 펭귄 출판사에서 일한 선구적인 텍스트 디자이너 얀 치홀트는 이렇게 썼다.

"오늘날에는 거의 잊혔지만, 더 이상의 개선이 불가능할 정도로 완벽한 방법과 규칙이 수 세기에 걸쳐 개발되었다. 완벽한 책을 만들기 위해서는 이 규칙들을 되살려 적용해야 한다."

얀 치홀트는 펭귄 출판사에서 18개월밖에 일하지 않았지만, 그 짧은 기간 동안 자신이 생각하는 조판의 기준과 원칙을 정리해 '펭귄 구성 규칙'이라는 4쪽짜리 책자에 기록했다. 이 책자는 펭귄 출판사의 출간 도서를 안팎으로 개선하고 표준화하는 데 사용되었고, 치홀트의 후임자 한스 슈몰러가 이 규칙을 더욱 발전시켰다. 1956년 《프린팅 리뷰》는 슈몰러가 "치홀트의 주요 스타일을 대부분 계승하고, 거기에 미묘하고 정교한 요소들을 추가해서 완벽에 가깝게 만들었다"고 평했다.

슈몰러가 치홀트의 원래 스타일에 추가한 정교한 요소들은 요하네스 구텐베르크를 비롯한 초기 인쇄업자들이 페이지를 구성한 방식에 기반한 것이었다. 인쇄업자와 식자공은 페이지의 여러 부분 사이에서 시각적 조화를 이끌어내고 싶어 했기에, 기계 인쇄 초창기부터 글이 **어떻게** 보이는가 하는 문제에 큰 관심을 기울였다.

치홀트는 20세기 유럽에 불어닥친 '신타이포그래피' 흐름의 중심인물이기도 했다. 이 운동은 빅토리아 시대의 기존 디자인 관습에서 탈피하기 위해 비대칭, 여백, 산 세리프 서체를 중점적으로 사용했다. 치홀트는 「신타이포그래피의 원칙The Principles of the New Typography」에서 이렇게 설명했다.

"신타이포그래피의 본질은 명료성이다. 이는 '아름다움'을 목표로 했던 기존의 타이포그래피에 의도적으로 반하는 것이었다. … 시선을 끄는 것이 너무 많은 지금의 우리에게는 극한의 명료성이 필요하다."

치홀트는 대중매체 시대에(그가 오늘날 우리가 살아가는 모습을 본다면 까무러치게 놀라리라) 텍스트가 그저 장식적이기만 해서는 안 된다는 것을 간파했다. 텍스트는 독자가 쉽게 접근하고 참여할 수 있도록 명료하게 제공되어야 다른 매체와의 경쟁에서 살아남을 수 있었다.

치홀트가 펭귄 출판사에 몸담고 있던 시기에 이 규칙과 페이지 구성 원칙을 "거의 잊힌 것"이라고 표현한 점은 흥미롭다. 그가 펭귄에서 작업한 책은 표준화된 제작과 디자인의 본보기라 할 만한 초창기 보급용 문고판이었다. 치홀트의 탁월함은 모호성을 제거하고 르네상스 시대 필사본의 요소들을 재사용하여 기계화 시대에 적용하는 방안을 찾아냈다는 것이다. 이후 치홀트가 개척한 현대 타이포그래피는 전쟁 직후 인쇄 효율성을 제고하는 과정에서 촉진되었다. 어떻게 보면 그의 세부 디자인은 표준화된 책 형태, 산업 인쇄 규제, 기계화의 결과라고도 할 수 있을 것이다.

여백의 혜택

페이지 레이아웃은 유용성과 장식성을 모두 충족하는 방향으로 진화해왔다. 작가들은 글의 접근성, 유용성, **가독성**을 높이기 위해서는 글을 특정 방식으로 구성해야 한다는 걸 초창기부터 이해했다. 상단의 '머리 표제'*(우리나라 책은 보통 하단에 오는 경우가 많으며, 한국 편집자들은 대개 이를 '하시라'라고 부른다—편집자)는 우리가 책의 어느 부분을 읽고 있는지 알려주고, 페이지 번호는 현 위치를 정확하게 알려준다.† 텍스트 디자인의 관습은 독자가 글의 각 부분을 구별할 수 있도록 하기 위해 사용하는 것이므로 장 제목은 본문과 달라야 하며 부제, 인용문, 운문, 각주, 기타 텍스트 장식은 적절한 서체, 강조, 위치를 활용해 독자가 필요한 정보를 한눈에 알아볼 수 있도록 해야 한다. 이는 독자와 디자이너가 주고받는 미묘하지만 중요한 대화로서, 저자가 하려는 말과 조화를 이루어야 한다.

텍스트 디자인 구성은 고대부터 시작되었다. 어떤 두루마리는 길이가 30미터에 육박했기에 독자가 쉽고 빠르게 위치를 파악하는 것이 절대적으로 중요했다. 보통 텍스트는 단을 나누어 구분했고, 왼쪽에서 오른쪽 방향으로 읽었다. 각 단은 시작 부분에 일정한 여백을 두어 한 단이 어디서 끝나고 어디서 시작하는지 알 수 있었다.

---

* 머리 표제는 유용한 탐색 도구지만, 반드시 페이지 상단에 위치해야 할 필요는 없다. 하단으로 자리를 옮길 때도 있는데, 그럴 경우 '바닥 표제'라고 한다. 측면에 배치하는 것도 가능하지만, '측면 표제'는 앞의 둘만큼 재밌는 명칭은 아닌 듯하다.

† 나와 작업한 작가 중에는 페이지 번호를 314에서 시작해 역순으로 매기기를 희망한 작가도 있었다(그렇다. 그 책은 파이π에 대한 내용이었다). 또 0에서 시작하는 작품도 있었는데, 독자가 단어의 광야에서 길을 잃었으면 하는 건가 싶었다.

두루마리가 코덱스로 대체되면서 글의 시작과 끝을 좀 더 쉽게 알아볼 수 있었지만, 여백의 기능은 그 어느 때보다도 중요했다. 이유는 전과 조금 달랐는데, 원래 글에 주석을 달려면 별도의 두루마리에 기록해야 했지만, 코덱스의 여백은 독자를 유혹하고 부추겨 거기에 자신의 생각과 반응을 쓰게 만들었기 때문이다. 종이가 귀하고 비쌌던 시절이기에 이 공간은 특히 중요했다. '방주 marginalia'‡라고도 하는 이 여백 메모의 가장 유명한 예는 1637년경 알렉산드리아의 디오판토스가 쓴 『산수론Arithmetica』 여백에 피에르 드 페르마가 남긴 메모일 것이다.

정육면체를 두 개의 정육면체로, 네제곱 수를 두 개의 네제곱으로, 또는 일반적으로 두제곱보다 큰 거듭제곱을 두 개의 같은 거듭제곱으로 나누는 건 불가능하다. 나는 이것을 증명하는 진정 놀라운 방법을 발견했는데, 여백이 너무 좁아서 여기에 쓸 수는 없다.

이 방주는 '페르마의 마지막 정리'로 알려졌는데, 1995년까지 풀리지 않은 수학 문제로 남아 있었다.§

얄궂게도 종이가 상대적으로 훨씬 저렴해진 오늘날은 책에

---

‡　이 단어는 영국의 시인 겸 비평가인 새뮤얼 테일러 콜리지가 만들었다. 콜리지는 자신의 여백 논평을 행위 예술로 승화해 출판하기까지 했다. 물론 'marginalia'라는 단어가 사소하다고 여겨질 수도 있는 형식의 글에 허황된 거창함을 부여하는 것도 사실이다.

§　이 정리가 증명되기까지의 과정을 다룬 책도 몇 권 있다. 전말을 다 담기에는 정말 여백이 너무 좁았던 것이다.

메모를 남기는 걸 좋지 않게 보는 경향이 있다. 리아 프라이스가 『책을 말할 때 우리가 이야기하는 것What We Talk About When We Talk About Books』에서 강조하듯이, 19세기에 공공 도서관이 늘어나면서 독자들은 여백에 흔적을 남기는 게 부적절하다는 쪽으로 생각이 바뀌었다. "한때는 책에 무엇을 남기느냐로 좋은 독서를 판가름했는데, 이제는 책에 아무 짓도 하지 않는 것이 좋은 독서의 기준이 되었다."

하지만 영어와 문화사를 가르치는 조 모란은 "책에 뭔가를 쓰는 것은 지극히 자연스러운 일"이라고 말한다. 그리고 이를 가능하게 하는 건 바로 여백이다. 모란의 말처럼 "여백에 쓴 글은 독자의 즉각적이고 검열되지 않은 솔직한 생각을 들여다볼 수 있게 해준다. 작가나 한 세대 후 헌책방에서 책을 구입한 미지의 독자가 조용한 교감을 나눌 수 있도록 도와주기도 하고 말이다. 여백의 글은 의미적으로 주변부의 것을 뜻하며, 늘 저평가되고 간과된다."

여백에 남은 글이 저평가되는 것은 사실이지만, 누가 평가하느냐에 따라 달라지기도 한다. 1962년 판사 해럴드 서지는 도서관 장서를 수십 권이나 훼손한 혐의로 키스 할리웰과 조 오턴에게 징역형 6개월을 선고하면서 "타인의 책이나 공공 도서관 장서에 비평을 남길 만큼 자기가 똑똑한 줄 알거나 책을 멋대로 훼손해도 된다고 생각하는 사람"은 이런 행동이 "파괴적"이라는 사실을 알아야 한다고 말했다. 오턴과 할리웰은 주로 커버에 손을 댔는데 어떤 건 표지 문구를 겨냥하기도 했다. 이를테면 도로시 L. 세이어즈의 『화려한 밤Gaudy Nights』에는 작가가 지금까지 쓴 작품 중 "가장 경외심을 불러일으키고, 가장 기묘하며, 말할 필요도 없이 가장 조잡하다!"는 새로운 수식어를 달아주었다. 오턴이 그나마 해명이랍시고 한 말은 "쓰레기 같은 소설과 책이 너무 많다는 데 화가 났다"는 것이었다. 2019년 오턴의 고향 레스터에서는 훼손된 책을 팔아 그의 동상을 짓는 데 약 8000만 원이 넘는 돈을 모금하기도 했다.

자신의 감상과 잡다한 생각을 담은 모음집에 『방주Marginalia』라는 제목을 붙인 에드거 앨런 포는 이런 말을 쓰기도 했다.

"나는 늘 넉넉한 여백을 간절히 원했다. 여백 그 자체를 좋아해서라기보다는 여백이 있어야 나의 생각, 저자의 의견에 대한 동의나 반대, 간단한 비평 같은 것을 써넣을 수 있기 때문이다."

전자 텍스트와 전자책 단말기로 무장한 오늘날의 독자는 언제든 텍스트와 상호작용하고 다른 독자들과 소통할 수 있다. 그런데 과연 전자 메모가 종이 여백에 휘갈겨 쓴 메모와 같을까?《뉴욕 타임스》비평가 샘 앤더슨은 이것을 "독자들의 유토피아이자 … 쓰기가 아니라 읽기에서 이루어낸 구텐베르크식 혁명"이라고 부르며 다음과 같이 썼다.

"독자가 텍스트를 읽고 그 안에서 다른 독자들과 이렇게 쉽고 대대적으로 반응을 공유할 수 있던 적은 이제껏 없었다. 21세기형 새뮤얼 콜리지(친구에게 빌린 책 여백에 메모를 잔뜩 달아 돌려주는 것으로 유명했다—옮긴이)가 등장한다면, 백만 명의 친구 책에 동시에 메모를 남길 수도 있을 것이다."

이처럼 전자 시대는 우리를 '반응의 문화' 속으로 밀어 넣는다. 트위터, 블로그, 댓글, 인터넷 게시판 같은 플랫폼은 모두에게 거대한 전자 여백을 선사한다. 하지만 아무리 전자 여백이 무한하다 해도 누군가가 책 여백에 손 글씨로 남긴 사적인 메모의 느낌을

그대로 담아낼 수는 없다.[*]

타이포그래피와 손가락표

새뮤얼 리처드슨은 작가가 되기 전에 인쇄업에 종사했다. 1706년, 열일곱의 나이에 존 와일드라는 인쇄업자의 도제로 들어가 조판과 교정을 담당하다가 나중에는 그곳을 떠나 인쇄 감독관이자 교정원으로 일했다. 1719년부터는 자기 인쇄소를 운영하기 시작했고, 1722년에는 처음으로 제자를 받기도 했다. 이후에는 와일드의 딸 마사와 결혼했으며 1733년에는 하원과 계약을 맺어 『하원 의사록』을 인쇄했다.[†] 이렇듯 리처드슨의 삶은 인쇄와 밀접하게 엮여 있었다.

인쇄업계에서 일한 리처드슨의 배경은 그의 기념비적 소설 『클러리사 할로』에서 전면에 드러난다. 이 서간체 소설은 주요 인물들이 주고받는 편지를 중심으로 이야기가 전개된다. 원본에서 리처드슨은 이야기의 특정 부분을 강조하기 위해 타이포그래피를 이용하는데, 편지 말미의 서명을 필기체로 쓴다든지, 작중에서 편지를 가로챈 로버트 러브레이스가 격노하며 편지 여백에 주석을

---

[*] 여백에 쓰인 건 아니지만 역사상 가장 흥미로운 주석 중 하나는 "와우!"다. 이는 외계 지적 생명체가 존재한다고 시사하는 협대역 전파 신호에 붙은 이름이기도 하다. 이 신호는 1977년 8월 오하이오주에 설치된 빅 이어Big Ear 전파 망원경에 수신되었는데, 제리 R. 이먼이라는 천문학자가 이 신호를 발견하고, 기록된 데이터 옆에 "와우!"라고 쓴 것에서 비롯되었다고 한다.

[†] 『하원 의사록』은 하원의 의사 진행과 표결 내용 등을 기록해 편집한 기록물이다. 의회 토론 녹취록은 '핸사드Hansard'라고 하며, 국회 첫 공식 인쇄업자였던 토마스 커슨 핸사드의 이름을 따서 명명했다.

남기고 거기에 손가락 표시‡를 한다든지 하는 식이다. 하지만 그 중에서도 타이포그래피와 페이지 레이아웃을 가장 인상적으로 활용한 사례는 클러리사가 런던 매춘 굴에서 약물에 취해 강간당한 후 등장한다. 그의 감정적, 심리적 고통을 보여주기 위해 텍스트 일부를 옆으로 틀어 배치한 것이다. 쪽지에 무언가를 휘갈겨 썼다가 찢어버린 뒤 바닥에 던지는 클러리사의 모습과도 잘 맞아 떨어진다.

클러리사의 감정적 붕괴는 문자 그대로 타이포그래피 질서의 붕괴로 표현된다. 리처드슨은 두 가지 방식, 무엇을 말하는지와 어

---

‡　손가락표라고도 하며 이렇게(☞) 생겼다. 12세기 이후부터 필사본에 수정 사항을 표시하거나 독자에게 주의할 대목을 가리키는 용도로 사용해왔다. 15세기 이탈리아에서는 이를 정교하게 다듬어 필크로 다음에 오는 일곱 번째 각주 기호로 사용하기도 했다(자세한 정보는 '각주' 장을 참고할 것).

떻게 보이는지를 고려해 글을 구성했다. 클러리사의 고통을 페이지의 단어 배치와 공간적 관계에 반영하자 이 휘몰아치는 감정은 더 이상 관습의 제약을 받지 않게 되었고, 결과적으로 그의 소설은 한 차원 더 좋은 글이 되었다. 리처드슨은 독자에게 자신과 함께 이야기 속으로 들어가자고 요청한다. 사실 점잖게 달랜다기보다는 먹살을 잡고 클러리사의 내면세계로 끌고 들어간다는 표현이 더 맞을 듯하다.

악마의 판형과 더블 엘리펀트 판형

세계에서 가장 큰 중세 시대 채색 필사본은 『코덱스 기가스 Codex Gigas』로, 번역하자면 '거대한 책'이라는 뜻이다. 성경 전체와 세속 문서 일부를 포함하고 있는 이 책은 가로 50센티미터, 세로 92센티미터, 두께 22센티미터에 무게는 74.8킬로그램에 달한다. 한 페이지 전면에 갈라진 혀를 내민 50센티미터 길이의 악마 컬러 삽화가 실려 있어서 '악마의 성서'라는 이름으로 불리기도 한다.

몇몇 필사본 전문가에 따르면 이 거대한 책은 한 필경사의 작품이다. 삽화를 제외하더라도 20년을 쉬지 않고 작업해야 완성할 수 있는 분량이라고 하는데, 도대체 누가 그런 시간을 낼 수 있었을까? 역사가들은 13세기 베네딕트회 수도사인 은수자 헤르만이 이 책을 썼을 거라고 추측한다. 전설에 따르면 헤르만은 수도원 서약을 어겨 평생 독방에 갇힌 채 살아야 하는 형벌을 받았다고 한다. 형벌을 피하고 싶었던 헤르만은 인간의 모든 지식이 담긴 책을 하루 만에 만들어 수도원에 바치겠노라 약속하는데, 밤이 깊어지고 제시간 안에 책을 완성할 수 없다는 사실이 분명해지자, 그는

신이 아니라 루시퍼에게 기도해 책을 완성할 수 있게 도와주면 영혼을 바치겠다고 한다. 그러자 악마가 나타나 성서를 완성할 수 있게 해주었고, 감사의 표시로 악마의 초상화를 실었다는 것이다.

존 제임스 오듀본은 1826년부터 1838년까지 700마리 이상의 새를 그리고 채색해 기념비적인 저서 『북미의 새』[*]를 자비출판했다. 삽화 크기가 워낙 커서 '더블 엘리펀트double elephant'라 부르는 용지에 인쇄해야 했는데, 대충 이름만 들어도 어떤 종이일지 얼추 짐작할 수 있을 것이다. 하지만 2절판, 4절판, 8절판, 12절판, 16절판, 24절판, 32절판 같은 용어는 어떤가? 이렇게 범접하기 어려운 용어가 생긴 이유는 용지 한 장당 몇 페이지가 인쇄되는지에 따라, 인쇄된 용지를 몇 번 접어야 제본할 수 있는 크기가 나오는지에 따라 판형이 결정되었기 때문이다. 2절판은 용지 한 면당 2페이지를 인쇄하고 접으면 4페이지가 나오고, 8절판은 용지 한 면당 8페이지를 인쇄해 세 번 접으면 16페이지가 나온다. 솔직히 이건 누가 큰 종이를 들고 앞에서 직접 시범을 보여주지 않는 한 머릿속으로 그려보는 게 거의 불가능하다.

다행히도 이제는 대부분의 흑백 양장본이 몇 가지 표준화된 판형을 따른다. 크게는 A 판형과 B 판형이 있는데, 양장본이 표지만 좀 더 빳빳할 뿐 크기는 페이퍼백(외서 장정 형태 중 하나. 한국으로 치면 무선 장정 같은 형태다—옮긴이) 판형과 똑같다. 서점에 흔히 보이는 좀 더 큰 사이즈의 전통적인 양장본 판형으로는 로얄Royal판과 디마이Demy판이 있다. 로얄판은 가로 15.3센티미터, 세로 23.4센티미터로 두꺼운 논픽션 책에 주로 쓰이며, 디마이판은 가로 13.5센티미터, 세로 21.6센티미터로 양장본 문학작품이나 얇은 논픽션 책에 주로 쓰인다. 사실 원한다면 책은 어떤 크기로든 만들수 있다. 삽화가 들어간 컬러 책은 훨씬 다양한 판형으로 제작되는 편이지만, 영국에서는 로얄판과 디마이판이 가장 일반적으로 사용된다.

요즘 독자라면 『악마의 성서』 같은 큰 판형을 불편해할 것이다. 현대의 책 판형은 책의 가장 큰 강점 중 하나인 휴대성을 반영한 것이니 말이다. 최초의 펭귄 출판사 문고판은 가로 8.1센티미터, 세로 11.1센티미터인 A 판형으로 제작되었다. 주머니에 쏙 들어가는 크기라 미국에서는 이 판형을 '포켓북'이라 부르기도 한다. A 판형은 '보급용 문고판'이라고 불렸는데, 그렇게 된 데는 작은 크기 덕분에 서점이 아닌 다른 곳, 가령 드러그스토어(미국의 경우), 기차역, 공항 같은 곳에서도 손쉽게 책을 판매할 수 있다는 이유가 한몫했다. 오늘날에도 여전히 수많은 책이 A 판형으로 출간되고 있지만, 로맨스나 스릴러처럼 사람들이 가볍게 읽는 장르 소설이 주를 이룬다. 반대로 좀 더 문학적이라 할 수 있는 작품은 처음에 가로 12.9센티미터, 세로 19.8센티미터인 B 판형 양장본으로 출간했다가, 이후부터는 페이퍼백으로 여생을 보낸다. 이제 A 판형과 B 판형은 표준화된 인쇄 부수와 시장 전망에 영향을 받아 페이퍼백 중에서도 압도적으로 가장 많이 사용되는 크기가 되었다. 제작비가 저렴하고 휴대성이 좋은 데다가, 대체적으로 가독성도 좋아서 보다 편하게 독서할 수 있기 때문이다.

서체의 힘

디지털 시대를 살아가며 우리는 조판의 세계에 가까이 다가갈 수 있게 되었다. 화면을 보고 메뉴를 클릭하기만 하면 이국적 이름의 서체 목록을 쭉 확인할 수도 있다. 작업을 하다 보면 타임스Times나 에어리얼Arial이냐, 배스커빌Baskerville이냐 브라가도시오Braggadocio[*]냐를 고민하고, 캠브리아Cambria에는 끌리지만

---

[*] 브라가도시오는 내가 봐도 좀 아닌 것 같다. 온라인에서 찾은 설명처럼 "1920년대의 상류사회가 그렇듯 이 폰트를 너무 진지하게 생각하면 안 된다." 브라가도시오는 1930년대에 들어서야 디자인되었으니 더욱 그렇다고 볼 수 있다. 말이 나와서 하는 말인데, TV 연속극이나 영화를 보면 당시에는 존재하지도 않았던 서체를 사용해 현실 고증에 실패하는 경우가 흔하다.

유로스타일Eurostile에는 끌리지 않는 스스로를 발견하기도 한다.

유로스타일은 가족 서체인 마이크로그래마Microgramma 와 함께 최근까지 SF 소설에 거의 독점적으로 사용되었다. 또 1975년에 방송된 〈유로비전 송 콘테스트Eurovision Song Contest〉와 더불어 〈에이리언〉 〈스타 트렉〉 〈2001: 스페이스 오디세이〉 〈백 투 더 퓨처〉 〈트루먼 쇼〉 〈썬더버드〉 〈적색 왜성Red Dwarf〉의 타이틀 시퀀스에 사용되기도 했다. 하지만 그래픽 디자이너가 서체를 아무리 제한적으로 사용한다 해도, 선택할 수 있는 서체가 너무 많다는 사실을 부정하기는 힘들다. 서체들은 저마다 다른 분위기, 역사, 개성, 강점과 약점을 가지고 있으니 말이다.

그렇다면 디자인 문외한은 어떻게 최선의 선택을 할 수 있을까? 아니, 대체 어디서 시작해야 하는 걸까? 코믹 산스Comic Sans를 사용하면 절대 안 된다는 것은 모두가 알지만*, 그렇다면 딱 적절한 부류의 아둔한 글에는 대체 어떤 서체를 사용하는 게 좋을까? 나는 수백 권의 책 표지와 본문을 디자인한 톰 에더링턴에게 서체의 세계를 안내해달라고 부탁했다. 톰은 수년에 걸쳐 세계 최고의 작가들을 위한 표지를 디자인했을 뿐만 아니라, 영국의 여성 팝 그룹 바나나라마의 크리스마스카드를 디자인했고, 골퍼 닉 팔도의 스킨케어 제품†을 디자인하는 등 여러 독특한 프로젝트에 참여해 온 디자이너다.

---

*   물론 많은 이가 코믹 산스를 싫어하긴 하지만, 여기에도 예외가 있다. 사이먼 가 필드가 『당신이 찾는 서체가 없네요』에서 설명하듯, 이 폰트는 트레뷰셋Trebuchet 과 함께 난독증 환자에게 치료 목적으로 사용된다고 하니 말이다. 참고로 두 폰트 모두 빈센트 코네어가 개발했다.

"서체를 선택하는 건 버거운 일이기도 해요. 제가 일하는 곳에서는 대략 2만 4000개의 폰트를 사용할 수 있지만, 그중 2만 3900개는 형편없어서 선택의 폭을 좁힐 수 있죠. 몇 가지 현실적인 문제를 고려해야 해요. 책에 발췌문이 많이 들어간다면 알아보기 쉬운 이탤릭체가 포함된 서체를 써야겠죠. 글자를 작게 인쇄해야 하는 경우라면 명확히 읽을 수 있도록 소문자 x의 높이가 높은 걸 선택해야 할 테고요. 아무래도 책 내용에 따라 서체를 결정해야 할 때가 많아요. 문화적 요인을 고려해야 할 때도 있어요. 18세기 독일에 관한 책을 디자인하고 있다면 같은 시기에 사용된 서체를 찾아볼 수도 있겠죠. 이런 식의 연결은 의미를 더하고 서체와 글의 조화를 이뤄낼 수 있지만, 솔직히 이런 역사적 단서를 알아볼 수 있는 독자는 많지 않을 겁니다. 정말 잘못된 서체를 선택하는 경우도 있어요. 예컨대 영국 수의사 협회는 모든 홍보 자료에 길 산스 서체를 사용하기 전에, 이 서체를 만든 에릭 길이 개와 어떤 관계였는지부터 조사해야 했을 겁니다.[‡]"

하지만 톰은 무엇보다 가독성이 가장 중요하다고 말했다.

"가독성은 판독성과는 달라요. 독자가 저자의 말을 얼마나 쉽게 이해할 수 있는지가 가독성이라면, 판독성은 거기 사용된 기호를 얼마나 쉽게 해독할 수 있는지를 말해요. 글자를 구별하는 것도

[†] 닉 팔도의 스킨케어 제품명이 'foreskin'(fore는 공이 날아가니 조심하라는 뜻의 골프 용어—옮긴이)이 아니라는 것을 발견하고 내가 얼마나 애석해했는지.

[‡] 1990년대에 에릭 길의 사생활과 관련해 새로운 정보가 공개되면서 그에 대한 재평가가 이루어지고 있다는 사실 정도만 말해두겠다(거기에는 개와 관련한 상세한 지식도 포함되어 있다).

후자에 해당하죠. 논리적으로 말이 안 되는 것 같지만, 실제로 세리프 서체는 산 세리프 서체보다 쉽게 읽힙니다. 두꺼운 교과서에 산 세리프가 사용된 경우는 거의 찾아보기 힘들 거예요. 하지만 세상에는 온갖 끔찍한 변종이 존재하는 법이죠. 미국 책은 그중 최악이라고 할 수 있어요. 본문 전체가 볼드체 디돈bold Didone인 책도 봤다니까요. 완전 미친 짓이죠. 폰트 외에도 글을 읽기 쉽게 만들어주는 데는 여러 요인이 있어요. 분량이 길다면 행간leading을 넉넉하게 둘 수도 있겠죠.* 참고로 'leading'이라는 용어는 줄 간격을 조절하기 위해 금속활자 사이에 끼워 넣는 납덩이lead에서 유래했답니다. 다시 디돈 이야기를 조금만 더 하자면, 디돈은 활자 주조업자 피르맹 디도와 잠바티스타 보도니의 성을 조합한 것으로, 19세기에 두 사람이 만들어 유행시킨 활자를 말해요. 1890년에 작가 탤벗 베인스 리드는 디돈이 '말쑥하고 매끈하며 신사답고 눈부시기까지 하다'고 평했지만, 이제는 스탠리 모리슨이 그 시대 서체들을 가리켜 '역대 최악'이라고 할 정도로 인기가 시들었죠."

톰은 디돈을 향한 공세를 마무리하며 말을 이었다.

"조판은 아주 보수적인 기술이에요. 누군가는 개성 있다고 생각하는 서체가 다른 누군가에게는 끔찍한 독서 경험을 안겨줄 수 있거든요. 아무리 멋지고 근사한 서체로 장식해도 잘 안 읽히면 말짱 헛것이잖아요. 반대로 잘 읽히는 서체도 선택지가 아주 많죠.

---

* 행간뿐만 아니라 자간도 조절한다. '커닝kerning'은 글자 사이의 간격을 조절해 시각적으로 보기 좋게 만드는 과정을 뜻하는데, 이 단어는 펜에 달린 깃털이나 돌출된 각도를 의미하는 프랑스어 'carne'에서 유래했다.

낭만주의 시집과 양자물리학 책에 같은 서체를 사용하고 싶지는 않을 테니까요. 디자이너라면 누구나 사용하는 고전 서체도 있어요. 사봉, 캐슬론, 플랜틴, 벨, 바스커빌 외에도 아주 많아요. 미술 공예 운동이 한창이던 시절에는 개인 출판사에서 자기네 책에 사용할 서체를 특별 주문하기도 했답니다."

도브스 프레스에서 사용한 도브스 서체가 그런 경우였다. T.J. 코브던 샌더슨은 1900년에 에머리 워커와 협력해 도브스 프레스를 설립했다(워커는 윌리엄 모리스와 친구 사이로, 모리스가 켈름스콧 프레스를 차리는 데 영감을 주었다. 보다 자세한 내용은 '표지와 커버' 장을 참고할 것). 코브던 샌더슨은 제본업자이자 미술 공예 운동에 '미술 공예 전시 협회'라는 공식 이름을 지어준 사람이기도 하다.

두 사람은 워커가 디자인한 도브스 서체를 두고 오랫동안 분쟁을 벌였다. 도브스 서체는 1470년 니콜라스 젠슨이 사용한 활자에 기반한 서체로, 가장 아름다운 성서로 꼽히는 '도브스 성서'에 사용된 것으로 유명하다. 1916년 도브스 프레스가 문을 닫자 코브던 샌더슨은 활자를 템스강에 버리기 시작했고(일기에는 "강에 바치노라"라고 썼다), 그러다 1916년, 8월부터 1917년 1월까지 무려 170번에 걸쳐 템스강에 활자를 버렸다. 그렇게 시간이 흘러 2015년, 그래픽 디자이너 로버트 그린이 런던 항과 협력해 활자 150개를 수거했고, 이를 토대로 새로운 버전을 만들어 개선했다. 비둘기에서 불사조가 된 격이다.

나는 톰에게 서체와 폰트의 차이를 알려달라고 했다. 이 둘을 잘못 쓸 때마다 디자이너들이 미간을 살짝 찌푸리는 걸 눈치챘기 때문이다.

"서체는 폰트 가족이라고 할 수 있어요. 그러니까 헬베티카 Helvetica는 서체고, 헬베티카 볼드, 헬베티카 이탤릭, 헬베티카 레귤러는 전부 폰트라고 생각하면 돼요. 세리프 서체는 획 끝에 선이 추가돼 있어요. 산 세리프 서체는 그런 선이 없기 때문에 프랑스어로 '~이 없는'을 의미하는 'sans'이 붙은 거고요. 많은 타이포그래피 용어가 주조, 용해, 조각 같은 활판인쇄 기술과 관련이 있어요. 제가 제일 좋아하는 표현은 대문자와 소문자를 'upper case'와 'lower case'라고 부르는 건데, 금속활자로 인쇄할 때 대문자가 위쪽 통, 소문자가 아래쪽 통에 보관되어 있었기 때문에 그렇게 부르게 된 거랍니다."

크리스털 잔

1930년 비어트리스 워드는 영국 타이포그래퍼 조합에서 '크리스털 잔, 또는 인쇄는 보이지 않아야 한다'라는 제목의 연설을 했다. 워드는 1925년에 유럽으로 이주한 미국인 여성이었다. 1926년, 그는 가라몬드 활자의 기원을 조사했고, 이 활자가 기존에 알던 것보다 90년이나 늦게 만들어졌으며 만든 사람이 클로드 가라몽이 아니라는 결론을 내렸다. 워드는 이 연구를 폴 보종이라는 필명으로 발표했고, 그 결과 《모노타입 레코더》에서 편집자로 일하게 되었다. 남자인 줄 알고 그 자리를 제안한 모노타입 측 간부들은 적잖이 당황했지만 말이다. 워드는 에릭 길과 함께 일하며 길 산스 서체를 홍보했고, 스탠리 모리슨과도 일하며 모노타입을 위해 현대적인 서체 개발에 앞장섰다.

워드는 연설에서 좋은 조판에 대해 설명하며, 와인을 금잔에 따라 마셔야 하느냐 아니면 크리스털 유리잔에 따라 마셔야 하느냐 하는 비유를 들었다. "크리스털 잔을 선택해야죠. 왜냐하면 조판은 그 안에 담긴 아름다움을 숨기기보다는 전폭적으로 드러내야 하니까요." 그는 다음과 같이 말을 이었다.

책을 조판하는 타이포그래퍼는 방 안에 있는 독자와 저자의 글이라는 풍경 사이에 창을 세우는 역할을 합니다. 기막히게 아름다운 스테인드글라스를 세울 수도 있겠죠. 하지만 창으로서의 제 역할은 못할 겁니다. 다시 말해 화려하고 멋진 활자를 사용하는 건 활자 자체를 보게 하는 거지, 그 너머를 보게 하는 게 아니라는 겁니다. 또 제가 투명한 혹은 보이지 않는 타이포그래피라고 부르는 작업 방식도 생각해볼 수 있겠죠. … 세 번째 유형의 창은 작은 창살이 유리를 조각조각 가르고 있는 창입니다. 이는 오늘날의 소위 '고급 인쇄'에 해당합니다. 적어도 거기에 창이 있고, 이를 보는 사람이 누군가 그것을 만들었다는 걸 의식하고 있죠. 무의식의 심리학 측면에서 볼 때 이건 나쁜 게 아닙니다. 마음의 눈이 활자 자체보다 활자 너머에 초점을 맞추고 있다는 뜻일 테니까요. 물론 임의로 디자인을 왜곡하고 색을 과도하게 사용해 마음의 그림을 방해하는 활자는 나쁜 활자입니다. 우리의 무의식은 늘 실수(비논리적인 조판, 너무 좁은 간격, 너무 긴 텍스트는 실수를 초래하죠), 권태, 주제넘은 참견을 두려워하거든요. 계속 소리 지르고 있는 머리 표제, 하나의 긴 단어처럼 보이는 행, 최소한의 간격도 없이 마구 엉켜 있는 대문자는 우리의 무의식을 산만하게 만들고 집중력을 떨어뜨립니다.

톰에게 비어트리스 워드의 잔 비유를 어떻게 생각하느냐 물었더니 그는 이렇게 대답했다.

"조판자의 역할을 완벽하게 요약하는 비유예요. 그래픽디자인 이론의 주요 쟁점 중 하나는 디자이너가 주관적인 협력자 역할을 하는지, 중립적인 숙련공 역할을 하는지거든요. 독서 경험, 레이아웃과 텍스트의 관계 같은 여러 가지가 복합적으로 결합된 문제죠. 책이 엄청나게 두껍지 않다고 했을 때 글자 크기를 얼마큼 키울 수 있을까? 그림이 포함되어 있다면 텍스트와의 적절한 위치에 배치되어 있을까? 그림을 텍스트 속에 넣어야 할까 아니면 별도의 페이지에 실어야 할까? 주렁주렁 달린 각주*는 어떻게 보일까? 책을 디자인할 때는 자잘한 결정을 수없이 내려야 합니다. 독자가 과연 이걸 이해할지, 독자의 시선이 어디에 가장 먼저 닿을지 고민해야 하고요. 맥락은 고려해야 할 중요한 요소예요. 당연한 이야기이지만, 백과사전과 소설은 다르게 디자인하잖아요. 독자들이 필요한 내용만 부분적으로 찾아 읽는 참고 서적은 글자가 작아도 괜찮지만, 앉은자리에서 해치울 수도 있는 소설은 너무 작은 글자를 사용하면 가독성을 해치겠죠. 또 각 서체에 가장 적합한 인쇄 방식은 보통 출시 당시 널리 쓰이던 것입니다. 예를 들어 활판 인쇄용 폰트는 잉크가 잘 퍼지도록 좀 더 얇게 디자인된 편이죠. 디지털 폰트는 화면에서 좀 더 선명하게 표시되게끔 하는 디지털 지침인 폰트 힌팅font hinting 같은 새로운 방법을 사용하고요. 글이 제

---

* 바로 이 책이 각주가 주렁주렁 달린 책이라는 걸 알아차렸을 본문 디자이너에게 죄송하다는 말을 하고 싶다.

할 일을 할 수 있도록 활자가 한발 물러서주는 셈이죠."

나는 디자이너가 독자와 저자의 관계를 촉진하는 역할을 한다는 워드의 설명이 마음에 든다. 디자이너는 글이 명확히 보이게 해주고, 더 중요하게는 저자와 독자의 소통을 원활하게 해주는 창유리 같은 존재다. 물론 그러려면 우선 유리가 맑고 투명해야 할 것이다. 톰은 페이지 디자인의 표준이 거의 바뀐 게 없다는 사실을 생각하면 놀랍다며 이야기를 마저 이었다.

"현재 활동하는 디자이너들은 50여 년 전 얀 치홀트나 라울 로사리보[†] 같은 사람이 작업한 디자인에 여전히 많이 의존하고 있어요. 그들이 세운 원칙을 이해하기 위해 르네상스 시대 책을 참조하고요. 데릭 버즈올이 영국 국교회를 위해 디자인한 현대판 『일반 기도서Book of Common Prayer』를 보세요.[‡] 길 산스 서체 하나만 사용된 단순한 책입니다만, 내용의 성격 때문인지 대단히 솜씨 있게 보이거든요. 보통 교인들 눈에는 극히 평범해 보일 테지만, 디자인적 고려와 기술이 섬세하게 적용돼 있어서 한 페이지 한 페이지를 보는 게 즐겁죠. 아름다우면서도 절제된 디자인의 최고봉인 셈이에요. 보이지 않는 잔은 분명 불가능할 겁니다. 어딘가에는 늘 인간의 손이 작용하고 있을 테니까요. 하지만 눈에 보이더라도 독서

[†] 아르헨티나 타이포그래퍼로, 르네상스 책 중에서도 특히 구텐베르크 성서에 사용된 황금 비율을 분석했다.

[‡] 『일반 기도서』는 1549년에 첫 출간되었고, 2000년에 버즈올이 새롭게 디자인했다. 영국에서는 케임브리지대학교 출판사, 옥스퍼드대학교 출판사, 왕실 인쇄소만이 이 기도서를 인쇄할 수 있다. 케임브리지대학교 출판사와 옥스퍼드대학교 출판사를 '특권 출판사'라 부르는 것도 이런 이유에서다.

경험을 방해하지 않을 수는 있겠죠. 더러운 잔에 와인을 마시고 싶어 할 사람은 아무도 없으니까요."

실험적 디자인

『클러리사 할로』에서 확인했듯 저자는 디자인 요소를 이야기의 한 부분으로 활용할 수 있다. 이런 유의 실험적 디자인은 저자와 디자이너가 비전을 공유할 때 특히 빛을 발한다. 톰의 말에 따르면 이런 점에서는 작은 출판사가 좀 더 대담하고 실험적인 편이었다.

"포코너스Four Corners라는 소규모 예술서 출판사는 '익숙한 것' 시리즈를 기획해 작품마다 다른 아티스트가 작업한 고전소설을 펴냈어요. 『도리언 그레이의 초상』은 1970년대 파리 시대극으로 해석해서 당시 유행하던 잡지 스타일로 본문을 조판했죠. 광고와 헤드라인도 중간중간 끼워 넣었고요. 흥미로운 타이포그래피를 발견하기에는 패션 잡지가 좋아요. 잡지 전체에 고정 너비 타이프라이터 서체를 사용하고 목 근육을 혹사해야 할 만큼 글줄 길이를 길게 설정한 경우도 본 적 있답니다. 마치 사람들이 잡지 읽기를 포기했으면 하고 바라는 것 같았다니까요! 《레이 건》*은 실제로 그런 시도를 한 음악 잡지예요. 디자이너 데이비드 카슨†은 브

---

* 《레이 건》은 1992년부터 2000년까지 총 70호를 발행하는 동안 실험적인 타이포그래피 디자인을 선보이며 1990년대 대중문화를 살피는 데 주력했다.

† 잡지 《아이Eye》에 따르면, 카슨은 지금까지 구글에서 가장 많이 검색된 그래픽 디자이너라고 한다. 그를 좀 더 자세히 소개하고 싶지만, 독자 여러분이 직접 검색해보는 편이 더 좋을 것 같다.

라이언 페리‡의 인터뷰 기사가 어지간히 재미없었던지 인터뷰 전문을 기호로만 구성돼서 읽을 수 없는 폰트인 딩뱃Dingbat으로 표기하기도 했죠."

딩뱃은 최근에 사용하기 시작한 줄 알았는데, 알고 보니 인쇄용 장식 문자도 딩뱃이라 할 수 있었고 심지어 수세기 전부터 사용해오고 있었다. 인쇄용 장식 문자는 인쇄 초창기부터 텍스트를 구분하는 용도로 사용되었다. 이런 인쇄 기호의 정식 명칭은 매력적으로 예쁜 단어인 '딘쿠스dinkus'§다. 꽃무늬 기호fleuron (❦)는 최초로 사용된 인쇄용 장식 문자 중 하나이며 단락을 나누는 용도로 초기 그리스어와 라틴어 텍스트에 사용했다. 로버트 브링허스트는 『타이포그래피의 원리』에서 꽃무늬 기호를 "원예용 딩뱃"이라 하기도 했다. 컴퓨터를 사용하는 사람이라면 누구나 익히 알고 있을 자프 딩뱃은 서체 디자이너이자 캘리그래퍼인 헤르만 자프가 만들었다. 자프는 비교적 무난한 서체인 팔라티노 서체와 옵티마 서체를 디자인하기도 했다. 딩뱃은 윙딩체와 이모티콘으로 이어졌고, 그중 일부는 자프 딩뱃과 동일한 키보드 단축키를 사용한다.

워드와 치홀트 같은 디자이너가 오늘날의 디지털 디자인을 보면 무슨 생각을 할까? 디지털 화면으로 보는 글은 크리스털 잔으로 보는 글보다 매력이 훨씬 떨어진다. 페이지 크기의 제약이 오

---

‡　브라이언 페리에 관해 몇 가지 찾아보기는 했지만 각주에 실을 만한 내용은 하나도 찾을 수 없었다.

§　딩뱃이라는 단어는 1838년에 알코올음료를 지칭하는 말로 처음 사용되었는데, 어쩌다 보니 '거시기gizmo'나 '아무개thingamabob'처럼 이름을 알 수 없는 모든 것에 사용하는 단어가 되어버렸다.

히려 엄청난 창의력을 자극한 셈이다. 물론 제약 조건을 없애면 긍정적인 면도 있겠지만, 텍스트를 디자인 규칙의 뿌리에서 해방시키면 득보다 실이 더 많을지도 모른다. 톰의 말처럼 고정된 페이지 크기에서 벗어나며 생기는 여러 가능성은 다른 문제로 이어지기도 한다. **너무 많은** 자유가 주어지기 때문이다.

"디지털 디자인의 유연성은 기술을 일정량 포기한다는 걸 의미해요. 이를테면 조판 디자이너는 단락 마지막 줄에 달랑 한 글자만 남는 '외톨이 자runt'를 큰 문제로 여기기 때문에 어떻게든 그 문제를 해결하려 합니다. 하지만 그 텍스트가 다양한 기기에서 다양한 크기로 표시된다면 마땅히 바로잡을 방법이 없는 거죠."

조판 디자이너는 외톨이 자뿐만 아니라 '과부'와 '고아'의 문제도 심각하게 여긴다(이렇게 우아한 작업을 하면서 이렇게 감정적으로 잔인하고 순화되지도 않은 언어를 사용하다니, 참 신기한 일이다). 과부란 한 단락에서 한 단어로 된 마지막 줄이 혼자 다음 페이지로 넘어가는 것이다. 반면 고아는 한 단락을 시작하는 첫 줄이 해당 페이지의 마지막 줄에 위치해서 나머지 가족과 잔인한 이별을 해야 하는 상황을 말한다. 이 둘의 차이를 어떻게 기억하냐고? 고아는 홀로 시작하고, 과부는 홀로 끝낸다고 알아두면 외우기 쉽다. 고정된 페이지 크기에서 벗어나 한없이 유연한 화면으로 이동하는 순간, 이런 화법은 모두 의미를 잃어버리지만 말이다. 하지만 톰은 여기에 장점도 있다고 말했다.

"아직 초기 단계라 잠재력을 제대로 발휘하지 못했을 뿐이지, 전자책이 더 많은 혁신을 가능하게 하는 것 같긴 해요. 독자가 직접 글자 크기를 조절할 수 있다는 엄청난 혁신은 시각 장애가 있는 많은 독자에게 큰 도움을 줄 겁니다. 제가 보기에는 분명한 개선이지만 사람들의 독서 습관이 바뀌는 데도 시간이 걸리잖아요. 그래서인지 예상만큼 전자책이 출판의 판도를 바꾸지는 못했고요. 어쩌면 기술이 사람들의 독서 습관보다 더 빨리 변하는 것 같기도 합니다. 전자책의 가상 페이지 넘김 기능이 그 증거예요. 스큐어모피즘의 한 예라고 할 수 있죠."

스큐어모피즘이라고? 스큐어모프skeuomorph는 다른 재료로 만든 유사 인공물의 디자인을 모방한 물건이나 특징이라는 뜻이다. 톰 말처럼 전자책 기기의 가상 페이지 넘김 기능은 물리적 책을 모방한 스큐어모프인 셈이다. 우리는 주변 모든 게 바뀌어도 가능한 모든 수단을 활용해 익숙한 것에서 위안받고 싶어 하니, 가상 세계는 수많은 스큐어모프를 사용한다. 데스크톱 컴퓨터의 휴지통 아이콘도 떠오른다. 하지만 알고 보면 이런 문화는 수 세기 전부터 있어왔다. 정교한 은잔으로 유명한 미노스문명은 더 넓은 시장을 겨냥하기 위해 이 은잔을 도자기로 재창조할 때 금속에 달려 있던 리벳까지 그대로 모방했다고 한다. 스큐어모프. 참 멋진 단어다.

r-p-o-p-h-e-s-s-a-g-r

이 장에서 우리는 독자가 주인공의 경험을 이해하고, 함께 느끼게 하기 위해 새뮤얼 리처드슨이 어떻게 타이포그래피 규범을 전복했는지 살펴보았다. 그런데 미국의 아방가르드 시인 E.E. 커밍스는 자신의 시 「r-p-o-p-h-e-s-s-a-g-r」로 여기서 한 걸음 더 나아갔다. 독자가 메뚜기의 삶과 마음속으로 직접 들어갈 수 있게 하겠다는 모호한 목적을 내걸고 언어적 관습의 전복을 꾀한 것이다.

```
                    r-p-o-p-h-e-s-s-a-g-r
              who
a)s w(e loo)k
upnowgath
              PPEGORHRASS
                              eringint(o-
aThe):l
       eA
          !p:
S                                      a
          (r
rIvInG                 .gRrEaPsPhOs)
                              to
rea(be)rran(com)gi(e)ngly
,grasshopper;
```

커밍스는 형식과 내용 간의 보다 역동적인 관계를 추구했다. 독자가 형태에 집중해 시를 경험하면서 메뚜기로 산다는 것의 의미를 조금이나마 이해할 수 있기를 바란 그는 타이포그래피, 구두점, 문법 규칙을 다시 쓴다기보다는 아예 규칙집을 찢어발겼다. 그가 괄호로 단어를 분리해서 뜻밖의 장소에 음절을 만들어내는 방식을 보자. 커밍스는 메뚜기가 공중으로 도약했다가 착지하는 모습을 전달하려 하고 있다. 한가운데 위치한 계단식 도약(leA!p)을 보면 이 부분이 시의 위아래를 연결하고 있다는 걸 알 수 있다. 우리 눈은 연속적인 메뚜기 점프를 쫓으며 빠르게 페이지를 가로지른다. '메뚜기grasshopper'라는 단어 자체는 네 번 사용되지만, 완전한 형태의 단어가 사용된 건 시의 끝부분에 이르러서다. 메뚜기는 페이지를 가로지르며 정신없이 점프를 한 뒤에야 마침내 모습을

드러낸다. 하지만 전통주의자들이여 기뻐하라! 다행히도 이 시의
해석본이 존재한다.

> 메뚜기,
> 그것은
> 우리가 위를
> 바라보는 지금
> 자세를 취하고
> 도약해
> 착지하여
> 가다듬고
> 메뚜기가 된다

하지만 이게 무슨 재미란 말인가? 가끔은 완전히 다른 복합적
인 눈으로 단어를 바라볼 필요가 있다.

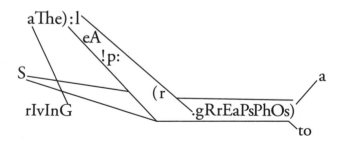

상실의 기억— 잃어버린 글

스튜어트 켈리는 『잃어버린 책을 찾아서』에서 "세계문학의 역사"를 "잃어버린 문학의 역사"로 요약한다. 이렇게 '잃어버린' 글 중에는 셰익스피어의 희곡[*], 호메로스의 희극[†], 실비아 플라스의 소설도 있다. 플라스는 소설 『이중 노출Double Exposure』이 "엄청나게 웃기다"고 평했지만, 1963년에 원고 130페이지 분량을 남긴 채 세상을 떠나버리고 만다. 영국의 시인이자 플라스의 남편인 테드 휴스는 플라스의 일기를 한 권 태운 건 맞지만, 원고(읽어본 사람들에 따르면 반자전적 내용이라고 한다)는 자신이 폐기한 게 아니라 플라스의 어머니가 가져갔다고 주장했다. 어쩌면 아직 발견되지 않은 플라스의 글이 여전히 어딘가에 있을지도 모른다.

---

[*]   1613년 무대에 올려진 「카르데니오Cardenio」는 1653년 윌리엄 셰익스피어와 존 플레처를 공동 저자로 하여 정식 출판물 등록을 마쳤지만 사본은 존재하지 않는다. 1612년에 번역되어 영국에 출간된 세르반테스의 『돈키호테』에 영감을 받아 쓰인 것으로 추정될 뿐이다. 셰익스피어가 또 다른 사라진 희곡 「사랑의 결실 Love's Labour's Won」을 썼다는 설도 있는데, 어쩌면 「헛소동」이나 「끝이 좋으면 다 좋아」의 다른 제목일 수도 있다.

[†]   약간의 논란이 있기는 하지만, 호메로스가 썼다고 간주된다. 「마르지테스Margites」라는 제목의 이 희극에는 플라톤에 따르면 "많은 것을 알지만 모두 엉터리로 아는" 주인공이 등장한다. 이 주인공은 너무 멍청해서 부모 중 누가 자기를 낳았는지도 확신하지 못했다고 한다.

상당히 가치 있을지도 모르는 글이 유실되었다는 사실은 큰 좌절감을 안겨주지만, 작가의 이력을 더 좋은 방향으로 바꿔주기도 한다. 2000년에 로버트 루이스 스티븐슨의 아내 패니 스티븐슨이 가족의 친구인 W.E. 헨리‡와 주고받은 편지들이 재발견되었는데, 그중 한 편지에서는 패니가 남편의 『지킬 박사와 하이드』초고를 읽은 소감이 써 있었다. 그는 초고를 "말도 안 되는 엉터리"라고 평하면서 "남편은 이게 자신의 최고작이라고 말하지만, 나는 헨리 당신에게 보여주고 나서 그걸 불사를 생각이에요"라고 썼다. 그리고 자신이 뱉은 말을 충실히 이행해 실제로 초고를 불살랐다. 남편은 즉시 소설을 다시 쓰는 작업에 착수했는데, 이번에는 아내의 의견을 적극 반영했고 다시 쓴『지킬 박사와 하이드』는 곧바로 성공을 거두었다. 아무래도 패니는 초고가 이야기의 알레고리를 충분히 살리지 못했다고 느낀 듯하다. 하지만 아쉽게도 불타버린 초고는 역사의 망각 속에 묻혀 돌이킬 수 없게 되었다.

1922년 12월, 어니스트 헤밍웨이는 스위스에, 아내 엘리자베스 해들리 리처드슨(그는 늘 '해들리'라 불렀다)은 파리에 머무를 때 일어난 에피소드도 있다. 헤밍웨이는 기자 겸 편집자인 링컨 스테펜스를 만났고, 헤밍웨이의 작품을 인상 깊게 본 그가 작품을 좀

---

‡ 헨리는 다리가 하나뿐이었고, 『보물섬』의 해적 캐릭터 롱 존 실버에 영감을 주었다. "나는 내 운명의 주인 / 나는 내 영혼의 선장"이라는 마지막 구절로 유명한 시 「무적Invictus」을 쓰기도 했다. 다섯 살의 나이에 세상을 떠난 그의 딸은 J.M. 배리의 『피터 팬』에 나오는 '웬디'라는 이름에 영감을 주었다. 소녀의 원래 이름은 마거릿이었지만, 평소 소녀가 배리를 "착한 웬디"라 부른 데서 이름을 가져온 것이다.

더 보여달라고 부탁했는데, 그럴 수 없는 상황이 벌어지고 말았다. 나머지 원고가 다 사라지고 만 것이다. 사건의 전말은 이러했다. 스위스에 오기 위해 짐을 싸던 해들리는 헤밍웨이가 어릴 때 쓴 글부터 카본지(얇은 종이에 기름, 납, 안료 같은 혼합물을 칠한 종이—옮긴이) 복사본까지 그가 작업 중이던 모든 원고를 몽땅 작은 여행 가방 안에 챙겨 넣었다. 그리고 리옹역에서 열차 안에 가방을 놓고 물을 한 병 사러 잠시 나갔다 왔는데, 그 사이에 가방이 없어지고 만 것이다. 해들리는 스위스에 도착해 이 소식을 전해야 했고, 헤밍웨이는 그 순간을 『파리는 날마다 축제』에 다음과 같이 풀어놓았다.

해들리가 원고를 잃어버렸다고 말했을 때, 나는 누가 죽거나 참을 수 없는 고통을 받은 것도 아닌데 그 정도로 괴로워하는 모습을 보일 수 있다는 걸 처음 알았다. 해들리는 울고 또 울면서 차마 내게 말을 꺼내지 못했다. 나는 얼마나 끔찍할 일이 일어났든 그렇게까지 나쁜 일은 아닐 거라면서 무슨 일이든 괜찮으니 걱정하지 말라고, 우리가 해결할 수 있을 거라고 말해주었고, 해들리는 그제서야 마침내 이야기를 털어놓았다. 나는 설마 카본지 복사본까지 챙겨 오지는 않았을 거라 확신하며 신문사에서 잠시 대신 일해줄 사람을 구했다. 당시 나는 언론계에서 돈을 꽤 잘 벌고 있었다. 그리고 파리행 열차를 탔지만 해들리의 말은 진짜였다. 나는 아파트에 들어가 이 사실을 확인하고 나서 그날 밤 무엇을 했는지 기억한다.

헤밍웨이는 그날 밤 자신이 무엇을 했는지 기억할지 모르겠다만, 다른 누군가에게 이 이야기를 한 적은 없다. 훗날 그는 "상

실의 기억을 지울 수만 있다면" 수술이라도 받았을 거라 말하기도
했다.

원고를 잃어버리고 얼마 지나지 않아 헤밍웨이는 에즈라 파
운드에게 편지를 써서 무슨 일이 있었는지를 알렸다. "물론 당신
은 '잘됐다'고 할 테지만, 그런 말은 하지 마세요. 전 아직 그럴 기
분이 아니거든요." 그는 왜 파운드가 잘됐다고 말할 거라 생각했
을까? 헤밍웨이는 파운드가 어떤 면으로 이 상황을 좋게 판단하리
라는 걸 알았던 것 같다. 어쨌든 파운드는 두 권의 소설과 300편의
소네트를 불사른 전력이 있는 데다가, 자기 입으로 매일 아침 소
네트를 한 편 쓰면 그 즉시 찢어버린다고 말하는 사람이었으니 말
이다.

1935년에 출간된 파운드의 산문집 제목은 『새롭게 하라Make
It New』였다. 이는 모더니즘 운동을 위한 일종의 슬로건이 되었고,
원고를 폐기하는 그의 태도를 압축적으로 보여준다. 많은 T. S. 엘
리엇 연구자는 파운드가 엘리엇의 시를 과감히 덜어낸 덕분에 『황
무지』가 더 좋은 작품이 되었다고 여긴다. 헤밍웨이는 훗날 이렇
게 썼다. "오늘날 작가에게 다른 무엇보다 가장 중요한 것은 언어
에서 군더더기를 제거해 뼈대만 남기는 것이다." 어쩌면 헤밍웨이
는 가방을 잃어버리고 나서* 원래 스타일보다 더 날렵하고 절제된
스타일을 추구하게 된 걸지도 모른다. 잃어버린 시간을 보충하고

---

* 물론 요즘은 예전만큼 저자의 글을 물리적으로 잃어버리기가 쉽지 않다. 디지털
백업 기능 덕분에 초고가 유실되는 일이 거의 없기 때문이다. 하지만 오랫동안 작
업한 두꺼운 책의 감사의 말을 쓰던 중, 어린 아들이 컴퓨터에서 초고를 삭제했다
고 말한 작가가 한 명 기억나기는 한다.

수입을 올려야 했을 테니 말이다. 물론 가방의 행방*을 포함해 이 모든 건 그저 추측일 뿐이지만, 가방을 잃어버린 사건이 작가 헤밍웨이의 앞날을 송두리째 바꾸었을지도 모른다고 생각하면 굉장히 흥미롭게 느껴진다.

이 장에서는 인쇄기를 거쳐 탄생한 모든 책의 사후 세계를 살펴볼 것이다. 하지만 우리가 다루는 것은 서점이나 가정이나 서가나 마음속에 안착한 책이 아니다. 이 장은 금지되고, 유실되고, 태워지고, 폐기되고, 검열되고, 여타 다른 방식으로 버려진 책들에 대한 이야기다. 구텐베르크의 인쇄 민주화 이후 책과 책에 실린 글은 늘 폐기되어왔다. 의도치 않게, 악의적으로, 전략적으로, 혹은 법적인 이유로. 역사를 살펴보면 한 시대에 자유롭게 독자를 찾아가던 책이 다른 시대로 넘어가면 금지되거나 지하로 내몰리는 모습을 종종 목격하고는 한다. 제정신을 가진 사람이라면 책을 폐기한다는 생각에 진저리를 치겠지만 말이다(화씨 451도에 태우든 어떻든 말이다). 그렇다면 이런 일은 어떻게, 왜 일어나는 걸까?

---

* 가방의 행방에 관한 추측이 어찌나 난무했던지, 조 홀드먼은 1991년 『헤밍웨이 위조사건』이라는 SF 소설로 상을 받기도 했다. 홀드먼은 이 책을 "섬뜩한 유머를 곁들인 호러 소설"이라 평하면서 다음과 같이 설명했다. "미치광이처럼 보이는 어니스트 헤밍웨이의 유령이 무기력한 학자를 계속해서 살해한다. 학자는 한번 죽을 때마다 한 우주에서 다른 우주로 미끄러지며 다소 불쾌한 형태의 연쇄 불멸을 실현한다. 어떻게 이런 일이 일어날 수 있는지 설명하는 농담조 방식 덕분에 이 책은 SF 소설로 분류될 수 있다. … 이 책은 내가 쓴 책 중 가장 '문학적'인 책일지도 모르지만, 가장 노골적인 섹스와 잔인한 폭력이 등장하는 책이기도 하다. 누가 읽어도 재미없다고 생각하지는 않을 것이다."

금서 목록을 지정하다

앤서니 콤스톡은 '저속한' 책에 사용한 인쇄판 12만 9000킬로그램, 사진 400만 장, 총 15톤의 책을 폐기하게 만든 책임자로서 자신을 "주님의 정원에서 잡초를 뽑는 자"라 칭했다. 1844년 코네티컷주에서 태어나 악덕 근절을 목표로 하는 뉴욕 협회를 설립한 콤스톡은 자신의 도덕성 십자군 운동이 절정에 달한 1893년에 의회를 설득해 콤스톡법을 통과시켰다. 콤스톡법은 미국 우편 제도를 사용해 외설적이거나 음란하거나 선정적인 자료 발송을 금지한 법이다. 콤스톡법에 따라 저속하다고 간주되어 우편 사용이 금지된 책 중에는 『데카메론』 『캔터베리 이야기』 『몰 플랜더스Moll Flanders』가 있다. 아리스토파네스의 『리시스트라타Lysistrata』는 전쟁을 반대한다는 이유 때문에 금지되었고, 1967년 단명한 그리스 군부 정권도 같은 이유로 금지시켰다.

알베르토 망겔이 설명하듯 콤스톡의 방법은 "야만적이지만 피상적이었다." 그는 수많은 작가, 책, 글, 이미지, 페이지를 인정사정없이 검열했다. 사냥감을 얼마나 무자비하게 쫓았는지, 이 때문에 자살한 사람이 최소 열다섯 명 이상이라는 설이 있을 정도다. 악명만큼 효능이 뛰어난 방법은 아니었지만 말이다. 콤스톡은 이미 인쇄되어 널리 유통 중인 책을 끊임없이 뒤쫓았다. 어쩌면 금서 목록을 공표해 신자에게 읽어도 되는 책과 읽지 말아야 할 책을 규정한 가톨릭교회의 권능을 갈망한 걸지도 모르겠다.

금서 목록은 1559년 바오로 4세가 공식 제정했고(이미 1529년에도 목록이 공개된 적이 있다) 1966년이 되어서야 폐지되었다. 1948년에 나온 마지막 개정판에도 4000권의 책이 금서로 지정되어 있었다. 금서 목록이 폐지된 이유 중 하나는 1966년에 이르자, 당시 신앙교리부 장관이었던 알프레도 오타비아니 추기경이 새로 나오는 책이 너무 많아 검열 작업을 계속하는 것이 불가능하다고 판단했기 때문이다. 글이 승리를 거둔 것이다.

금서 목록은 대량 인쇄가 가능해지고 인쇄물이 광범위하게 보급되자, 이단적이거나 도덕에 반하는 책이 생겨나면 시작되었다. 그전에는 필사 작업이 워낙 노동 집약적이고 느렸기 때문에 생산 수단을 훨씬 더 쉽게 통제할 수 있었다. 작업을 채 시작하기도 전에 재갈을 물리는 게 가능했던 것이다. 요하네스 케플러의 천문학 책 『코페르니쿠스 천문학 개요Epitome Astronomiae Copernicanae』는 태양이 태양계의 중심이라고 주장했다는 이유로 1619년에 목록에 올라 1835년까지 내려오지 않았다. 놀랍게도 진화론을 주장해 기독교적 창조론의 입지를 약화한 찰스 다윈은 단 한 번도 금서 목록에 오른 적이 없다. 하지만 시몬 드 보부아르, 장 폴 사르트르, 볼테르, 임마누엘 칸트, 존 밀턴, 존 로크, 블레즈 파스칼, 앙드레 지드, 갈릴레오 갈릴레이를 비롯해 주목할 만한 작가들의 작품이 금서 목록에 포함되었다.

영국 정부가 외설적이라는 이유로 출판을 금지한 건 1991년에 지정한 데이비드 브리튼의 『공포의 군주Lord Horror』가 마지막이었다. 이 책은 아우슈비츠를 배경으로 한 최초의 공포 소설이었다. 1992년에 출판 금지 결정이 뒤집혔지만, 이 책의 출판사 웹 사이트 공지에 따르면 현재로서는 "재판을 찍을 계획이 없다"고 한다.

영국이 금서로 지정한 책 목록은 짧은 편이다. 출판 허가제를 공격했다는 이유로 금지한 존 밀턴의 『아레오파지티카』, 저자가 반역죄로 기소되고 프랑스 혁명을 지지했다는 이유로 금지한 토머스 페인의 『상식, 인권』, 영국 제1차 세계대전 참전을 비판하고 동성애에 동조했다는 이유로 국방법에 따라 금지한 로즈 로르 알라티니의 『멸시되고 거절당한 사람들Despised and Rejected』, 외설적이라는 이유로 금지한 제임스 조이스의 『율리시스』, 제임스 핸리의 『소년Boy』, 블라디미르 나보코프의 『롤리타』, 익히 알려져 있듯 역시 외설적이라는 이유로 금지한 D.H.로렌스의 『채털리 부인의 사랑』, 레즈비언 소설이라 금지한 래드클리프 홀의 『고독의 우물』, 공무상 비밀을 폭로했다는 이유로 출간되기도 전에 금지되었지만 스코틀랜드와 오스트레일리아에서는 여전히 구입할 수 있었기에 사실은 무의미한 조치였을 피터 라이트의 『스파이캐처Spycatcher』, 마지막으로 방금 언급한 『공포의 군주』가 그것이다. 물론 이제는 금지 조치를 모두 해제했다. 비록 이 중 일부는 절판되었지만.

　　미국의 금서 목록은 영국보다 광범위하다. 여기에는 캘리포니아 주민을 좋지 않게 묘사했다는 이유로 캘리포니아를 포함한 여러 주에서 일시적으로 금지한 존 스타인벡의 『분노의 포도』, 외설적이라는 이유로 초판을 압수한 앨런 긴즈버그의 『울부짖음』, 여성을 '창녀'라 불러 오하이오, 텍사스, 워싱턴주에서 여러 차례 금지한 조지프 헬러의 『캐치-22』, 싱클레어 루이스의 『앨머 갠트리Elmer Gantry』[*] 등이 포함되어 있다.

---

[*]　『앨머 갠트리』는 1927년에 출간되고 큰 파문을 일으켰다. 주인공 앨머 갠트리 목사는 술과 여자에 빠져 방탕한 생활을 하는 인물이다. 저자 싱클레어 루이스는 노벨 문학상을 받은 최초의 미국 작가로서 수상 연설에서 이렇게 말했다. "우리 미국 교수들은 문학이 맑고 차갑고 순수하며 죽어 있기를 바랍니다."

하지만 글의 해방을 막으려는 이가 **저자** 본인이라면 어떨까? 예술가이자 예술가의 모델이었으며 시인이기도 한 엘리자베스 시달은 1862년에 아편제 과다 복용으로 사망했다. 아마도 스스로 약물을 투여한 것으로 보인다. 시달은 월터 데버렐, 존 에버렛 밀레이, 단테 가브리엘 로제티의 모델이 되어주었고, 1860년 로제티와 결혼했다. 시달이 세상을 떠나자 큰 슬픔에 빠진 로제티는 비록 장례식에 참석은 못했지만, 관 속에 책 두 권을 숨길 수 있었다(시달의 머리카락 밑에 숨겼다고 한다). 한 권은 시달의 성서였고, 다른 한 권은 로제티가 쓴 원고였다. 로제티는 "리지가 아프고 힘들 때 나는 그를 돌보기보다 이 시들을 썼다. 이제 이 시들을 보내야 한다"고 말했다 전해진다.

하지만 로제티는 1869년 시집 출간을 준비하며 그 시들을 되찾아오기로 결심하고, 대리인을 시켜 무덤을 파헤쳤다. 당시 그가 내무 장관이던 헨리 A. 브루스와 친구 사이였기에 가능했던 일이다. 하지만 발굴해낸 원고는 습기 때문에 너무 많이 훼손되어 거의 읽을 수 없는 상태였다. 물론 로제티는 발굴을 지시했다는 소식이 전해진 뒤로 이전의 명성을 결코 회복할 수 없었다.

프란츠 카프카는 자신의 유저遺著 관리자 막스 브로트에게 자신이 죽으면 출간한 저작과 출간하지 않은 저작을 모두 폐기해달라는 지침을 남겼다. 1924년 폐결핵으로 사망하기 전에는 브로트에게 이런 편지를 남기기도 했다.

"사랑하는 막스에게. 나의 마지막 부탁일세. 내가 남긴 모든 것… 일기, 원고, 편지(내가 쓴 것과 남이 쓴 것), 스케치를 모두 읽지 말고 불태워주게."

하지만 잘 알려진 대로 브로트는 이 부탁을 들어주지 않았고, 그렇게 할 수 없다는 걸 카프카에게 말했다고 주장했다. 그러면서 "카프카가 자기 뜻을 반드시 관철할 생각이었다면 다른 관리자를 임명했어야 한다"고도 덧붙였다. 1925년부터 1935년까지 브로트는 자신이 할 수 있는 선에서 카프카의 작품을 최대한 많이 출판했다.[*]

불에 태워 달라는 유언을 남겼으나 무시당한 다른 작가 중에는 기원전 19년 『아이네이스』 원고를 불태워 없애달라고 한 베르길리우스도 있다. 에밀리 디킨슨도 여동생 라비니아에게 모든 문서를 불태워달라는 유언을 남겼다. 라비니아는 언니의 말을 따르기는 했지만 대략 1800편의 시가 포함된 노트는 여기에 해당하지 않는다고 해석했다. 그렇게 구제된 시들은 에밀리가 세상을 떠난 뒤, 몇 년에 걸쳐 책으로 출간되었다.[†] 대부분의 문학 애호가들은 막스 브로트와 라비니아 디킨슨이 옳을 일을 했다는 데 의견을 같이할 것이다. 비록 그들을 믿었던 사람의 뜻을 저버리게 된다 할지라도 말이다.

---

[*] 카프카의 연인이었던 도라 디아만트 역시 그의 바람을 무시하고, 노트 20권과 편지 35통을 비밀리에 간직했다. 디아만트의 소장품은 게슈타포가 1933년에 몰수하여 여전히 행방을 알 수 없는 상태다.

[†] 소설가이자 시인인 필립 라킨도 세상을 떠나기 전에 반려자인 모니카 존스에게 자신의 일기를 불태워달라는 유언을 남겼다. 다행히 일기만 언급해서인지 편지는 살아남을 수 있었다.

화염 속으로

"책을 불태운 자는 결국 사람도 불태우게 될 것이다." 하인리히 하이네의 이 말은 과거 오페라 광장이었던 베를린의 베벨 광장에 새겨져 있다. 베벨 광장은 20세기 가장 악명 높은 분서 사건이 일어난 곳으로, 나치가 권력을 장악한 직후인 1933년 5월, '비독일적'이라 추정된 책 2만 5000권 이상이 이곳에서 소각되었다. 이 구절은 하이네가 1821년에 발표한 희곡 「알만조르Almansor」에 나오는 것으로, 훨씬 이전인 스페인 종교재판 중 이베리아반도에서 이슬람 무어 문화를 뿌리 뽑기 위해 코란을 불태운 사건을 언급하고 있다.

책은 수천 년에 걸쳐 다양한 문화권에서 폐기되어왔다. 중국 진나라는 기원전 221년부터 206년까지 책만 태운 게 아니라, 유학자 460명까지 생매장했다고 전해진다. 유학자가 진나라의 통치 정책에 위협적이라 생각했기 때문이다. 1258년 몽골은 바그다드에 입성해 일주일간 약탈을 자행하는 동안, 지혜의 집이라 불린 대도서관의 장서를 티그리스강에 버리기도 했다.

책 폐기는 서구의 식민지 개척자들이 다른 문화권을 지배하려 할 때마다 늘 해오던 일이다. 1560년대 디에고 데 란다(훗날 유카탄 주교가 된다)가 이끄는 멕시코의 프란체스코회 수사들도 마야인들이 쓴 코덱스를 불태웠다. 수사들은 자신들이 발견한 이 신성한 책들이 "온통 미신과 악마의 거짓말뿐이라 모두 불에 태웠다. 그들은 놀라울 정도로 슬퍼했고 몹시 괴로워했다"고 썼다. 그 결과, 진본으로 확인된 마야 코덱스는 현재 단 세 권만 존재할 뿐이다(진위 여부가 확인되지 않은 다른 한 권도 있다).* 이로 인해 우리는 마야 문명을 통찰할 귀중한 기회를 잃은 셈이다. 마이클 D. 코는 이렇게 썼다.

"우리가 가진 고대 마야 사상에 관한 지식은 전체 그림의 극히 일부만 보여줄 뿐이다. 그들의 배움과 의례를 상세히 기록한 수천 권의 책 중 오직 네 권만이 살아남았기 때문이다(이건 마치 우리 후손들이 세 권의 기도서와 『천로역정』만 보고 우리를 안다고 말하는 것과 같다)."

알베르토 망겔은 "최초의 파피루스 두루마리부터 지금 시대의 책에 이르기까지, 끝없이 이어지는 검열자의 모닥불은 독서의 역사를 불태웠다"고 썼다. 그러면서 괴테가 프랑크푸르트에서 책이 불타는 현장을 보고 한 다음 말을 인용했다. "생명 없는 물체가 처벌받는 모습을 보는 것은 그 자체로 정말 끔찍하다."

균형을 조금 맞추기 위해 말하자면, 파괴를 모면한 책에 관한 유명한 일화들도 있다. 몬테카시노에 보관되어 있던 고문서들은 두 독일 장교가 무사히 바티칸으로 옮겼고(이곳에 보관된 수백 권의 유서 깊은 필사본들은 몬테카시노 전투가 벌어지는 동안 수도원과 함께 파괴될 위험에 처했었다), 1350년경 히브리어로 쓰인 채색 필사본 '사라예보 하가다'는 나치의 손아귀에서 한 차례 벗어났다. 이 필사본은 유고슬라비아 연방 해체로 이어진 1990년대 내전에서 또 한 차례 살아남기도 했다.

1933년에 발생한 나치의 분서는 행위의 상징적 의미뿐만 아

---

* 설상가상으로 이 코덱스들은 드레스덴, 마드리드, 파리를 비롯해 현재 보관 중인 도시명으로 불린다.

니라, 소각에 포함된 작가진 구성도 악명이 높다. 제일 먼저 소각된 건 카를 마르크스와 마르크스주의 이론가 카를 카우츠키의 책들이었다. 폐기된 저작물을 정리한 광범위한 목록에는 공산주의, 마르크스주의, 볼셰비즘, 평화주의, 포르노그래피에 관한 글, 유대인이 쓴 모든 인쇄물, 바이마르공화국을 지지하거나 독일 민족을 폄하한다고 간주된 모든 글이 포함되었다. 결국 분서 사건 이후 다수의 작가, 예술가, 지식인이 독일에서 탈출했고, 그 일이 있은 지 정확히 일 년 후, 프랑스로 도피한 한 무리의 독일 작가들이 파괴된 모든 책이 소장된 '불탄 책들의 도서관'을 설립했다. 도서관 설립을 도운 알프레드 칸토로비치는 이렇게 설명했다.

이 도서관의 진정한 의미는 물리적 존재에 국한되지 않는다. 우리는 이 도서관을 발족하며 그 수치의 날을, 책과 사상의 자유를 위한 영광의 날로 만들고자 했다. 이곳은 그 어떤 폭군이 불을 지른다 해도 결코 사라지지 않을 것이다. 더 나아가 우리는 이 상징적인 행위를 바탕으로 유럽을 위협하는 물질적, 정신적 위험을 일깨우고 싶었다.[*]

좋은 글이 어떻게 만들어지는지 묻는다면, 단 한 순간도 잊히지 않음으로써 만들어진다고 답하겠다.

---

[*] 하지만 도서관은 1940년에 나치가 파리를 점령하며 결국 몰수되었다. 하지만 책을 불태운 건 나치만이 아니었다. 연합군도 비나치화 프로그램의 일환으로 수백만 권을 폐기했다.

한때는 존재하지 않았지만 이제는 존재하는 글

어떤 책은 문화적 상황 때문에 작가가 하고 싶은 말을 할 수 없거나 시대를 너무 앞서갔다는 이유로 독자를 만나지 못하기도 한다. 동성애자들의 사랑을 그린 E.M. 포스터의 『모리스』는 1913년에서 1914년 사이에 쓰였지만, 포스터가 사망한 1971년 이후에 출판되었다.[†] 아홉 편의 '잃어버린' 단편을 실은 마르셀 프루스트의 『알 수 없는 발신자』는 2019년이 되어서야 프랑스어로 처음 출간되었다. 이 책에도 동성애가 등장해서인지, 프루스트는 이 단편들이 '지나치게 대담하다'는 이유로 출판하지 않았다고 전해진다.

하지만 책은 좀 더 단순한 이유로 유실되기도 한다. 그중 하나는 저자가 자신의 작품이 기대에 못 미친다고 판단한 경우다. 작가 스콧 팀버그는 하퍼 리의 재발견된 원고 『파수꾼』을 논하며 《살롱》에 이렇게 썼다.

"거의 대부분의 소설가가 적어도 한 편 정도는 옷장이나 책상 서랍 속에 발표를 보류한 소설을 숨겨놓고 있을 것이다. 작가는 다양한 아이디어를 시도하고 실패하며 배운다."

문제는, 이렇게 유실된 문학적 습작을 과연 읽어야 하냐는 것이다. 저자가 생전에 그 작품이 출판할 만한 가치가 없다고 판단했는데, 우리가 무슨 자격으로 사후에 다른 판단을 내릴 수 있겠는가? 2015년 한 해만 해도 『파수꾼』과 더불어 샬럿 브론테, F. 스콧

---

† 원고에는 "출판할 만하지만, 그럴 가치가 있을까?"라는 메모가 붙어 있었다.

피츠제럴드, 이디스 워튼, 닥터 수스*가 예전에 쓴 작품이 발견되었다.

그렇다면 유실된 텍스트와 알고 있었지만 무시한 작품 사이에 차이가 있을까? 파룰 세갈은 2019년 《뉴욕 타임스》 기고문에서 최근 출간된 실비아 플라스의 미발표 단편을 비평한 일을 떠올리며, 과거에 등한시된 많은 여성 작가(루시아 벌린, 클라리시 리스펙토르, 파울리 머레이)가 재발견돼 출판되는 경향과 셜리 잭슨, 수전 손택 같은 작가의 전기와 논평이 새로 출간되는 현상을 언급했다. 사실 세갈의 말처럼 "이 작가들이 복원되었다는 사실에 감사하는 것만으로는 충분하지 않다. 애초에 이들이 왜 사라졌는지를 물어야 한다."

글이 재발견되는 게 좋은 현상처럼 보일 수도 있겠지만, 『파수꾼』은 여기에 문제가 따를 수도 있음을 보여준다. 독자 중 일부는 『앵무새 죽이기』의 속편쯤으로 생각하고 이 책을 집었을 테지만, 사실 『파수꾼』은 『앵무새 죽이기』의 초고였다. 리가 담당 편집자 테이 호호프의 요청으로 초고를 고쳐 쓴 덕에 『앵무새 죽이기』가 탄생할 수 있었던 것이다. 두 소설의 주인공 애티커스 핀치는 『앵무새 죽이기』에서 점잖고 정의롭고 도덕적인 인물이었는데, 『파수꾼』에서는 KKK단과 어울리는 인물로 등장한 탓에 기존 독자들의 분노를 샀다. 하퍼 리는 『파수꾼』이 "꽤 괜찮은 작품"이라 했지만, 아무래도 호호프의 조언을 받아들여 원고를 고

---

* 『어떤 반려동물을 들일까?What Pet Should I Get?』라는 책으로, 닥터 수스의 아내가 신발 상자에서 원고를 발견했다고 한다.

친 건 매우 잘한 일인 것 같다. 작가 로버트 매크럼은 다음과 같이 썼다.

설명할 수 없는 창의적 도약과 함께, 글쓰기 수업을 듣는 모든 이에게 희망을 가져다줄 일이 일어났다. 호호프는 『파수꾼』의 진짜 핵심이 무엇인지 알아보고, 리에게 스카우트의 어린 시절에 집중해달라 요청하며 그의 상상 속 비밀의 문을 열었다. 덕분에 하퍼 리는 자신의 목소리를 찾았다. 그렇게 '애티커스 핀치'라는 제목의 새 소설이 탄생해 훗날 『앵무새 죽이기』가 된 것이다.

하지만 『파수꾼』을 출판한 건 과연 옳은 결정이었을까? 어쨌든 나중에 수정되어 초점과 목소리가 크게 달라진 소설의 초고였으니 말이다. 물론 『파수꾼』은 리의 동의하에 출간되었지만, 이 소설이 어떻게 『앵무새 죽이기』가 되었는가를 생각하면 유실된 글은 그냥 유실된 채로 두어야 하는 게 아닌가 하는 의구심이 든다.

펄프 픽션

책이라는 물건은 숭배와 파괴 사이에서 불안한 줄타기를 이어왔다. 우리야 책을 파괴한다고 생각하면 움찔하지만, 쓰고 버리는 물건이라는 생각은 책의 역사에서 중요한 자리를 차지한다.

보급용 문고판은 1935년에 앨런 레인이 펭귄 출판사를 설립하며 처음 영국에 등장했다. 레인은 서적상들이 중산층이 늘어난 상황을 제대로 활용하지 못하는 모습을 보고 좌절감을 느꼈다. 중산층에게는 여윳돈이 있었지만, 정작 읽을 수 있는 책이라고는 새로 나온 고가의 양장본이나 인쇄 품질이 떨어지고 표지만 요란한 저질 스릴러와 로맨스 소설밖에 없었기 때문이다. 레인은 다른 출판사에서 출간된 양질의 책[*]을 재발행할 수 있는 판권을 사서 문고판 판형으로 디자인해 맥주 한 잔이나 담배 한 갑 가격인 6펜스에 팔기로 했다. 이런 책으로 돈을 벌기 위해서는 디자인과 형식을 표준화할 필요가 있었다. 하지만 레인은 "세련된 책을 추구했다. 밝고 깨끗하고, 까다로운 지식인의 심기를 거스르지 않을 만큼 충분히 현대적이면서도 직설적이고 소박한 책을 말이다."

미국에서는 로버트 드 그래프가 비슷한 생각을 했다. 그가 1939년에 포켓북스를 설립했을 때, 영국의 펭귄 출판사와 독일의 알바트로스 출판사는 이미 자리를 잡고 수백만 부의 책을 팔아치우는 중이었다. 1932년에 설립된 알바트로스는 표준화된 크기로 책을 인쇄하고, 색상으로 장르를 구분하고, 타이포그래피에 치중한 표지를 사용했는데, 앨런 레인은 이 모든 아이디어를 그대로 따라했다. 알바트로스는 제2차 세계대전 때문에 더 이상의 발전을 접어야 했지만, 레인과 드 그래프에게 문고판의 가능성을 보여준

---

[*] 펭귄 출판사가 제일 처음 출간한 열 권의 책을 표지에 적힌 번호순으로 나열하면 다음과 같다. 앙드레 모루아의 『아리엘Ariel』(비록 중쇄를 찍고 나서야 저자 이름의 é가 제대로 표시되었지만), 어니스트 헤밍웨이의 『무기여 잘 있거라』, 에릭 링클레이터의 『시인의 선술집Poet's Pub』, 수전 에르츠의 『마담 클레어Madame Claire』, 도로시 L. 세이어즈의 『벨로나 클럽에서 생긴 불쾌한 일The Unpleasantness at the Bellona Club』, 애거사 크리스티의 『스타일스 저택의 괴사건』, 베벌리 니콜스의 『25』, E.H. 영의 『윌리엄William』, 메리 웹의 『땅으로 사라지다Gone to Earth』, 콤프턴 매켄지의 『카니발Carnival』.

것만큼은 확실하다.

　드 그래프는 문고판을 권당 25센트(현 기준 약 340원)에 팔기 위해서는 초판 부수를 많이 찍어야 한다는 걸 알았지만, 문제는 수요가 낮고 접근성이 열악하다는 것이었다. 상대적으로 미국의 실제 서점 수는 매우 적었고, 그 말은 곧 책을 적게 찍고 비싸게 판다는 뜻이었다. 드 그래프는 책의 유통 방식을 바꾸어 새로운 판로를 뚫는 것으로 이 문제를 해결하려 했다. 그는 신문 가판대든 기차역이든 드러그스토어든 받아주기만 하면 어디든 가리지 않고 책을 팔았다. 표지를 화려한 색과 요란한 그림으로 장식했고, 팔리지 않은 책은 반품도 할 수 있게 해주었다. 타이포그래피와 색 조화를 중시하는 절제된 유럽식 스타일보다는 이런 스타일이 미국 시장에 더 잘 통하리라 판단했기 때문이다. 펄프 픽션의 원조를 꼽자면 드 그래프의 포켓북스와 그 뒤를 이은 델, 포퓰러라이브러리 같은 출판사인 셈이다. 그들은 책의 민주화를 가져온 동시에 책은 쓰고 버릴 수 있는 물건이라는 생각을 심어주기도 했다.

소설에서 다시 펄프로

　로맨스 소설로 유명한 영국 출판사 밀스앤드분의 문고판은 영국에서 약 6.6초당 한 권이 팔린다. 밀스앤드분의 비즈니스 모델은 다른 출판사와 크게 다르다. 이곳은 매달 정해진 종수를 출간해 서점과 신문 가판대에 보내고, 한 달이 지나면 안 팔린 책들을 반품받아 폐기해 펄프로 재활용한다. 출간 후 한 달 안에 사지 않으면 중고로 구입하는 것 말고는 책을 구할 방법이 없어지는 것이다. 다시 말하자면 밀스앤드분에는 펄프로 재활용할 물리적 책이 아주 많다는 뜻이기도 하다.[*] 그렇다면 이 책들은 다 어디로 갈까? 후보 중 하나는 버밍엄을 우회하는 M6 고속도로다. 조 모란은 책의 펄프화에 대해 다음과 같이 썼다.

> 내가 저자로서 요청하는 한 가지는, 내가 내 시신 처리 문제를 발언할 권리가 있듯 내 책을 펄프로 재활용할 시 어떻게 썼으면 하는지 의견을 들어달라는 것이다. 내 1지망은 아스팔트 개질제로 사용하는 것이다. 도로 공사 시 역청질을 결합할 때 사용하는 종이 알갱이 말이다. 고속도로 약 1.6킬로미터를 짓는 데 대략 4만 5000권의 책이 사용된다고 한다. M6 고속도로로 치면 밀스앤드분의 책 250만 권이 사용된 셈이다. 읽히지 않은 책을 말 없는 익명의 길로 바꾸는 건 어딘가 기분 좋게 멜랑콜리한 구석이 있다. 광활한 바다에 내 유골을 흩뿌리는 것처럼 말이다.

모란은 출판사들이 펄프로 재활용하는 책의 양은 좀처럼 이야기하지 않는다는 사실에 주목한다. 이는 "문학적 살인과 맞먹는 극악무도한 행위로 간주"되지만, 출판 비즈니스 모델의 큰 부분을 차지하는 것 또한 사실이다. 책은 제작비가 저렴하고, 베스트셀러를 출간했을 때 금전적 보상이 엄청나기 때문에 과잉 생산을 조장하는 경향이 있다(보다 자세한 내용은 '절판' 장을 참고할 것). 출판계는 이렇게 엄청난 양의 책을 대량생산하면서도, 아무도 원하지 않

---

[*] 하지만 요즘은 전보다 양이 줄었을 것이다. 현재 밀스앤드분은 전자책을 매달 100권 이상 출간 중이고, 종이책보다 전자책을 더 많이 판매하고 있기 때문이다.

고 읽지 않는 책은 어떻게 할 건지 이야기가 나오면 점잔을 뺀다. 우리는 책과 독서를 이상화하면서 출판이 과잉 생산과 과잉 공급에 기반한 산업이며, 수많은 책이 단 한 번도 펼쳐지거나 읽히지 않고 생을 마감한다는 사실을 외면한다. 정말 이 모든 책은 어디로 가는 걸까?

서점이 팔리지 않은 책을 출판사에 반품하고, 출판사는 자비를 들여 그 책을 폐기한다는 점에서 출판업은 독특한 구조를 가지고 있다. 하지만 2013년 영국에서 출판사들이 시간당 20종 이상의 신간을 내고, 일 년간 신간과 재발행 도서 18만 4000종†을 출간했다는 사실을 고려하면 당연히 그럴 수밖에 없다. 그 어떤 서점도 이미 구비된 수백만 권의 구간에다가 그렇게 많은 신간까지 보관할 수는 없는 노릇이다. 그렇기 때문에 서점은 신간을 새로 들일 수 있도록 오래된 재고를 반품하는 것이다. 또 서점 측에서는 판매 부수를 잘못 예측해도 초과 재고를 반품할 수 있으니, 문제를 출판사 쪽으로 돌릴 수도 있다.

한 권의 개별 책을 몇 부나 인쇄할지 판단하는 건 굉장히 어렵다. 시장마다 다르고 저자마다 다르기 때문이다. 심지어 같은 저자라도 가장 인기 있는 작품과 가장 인기 없는 작품 간의 편차가 상당히 큰 편이다. 판형을 표준화하거나 종이를 사고 인쇄할 때 규모의 경제를 실현할 수는 있지만, 어느 한 책에 얼마만큼의 수요가 있을지는 정확히 알기 어렵다. 그럼에도 출판사는 저자를 신뢰해

글은 어떻게 자유로워지는가

---

† 　출판 에이전트 조니 겔러는 2013년 도서 매출을 다룬《가디언》기사에서 이 수치가 "문화적 활력의 신호이거나 출판계의 자살 행위"라고 했다.

야 하는데, 그러려면 책도 넉넉히 찍고 홍보도 열심히 해야 한다. 나중에 그 책들이 도로 출판사로 돌아와 펄프로 재활용되는 한이 있더라도 출판사가 저자를 믿어주었다는 건 남을 테니 말이다.

나는 50년 이상 출판 분야에서 일하며 어떤 책을 몇 권이나 얼마 동안 보유할지 결정하는 재고 관리 업무를 담당해온 존에게 반품에 대해 물어보았다.

"하루하루만 보면 여기가 출판계의 가장 우울한 면을 보여주는 곳일 겁니다. 책이 잘 팔리기만 할 거란 생각은 허상에 가까워요. 출판 사업의 기초는 판매와 반품이에요. 요즘 펭귄 출판사는 예전보다 반품률이 낮아요. 누군가는 이걸 긍정적으로 평가할 수도 있겠지만, 예전에 피터 메이어가 한 말을 곱씹어볼 필요도 있습니다. 메이어는 펭귄 출판사의 수장이 된 직후에 반품률이 낮다는 보고를 받고 '그게 문제입니다. 충분히 공격적으로 출판하지 않고 있다는 얘기잖습니까!'라고 했다네요. 그러고 나서 반품률이 증가했는데, 오히려 그걸 건강한 신호로 간주했다죠!"

글의 세계에서는 늘 그렇듯 모든 것이 인식의 문제다. 메이어는 1978년부터 1997년까지 펭귄 그룹의 최고 경영자를 지낸 사람으로, 재임 중 살만 루슈디의 『악마의 시』를 출간해 살해 협박을 받은 적도 있다. 또 그는 다른 대형 출판사의 외면을 받은overlooked 책들을 전문적으로 출판하는 오버룩 출판사를 설립해 좋은 글이 유실되는 일을 막아왔다. 메이어는 이렇게 말했다.

"진짜 문제는 이 책이 읽을 만한가, 가치 있는가, 좋은 책인가 하는 것입니다. 책이 구간이든 신간이든 그게 무슨 상관입니까? 당신이 그 책을 안 읽었다면 구간이더라도 사실은 신간인 셈입니다. 책은 읽히기 전까지 다 신간인 거죠."

그렇다. 오래된 글은 새로운 독자를 만날 때마다 새 생명을 얻는다.

마지막 남은 떨이

록 보텀 리메인더스Rock Bottom Remainders를 아는가? 그들의 공식 웹 사이트에는 이렇게 시작하는 설명이 나와 있다.

"록 보텀 리메인더스('마지막 남은 떨이'라는 뜻—옮긴이)는 현대문학계의 거성들이 있는 밴드다. 멤버들의 경력을 다 합치자면 150종 이상의 책을 출간했고, 3억 5000만 부가 넘는 책을 판매했으며, 25개 이상의 언어로 번역되었다."

어쩌면 이 문인 그룹*은 좀처럼 인정받지 못하는 재고 떨이의 세계와 정면으로 맞서면서 위안을 찾는 건지도 모른다. 만약 책이 펄프로 재활용되지 않는다면 떨이로 판매될 가능성이 있다. 출판사가 잘 안 팔리는 책의 재고를 대폭 할인한 가격에 판매하기로 결정하는 것이다. 처치 곤란한 재고가 너무 많이 남았을 때는 펄프로 재활용하거나 장기간 보관하는 것보다 최저 가격에 팔아 치우는 게 더 경제적이기 때문이다. 제작과 인쇄에 들어간 매몰 비용을 조

---

*　공식 웹 사이트에 따르면 원조 멤버는 데이브 배리, 테드 바티무스, 로이 블라운트 주니어, 마이클 도리스, 캐시 카멘 골드마크, 맷 그레이닝, 조시 켈리, 스티븐 킹, 바버라 킹솔버, 그레일 마커스, 데이브 마시, 리들리 피어슨, 조엘 셀빈, 에이미 탠이다. "이 그룹은 1992년 애너하임에서 열린 미국 서적상 협회 회의에서 돌연 세상에 등장했다. 《워싱턴 포스트》는 이 공연이 '몽키스 이후 가장 홍보가 많이 된 데뷔 공연'이었다고 평했다."

금이라도 건질 수 있다면 이득인 셈이다.

떨이 책을 산 독자가 재밌게 읽고 그 작가의 다음 작품을 정가에 사게 될 가능성도 무시할 수 없다. 또 양장본을 먼저 출간하고 그다음에 문고판을 출간했을 시, 더 이상 갈 곳이 없어진 양장본 재고를 떨이로 판매하기도 한다. 문고판 재고는 펄프로 재활용하기가 더 수월해서 폐기할 때 재활용되지 않는 표지만 따로 떼어 출판사로 돌려보내기도 한다. 그렇다면 서점 밖에서 판매하는 책들 중 어떤 게 떨이로 나온 건지 확인하는 방법도 있을까? 아마 떨이 책이라면… 보통 아랫면 책등 근처 어딘가에 두꺼운 매직펜 표시가 되어 있을 것이다.

한밤의 대학살

천성적으로 출판사는 책을 최대한 멀리, 그리고 넓게 전파하려 한다. 앞에서 보았듯 온갖 홍보 문구를 동원해서 말이다. 글을 세상에 내보내는 것, 글을 자유롭게 하는 것이 출판사의 일이다. 하지만 때로는 그런 출판사조차 책이 세상에 나오는 것을 막으려고도 한다.

"생애 처음으로 펭귄 출판사의 책을 받지 않기로 결정했습니다." 이는 1966년, 서적상 우나 딜런이 앨런 레인에게 보낸 편지 내용이다. 하지만 펭귄 출판사가 프랑스 만화가 시네의 『대학살 Massacre』이라는 책을 출간하기로 결정한 후, 레인은 이미 이런 편지를 여러 통 받은 터였다. 시네는 가톨릭교회, 교수형, 절단, 화장실과 관련한 만화를 그리는 것으로 유명한 정치 만화가였다. 논란의 여지가 있는 주제였음에도 『대학살』은 1966년 9월에 레인을 포함한 펭귄 이사회의 출판 승인을 받았다. 하지만 승인은 인쇄까지 마친 뒤에야 난 것이고, 서적상들은 이미 주문을 시작한 터였다. 제러미 루이스는 『펭귄 스페셜Penguin Special』에 이렇게 기록했다.

"책이 나오자마자 격분한 성직자들의 편지가 사무실에 쇄도했다. 더 걱정스러웠던 건 분개한 서적상들의 편지도 만만치 않게 많았다는 것이다."

사실 앨런 레인도 그 책을 싫어했다. 단지 이사회 다수결 투표에서 진 탓에 결과를 받아들였을 뿐이었다. 한 동료에게는 "몰래 사람을 시켜 창고의 책을 빼와 어딘가에 폐기하고 o/p* 표시를 해버리면 안 되냐"라며 구시렁댔다고 한다. 그러던 1966년 12월의 어느 날, 한 창고 직원이 한밤중 걸려온 전화에 잠에서 깼다. 당장 창고에 나와 달라는 지시를 받고 나가 보니, 현장에는 앨런 레인과 운전사와 농장 관리자가 있었다. 레인은 "그 망할 놈의 시네 책"을 가져갈 수 있게 해달라 했고, 창고 직원이 알겠다고 하자 책을 꺼내 밴에 싣고는 횡 가버렸다. 레인의 마지막 말은 "자, 이 일은 비밀로 합시다. 아무한테도 말하지 않기예요. 알았죠?"였다. 그다음에 무슨 일이 있었는지 확실히 아는 사람은 아무도 없지만, 아마그 책들은 레인의 농장 어딘가에 묻혀 오늘날까지도 남아 있을 것만 같다.

---

* 책을 절판out of print시키겠다는 뜻이다.

영구적인 글 — 인쇄

인쇄술이 발명되기 전 100년은 1000년과 같았다.

헨리 데이비드 소로

2013년 10월 《할리우드 리포터》는 서펴주 번게이에서 발생한 사건을 기사로 다루었다. 『브리짓 존스는 연하가 좋아』라는 책의 성격이 돌연 바뀌었다는 내용이었다. 과부가 된 브리짓의 이야기가 전개되던 중 난데없이 배우 데이비드 제이슨의 인생사가 튀어나왔다는 것이다. 그렇다. 브리짓 존스 최신작을 제본하는 과정에서 제이슨의 자서전 『나의 인생My Life』이 40페이지가량 섞여 들어갔다고 하니, 구매자들은 주의해야겠다. 할리우드는 정색을 하고 이 소식을 전했지만 《인디펜던트》는 여기서 흥미로운 아이러니를 발견했다.

"필딩의 책 일부에 영향을 미친 이 오류는 인쇄 과정의 결함 때문에 발생한 것으로 보인다. … 시작은 단순 사고였는지 몰라도 게릴라식 마케팅으로는 이보다 더 적절할 수 없었다. 이렇게 오늘날은 서로 다른 문학 장르를 뒤섞는 것이 대유행하고 있다."*

나는 《인디펜던트》 편이다. 데이비드 제이슨과 브리짓 존스의 합작을 누가 마다하겠는가? '브리짓 제이슨의 애인'을 보고 싶어 할 사람이 설마 나뿐일까? 다른 많은 실수처럼 이 사건 역시 복잡한 시스템의 잠재적 실패를 에멘탈치즈에 난 구멍에 빗대어 이해해볼 수 있다. 이 구멍들이 일렬로 정렬되면 비극으로 향하는 터널이 형성되면서 필연적으로 오류에 길을 내주게 되는 것이다.

두 책의 쪽수와 판형이 정확히 동일했고, 인쇄소에서 새로 도입한 바코드 판독 시스템이 개별 책 자체만 식별할 뿐, 그 외 개별 부분들까지는 식별하지 않은 게 구멍을 일렬로 정렬시킨 요인이었다. 물론 이후부터는 이런 시스템의 구멍들이 메워졌다. 인쇄업자에게는 좋은 소식일지 몰라도 장르를 넘나드는 문학적 실험에 열광하는 팬들에게는 다소 실망스러운 소식이겠다. 진보의 대가란 이런 것이다.

이건 인쇄업자가 감수해야 하는 위험의 한 단면을 단적으로 보여주는 사건이다. 오탈자와 마찬가지로, 매주 인쇄기를 거쳐 나오는 멀쩡한 수백만 개의 단어에는 아무런 뉴스 가치가 없다. 잉크의 복잡다단한 진실은 결과가 매우 희극적일 수 있다는 사실에도 불구하고, 때때로 우리의 실수를 영원히 박제해 모든 사람이 볼 수 있도록 전 세계에 배포한다는 데 있다.

---

* 이처럼 장르를 뒤섞는 시도는 "뇌깨나 먹어본 좀비에게 더 많은 뇌가 필요하다는 건 누구나 인정하는 진리다"라는 첫 문장으로 시작하는 『오만과 편견, 그리고 좀비』와 함께 시작되어, 『이성과 감성, 그리고 바다 괴물Sense and Sensibility and Sea Monsters』, 내가 최고로 꼽는 『안드로이드 카레리나Android Karenina』가 출간되며 걷잡을 수 없이 퍼져나갔다.

인쇄물의 변화

존 서덜랜드[*]는 『소설 읽는 법: 사용자 가이드How to Read a Novel: A User's Guide』에서 허버트 조지 웰스의 타임머신을 타고 21세기 초에 도착한 영국 인쇄업의 창시자 윌리엄 캑스턴의 모습을 상상한다.

> 인쇄의 거장은 물리적 책이 거의 바뀌지 않았다는 것을 발견하고 매우 기뻐했을 것이다. 심지어 자기가 출간한 초서의 『캔터베리 이야기』를 … 고전 코너에서 발견하기도 했다. 커버, 색인, 표지 … 코팅지, 이탤릭체 인쇄, 완벽한 제본을 비롯해 전시된 책의 어떤 부분들은 15세기 책을 근사하게 개선한 듯했다. 모두 웰스 씨의 타임머신에 실어갈 만했다. 부차적인 면에서 책의 많은 부분이 개선되었지만, 캑스턴 씨는 15세기 기술로도 동일하게 따라 만들 수 있을 것 같았다.

캑스턴이 영국의 인쇄업을 개척한 인물이라고 했을 때, 1440년대 마인츠의 인쇄업자 요하네스 구텐베르크는 알베르토 망겔의 말을 빌리자면 "20세기까지 사용된 인쇄의 모든 필수 요소를 고안한 인물이다. 금속 주형에서 제작한 활자, 포도주 양조와 책 제본에 쓰이던 압착기의 기능을 결합한 인쇄기, 유성 잉크 같은 건 이전에 존

---

[*] 서덜랜드는 『구텐베르크 은하계』, 그중에서도 특히 매클루언이 제시한 책 구매 요령을 이야기한다. 어떤 책을 살지 말지 결정하려면, 69쪽을 펼쳐 읽어보고 마음에 들면 사라는 것이다. 페이지 번호가 없는 전자책을 살 때는(매클루언은 분명 이런 상황이 오리라는 걸 예상했을 것이다) 이 조언을 어떻게 적용해야 할지 잘 모르겠지만 말이다.

재하지 않던 것이다."

구텐베르크가 인쇄기와 가동 활자를 동시에 발명한 결과, 유럽에서 인쇄 비용이 단기간에 급락하며 거대한 독자층이 새롭게 탄생했다. 구텐베르크가 인쇄한 첫 책은 1450년에서 1455년 사이에 인쇄된 성서였으며 1500년에 이르자 인쇄기가 생산한 책이 2000만 부를 넘어섰다. 구텐베르크는 대중전달의 시대를 열었고, 궁극적으로 사회의 전체 구조를 뒤집어놓았다. 아이디어와 정보가 국경을 넘어 자유롭게 퍼져나갔고, 문맹률이 감소했고, 정보와 그에 따른 사회적, 정치적 권력은 더 이상 엘리트 계층에만 국한되지 않았다. 구텐베르크의 발명은 글의 빅뱅 역할을 하며 글을 진정으로 자유롭게 만들었다.

인쇄물이 널리 보급되면서 사람들이 글을 읽고 접하는 **방식**에도 변화가 생겼고, 이는 정치적, 종교적으로 엄청난 영향을 미쳤다. 대량 인쇄 시대 이전에 글은 소리 내어 읽어야 하는 것이었다. 글을 읽을 수 있는 사람은 거의 없었지만, 대부분 이야기를 들을 수는 있었기 때문이다. 하지만 문맹률이 감소하면서 공개 낭독의 필요성은 줄어들었고, 개인이 조용히 혼자 책을 읽는 문화가 보편화되었다.

최초의 조용한 독자는 필사를 담당한 수도사들이었다. 그전에는 다른 누군가가 구술하는 글을 받아 적어야 했다면, 9세기경에는 작업이 조용히 이루어져야 한다는 규정이 생겼다. 이런 조용한 독서는 각자가 자유롭게 읽고 생각할 수 있는 시간과 공간을 허용했지만, 인쇄물 보급과 더불어 기존 질서를 위협하기도 했다. 1517년, 마르틴 루터는 자신의 반박문을 비텐베르크 교회 정문에 붙이고, 가톨릭의 가르침과 달리 모든 사람은 스스로 하느님의 말씀을 읽고 해석할 권리가 있다고 주장했다. 글이 통제권을 되찾기 시작한 것이다. 루터의 글은 다음 해 초에 라틴어에서 독일어로 번역되었고, 몇 달 후에는 인쇄기의 도움을 받아 유럽 전역으로까지 퍼져나갔다.

검열의 시대

인쇄의 기계화는 글과 글이 전달할 수 있는 모든 아이디어가 사회 전반에 파급되기 시작했다는 의미였다. 당연히 권력을 가진 자들은 반격에 나섰다. 영국에서는 1529년 헨리 8세가 금서 목록을 발표했고, 1557년 메리 1세 치하에서는 서적 출판업 조합이 칙허를 받아 인쇄물을 규제하고 단속했다. 서적 출판업 조합은 문제가 될 만한 책을 몰수할 권한이 있었고, 작가를 교회에 고발할 수도 있었다. 그즈음에는 대량 생산된 책이 필사본보다 월등히 많아 서적 출판업 조합은 사실상 인쇄업 조합에 가까웠다. 이처럼 인쇄와 글을 통제하려는 시도는 인쇄업이 잠재적으로 위험한 업종이 되었다는 뜻이기도 했다.

1584년 1월, 인쇄업자 윌리엄 카터는 런던 타이번 사형장에서 처형당했다. 2년간 런던탑에 수감되어 고문을 당하다가 중앙형사법원으로 보내진 카터는 반역죄로 유죄 판결을 받은 다음 날 즉시 처형되었다. 카터는 저명한 가톨릭 사제인 그레고리 마틴 박사의 책을 1000부 인쇄했는데, 책 속 "가톨릭의 희망이 승리할 것이고, 경건한 유디트가 홀로페르네스를 죽일 것"이라는 대목이 문제가 된 것이다. 당시 엘리자베스 1세와 스페인의 펠리페 2세 사이에 긴장이 고조되고 있었는데, 이 대목이 여왕을 암살하겠다는 위협으로 해석되었기 때문이다.

불법 인쇄소들은 가톨릭과 청교도의 종교 저작물을 모두 배포했다. 1586년, 성실청(14세기 이후 런던 웨스트민스터 궁전의 성실에서 열리던 특별 재판소—옮긴이)은 인쇄물 유통을 통제하기 위해 런던 외 지역에서 인쇄를 전적으로 금지하는 법령을 발포했다(옥스퍼드대학교와 케임브리지대학교 출판사는 제외되었다). 한편 엘리자베스 1세는 전처럼 공식 왕실 인쇄소가 단 하나뿐인 것보다, 인쇄물 유형에 따라 개별 인쇄소에 독점을 허용하는 것이 정치적으로나 경제적으로나 이득이라는 사실을 깨달았다. 하지만 이런 독점은 불공평하기에 허가받지 않은 인쇄를 부추길 뿐이었다. 엘리자베스 1세 치하에서 출간된 책의 3분의 1은 공식적으로 출판 등록이 되지 않은 책, 즉 불법이었다.

인쇄소가 논란의 여지가 있는 종교 소책자를 인쇄할 때, 스스로를 보호하는 방식 중 하나는 책에 거짓 흔적을 남기는 것이었다. 이 무렵부터 책에 간기가 포함되기 시작했고, 주로 맨끝에 삽입되어 이 책이 어디서 인쇄되었는지를 알려주었다. 사실상 출판사 역할을 하던 인쇄소도 간기 정보에 포함되었다. 사실 간기는 수 세기 전부터 사용된 단어로, 정상 혹은 마무리를 뜻하는 그리스어 단어에서 유래했고, 저자나 필경사에게는 책의 끝, 정상을 향한 고된 여정을 의미했다. 초기 간기에는 필경사나 저자의 정보가 들어가거나 저자가 자기 글을 돌아보며 쓴 소회가 담겼다. '책을 더럽히지 않도록 손을 씻으라'처럼 독자에게 무언가를 권고하는 간기가 있는가 하면, 저주가 담긴 간기(특히 중세 필사본)도 있었다. 어쨌든 간기는 필경사가 책을 한 페이지 한 페이지 베껴 쓰는 고된 작업을 마친 후에 자신을 표현할 수 있는 유일한 공간이었다.

월리엄 카터는 그레고리 마틴의 책을 인쇄하기 전에 페트루스 카니시우스라는 네덜란드 예수회 신부의 책을 인쇄했다. 카터는 카니시우스의 책 간기에 자신이 '요한넴 보가르디'라고 밝히며, 영국의 검열을 피하기 위해 프랑스 두에에서 책을 인쇄했다고 주장했다. 하지만 이런 속임수도 그의 목숨을 구하지는 못했다.

그러던 중 1640년 장기의회가 성실청 폐지를 결정하자, 새로운 출판물 수가 즉각 증가했다. 일설에 의하면 세 배까지도 늘어났다고 한다. 이렇게 검열이 완화되는 듯했지만, 사실 의회의 의도는 왕실의 검열을 자체 시스템으로 대체하는 것이었다. 3년 뒤 도입된 출판 허가제는 성실청의 검열을 거의 그대로 부활시켰고, 이에 따라 출판 전에 허가를 받아야 했으며 서적 출판업 조합에 모든 출판물을 등록해야 했다. 반정부적인 책은 모두 폐기되었고, 법을 어긴 작가, 인쇄업자, 출판업자는 체포되어 감옥에 가야 했다. 존 밀턴이 이 제도에 반대하며 집필한 책이 바로 『아레오파지티카』다. 밀턴은 검열에 반대하며, 무엇이 좋은 글인지는 통치자나 정부가 아니라 개별 독자가 스스로 판단할 수 있게 하자고 주장했다.

출판 허가제는 1688년 윌리엄 3세와 메리 2세가 권리 선언에 동의하는 조건으로 왕위에 오르고 나서야 폐지되었다. 권리 선언 이후로 사회는 보다 개방적으로 변화했고, 인쇄물이 폭발적으로 증가하면서 아이디어와 정보를 자유롭게 교환할 수 있었다. 영국 사학자 토머스 칼라일은 근대 문명의 3대 요소로 화약, 인쇄술, 개신교를 꼽은 바 있다. 정말이지 인쇄는 모든 것을 바꿔놓았다.

종이책을 포기할 수 없는 이유

물론 인쇄가 사회에 심오하고 영속적인 영향만 미친 건 아니다. 책 제작의 역사는 옛것과 새것이 서로 반응해온 과정이기도 하다. 오늘날 우리는 산업화되고 기계화된 방식으로 책을 만들고 있지만, 본질적으로 책은 여전히 책이다. 알베르토 망겔의 말처럼 구텐베르크를 비롯한 초기 인쇄업자들은 자신의 작업물이 수도원 필경사들이 손으로 쓴 아름다운 작품처럼 보이도록 애쓰곤 했다. 하지만 이 생각은 반대로 이동하기도 했다. 『세상에서 가장 아름다운 책』을 쓴 크리스토퍼 드 하멜은 이렇게 설명한다.

> 필사본 제작자는 인쇄업자에게 돌연 위협을 느꼈다. … 그들은 인쇄업자가 결코 시도하지 못할 요소를 의도적으로 필사본에 넣기 시작했다. 진짜 곤충이 페이지에 내려앉은 것처럼 능숙하게 테두리를 장식했고, 착시를 불러일으키는 뛰어난 눈속임 그림을 그려 넣은 것이다. 인쇄업자는 그렇게 하지 못하리라는 걸 알고, 필사본에 다시 화려한 색을 사용하기도 했다. 마치 기술과 수공예의 세계가 서로 치열하게 대적하며 상대가 감히 필적할 수 없는 고유한 영역을 구축하려는 듯했다.

인쇄기가 등장했을 때 필사본 제작자가 위협을 느꼈던 것처럼 전통 인쇄업자는 구텐베르크 시대가 끝나고 전자 시대가 열린다는 생각에 위협을 느꼈을 것이다. 하지만 드 하멜과 망겔이 일깨워주듯, 이 두 세계는 서로 반응하며 각자의 방식을 변화시켰다. 오늘날 아름답게 디자인된 종이책이 부활하는 모습에서 우리는 비슷한 현상을 본다. 아마도 무미건조한 디지털 세계에 대한 반응일 것이다. 코랄리 빅포드 스미스가 내게 표지 디자인에 관해 이야기해주면서 지적했듯, 아름답게 디자인된 양장본으로의 귀환은 "2000년대 초 전자책이 부상하며 따라온 반작용"이었다. 스미스는 이렇게 말했다.

"사람들은 인쇄가 죽었다 했고, 당시만 해도 그게 정말 현실이 될 것 같았어요. 그런데 책이 물리적으로 어떤 역할을 하는가를 주제로 논의가 시작되면서부터 저처럼 책의 물성을 좋아하는 사람이 많다는 생각이 들었죠. 그러다가 그 자체가 하나의 유행이 됐고요. 수많은 사람이 자기가 좋아하는 작품의 아름다운 판본을 수집하는 일에 푹 빠져버린 거예요."

전자책 단말기는 가볍고 휴대 가능하다는 점에서 코덱스와 비슷할 뿐만 아니라, 코덱스가 결코 모방할 수 없는 이점도 가지고 있다. 한 기기에 수백 권을 저장할 수 있고, 어떤 조명 조건에서도 사용할 수 있고, 온라인 세계와 연결될 수 있으니 말이다. 또 하이라이트, 태그, 다중 책갈피, 검색같이 새로운 학습 방식을 이용해 공부를 하거나 메모를 할 수도 있다.

하지만 전자책의 세계에는 함정도 있다. 가령 서점에서 책을 살펴보다가 사기로 결정했다고 상상해보자. 마음에 드는 책을 골라 계산대로 가져가 바코드를 가져다 대자 다음 같은 메시지가 깜박인다. "지금 사용권을 구입하거나 책을 대여하십시오. 판권이 다른 출판사로 넘어가지 않는 한 유효합니다." 이 멘트는 전자책을 구입할 때 나타나는 안내문이다. 전자책은 사용권을 구입하거나 대여할 수는 있지만 소장은 불가능하다. 심지어 출판사가 파산하면 구입한 전자책의 이용 권리를 잃게 될 수도 있다. 따라서 어떤 책이 나에게 중요하다면 내가 정말 소장하고 있다는 것, 적어도 종이만큼 영구적인 기록이 내 서가에 꽂혀 있다는 확신이 필요할 수도 있다. 어쨌든 종이책은 방전되거나, 메모리가 지워지거나, 파산한 출판사의 책임으로 구입이 취소되거나, 소프트웨어 지원이 중단되거나, 필요할 때 갑자기 먹통이 되는 일은 없을 테니 말이다.

나도 전자책으로 읽은 책이 정말 마음에 들면 종이책을 구입할 때가 많다. 이 현상이 어떤 심리, 촉각, 습관의 조합에서 기인한 건지는 모르겠지만, 나를 비롯한 수많은 독자가 디지털 글보다 인쇄된 글에 더 많은 의미와 가치를 부여한다. 화면에 적힌 글과 인쇄물에 적힌 글을 읽는 **느낌**은 다르기 때문이다. 단순히 느낌만 다른 것이 아니다. 수학자이자 컴퓨터 과학자 앨런 튜링은 이미 1947년에 이 개념을 인지하고 있었다.

필요한 항목을 빠른 시간 안에 불러들일 수 있는 일종의 기억 장치가 필요하다. 이집트인들이 파피루스 두루마리를 쓰면서 불편하다 여기던 것도 이 부분이었을 거라 추정한다. 그때는 필요한 부분을 찾는 데 오랜 시간이 걸렸을 것이다. 그런 면에서 보자면 지금의 책처럼 글을 배열하는 방식이 훨씬 낫다. 테이프와 파피루스 두루마리에 저장된 내용은 특정 항목을 찾는 데 상당한 시간이 걸리기 때문에 다소 접근성이 떨어지는 편이다. 책 형태가 기억하기도 훨씬 쉽고, 눈으로 읽기에도 확실히 더 적합하다.*

---

* 1947년 2월 20일, 튜링이 런던 수학 학회에서 강연한 내용을 발췌한 것이다.

연구에 따르면 책은 3차원이기 때문에 전자책 단말기보다 종이책으로 읽은 글을 기억하기가 더 쉽다고 한다. 기억은 시공간적이라서 깊이 인식과 개체 구성에 영향을 받는다. 우리가 책에서 제일 좋아하는 구절을 떠올릴 때 시각적 단서를 떠올리는 것도 그래서다. 그 부분을 접했을 때 페이지 형태가 어땠는지를 기억하는 것이다. 냄새, 느낌, 모양 같은 책의 물리적 특성을 떠올리며 특정 방식으로 책 속의 글을 기억해내기도 한다. 이런 감각 기억은 누군가가 읽어주는 책을 보고 듣던 아주 어린 시절부터 학교나 다른 여러 장소에서 다양한 책을 읽는 과정을 거치며 발달한다.

『햄릿』을 생각하면 내 머릿속에는 중학교 졸업 시험을 준비하며 봤던 시그넷판의 (매우 못생긴) 표지와 둔탁하고 촌스러운 활자가 자동으로 떠오른다. 대학 입시를 준비하면서 봤던 『황무지』에는 표지 안쪽에 할머니 이름이 연필로 써 있던 게 기억난다. 나는 지금도 이 책을 가지고 있고, 이게 우리 두 사람을 연결해주는 고리 역할을 톡톡히 하고 있다고 생각한다. 또 크리스마스 선물로 에드바르트 라드진스키의 『러시아 마지막 황제』 양장본을 받고 커버의 금박을 어루만지던 기억이 아직도 생생하다. 그 책을 읽은 덕에 대학에서 역사를 공부하게 되었고 말이다. 우리가 책을 읽고 가지는 기억과 감정은 그것을 접한 방식과 밀접하게 연결되어 있다.

이상한 나라의 인쇄

인쇄와 제본은 글에 대한 반응을 바꾸기도 하고 결정하기도 한다. 또 인쇄는 글에 의미와 삶과 권위를 부여하고, 수많은 사람에게 아이디어를 전달할 수 있게 해준다. 좋든 싫든 인쇄는 글에 영속성과 정당성을 부여하고, 세월의 풍상으로부터 글을 보호해 준다. 초기에 인쇄된 것은 오직 가장 귀한 글인 성서, 즉 문자 그대로 하느님의 말씀뿐이었고, 우리는 어딘가에 기록되거나 새겨진 글을 바탕으로 고대 문명을 배울 수 있었다.

인쇄는 다른 방법으로는 대대로 물려주기 힘든 복잡한 아이디어, 생각, 감정을 가장 효율적으로 공유할 수 있는 방법이기도 하다. 인쇄가 없었다면 가장 심오한 생각을 기록할 방법도, 인간으로 산다는 게 무엇을 의미하는지 언어로 기록해 공유할 수도 없었을 것이다. 인쇄는 수 세기에 걸쳐 재출판을 가능하게 하면서도 글의 고유하고 일관된 정체성을 유지할 수 있게 한다는 점에서 무척 놀랍다. 오늘날 인쇄된 『천로역정』도 형태로 보나 매체로 보나 번연히 상상한 모습과 크게 다르지 않을 것이다. 책을 제작하는 방식은 그때에 비해 훨씬 진화했지만 말이다. 과연 이 소중한 단어들은 어떻게 페이지에 인쇄되는 것일까?

인쇄의 역사는 목판인쇄와 함께 시작되었다. 목판인쇄는 중국에서 직물 인쇄의 한 방식으로 시작되었다. 구텐베르크가 인쇄기를 발명한 후부터 책을 대량 생산할 수 있었고, 이는 사회 다방면에 중대한 영향을 미쳤다. 앞서 등장한 윌리엄 캑스턴은 영국에서 최초로 인쇄기를 사용한 사람이자 인쇄기로 인쇄한 책을 최초로 판매한 사람이다. 책을 번역하고 필사한 경험이 그의 동기가 되었는데, 한번은 작업했던 책 후기에 "펜은 닳고 손은 지쳤으며 눈은 침침해졌다"고 쓰기도 했다. 다행히 이 모든 불평은 기계화된 인쇄라는 기적으로 일소될 수 있었다.

캑스턴이 오늘날의 인쇄 공정을 본다면 몇몇 낯익은 요소를 알아볼 수 있을 것이다. 이를테면 우리는 여전히 접지 방식으로 페이지를 인쇄한 후, 이것을 묶어 책으로 만든다. 하지만 현재는 인쇄 과정 중 많은 부분이 완전히 자동화되었고, 디지털 방식으로 진행된다. 아마 캑스턴은 어마어마한 인쇄 속도와 디지털 방식의 컬러 인쇄에 몹시 놀라다가도 가끔씩 튀어나오는 구식 인쇄의 잔재에 안도할 것 같다. 인쇄소에서는 여전히 가끔씩 책 가장자리에 손으로 스프레이 페인트를 분사하기도 하니 말이다.

현대 인쇄는 전통에 기반한 끊임없는 재창조의 결과라 할 수 있다. 이 조합이 없다면 책과 글은 존재하지 않을 것이다. 나는 클레이스를 방문해 인쇄가 어떻게 좋은 글을 만드는지 알아보았다. 클레이스는 영국에서 가장 큰 단일 업소 인쇄업체로, 1876년 클레이 가족이 서퍽주 번게이에 위치한 기존의 인쇄 회사를 매입한 후부터 영향력 있는 인쇄소로 성장해왔다. 현재 이곳에서는 전통적 인쇄와 디지털 인쇄를 합쳐 매주 평균 350만 부, 성수기에는 450만 부의 책이 생산되고 있다. 이렇게 상상할 수 없이 많은 책이 인쇄되고 제본되어 트럭에 실린 뒤 전국 서점에 유통되어 마침내 독자를 만나는 것이다.

나는 클레이스에서 오래 일했고, 지금은 이사회 임원으로 활동 중인 케이트 맥팔런과 이야기를 나누었다. 맥팔런은 인쇄가 옛것과 새것을 통합하는 방식을 다음과 같이 설명했다.

"어떤 면은 변한 게 없는 것 같죠. 지금도 거대한 종이 두루마리*를 쓰고, 표지에 형압을 넣거나 박을 입히는 걸 보면 말이에요. 전통적 인쇄 방식은 여전히 인쇄판에 잉크를 묻히고, 종이에 이미지를 찍어낸 다음, 종이를 접고 자르는 방식으로 책을 만들어요. 하지만 현재 사용 중인 인쇄기는 이전 것에 비하면 굉장히 현대적이고 아주 거대하죠. 반면 디지털 인쇄는 인쇄판을 사용하지 않아요.[†] 잉크 '방울'을 용지에 분사시키는 방식이기 때문에 공정이 완전히 다르다고 할 수 있죠."

현대 인쇄의 가장 두드러진 특징 중 하나는 전 공정의 자동화일 것이다. 클레이스에서 자동화가 추진된 건 보급용 문고판이 부상하면서다. 1939년, 앨런 레인은 클레이스에 2주마다 3종의 펭귄 책을 권당 평균 5만 부씩 인쇄해달라 요구했다. 제임스 모란은 『번게이의 클레이스Clays of Bungay』에 다음과 같이 썼다.

"매주 8만 부에 달하는 펭귄 책을 소화하기 위해 인쇄기와 접지기가 밤낮없이 돌아갔다. … 일단 펭귄 출판사 책을 찍기 시작하면 멈출 수 없었다. 펭귄 출판사에 할당된 기계에서는 다른 작업을 일절 진행하지 못했다. 그렇게 고도로 기계화된 대량 책 생산이 시작되었다."

---

[*] 인쇄소를 방문해본 사람들이 모두 입을 모아 말하는 것처럼 나도 종이 두루마리의 엄청난 크기에 놀랐다. 전체 인쇄 공정에서 가장 흥미로운 작업은 두루마리를 교체하는 것이었는데, 기계가 곧 끝나가는 두루마리의 종이를 자동으로 자르고, 새 종이 두루마리의 시작 부분을 알아서 집어 올렸다. 물론 와중에도 인쇄기는 계속 책을 찍어냈다. 그게 뭐가 그렇게 놀랍냐고 묻는다면 설명하기는 어렵지만… 정말 놀라웠다. 어쩌면 그 무엇도 글이 기록되는 긴박한 흐름을 중단할 수 없다는 느낌 때문이었는지도 모르겠다.

[†] 디지털 인쇄는 영혼이 없어 보이기도 한다. 전통적 인쇄는 기계 부품들이 돌아가는 가운데 소음, 컬러, 빛(금박과 은박)이 넘쳐흐르고, 책의 일부임을 알아볼 수 있는 부속들이 여기저기 떠다녀서 내가 구텐베르크 은하계의 중심에 있다는 게 실감되는 반면, 디지털 인쇄는 거대한 무채색 복사기 같다.

오늘날 인쇄가 고도로 기계화되었다고는 하지만, 지금도 여전히 정교한 기술과 수작업이 공존하고 있다. 이를테면 책의 한 부분이 위아래가 뒤집힌 상태로 제본되는 오류는 수동식과 자동식을 모두 동원해 잡아내야 한다. 이제는 보이지 않는 바코드를 부착하고, 제본 라인에 바코드 판독 카메라를 설치한 덕분에 다른 책 페이지를 잘못 제본하는 일은 거의 일어나지 않는다. 하지만 케이트가 설명했듯 전통과 자동화가 결합된 세상은 여전히 문제를 일으키곤 한다.

"지나치게 복잡하고 비실용적인 혼돈 상태와 한 치의 오차도 허용하지 않는 정밀함이 뒤섞여 있는 셈이죠. 그래도 어떻게든 이렇게 돌아가고 있다는 게 정말 놀라워요. 때로는 기계가 고장이 나기도 하죠. 용지가 걸려서 책 일부가 실종되는 바람에 그걸 수습하는 동안 엄청난 혼란이 뒤따르기도 하고요. 그래도 기계에는 경보, 점멸등, 안전장치도 충분히 마련되어 있기 때문에 예전보다는 공장 분위기가 훨씬 차분해요. 인쇄 공정에는 정말 많은 단계가 있답니다. 대부분은 깔끔하게 진행되지만, 여전히 손으로 직접 처리해야 하는 지저분한 영역도 남아 있고요."

인쇄소의 가장 이상한 점이 바로 이런 것이다. 수십 억에 달하는 기술과 투자의 조합이지만, 누군가는 방금 인쇄기에서 나온 책 더미에 둘러싸인 채 책 가장자리에 손으로 스프레이 프린트를 분사하고 있기 때문이다. 그렇게 제본 라인을 빠져 나온 책들은 사용 가능한 공간이 있는 유일한 장소인 머리 위 컨베이어 벨트를 타고 이동한다. 이렇게 하는 이유는 순전히 책등에 바른 풀이 마르는 시간을 주기 위해서다. 케이트는 방문객들이 이 광경에 "늘 매료

된다"고 말한다. 마치 움직이는 빨랫줄에 단어들을 넣어놓는 것과 비슷하다고나 할까.

세 가지 인쇄 유형

대부분의 인쇄소에서는 주문형 인쇄POD[*], 디지털 인쇄, 전통적 인쇄, 이렇게 총 세 가지 유형의 인쇄를 진행한다. 주문형 인쇄는 이름 그대로다. 20년 전에 경제적으로 실현할 수 있는 최저 인쇄 부수가 750부 정도였다면, 이제는 필요할 때마다 '한 권'씩 주문할 수 있다. 내가 주문을 넣으면 클레이스가 이를 인쇄해 입력한 주소지로 직접 배송해주는 시스템으로, 나만의 맞춤형 인쇄 서비스인 셈이다. 주문형 인쇄는 출판사가 절판될 가능성이 있는 책을 계속 인쇄할 수 있게 해준다. 모든 것이 담긴 보편적 색인이나 모든 책을 모아놓은 보편적 도서 목록처럼 주문형 인쇄는 이론적으로 그 어떤 글도 절판되지 않게 하므로, 책들은 구텐베르크 은하계 어느 한 구석에서 우리를 기다리며 늘 그곳에 있을 것이다.

주문형 인쇄의 또 다른 놀라운 점은 기계가 다양한 판형과 분량의 책을 멈춤 없이 생산한다는 것이다. 책을 새로 인쇄할 때마다 설정을 변경하기 위해 멈추었다 다시 시작할 필요가 없다. 데이터는 서버에서 제공되니 책을 인쇄하고 표지의 바코드를 스캔하기만 하면, 기계 내부에서 작동하는 칼이 어떤 크기로 잘라야 하는지

---

* 주문형 인쇄는 학술 연구서를 훨씬 용이하게 출간할 수 있다는 점에서 학술 출판에 특히 도움이 된다. 역사적으로 이 시장은 인쇄 부수가 적고, 소매가는 상대적으로 높게 책정돼서 절판이 잦았다. 그래도 이제는 시장을 테스트해볼 겸 주문형 인쇄를 먼저 시도해보고, 후에 대량 인쇄를 고려할 수 있게 되었으니 다행이다.

결정한다. 현재 클레이스에서는 이 방식으로 하루에 대략 1000부의 책을 만든다.

디지털 인쇄는 일반적으로 2부 이상에서 5000부 미만의 문고판 책을 인쇄할 때 사용한다. 이 방식은 인쇄판을 만들 필요가 없기 때문에 준비 비용이 들지 않아 책을 빠르고 저렴하게 인쇄할 수 있다는 장점이 있다. 또 재판을 찍는 데 시간이 오래 걸리지 않기 때문에 출판사가 인쇄 부수를 낮춰 주문할 수 있다. 출판사 입장에서는 재고 압박을 덜 받고 책을 더 오래 판매할 수 있으니 좋은 셈이다. 시간이 흐르면서 클레이스의 평균 인쇄 부수는 감소했지만, 다른 개별 인쇄 작업이 추가되면서 전체적으로 생산하는 책의 양은 예전과 비슷한 편이다. 현재 영국에서 디지털 인쇄와 전통적 인쇄의 비중은 거의 50대 50이다.

전통적 인쇄 방식은 책을 5000부 이상 인쇄할 때 주로 사용한다. 이 방식은 수천 부에 걸쳐 일관되게 고품질을 유지한다는 큰 장점이 있다. 전통적 인쇄는 아마 우리가 인쇄기를 상상할 때 흔히 떠올리는 모습일 것이다. 거대한 종이 두루마리, 엄청나게 크고 시끄러운 기계, 반대쪽 끝에서 책이 나오고 있는 생산 라인 같은 것 말이다. 이 모습은 정말 장관이다. 기계에 공급되는 용지는 한 장에 16페이지를 배치할 수 있을 만큼 거대하지만, 공정이 진행되면서 접히고 접히고 또 접혀서 결국에는 16페이지가 접지된 표준 크기의 종이 묶음이 나온다. 거대한 한 장의 용지에서 시작한 글 덩어리가 점차 줄어들어 간수하기 쉽고 읽기 편한 책이 되는 것이다.

끊임없이 돌아가는 인쇄기들

다른 대형 인쇄소와 마찬가지로 클레이스도 인쇄기를 효율적으로 사용하기 위해 일정을 잘 조정해야 한다. 필요할 때는 밤새 인쇄기를 돌리기도 한다. 재고가 정말 급히 필요한 책은 하루 만에도 인쇄를 마칠 수 있지만(물론 이럴 때는 비용이 추가된다), 보통 제작 기간은 신간 10일, 재판 4일 정도가 소요된다. 출판계가 그렇듯 인쇄소도 늦은 여름에서 크리스마스까지가 성수기라고 할 수 있다. 내가 마지막으로 클레이스 업체를 방문했던 게 12월의 어느 날이었는데, 최대 생산 능력의 104퍼센트가 가동되고 있는 느낌이었다. 도저히 불가능한 일처럼 보였지만, 거기서 일하는 사람들은 하나같이 놀라울 것 없다는 얼굴이었다.

인쇄소는 책을 인쇄하는 데 그치지 않고, 인쇄한 책을 다음 목적지로 보내는 역할까지 한다. 클레이스의 자동화된 적재 구역에서는 인간의 개입 없이 철제 프레임에 차곡차곡 쌓인 책들이 참을성 있게 출발 시간을 기다리고 있었다. 이 모습을 본 케이트가 말했다.

"클레이스는 생산하는 책의 절반 이상을 주요 소매점으로 직배송하고 있어요. 아마존은 영국에 20개 지점을 가지고 있죠. 또 워터스톤스, WH스미스, 슈퍼마켓 같은 곳에도 책을 보내요. 매일 최대 트럭 20대를 가동해서 매주 150곳 이상으로 책을 보낸답니다."

인쇄업자로 일하다가 처형당한 윌리엄 카터의 이야기를 잠깐 떠올려보자. 다행히 오늘날 인쇄업자가 종이에 잉크 방울을 묻히며 감수하는 위험은 그때보다 훨씬 낮지만, 은밀하게 작업해달라는 출판사 측의 요청은 갈수록 늘어나고 있다. 모든 사람의 노고가 담긴 책을 부적절한 사람에게 들키지 않게끔 작업해달라는 것이다. 아니, 부적절한 **타이밍**에 부적절한 사람에게 들키지 않게 해달라는 게 더 맞는 표현이겠다. 케이트는 이렇게 설명했다.

"보안이 생명인 시리즈물이 많아지고 유명 작가들에 대한 언론의 관심이 가열되면서, 엠바고(일정 시점까지 보도 금지를 뜻하는 매스컴 용어—옮긴이)가 걸린 책은 이제 수시로 등장하고 있어요. 해리 포터 시리즈, 댄 브라운, 스테퍼니 마이어, 마거릿 애트우드, 정치인의 전기가 그렇죠. '고개를 숙이고 아무 말 말고 최대한 빨리 책을 만들어 눈에 띄지 않게 보관해달라'는 방식이 있는가 하면, 해리 포터가 나오던 시절에 만들어진 '철통 보안' 방식도 있어요. 경비원도 모자라 개까지 동원하고, 공장 안에서는 카메라와 전화기를 일절 사용하지 못하게 하고, 방문객도 거부하고, 모든 책 꾸러미에 불투명한 검은색 비닐을 씌우고, 진행 중인 작업물에는 플라스틱 덮개를 씌우고, 공장 출입문과 창문을 모두 닫고서는 빗장을 거는 식이죠. 한여름에는 정말 악몽이 따로 없어요. 글을 비밀로 하는 데는 다양한 수법이 있답니다."

내가 클레이스를 방문했을 때도 엠바고가 걸린 책이 두 종이나 인쇄를 마치고 검은색 비닐 포장에 싸여 있었다. 그게 무슨 책인지 들여다보고 싶은 마음이 간절했지만, 참았다. 머지않아 그 글들도 틀림없이 자유를 얻게 될 테니.

광야를 헤매는 글 — 절판

"2013년에 반드시 읽어야 하는 소설" "알려지지 않은 가장 위대한 미국 소설" "인생 책." 이 수식어들은 1965년 출간 당시 2000부를 채 못 팔고, 다음 해 절판된 한 소설을 설명하는 말이다. 이 책의 문고판은 1972년에야 출간되었고, 다시 절판되었다가 1998년, 2003년, 2006년에 재발행되었다. 그러다 2011년에 프랑스어로 번역되고, 2012년에 워터스톤스 서점이 꼽은 그해 최고의 책으로 선정되면서 2013년에는 판매량이 세 배로 증가했다. 바로 존 윌리엄스가 쓴 『스토너』 이야기다.

다른 재발견된 책들과 달리 『스토너』의 갑작스러운 판매 증가는 작가가 뒤늦게 상을 받거나[*](사실 존 윌리엄스는 1994년에 세상을 떠났다) 책이 영화로 만들어진 덕분이 아니었다(지금 영화화가 추진되고 있기는 하다). 『스토너』는 2006년 뉴욕 리뷰 북스 클래식이

---

* 윌리엄 포크너의 소설 『소리와 분노』도 출간 당시에는 반응이 미지근했다. 1931년 선정주의 소설 『성역』이 출간되면서 판매가 조금 늘어나긴 했지만, 본격적으로 인기를 얻게 된 건 그가 1949년에 노벨 문학상을 수상하고부터다. 1998년에는 모던라이브러리에서 선정한 영어로 쓰인 최고의 20세기 소설 100권 중 6위를 차지하기도 했다. 1위에서 10위까지를 차지한 소설은 다음과 같다. 『율리시스』 『위대한 개츠비』 『젊은 예술가의 초상』 『롤리타』 『멋진 신세계』 『소리와 분노』 『캐치-22』 『한낮의 어둠』 『아들과 연인』 『분노의 포도』. 물론 다른 10위권 책들도 여전히 서점에서 판매 중이다.

글은 어떻게 자유로워지는가

재발행한 후 입소문을 타면서 인기를 얻게 된 경우였다. 2013년 세라 햄프슨은 『스토너』의 뒤늦은 성공에 대해 다음과 같이 썼다.

어쩌면 이것은 그저 책이 완벽한 순간을 찾을 수 있느냐의 문제인지도 모른다. 우리는 무자비하고 이기적으로 행복과 성공을 추구하는 시대를 살아가고 있다. 이혼을 하든 도덕적으로 문제가 있는 행동을 하든, 우리는 어떤 대가를 치르더라도 스스로 행복하고 성공할 자격이 있다고 생각한다. 이 소설은 그런 기대의 해독제 역할을 한다. 겉보기에 실패한 것처럼 보이는 삶, 끝나면 금세 잊히는 삶도 숭고하고 별나고 어딘지 아름다운 경험일 수 있다는 걸 우리에게 일깨워 준다.

1963년 존 윌리엄스는 이제 막 『스토너』를 처음 읽은 자신의 에이전트에게 다음과 같은 편지를 썼다.

상업적 가능성에 대해서라면 나도 당신 의견에 동의합니다. 하지만 의외의 성공을 거둘 가능성도 있다고 생각해요. 아, 물론 이 책이 베스트셀러가 될 거라는 환상 같은 건 없습니다. 하지만 잘만 다루어지면(늘 이 문제가 있죠)… 괜찮게 팔릴 수도 있을 것 같아요. 내가 가진 유일한 확신은 이것이 좋은 소설이라는 겁니다. 시간이 지나면 상당히 좋은 소설로 여겨질 수도 있겠죠.

지금까지 우리는 좋은 글이 만들어지려면 사람들이 읽을 수 있게 인쇄 과정을 거쳐 글을 제공해야 한다는 내용을 살펴보았다.

하지만 당연히 좋은 글도(**매우** 좋은 글도) 어떤 것은 절판되기도 한다. 책이 어떻게, 왜 절판이 되는지 알아보기 위해 나는 '잃어버린 글' 장에서 만난 적 있는 존과 다시 한번 이야기를 나누었다.

"책을 절판시키는 일은 예전보다 드물어요. 절판의 다양한 정의에 얽매여서는 안 돼요. 절판을 이상하고 시대착오적으로 규정한 계약서 조항들도 종종 있거든요. 까다로운 질문 두어 개만 던져봐도 이게 얼마나 모호한 개념인지 알 수 있을 거예요. 종이책은 절판되었지만 전자책이 여전히 판매되고 있다면, 이 책의 상태를 뭐라고 해야 할까요? 공식적으로 절판된 건 아니지만, 모든 서점에서 품절돼서 재판을 기다리는 상태라면요? 단순하게 보자면 다음 같은 상황에서 책을 절판시킬 수 있을 겁니다. 더 이상 판권을 가지고 있지 않은 경우, 명예훼손 의혹이 제기되었거나 실제로 명예훼손을 한 경우, 너무 안 팔려서 재고를 감당할 수 없는 경우[*], 출간 직후에만 반짝 팔리고 사라지는 경우, 제작비가 너무 많이 들어서 판매를 지속하기 어려운 경우[†], 출판사가 재정적 제약을 받고 있어서 모든 책을 지속적으로 인쇄할 여유가 없는 경우 정도가 있겠죠. 가끔씩은 판매가 더딘 책을 절판시키지 않고 두었다가 엄

---

[*] 이를테면 2000년에 출간된 앤시아 터너의 자서전 『바보들이 몰려온다Fools Rush In』는 발매 첫 주에 고작 451부가 팔렸다. 이 책을 출간한 리틀 브라운은 터너에게 6억이 한참 넘는 선인세를 지급했는데 말이다.

[†] 제작비가 많이 드는 책은 어떤 책일까? 일반적인 흑백 양장본이나 문고판 형태에서 벗어나는 순간, 즉시 제작비가 올라간다고 보면 된다. 컬러 인쇄, 가름끈, 헤드밴드(양장본 안쪽 책등에 보기 좋게 붙인 색실), 천 장정, 표준 크기를 벗어난 용지, 양각 형압, 음각 형압, 팬톤 컬러….

청난 이득을 얻기도 해요. 예상치 못한 일이 일어나서 갑자기 판매가 훌쩍 뛰는 거죠.『스토너』의 성공이 고무적이었던 점은, 정말 평범한 이야기라는 거였어요.『스토너』가 성공한 걸 시샘하는 건 전혀 아니지만, 이 책이 통한다면 이에 못지않게 뛰어난 수많은 다른 책도 가능성이 있겠구나 싶은 생각이 들었죠."

『스토너』가 단순히 시대를 앞서간 책이라 시대가 따라올 때까지 기다려야 했던 것이라면, 모든 책은 잠재적으로 완벽한 순간을 기다리고 있는지도 모른다. 그렇게 생각하니 마음에 위안이 된다.

인쇄 부수와 판매 부수

작가에게 당신 책을 몇 부 찍어야 할 것 같냐고 물으면, 보통 작가들이 제시하는 부수는 출판사가 생각하는 것보다 더 많다(어쩌면 속마음은 훨씬 더 많을지도 모른다). 영국 서적 시장을 집계하는 닐슨북스캔이 2019년에 발표한 자료에 따르면, 2018년 한 해 동안 1억 9090만 부의 책이 판매되었고, 매출액은 약 2조 7000억 원에 달했다고 한다. 2017년에 비해 판매량은 62만 7000부, 매출액은 약 560억이 증가한 수치다. 물론 엄청나게 큰 숫자인 건 맞지만, 이게 1억 9090만 부의 책이 모두 평생의 보금자리를 찾았다는 뜻은 아니다. 또 한 가지 염두에 두어야 할 것은, 많이 찍을수록 비용이 저렴해지는 건 맞지만*, 보관과 반품 처리 비용도 무시할 수 없다는 사실이다. 까딱 계산을 잘못 했다가는 일이 단단히 잘못될 수도 있다.

2000년 1월, 영국 출판사 돌링킨더슬리(DK)는 약 415억에 달하는 적자를 기록했다. 1300만 부를 인쇄했지만 300만 부도 채 팔지 못한 것이다. 영화 〈스타워즈: 보이지 않는 위험〉 개봉에 맞춰 관련 도서를 출간하면서 인쇄 부수를 지나치게 높게 잡은 게 화근이었다. 어느 시점에 이르러서는 인쇄했지만 팔리지 않은 책의 가격이 약 730억에 달했다(물론 전부 〈스타워즈〉 관련 책은 아니었다). 결국 이 계산 착오 때문에 원래 독립 출판사였던 DK는 피어슨 에듀케이션에 인수되었다. 책을 지나치게 많이 찍어 경제적 위기를 초래하지만 않았다면 일어나지 않을 일이었다.

실은 내가 출판계에 들어와 처음 맡은 업무도 제작이었다. 제작 팀은 책을 각각 정확히 몇 부씩 인쇄해야 하는지 인쇄소에 알려주는 일을 했다. 1990년대 후반이던 당시, 우리는 매일 아침 재고 관리 팀이 서류함에 남겨놓은 종이 명세표를 확인했다. 거기에는 각각의 인쇄 작업에 필요한 숫자가 적혀 있었는데, 사실 인쇄소에 지시하기만 하면 내 일은 끝이었기 때문에 숫자 자체를 깊이 생각해본 적은 없었지만, 사실 재판을 몇 부 찍을지 결정하는 것은 출판사의 재정이 걸린 중요한 일이다. 잘못 결정하면 사업의 명운이 바뀔 수도 있다. 그때 우리 서류함에 종이 명세표를 넣어주던 사람

---

* 초판을 가장 많이 찍은 책으로 기네스북에 오른 책은 『해리 포터와 죽음의 성물』로, 1200만 부를 찍었다. 그에 비해 10년 먼저 출간된 이 시리즈의 첫 책 『해리 포터와 마법사의 돌』은 양장본 500부를 인쇄했고, 그중 300부가 도서관으로 갔다. 이례적으로 첫 책의 판권 페이지에는 J.K. 롤링의 이름이 '조앤 롤링'으로 표기되어 있는데, 같은 실수가 『해리 포터와 아즈카반의 죄수』에도 반복되어 양장본을 인쇄하는 도중 작업이 중단되기도 했다. 온라인 중고 서점 에이브북스에 따르면, 롤링 이름이 잘못 표시된 책 중 저자 서명이 되어 있고 상태가 최상급인 것은 현재 최대 약 1500만 원에 판매되고 있다고 한다.

이 바로 존이었는데, 존 입장에서 보면 오늘날의 출판사는 인쇄 부수를 결정하는 데 훨씬 다양한 데이터의 도움을 받고 있는 걸 수도 있다. 글의 입장에서는 이런 변화가 양날의 검일 수도 있다. 이제 바코드로 모든 책을 추적할 수 있으니 몇 부가 팔렸는지도 투명하게 보이기 때문이다.

"출판은 예전보다 정보에 의존하고, 더 신중해졌어요. 전에는 몇 부 인쇄했느냐를 가지고 허풍을 떨고 잘난 척을 했죠. 다 좋습니다만, 그래서 몇 부나 **팔았는지**가 중요한 거 아니겠습니까? 이제는 닐슨북스캔이 제공하는 자료에 반박할 수 없는 증거가 있어요. 책을 대상으로 판매 데이터를 수집하니까요. 물류 센터에서 판매처로 이동하는 책을 추적하고, 매장에서 실제 매출이 얼마나 발생하는지를 봐요. 출고 부수와 매장에서 발생한 주간 매출 사이에 큰 차이가 있다면, 곧 문제가 닥치리라는 걸 예상할 수 있죠."

책을 몇 부 인쇄할지 결정할 때는 수많은 변수를 고려해야 한다. 하지만 저자별, 장르별, 주제별로 이전 데이터를 아무리 많이 살펴본다 해도 이 책이 저 책보다 더 잘 팔릴지, 그렇지 않을지는 확신할 수 없다. 어떤 책이 얼마나 많이 혹은 빨리 팔릴지 어떻게 **안다는** 말인가? 수요를 잘못 예측해서 창고에 재고가 수백만 부 쌓이면 또 어떻게 하고? 존은 이렇게 말했다.

"신중해야 할 이유가 있어요. 진부한 말입니다만, 너무 적게 인쇄했을 때는 다시 재판을 찍으면 돼요. 하지만 너무 많이 남으면 수습할 방법이 없어요. 돈은 써버렸고, 아니, 낭비했다고 하는 편이 정확하겠네요. 초과 재고의 가치는 나중에 결손으로 처리해야 할 테죠. 보통 흑백 책의 초판 인쇄 부수는 출간 10주 전쯤 결정될 거예요. 변수는 어느 정도 있겠지만, 주요 독자층이 이 책을 어떻게 받아들일지는 대강 예상할 수 있어야 해요. 기존 저자의 책이라면 전작 판매량을 참고할 수도 있겠죠. 하지만 데이터를 너무 맹신해서는 안 됩니다."

덧붙여, 존은 21세기 책의 운명이 어떨지도 설명했다.

"현대적 공급망이 구축되면서 소매상은 주문에 더 신중해졌어요. 재고가 더 필요하면 공급이 신속하게 이루어질 거라는 가정하에 재주문을 하죠. 실제로도 공급이 빨리 이루어지는 편이고요. 인쇄소에서 재판을 찍는 데 걸리는 시간도 많이 단축되었죠. 거의 즉각적으로 대응하는 수준이랄까요. 재판은 근무일 기준 6일 이내에 책을 받아볼 수 있게 되었어요. 그보다 더 빠를 수도 있고요. 흑백 책을 인쇄하는 일이 지금처럼 경제적이고 수월했던 적은 없는 것 같아요. 인쇄 부수가 1000부를 넘어가면 전통 방식으로도 인쇄할 수 있을 거고, 30부에서 900부 사이라면 디지털 인쇄나 주문형 인쇄를 고려할 수 있겠죠. 아까도 말했지만 인쇄소는 굉장히 빠르게 대응하고 있어요. 좋은 책을 품절 상태로 만드는 건 오로지 무능력과 잘못된 판단뿐입니다."

그렇다면 제작 기간이 짧은 책은 괜찮을까? 하지만 존은 여기에 동의하지 않았다.

"제작 기간이 짧다 해도 문제는 생길 수 있어요. 특히 해외에서 인쇄해야 하는 책은 오류 범위가 훨씬 더 크다고 할 수 있죠. 컬러 책을 가장 저렴하게 제작할 수 있는 극동 지역에서 특히 문제가 많이 발생합니다. 거의 미지의 세계를 들여다보는 셈이죠. 인쇄 부수를 출간 4개월 전에 정해야 할 수도 있어요. 다른 작업과 병행해야 할 수도 있고요. 경험과 판단력이 요구되는 일이죠. 재판을 찍는다 해도 극동 지역은 인쇄와 배송 기간만 석 달이 걸릴 수도 있다는 걸 명심해야 돼요. 아무리 쉽고 빨리 제작할 수 있는 책이라도 실수는 쉽게 발생할 수 있으니까요. 특히 계절이나 시류를 타는 책들은 더 그렇죠. 재판을 너무 많이 찍었나 하고 한 번쯤 후회해보지 않은 출판사가 과연 있을까 싶네요."

천천히 달아오르는 책들

작가들은 모두 자기 책이 절판되지 않고 계속 판매되기를 원할 것 같고, 가능한 한 폭넓게 독자를 만날 수 있도록 무슨 일이든 할 것 같지만, 늘 그런 건 아니다. 때로는 작가 본인이 자신의 글을 광야로 추방하기도 한다. 베스트셀러 작가 노라 로버츠의 저서는 4억 부가 넘는 양이 시중에 풀려 있지만 『내일을 약속해줘Promise Me Tomorrow』는 해당 사항이 없다. 2009년 《뉴요커》와의 인터뷰에서 로버츠는 이 책이 "진부한 설정이 많다"고 말했으며, 실제로도 로맨스 장르답지 않게 불행한 결말로 내용이 끝난다. 이 책은 온라인에서 약 21만 원에 판매되고 있으며 이런 상품 설명이 달려 있다.

영국판 초판. 소프트커버. 문고판. 흔히 보이는 표지와는 다른 희귀 판본. 흐릿한 마천루를 배경으로, 정장과 넥타이 차림의 머리를 올려 묶은 젊은 여성이 펜을 턱에 갖다 대고 있는 사진이 표지 이미지로 사용됨. 상태 아주 좋음. 책등을 따라 미세하게 주름이 두세 개 잡혀 있음. 뒤표지 하단 구석의 가격표는 지워져 있음. 뒤표지 한쪽

모서리가 살짝 구겨져 있음. 단단하고 각진 제본 상태. 서점에서 찍은 도장이나 이전 소유주 이름 없음. 페이지 얼룩 없음. 책장 넘긴 자국이나 모서리 접힌 부분 없음. 작가의 뜻에 따라 더 이상 재판을 찍지 않게 된 매우 희귀한 책의 깨끗하고 선명하고 수집 가치 있는 사본.

1982년에는 마틴 에이미스가 쓴 『우주 침략자들의 침공: 중독자가 안내하는 전투 전술, 최고 점수, 최고의 기계Invasion of the Space Invaders: An Addict's Guide to Battle Tactics, Big Scores and the Best Machines』라는 책은 스티븐 스필버그가 쓴 서문을 달고 출간되었는데, 이 책은 오랫동안 절판 상태가 유지되면서 중고책 가격이 약 50만 원에 육박하기도 했다. 스티븐 폴은 《가디언》에 "마틴 에이미스의 『우주 침략자들의 침공』 서평: 오락실 문화에 부치는 요란한 송가"라는 기사를 썼다.

절판된 이 책은 에이미스의 공식 저작 목록에서 삭제된 후 전설적인 텍스트가 되어 엄청난 중고 가격에 팔렸고, 엘리트 연구자들이 납본 도서관까지 행차해 흥분에 몸을 떨며 참조하는 책이 되었다. 이제는 다행스럽게도 비디오게임에 지적 관심을 표명하는 것이 더 이상 부끄러운 일로 여겨지지 않기에, 책은 재발행되었다.

에이미스는 『머니』와 이 책을 동시 집필했다. 본인은 이 책을 자신의 저작 목록에서 지운 적이 없다고 말했지만, 여전히 이 책과 관련한 인터뷰는 거절하고 있다. 하지만 이제는 부끄러움을 극복하고 자신이 이 책을 썼다는 사실을 다시금 기쁘게 생각할 것 같다. 2018년 조녀선케이프 출판사에서 영인판으로 재출간되었기 때문이다. 폴의 글에 따르면 "출판사는 예기치 않은 재출간을 준비하며 애석하게도 원본 파일이 유실되었다는 사실을 발견했고, 결국 책을 스캔해 픽셀 단위로 재구성해야 했다." 비디오게임을 다룬 재출간 도서에 썩 잘 어울리는 판본이 아닐까 싶다.

희귀한 절판 도서

온라인 중고 서점 에이브북스는 안드레이 스미르노프의 『사운드 인 Z: 20세기 초 러시아의 사운드와 전자음악 실험Sound in Z: Experiments in Sound and Electronic Music in Early 20th Century Russia』을 다음과 같이 소개한다.

"2013년에 출간된, 아는 사람이 매우 드문 책. 스탈린 지배하의 러시아에 전자음악이 있었다는 것을 누가 알았을까? … 이 책은 모스크바 기록 보관소 자료를 바탕으로 아브라모프의 〈사이렌 교향곡〉을 재구성한다. 공장 사이렌, 뱃고동, 포격 소리를 연주한 이 곡은 1922년 야외에서 초연되었다."

도서 검색 웹 사이트 북파인더에 따르면 『사운드 인 Z』는 닐 스티븐슨과 데이브 에거스의 책들과 나란히, 2017년 가장 많이 검색된 절판 도서에 포함되었다. 마돈나의 『섹스Sex』는 매년 이 목록에 오르는 책이다. "견고한 알루미늄 표지를 두른 『섹스』는 내구성이 뛰어나며 녹슬 일도 없다"는 게 에이브북스의 설명이다. 학교 내 총기 난사 사건과 결부되어 작가가 직접 판매 중단을 결정한 스티븐 킹의 『분노Rage』도 이 목록의 단골손님이다. 과연 대망의 1위는 무엇일까? 바로 치트라 디바카루니의 『중매결혼Arranged Marriage』이라는 책인데, 이 책은 미국에서 살아가는 인도 출신 여성들의 삶을 담은 이야기 모음집으로, 1997년이 마지막 인쇄였다.

2017년 목록에 오른 또 다른 책으로는 샌프란시스코에서 활동한 원조 비트 세대 시인이자 예술가인 잭 미셸린의 『브롱스에서In the Bronx and Other Stories』가 있다. 1965년에 처음 출간된 이 책은 한때 "매우 희귀한 책"이라는 평가를 받았지만, 2017년 마티노파인북스 출판사가 재출간하면서 이제는 2만 5000원도 안 되는 가격에 살 수 있게 되었다. 이처럼 절판과 재출간을 오가는 책의 특징 중 하나는 현재 판매 중인지 아닌지, 품절되었다면 얼마나 되었는지, 중고를 구하는 게 얼마나 어려운지에 따라 가치가 현저히 달라진다는 것이다.*

『스토너』처럼 갑자기 무슨 일이 생겨 판매가 급증할지는 아무도 모른다. 영화화, 잊힌 작가의 재발견, 믿을 만한 사람의 추천, 그것도 아니면 새 대통령 선출†이 계기가 될 수도 있다. 하지만 어쩌면 미래에는 이런 운 같은 건 중요하지 않을 수도 있다. 디지털

---

* 한 번도 절판된 적이 없는 책은 무엇일까? 몇 권만 예를 들어보자면, 『천로역정』『로빈슨 크루소』『에마』『톰 소여의 모험』『드라큘라』『바람과 함께 사라지다』『레베카』『파운틴 헤드』『안네의 일기』『앵무새 죽이기』『간식을 먹으러 온 호랑이』 정도가 있겠다.

† 싱클레어 루이스의 『있을 수 없는 일이야』는 "이민자에 적대적이고 공포 조성을 일삼는 허영심 많고 괴상한 선동가가 미국 대통령 선거에 출마해 승리하는" 이야기다. 1935년에 첫 출간되었고, 2017년에 트럼프 대통령의 취임에 맞춰 펭귄 모던 클래식판으로 재출간되었다. 이 책은 2016년 대통령 선거 직후 일시 품절되었다가 취임식 이후에 다시 한번 품절되었다.

기술과 주문형 인쇄 기술 덕에 출간된 모든 책이 절판되지 않는 세상이 올지도 모르니 말이다. 그렇다면 중고책 시장은 어떻게 될까? 2018년 조사에 따르면, 영국과 미국에서 도서 구매자 절반 이상이 새 책보다 중고책을 더 많이 사는 것으로 나타났다. 중고책 시장은 온라인 도서 시장에 힘입어 매년 8~10퍼센트씩 성장하고 있다. 또 사람들이 중고책을 선호하면서 중고 서점의 매출이 증가하고 있기도 하다. 누구나 쉽고 빠르게 시세를 알 수 있게 된 덕분에 중고책을 사고파는 사람들은 계속 늘어나고 있다.

한때 사랑했던 책을 추적하는 일은 그 어느 때보다 쉬워졌다. 어떤 경우에는 터무니없는 비용을 감수해야 하기도 하지만, 요즘은 인터넷 덕분에 정말 원하는 게 있다면 웬만한 건 다 가질 수 있는 세상이다. 버지니아 울프는 중고책의 특별한 매력을 알아챈 사람 중 하나다. 울프는 이렇게 말했다.

"중고책은 집 없이 떠도는 야생의 책이다. 다채로운 깃털을 뽐내며 거대한 무리를 지어 이동하는 중고책에는 도서관의 길들여진 책에서는 찾아볼 수 없는 매력이 있다."

때를 기다리는 글

1966년, 작가 바바라 핌은 친구에게 보내는 편지에 이런 말을 썼다.

"그래, 내 책이 다 절판됐다는 거야 나도 물론 알지. 그런 건 저자가 모를 수 없거든. 덕분에 헌책방에서 내 책을 찾아보는 재미가 더 쏠쏠해졌어."

1950년부터 1962년 사이에 핌은 여섯 권의 소설을 출간했다.

그의 열렬한 지지자 필립 라킨은 핌이 "일상생활의 소소한 기쁨과 슬픔을 독특한 시선으로 바라보며 조용한 삶을 기록하는 작가"라고 평했다.

하지만 1963년에 핌이 일곱 번째 소설인 『부적절한 애정An Unsuitable Attachment』을 건네자, 조너선케이프 출판사는 출판을 거절했다. 글이 너무 구식이라고 판단했기 때문이다. 핌의 소설에는 주로 성직자, 노처녀, 학자들이 등장했는데, 아무래도 1960년대에 이런 소재는 시대에 뒤떨어진 것처럼 보였다. 핌은 라킨에게 보낸 편지에 "『부적절한 애정』이 『캐치-22』의 상대가 될 수 없다는 건 저도 알겠어요"라고 썼다. 상황이 이런 데다 대출 도서관이 폐업까지 하자 연달아 피해를 보기도 했다.[*] 자기 책이 절판되었다며 가볍게 이야기하기는 했지만, 핌은 출판사의 거절에 크게 상심한 듯했다. 12년간 조너선케이프에서 책을 출판해왔기에 상처는 더욱 컸을 것이다.[†]

1963년부터 1977년까지 핌은 소설을 출판해줄 출판사를 찾지 못했지만, 그동안에도 기존에 썼던 글을 고치고 계속해서 새 소설이나 단편을 집필하며 다른 출판사와 접촉을 시도했다. 그러

---

[*] 대출 도서관은 새 책을 살 경제적 여유가 없는 독자들에게 책을 대출해주며 19세기에 큰 인기를 끌었다. 영국에서 대출 도서관은 중간 계급의 보통 독자들이 즐겨 이용하는 곳이었지만, 1966년부터는 가격이 저렴한 문고판 책이 보편화되면서 자취를 감추었다.

[†] 헤이즐 홀트의 『물어볼 게 많은데요: 바바라 핌의 삶A Lot to Ask: A Life of Barbara Pym』에 따르면, 조너선케이프는 핌에게 최소 판매 부수가 4000부는 되어야 한다고 말했고, 『부적절한 애정』은 그 정도 목표를 달성하지 못할 거라고 보았다.

던 중 1977년에 《타임스 문예 부록Times Literary Supplement》이 꼽은 20세기 가장 과소평가된 작가 중 한 명으로 핌이 선정되면서 상황은 급변했다. 핌은 두 사람에게 표를 받은 유일한 현존 작가였다.[*] 덕분에 마침내 그는 광야 시절에 작업했던 소설 『가을 사중주』와 10년간 고치고 다듬어온 『착한 비둘기가 죽었다The Sweet Dove Died』를 펴낼 출판사를 구할 수 있었다. 맥밀런 출판사에서 출간한 『가을 사중주』는 1977년 부커상 최종 후보에 올랐고, 조너선케이프가 여전히 판권을 보유 중이었던 핌의 이전 소설들은 재판을 찍었다.[†] 게다가 미국에서도 책을 출간하게 되었다. 바바라 핌의 경험이 보여주듯 작가는 유행에 묻어갈 수도, 뒤처질 수도 있다. 핌의 『부적절한 애정』처럼, 출판할 만하다고 판단했던 글이 하룻밤 사이에 독자를 잃기도 하고 말이다. 비슷한 맥락에서 존은 라이오넬 데이비드슨이 쓴 『콜림스키 하이츠Kolymsky Heights』라는 스릴러 소설을 언급했다.

"데이비드슨은 잘 팔리기보다 좋은 평을 받는 스릴러 작가였어요. 한동안 그가 쓴 소설이 모두 절판되기도 했었죠. 파버 출판사는 주문형 인쇄를 전문으로 하는 임프린트 '파버 파인즈'를 설립하고, 그때까지 데이비드슨이 쓴 소설들의 판권을 얻었어요. 판매량이 많지는 않았지만 더 나아질 가능성이 있다고 본 거죠. 그러

---

[*]　그 두 명은 필립 라킨과 로드 데이비드 세실이었다.

[†]　핌이 재출간된 두 권의 책과 『가을 사중주』 한 부를 라킨에게 보내자, 라킨은 핌에게 이런 편지를 보내왔다. "이 책들을 바라보고 있자니 정말이지 너무나 기쁩니다. 하지만 **순수하게** 기쁨의 감정만 있다고 할 수는 없겠군요. 몇몇 출판사의 목에 이빨을 박아 넣고 쥐 잡듯 흔들어대고 싶은 마음도 드니 말입니다."

다 필립 풀먼이 『콜림스키 하이츠』를 읽고 '지금까지 읽은 스릴러 중 최고'라고 평하면서부터 실제로 상황이 바뀌기 시작했어요. 풀먼이 서문을 쓴 이 재출간본은 무려 9만 부가 넘게 팔렸습니다. 모든 책이 뒤늦게나마 잠재력을 발휘할 수 있다는 걸 생생히 보여주는 예죠. 올해는 고작 100부밖에 안 팔렸더라도 그 책이 진짜 괜찮은 책이고 계속 인쇄만 된다면, 나중에는 훨씬 더 팔릴 날이 올 수도 있어요. 그러니 출판사는 인내심과 좋은 판단력을 발휘해야 합니다."

에필로그

。

용감하고 새로운 글

글쓰기에는 달리 방도가 없다.
타자기 앞에 앉아 피를 흘리는 수밖에.

어니스트 헤밍웨이

"아침 9시 17분이었고, 집은 무거웠다." 소설 『길 11 the Road』은
이렇게 시작한다. 어떤가? 괜찮은가? 이 문장은 최고라고 할 수도,
최악이라고 할 수도 없지만 어쨌든 의미는 통한다. 맞춤법도 정확
하고 문장과 문장 사이에 쉼표를 찍은 것도 완벽하다. 답답하고 무
거운 분위기를 자아내는 두 번째 절에서는 은유적 무게감까지 느
껴진다. 하지만 전반적으로 찰스 디킨스의 『두 도시 이야기』 같은
명작에 견줄 바는 아니다.

사실 글 자체보다 더 흥미로운 건 이 글이 나오게 된 배경이
다. 『길 1』은 인간의 상상력에서 탄생한 것이 아니다. 이 작품은 기
계, 더 정확히 말하면 감시 카메라, GPS, 마이크, 노트북이 장착된
검은색 캐딜락 차량이 쓴 최초의 소설이다. 차량용 특수 최신 설비
를 사용해 수천 권의 책에서 가져온 수백만 개의 단어와, 위치 정
보 서비스에 등록된 수백 곳의 좌표가 탑재된 신경망에 실시간으
로 데이터를 공급해 이런 문장을 만든 것이다.

뉴욕에서 뉴올리언스까지 달리는 동안, 캐딜락 저자는 시, SF,

음울한 문학('무겁다'는 형용사가 괜히 선택된 게 아니다)을 토대로 한 2000만 개의 단어를 활용해 인공지능이 쓴 산문을 생성했다. 흥미롭게도 기계는 여행에 관한 내용을 서술하면서 반복적으로 등장하는 캐릭터를 생성했다. 세 번째 줄에서 정체를 알 수 없는 화가가 등장했다가 나중에 다시 등장하는 식이다. "물줄기가 길옆으로 내려왔다. 화가는 소리 내 웃고는 말했다. 마음에 드는데요. 하지만 보고 싶진 않군요." "나는 이곳을 떠나고 싶다. 그럴 때가 되었다" 같은 문장도 있다. 전자 칩에서 나왔다고 하기에는 불안할 정도로 통렬한 문장이다. 기계를 발명한 로스 굿윈은 잭 케루악의 여행기에서 영감을 받았고, 언어의 미래를 탐색해보고 싶어서 이 시도를 했다고 밝혔다.

이 책의 모든 문장은 독립적으로 생성되었고, 저마다 다른 시점에 발생했다. 문장들은 자동차 여행과 자동차에 연결된 센서의 지시를 받았다. 이것이 예술을 창조한 것이다. 모든 것이 센서의 인식과 일치했다. … 응집성 있는 산문은 자연어를 생성하기 위해 반드시 추구해야 할 성배다. 내가 문제의 작은 한 부분을 어떤 식으로든 해결했다고 생각하니 짜릿했다. 이 시도가 언어의 의외성과 흥미로운 속성을 드러내 보였다고 생각한다.

"응집성 있는 산문"을 추구해야 한다는 것은 내가 집필 중인 이 책의 핵심 철학이기도 하다. 그렇다면 인공지능이 답일까? 물론 『길 1』이 인간이 개입하지 않는 언어의 미래를 가리키는 것처럼 보일 수도 있지만, 우리는 이 매트릭스 세계에서 몇 가지 결함을 대번에 발견할 수 있다. 앞에 인용한 문장들은 기계가 쓴 글 중에서 그나마 괜찮은 것만 선택해 가져온 것이다. 물론 우리의 수다스러운 캐딜락은 의미도 안 통하고, 문법에도 안 맞고, 짜임새도 부족하고, 감정적 울림도 없는 문장도 많이 생성했다. 그런 형편없는 문장들이 눈에 띄지 않은 건 단지 인용되지 않았기 때문이다.

한편 놀라울 정도로 똑똑한 개인과 집단이 이 문제를 풀기 위해 노력하고 있는 것도 사실이다. 자기 비하와는 거리가 먼 일론 머스크는 2019년 마이크로소프트에게 약 1조 3억 원을 투자받은 실리콘밸리의 비영리 회사 '오픈AI'의 공동 설립자다. 이 회사의 GPT-3 생성기는 가장 강력한 언어 모델로 평가받고 있으며, 1750억 개의 매개 변수로 노래와 이야기부터 기술 설명서와 코드에 이르기까지 설득력 있는 글을 즐겁게 쏟아낸다. 때로는 무서울 정도로 훌륭한 결과물을 뽑아내기도 한다. GPT-3가 제롬 K. 제롬(『보트 위의 세 남자』를 쓴 영국 작가. 시니컬한 유머가 특징이다—옮긴이) 스타일로 '트위터 사용의 중요성'을 쓴 다음 글을 보자.

"런던 사람들이 여전히 흥미를 느끼는 사교 생활의 마지막 보루가 트위터라는 것은 놀라운 일이다. 나는 어느 날 해변으로 정기 휴가를 떠났다가 이 놀라운 사실을 발견하고 충격을 받았는데, 그곳은 온통 찌르레기 새장처럼 쩍쩍거렸다. 나는 이를 특이 현상이라 불렀고, 실제로도 그랬다."

하지만 GPT-3는 어처구니없는 실수를 저지르기도 한다. 이 기술이 놀라울 정도로 똑똑한 건 맞지만, 본질적으로 윤리적 잣대나 가치 기반의 필터 없이 인간이 만든 기존의 인터넷 콘텐츠를 짬뽕한 것이기 때문이다. 그래서인지 GPT-3는 현재 인간이 만든 최상의 결과물과 최악의 결과물을 모두 모방하고 있다. 유대인, 흑인, 여성, 홀로코스트 같은 단어를 주면 인종주의적이고 성차별적인 비유에 뿌리를 둔 언어를 남발하니 말이다. 오픈AI의 또 다른 창립자 샘 올트먼은 트위터에 솔직한 의견을 남겼다.

"GPT-3를 다룬 언론 보도는 지나치게 과장됐다. 인상적인 기술이기는 하지만(칭찬해준 건 감사하다!) 여전히 심각한 약점이 있고, 때로는 매우 바보 같은 실수를 저지르기도 한다. 인공지능은 언젠가 세상을 바꿀 테지만, GPT-3는 그저 첫걸음에 불과하다. 우리에게는 알아내야 할 것이 아직 많다."

이전 장들에서 살펴보았듯, 사실 글은 의식을 가진 존재들이 서로 소통하는 방식이라 할 수 있다. 기술이 자연어 모방을 목표로 계속해서 큰 도약을 하고 있는 건 맞지만, 인공지능이 진정한 지각력을 갖추기 전까지는 목표를 달성하기 어려울 것이다. 의미는 저자의 의도에서**만** 생겨나는 것이 아니기 때문이다. 의미는 작가가 전달하고 싶어 하는 메시지와 독자가 제공하는 비판적, 문화적, 개인적 이해 도구의 총합이다. 진정으로 훌륭한 작가는 단순한 스타일리스트에 그치지 않는다. 정말 좋은 작가는 자신의 글이 독자에게 어떤 영향을 미칠지 상상할 수 있는 놀라운 능력을 가지고 있으며, 한 번도 만나본 적 없는 사람들의 마음속에 들어갈 수 있는 사람이다. 그리고 훌륭한 편집자는 이 능력이 한층 더 업그레이드되어 있다. 편집자는 책을 만드는 내내 독자의 목소리를 대변하니 말이다.

다시 이 장의 첫 문장으로 돌아가보자. "아침 9시 17분이었고, 집은 무거웠다." 이 문장을 읽고 어떤 울림을 느낀다면, 이것이 인공지능의 글쓰기 능력을 시사한다고 봐야 할까, 아니면 저자의 글을 이해하기 위해 의미를 투사하는 독자의 중요한 역할을 시사한다고 봐야 할까? 이미 알고리즘 글쓰기는 인간과 인공지능이 쏟아내는 수많은 의심스러운 온라인 광고와 콘텐츠의 엔진 역할을 하고 있다. 하지만 컴퓨터가 인간보다 더 좋은 글을 쓰려면 여전히 갈 길이 멀다. 당연히 뉴욕에서 뉴올리언스로 향하는 자동차 여행보다는 더 먼 길을 가야 할 것이다.

고쳐쓰기 부대

"그는 기획 위원회가 내린 지령에서 시작해 최종적으로 글을 손질하는 고쳐쓰기 부대 업무에 이르기까지, 소설 쓰기의 전 과정을 설명할 수 있었다. ⋯ 책은 잼이나 구두끈처럼 생산해야 할 상품에 불과했다."

『1984』에서 줄리아는 윈스턴에게 자신이 소설 창작국에서 하는 일을 자세히 설명한다. 줄리아가 설명하듯, 그가 일하는 분과(알고 보니 포르노과였다)에서는 오직 여섯 개의 플롯만 취급하며 그렇게 나온 책들은 "형편없는 쓰레기"다.

일부 냉소주의자들은 오세아니아의 관료주의 체제하에서 에로 소설 플롯이 어떻게 여섯 개나 나올 수 있는지 의아해하겠지만, 동일한 여섯 개의 플롯만 반복해서 다루면 편집 작업 속도를 높이는 데 확실히 도움이 될 것 같기는 하다. 또 개인적으로, 교열 부서를 '고쳐쓰기 부대'로 바꿔 부르는 것도 꽤 괜찮은 아이디어인 것 같다.

하지만 오웰이 말하고자 한 바는 진정한 창작 과정이란 공장 생산 라인처럼 선형적이 않으며, 문학적 가치가 있는 진정한 작품은 양이나 무게로 사고파는 석유처럼 교환할 수 있는 상품이 아니라는 것이다. 책은 단어의 마법으로 가득 차 있다. 페이지에 표시된 일련의 기호들은 아이디어, 경험, 생각, 느낌을 마법처럼 한 사람에게서 다른 사람에게로 전달한다. 책이 수 세기에 걸쳐 숭배와 존경의 대상이 되고, 때로는 금지되고 숨겨지고 폐기된 것도 다 그런 이유에서다. 책과 글은 너무 강력한 힘을 가지고 있기 때문에 위험할 수도 있다. 일부 냉소주의자들은 이런 속성이 석유에도 적용될 수 있다고 말하겠지만.

내가 『편집 만세』로 보여주고 싶은 건, 우리에게 읽어야 할 책을 강요하는 기획 위원회는 없지만 모든 책 뒤에는 좋은 글을 더 좋고 자유롭게 만들고자 애쓰는 고쳐쓰기 부대가 있다는 사실이다. 우리는 이 한 권을 읽어나가며 그 사람들을 만났다. 그렇다. 좋은 글을 만들어내는 사람이 모두 고쳐 쓰는 일을 하는 건 아니다. 하지만 편집자든 에이전트든 색인가든 조판자든 인쇄업자든 디자이너든, 이들은 모두 좋은 글을 만들어내기 위해, 그리고 그 글을 더 좋은 글로 만들기 위해 무대 뒤에서 묵묵히 일하고 있다. 우리의 임무가 최종적으로 책을 집어든 독자의 눈에 띄지는 않겠지만, 실은 이 숨겨진 인력들이 글을 만드는 것이다. 우리는 독자가 잘 즐길 수 있도록 뒤편에서 글에 의미와 의의를 부여하고 있다.

물리적 책이 전자책에 대항해 제자리를 지켰듯 책은 자동화에 대해 확고한 입장을 견지한다. 인공지능이나 알고리즘이 응집성 있는 산문을 써내면 우리가 읽고 이해할 수 있는 문장을 생성해내기는 하겠지만, 당분간 그런 글에 의미를 부여하는 건 어려울 것이다. 그 글이 작성되고 편집된 과정에서 의미를 찾을 수 없기 때문이다.

『1984』에서 윈스턴 스미스는 이매뉴얼 골드스타인의 『과두적 집단주의의 이론과 실제』를 읽으며 다음과 같은 생각에 빠진다. "최고의 책은 … 우리가 이미 알고 있는 것을 말해주는 책이다." 나는 이 말을 문자 그대로 이해하기보다는 인간의 경험을 돌아보게 해주는 책, 이미 알고 있는 것을 새삼 깨닫게 해주는 책이 좋은 책이라는 의미로 이해했다. 허먼 멜빌은 훌륭한 글을 읽으면 생각이 메아리가 되어 돌아오는 것 같은 "인식의 충격"에 빠진다고 말했다. 글이 너무 사실적이라 마치 우리가 거기에 있었던 것처럼 느껴진다는 것이다. 그리고 그게 가능한 이유는 그 글이 출판계 사람들에게 선택되고, 구성되고, 편집되고, 보완되고, 개선되어 자유로워졌기 때문이다.

책은 잊고 싶지 않은 많은 것을 보관할 수 있는
그릇의 한 종류일 뿐이라네.
거기에 마술적 요소라고는 일절 없지.
책의 매력은 오로지 내용에 있어.
우주의 조각들을 꿰어 한 벌의 옷으로 만든 그 방식에 있지.

레이 브래드버리, 『화씨 451』

감사의 말

○

독자 여러분이 이 책에서 얻을 수 있는 한 가지 진실이 있다면, 그건 바로 출판이 공동의 노력이라는 사실이다. 그중에서도 책에 관한 책은 공동의 노력이 집약된 작업이라 할 수 있다.

이 책을 쓰는 동안 전문 지식과 경험을 기꺼이 나누어준 훌륭한 두 편집자의 도움을 받았다. 책에 필요한 아이디어와 제목을 제공해준 헬렌 콘포드는 내가 글쓰기 초기 단계를 무사히 통과할 수 있도록 도와주었다. 콘포드가 나를 잠재 작가로 진지하게 여겨준 덕에 자신감을 가지고 글을 쓸 수 있었다. 세실리 게이퍼드는 책의 완성까지 나를 우아하게 끌고 가주었다. 두 사람이 나누어준 지혜와 관심과 지지에 큰 감사를 표한다.

인터뷰에 응해준 관계자들의 도움이 없었으면 이 책은 훨씬 빈약하고 짧았을 것이다. 인터뷰이 모두가 재밌고 솔직하고 너그럽게 이야기를 들려주다니, 정말 운이 좋았다. 코랄리 빅포드 스미스, 루크 브라운, 섀넌 컬런, 세라 데이, 리처드 더귀드, 톰 에더링턴, 레슬리 르빈, 케이트 맥팔런, 쇼아이브 로카디야, 존 시튼, 카롤리나 서튼, 마틴 토슬랜드, 데이비드 왓슨, 크리스 웰비러브, 한나 웨스트랜드, 루이즈 윌더, 사이먼 윈더에게 큰 감사를 보낸다.

인쇄소를 방문해 복잡한 현대 상업 인쇄의 면면을 찬찬히 둘

러볼 수 있게 해준 클레이스의 인쇄 감독 폴 헐리와 이언 스미스에게도 고마운 마음을 전하고 싶다. 이 책이 그곳에서 만들어져 너무 기쁘다. 이 글이 다른 곳에서 인쇄되는 건 상상조차 할 수 없다.

좋은 글이 만들어지려면 누군가 먼저 읽어주어야 한다. 나의 초기 지지자이자 베타테스터인 피터 제임스, 존 시튼, 쇼아이브 로카디야는 엉성하고 무딘 나의 초고를 예리하게 다듬어주었다.

교열에 관한 책을 교열하는 부담스러운 작업을 기꺼이 맡아준 케시 프라이는 면밀하고 통찰력 있는 작업으로 이 책에 큰 도움을 주었다. 앤서니 히피슬리는 매의 눈으로 교정을 보며 내가 저지른 수많은 당황스러운 실수를 바로잡아주었고, **이제 됐다** 싶은 순간에도 오류는 어딘가에 숨어 있다는 걸 다시금 일깨워주었다. 그레임 홀은 동료 편집 주임의 작업을 노련하고 침착하게 관리하며, 그가 나보다 훨씬 뛰어난 편집 주임이라는 사실을 확인시켜주었다.

펭귄에서 함께 일해온 동료들과 저자들에게 큰 지지와 격려를 받았다. 그들에게서 매일 많은 것을 배운다. 리처드 더귀드, 루스 피에트로니, 애나 윌슨은 재밌고 인내심 많은 나의 동료들이다. 루스는 교정지를 꼼꼼히 살펴봐주었고, 리처드는 색인을 맡아주었다. 이 책에 색인을 다는 건 오로지 리처드만이 할 수 있는 일이다. 또 작가로서 즐거운 첫 경험을 할 수 있게 해준 앨리슨 알렉사니안, 루이자 더니건, 알렉스 일램, 에밀리 프리셀라, 서맨사 존슨, 에드 레이크, 한나 로스, 프로파일북스 팀에 큰 감사를 전한다.

이 책은 돌아가신 나의 어머니 퍼트리샤에게 헌정했지만, 나의 아버지 데이브 리에게도 사랑과 감사를 전한다. 아버지는 내 관심사와 열정을 늘 지지하고 격려해주는 한편, 그 못지않은 당신의 관심사와 열정으로 매번 나를 놀라게 만들었다. 가족과 친구들은 팬데믹 봉쇄 기간 동안 힘들게 글 쓰던 나를 응원해주었다. 이들과 오랜 세월 글과 책과 아이디어와 삶에 대한 대화를 활발히 주고받으며 많은 영향을 받았다.

식사와 간식은 물론, 끊임없는 지지와 지속적인 격려를 건넨 그랜트 손더스는 우리 집에서 여전히 가장 뛰어난 작가다. 그랜트에게 내가 쓴 단어나 문장이나 단락을 보여주면, 그는 세심한 감각과 타고난 능력을 발휘해 그것을 늘 더 좋은 글로 만들어주었다. 그가 없었다면 이 책을 쓰지 못했을 것이다.

찾아보기

옮긴이 **한지원**

고려대학교 신문방송학과를 졸업하고 텍사스대학교에서 커뮤니케이션학을 공부했다. 현재는 좋은 책을 읽고 발굴하고 번역하며 살고 있다. 옮긴 책으로는 『코카인 블루스』 『아찔한 비행』 『테스토스테론 렉스』 『베라 켈리는 누구인가?』 『말라바르 언덕의 과부들』 『멘탈의 거장들』 등이 있다.

편집 만세

100%의 세계를 만드는 일

펴낸날 초판 1쇄 2023년 10월 10일

지은이 리베카 리

옮긴이 한지원

펴낸이 이주애, 홍영완

편집장 최혜리

편집1팀 김혜원, 양혜영, 김하영

편집 박효주, 장종철, 문주영, 홍은비, 강민우, 이정미, 이소연

디자인 윤소정, 박아형, 김주연, 기조숙

마케팅 김태윤, 김철, 정혜인, 김준영

해외기획 정미현

경영지원 박소현

펴낸곳 (주)월북 출판등록 제2006-000017호

주소 10881 경기도 파주시 광인사길 217

전화 031-955-3777 팩스 031-955-3778

홈페이지 willbookspub.com

블로그 blog.naver.com/willbooks 포스트 post.naver.com/willbooks

트위터 @onwillbooks 인스타그램 @willbooks_pub

ISBN 979-11-5581-638-7 (03300)

* 책값은 뒤표지에 있습니다.
* 잘못 만들어진 책은 구입하신 서점에서 바꿔드립니다.